伊藤塾 試験対策問題集

予備試験 論文 2

ITO JUKU
SHIKENTAISAKU
MONDAISHU

伊藤　真[監修]　伊藤塾[著]

民事実務基礎

第2版

弘文堂

第2版　はしがき

　2020年で10回目となる予備試験は，年々受験者が増え，合格者数も初回の116人から2019年には476人と4倍強となった。そういう意味では合格しやすくなったといえるが，予備試験における天王山である論文試験は，第3回目以降合格率が20パーセント前後と変わっていない。この20パーセントのなかに入れるかどうかは，学習の仕方次第であることは間違いない。そして，学習初期の段階で，自分にとって必要な情報をどう見つけ，どう活かせるかが大きく影響してくる。

　まもなく，10年前には想像もつかなかった，超高速化，超多数同時接続，超低遅延といわれている5G（第5世代移動通信システム）の商業運用が始まる。そうなれば，今までとは比べ物にならない大容量の動画やテキストがインターネット上にあげられるだろう。つまり，更に多くの情報を得ることができるようになる。そのなかから，自分にとって必要な情報を見つけ出すことは容易ではない。

　伊藤塾は，25年にわたる司法試験受験指導の経験をもち，設立当初から圧倒的な合格実績を上げてきた。また，予備試験制度開始時から試験の傾向と対策について研究をしている。第2版では，それらの成果として得たデータをベースに近年の試験傾向を精緻に分析し，かつ，近年大きく変わった法令に対応させて，刊行することとした。

　民事実務基礎科目に関連する主要な法改正は，2017年の「民法の一部を改正する法律」（債権法改正），その整備法，2018年の「民法及び家事事件手続法の一部を改正する法律」（相続法改正）があり，これらにも当然対応させている。

　最後に，本書の改訂に際しては，多くの方のご助力を得た。特に，伊藤塾（法学館）の書籍出版において従前から貢献していただいている弁護士永野達也氏（新65期）には，実務家としての観点から細部にわたって目を通していただいた。また，予備試験，司法試験の合格者を中心とする伊藤塾の優秀なスタッフをはじめ弘文堂のみなさんの協力を得てはじめて刊行することができた。この場をお借りして，深く感謝を申し上げる次第である。

　2020年2月

伊藤　真

はしがき

1 はじめに

　2011年から導入された予備試験も制度として定着し，合格者の数も，毎年大きく増やしている。

　予備試験の最大のメリットは，経済的・時間的負担がないことである。法科大学院に進学する道を選べば，少なからぬ経済的・時間的負担を強いられる。もちろん，法科大学院には独自の存在意義があるのだが，法科大学院に進学する経済的余裕がない学生や，法科大学院の講義を受ける時間的余裕がない社会人にとって，法科大学院を卒業することは法曹をめざすうえで大きな壁となって立ちはだかっていることだろう。しかし，法曹となるうえで各自の経済的事情や可処分時間の多さは本来関係ないはずである。予備試験は法曹を志すすべての者に門戸を開いている点で法曹の多様性を維持するため必要不可欠な制度であろう。

　予備試験のメリットは，経済的・時間的負担がないことだけではない。司法試験の合格率はおよそ22％から27％程度であるが，予備試験合格者は司法試験において驚異的な合格率を誇っている。予備試験合格者がはじめて司法試験を受験した平成24年度の司法試験では全体合格率の約3倍に近い68.2％を記録し，平成25年度は71.9％，平成26年度は66.8％，平成27年度61.8％と驚異的な合格率を維持している。もちろん，この合格率は平成24年度から平成27年度にいたるまで4年連続で全法科大学院を飛び越えて1位の合格率である。

　このように，予備試験はいくつものメリットがあり，予備試験に合格することは，みずからの可能性を広げることにほかならない。そして，本書は，その予備試験合格への道を切り開くものである。

　本書を通して，法科大学院卒業生に勝るとも劣らぬ実力を身につけ，ひとりでも多くの受験生が予備試験に合格されることを切に望んでいる。

2 本書の特色

【1】問題の厳選

　予備試験に合格するためには，短答式試験，論文式試験，口述試験のすべてに合格しなければならない。そして，そのなかで最大の難関が論文式試験である。論文式試験では，憲法，行政法，民法，商法，民事訴訟法，刑法，刑事訴訟法，一般教養科目に加えて法律実務基礎科目として刑事実務基礎科目と民事実務基礎科目から出題される。したがって，論文式試験に合格するためには，本来，これらの科目について十分な対策をしなければならない。

　しかし，法律実務基礎科目は，予備試験の短答式試験では出題されず，また，毎年5月に短答式試験が終わった後，7月の論文式試験まで約2か月程度しかないため，民事実務基礎科目の学習にまで手が回らない受験生が多いことだろう。

　そこで，本書では短期間で高い学習効果が得られるように，予備試験においても圧倒的な合格実績をあげている伊藤塾において，これまで行われた予備試験対策答練（コンプリート論文答練，予

備試験直前答練，予備試験全国公開模試）のなかから特に学習効果が高く予備試験対策に資する問題を厳選し，登載した。どの問題も本試験と遜色ない練りに練られた良問ばかりである。厳選された伊藤塾オリジナル問題に取り組むことによって本試験でも通用する真の実力を身につけられるであろう。

【2】 初学者への配慮

　前述のように，多くの受験生は民事実務基礎科目にまで学習が追いついていないだろう。したがって，本書のような問題集を用いて問題演習を行うことは，ハードルが高いと思われるかもしれない。しかし，本書は，そのような受験生であっても十分に問題演習の効果が得られるようにこれまでにない工夫をしている。

　まず，それぞれの問題に「思考過程」という項目を設けた。ここでは，予備試験合格者の思考を忠実に再現するのみならず，各問題を基礎的な民法，民事訴訟法などの知識から丁寧に検討している。予備試験合格者の思考をここまで丁寧に再現した問題集はほかにはないと自負している。これによって，民事実務に対する特別な知識がなくとも十分それぞれの問題に取り組むことができるだろう。

　また，各問題で前提となる知識などについては，第3部としてFestina lente（フェスティナ　レンテ）部（以下「FL部」とよぶ）を設けて丁寧に説明してある。詳しくは，③本書の構成【2】に譲るが，FL部では民事実務基礎科目の対策として必要十分な知識が端的にまとまっている。特に冒頭の「民事実務基礎科目への取り組み方」では，この科目における問題文の読み方を案内した。これを実践に移すことによって，答案が格段によくなるであろう。FL部を何度も何度も復習することで磐石な知識を手に入れてほしい。

【3】 過去問の徹底的な分析

　民事実務基礎科目の論文式試験対策において，もっとも重要な位置を占めるのが，過去の本試験問題の分析である。過去問の分析なくして試験対策の完成はありえない。そこで，本書では，これまで発表されたサンプル問題およびすべての過去問に対して徹底した分析を加えた。これにより，予備試験ではどのような問題が出題されるのか，そのような問題においてどこまで論述できなければならないのか，そのような論述を行うためにはどのような学習をする必要があるのかということが明確になるだろう。ゴール（過去問＝本試験問題）から逆算して，どのような学習を行えばよいのかを考えることで，合格に直結する最短距離での学習ができるはずである。本書の過去問分析を有効に活用し過去問を徹底的に分析してもらいたい。

③ 本書の構成

　本書は大きく分けて3部構成になっている。第1部は厳選された伊藤塾オリジナル問題を，第2部は予備試験の過去の本試験問題を集録し，第3部ではFestina lenteと題して民事実務基礎科目における重要な知識をまとめている。

　第1部の伊藤塾オリジナル問題は，これまで伊藤塾において行われた予備試験コンプリート論文答練，予備試験直前答練，予備試験全国公開模試のなかから特に学習効果が高く予備試験対策に資

する問題を厳選して集録している。本試験と質，難易度の双方において遜色ない良問ばかりである。

　第2部は，司法試験予備試験における論文式問題のサンプル問題および，今まで実施された全問題を集録している。実務基礎科目対策においては，サンプル問題および過去問を深く吟味することが必要不可欠である。

　第3部のFL部では，民事実務基礎科目の重要な知識を端的にまとめている。合格答案を作成するうえでの重要な視点を提供してある。

【1】第1部および第2部

(1) 問題

　前述したように，第1部ではこれまで伊藤塾において行われた予備試験コンプリート論文答練，予備試験直前答練，予備試験全国公開模試のなかから厳選した良問を集録している。また，第1部では本試験と同様に，出題内容がわからないように分野別に並べるということはしていない。もっとも，学習上の便宜を図るために，おおむね難易度順に並べている。どの問題から取り組むか迷った場合は第1問から解いていくとよいだろう。

　第2部では，司法試験予備試験のサンプル問題，本試験過去問を集録している。

(2) 思考過程

　思考過程では，実際の予備試験合格者の思考をできるかぎり丁寧に記述した。実際に答案は，多くの思考を経たうえで作成されている。しかし，通常の問題集にはその思考過程が十分示されることはなく，どのような思考過程を経て答案例が作成されているのか不明であることが多い。また，実際の予備試験合格者の思考過程を知る機会はほとんどないが，予備試験合格者が，問題を見てどのような思考を経たうえで答案を作成しているのかを学ぶことは，予備試験対策としても非常に有意義である。

　そこで，本書ではできるかぎり丁寧に思考過程を記述することで，予備試験合格者の思考過程を追体験してもらうことを試みた。この思考過程を徹底的に分析することで，予備試験合格者の思考過程を身につけてもらいたい。

(3) 答案例

ア　論述部分

　各問題について答案例を付した。各答案例には，伊藤塾がこれまで築きあげてきた答案作成のノウハウが詰まっている。特に民事実務基礎科目については，実体法から考えることの重要性が予備試験における民事実務基礎科目についてのヒアリングなどいたるところで指摘されている。そこで，各答案例については，紙幅の許すかぎり実体法から丁寧に論述した。各答案例を吟味して，答案作成のノウハウだけではなく事実に対する評価の仕方も学んでほしい。

　また，答案例は，理想の答案を示すと同時に現実的な答案となるように心掛けた。答案はかぎられた時間（法律実務基礎科目ならば2科目で3時間）および紙面で作成されるものである。予備試験では4頁以内の答案を作成しなければならない。そこで，答案例では多くの受験生の標準であると思われる1行30字程度を目安に作成している。

　なお，民事実務基礎科目にかぎらずどの科目についてもいえることであるが，答案例は数ある正解のなかの1つでしかない。ここに掲載した答案例以外にも正解の道筋がある。答案例を分析するのみでなく，ほかにどのような正解の道筋があるかを考えてみることでより問題に対する分析力や法的思考力が身につくことだろう。また，後述するように答案例以外の道筋については，講評およ

び優秀答案にも言及している。他の道筋を考えるうえで参考にしてもらいたい。

イ　右欄

　答案例の分析の手助けとして右欄にコメントを付した。右欄コメントでは論述の際の注意点や事実および事実に対する評価の部分などがわかるように記載している。答案例の分析に役立てていただきたい。

⑷　出題趣旨

　各問題に出題趣旨を付し，問うている事柄や能力を明確にするために出題の趣旨を用意した。なお，第2部では，法務省が各問題において公表している出題の趣旨を掲載した。

⑸　講評

　予備試験もあくまで試験である以上，相対評価であり，合格のためには周囲の受験生のレベルを知らなければならない。そこで，第1部の問題では，各種答練，模試において提出された答案を，第2部の問題では伊藤塾に提出された再現答案を徹底的に分析したうえで講評を記載した。

　講評部分では，どのような答案が多かったのか，どのようなミスがあったのかといったきわめて実践的な事柄を多く記載し，合格するためにはどこまで論述する必要があるのかを明確にした。講評部分を吟味して，合格レベルを感じとってもらいたい。

⑹　優秀答案

　周囲の受験生のレベルを知るひとつの手段として講評だけではなく優秀答案も付した。優秀答案であるからもちろんよく論述できている部分もあるが，完璧な答案を時間内に作成することは至難の業であり，どのような答案でもミスや論述が不足している部分は存在する。優秀答案からは良いところはそのまま自己の糧とし，悪い部分は反面教師として学ぶ必要がある。

　また，そのための一助として優秀答案にも右欄を付し，良い部分，悪い部分を明確に指摘した。これによってより深く優秀答案の分析ができることだろう。

　なお，予備試験の場合，論述は4頁（1頁22行目安）以内に収めなければならない。優秀答案についても4頁に収まっている。

⑺　優秀答案における採点実感

　答案全体の良い部分や悪い部分，更には右欄では説明しきれなかった部分を優秀答案における採点実感では説明した。答案の採点官が実際に答案を読んだときにどのように評価する可能性があるかを示している。この部分から採点官は，答案のどのような部分を評価し，どのような部分を評価しないのかを学びとってほしい。

【2】Festina lente

　Festina lenteは，ラテン語で「ゆっくり急げ」という意味である。本書を手にする多くの受験生には，民事実務基礎科目の対策を十分に行う時間がないだろうと思われる。しかし，民事実務基礎科目では実体法の正確な理解が必要不可欠である。実体法の正確な理解なくして民事実務基礎科目の正確な理解はありえない。

　また，民事実務基礎科目では，民事保全法や民事執行法など民法，民事訴訟法では深く学ばない部分からの出題も予想される。しかし，これらの部分について予備試験に必要な知識をまとめてあるものは少ない。

　そこで，本書ではFestina lente部，略してFL部を設けた。FL部では，民事実務基礎科目を理解するうえで必要不可欠な実体法上の知識および民事実務基礎科目特有の知識をまとめてある。FL

部では，どのように論述するのかということまで意識して作成されている。どのように答案に表現するか，ということを常に意識しながら読むことでよりいっそう高い学習効果が得られるだろう。

　思考過程や講評ではFL部に説明を譲っている部分もある。その場合には，まさに「ゆっくり急げ」の精神でしっかりとFL部にも目を通してもらいたい。それが最終的には合格への近道となるはずである。

【3】条文の表記

　本書における法令名の表記は，民法を基準にしているため，読み間違えるおそれがないかぎり，「民法」の記載を省略している。もっとも，答案例において条文を表記するときは，本試験時に答案を書く場合と同様に，省略形を用いることはせず，法令名をすべて表記することとしている。

　また，括弧内の法令名については，特に断りがないかぎり，下記のように略している。

民法……民	商法……商	民事保全法……民保
民事訴訟法……民訴	民事執行法……民執	借地借家法……借地借家
弁護士職務基本規程……規程		

4 本書の使い方

【1】実務基礎科目における直前対策として

　予備試験の論文式試験では，憲法，行政法，民法，商法，民事訴訟法，刑法，刑事訴訟法，一般教養科目に加えて法律実務基礎科目として刑事実務基礎科目と民事実務基礎科目から出題される。そのため，予備試験の論文式試験に合格するには，これらの科目について十分に対策しなければならない。しかし，前述のように，予備試験の短答式試験では法律実務基礎科目が出題されず，5月に短答式試験が終わった約2か月後の7月には論文式試験を迎えることになるため，民事実務基礎科目の学習についてまで手が回らない受験生が大多数であるといえよう。そこで，本書は，論文式試験まで時間がない，あるいは憲法や民法，刑法などをはじめとする法律基本科目の理解は十分だが，民事実務基礎科目についてはまったく学習ができていない，追いついていないという受験生が民事実務基礎科目を十分対策できるようにさまざまな工夫を凝らしている。

　たとえば，本書の特色でも述べたように，問題は質の高い良問を厳選し，十分な問題演習の効果が得られるように思考過程欄を設け，民法，民事訴訟法などの基礎的な知識から丁寧にそれぞれの問題を解説している。さらに，FL部においては，民法，民事訴訟法の基礎的な知識や民事実務基礎科目における特有の知識をまとめてあるので重要な知識を即座に確認することができる。

　したがって，時間がない，民事実務基礎科目まで手が回っていないという受験生であっても，民事実務基礎科目では何が問われているのか，どのように答案を作成すればいいのかがわかることだろう。時間がない，学習が追いついていないといったことをおそれずに本書に取り組んでほしい。

　具体的には，実務基礎科目を勉強する時間が短答式試験から論文式試験まで2か月ほどとれる場合には，第1部から解いていけばよい。

　しかし，論文式試験まで残り1か月しかない，といった本当に時間のない受験生には，第2部の本試験過去問編から取り組むことをお勧めする。第2部であっても，基礎的な知識から丁寧に解説してある。そして，論文式試験対策としてもっとも重要なものは過去問の分析であることから，過

去問の分析を真っ先に行う必要がある。本書で過去問を徹底的に検討すれば，実際の論文式試験でも他の受験生を1，2歩リードできる実力は身につくだろう。

【2】具体的な使用法

いくら時間がないとはいえ，問題文を読んで即座に思考過程や答案例を読むことはお勧めしない。そこでもFestina lente。ゆっくり急げである。実際に答案構成をし，答案を作成するなど各問題と深く向き合うことで，はじめて真の実力が身につく。したがって，時間があるかぎり，答案を実際に作成するのがよいだろう。特に，過去問については実際に答案を作成しなければならない。

また，かりに答案構成にとどめるとしてもかなり具体的な答案構成を行う必要がある。答案構成を詳細に行うことができるほど問題文を深く読み込むことで，その後の答案例や講評，優秀答案等が腑に落ちることが多いだろうと思われるからである。答案例や講評による学習効果を最大限発揮するためにも問題文を深く読み，答案構成は具体的かつ詳細に行ってもらいたい。

5 おわりに

予備試験の論文試験における民事実務基礎科目は，平成23年度から出題されたばかりであるから旧司法試験などから出題されていた他の科目に比べて多くの蓄積がある科目ではない。したがって，いまだ民事実務基礎科目を十分に学習できるような問題集はなく，また民事実務基礎科目の対策の仕方や論述の仕方はいまだ十分に固まっていない部分がある。多くの予備試験受験生が民事実務基礎科目をどのように学習すればよいか迷っているというのが現状だろう。

しかし，冒頭に述べたように，本書は，予備試験合格への道を切り開くものである。本書を十分に学習すれば，問題分析の仕方や予備試験合格者の思考，論述作成の方法など知ることができ，民事実務基礎科目はもちろん他の科目にもよい影響を与えることができるだろう。そういった意味では，本書はすべての科目に共通する分析の仕方，考え方，論述の仕方を示しているといってよい。

本書に集録されている問題と深く向き合い，本書を有効に活用することでひとりでも多くの受験生が予備試験に合格することを切に望んでいる。

なお，本書の制作に際して，多くの方のご助力を得た。特に2014年度に予備試験を合格し，翌2015年度に司法試験に合格した小池晟さん，菅原裕人さん，伴聡志さん，宮岡遼さんの4名には，企画段階から加わっていただき，優秀な成績で合格した力をもって，彼等のノウハウを惜しみなく注いでいただいた。また，伊藤塾の書籍出版において貢献していただいている近藤俊之氏（54期）と永野達也氏（新65期）には，弁護士として日々実務を行ううえで注意されている点や実務家として必要な視点をもってして内容をチェックしていただいた。そして，伊藤塾の誇る優秀なスタッフと弘文堂の皆さんの協力を得て，はじめて刊行することができた。ここに改めて感謝する。

2016年1月

伊藤　真

★参考文献一覧

　本書を執筆するにあたり多くの文献を参照させていただきました。そのすべてを記すことはできませんが主なものを下に掲げておきます。なお，本文中にこれらの文献の文章表現を引用させていただいた箇所もありますが，本書はいわゆる学術書ではなく，学習用の教材ですので，その性質上，学習において必要な部分以外は引用した文献名を逐一明記することはしませんでした。ここに記して感謝申し上げる次第です。

【要件事実に関するもの】

司法研修所編・増補　民事訴訟における要件事実第1巻（法曹会・1986）

司法研修所編・民事訴訟における要件事実第2巻（法曹会・1992）

司法研修所編・新問題研究　要件事実（法曹会・2011）

司法研修所編・改訂　紛争類型別の要件事実（法曹会・2006）

大島眞一・〈完全講義〉民事裁判実務の基礎（上巻）［第3版］（民事法研究会・2019）

大江忠・要件事実民法（1）総則［第4版補訂版］（第一法規・2020）

大江忠・要件事実民法（2）物権［第4版］（第一法規・2015）

大江忠・要件事実民法（3）担保物権［第4版補訂版］（第一法規・2018）

大江忠・要件事実民法（3）債権総論［第4版］（第一法規・2018）

大江忠・要件事実民法（4）債権各論［第3版］（第一法規・2005）

大江忠・要件事実民法（6）法定債権［第4版］（第一法規・2015）

岡口基一・要件事実マニュアル第1巻　総論・民法1［第5版］（ぎょうせい・2016）

岡口基一・要件事実マニュアル第2巻　総論・民法2［第5版］（ぎょうせい・2016）

岡口基一・要件事実入門（創耕舎・2014）

岡口基一・要件事実入門　紛争類型別編（創耕舎・2018）

村田渉＝山野目章夫編著・要件事実論30講［第4版］（弘文堂・2018）

【事実認定に関するもの】

司法研修所編・事例で考える民事事実認定（法曹会・2014）

大島眞一・〈完全講義〉民事裁判実務の基礎（下巻）［第2版］（民事法研究会・2013）

田中豊・事実認定の考え方と実務（民事法研究会・2008）

土屋文昭＝林道晴編・村上正敏＝矢尾和子＝森純子・ステップアップ民事事実認定［第2版］（有斐閣・2019）

奥田隆文＝難波孝一編・民事事実認定重要判決50選（立花書房・2015）

【民事手続に関するもの】

裁判所職員総合研究所監修・民事訴訟法講義案［三訂版］（司法協会・2018）

藤田広美・講義　民事訴訟［第3版］（東京大学出版会・2013）

藤田広美・解析　民事訴訟［第2版］（東京大学出版会・2013）

和田吉弘・基礎からわかる民事訴訟法（商事法務・2012）

伊藤眞・民事訴訟法［第6版］（有斐閣・2018）

三木浩一＝笠井正俊＝垣内秀介＝菱田雄郷・LEGAL QUEST民事訴訟法［第3版］（有斐閣・2018）

【民事執行法・民事保全法に関するもの】

和田吉弘・基礎からわかる民事執行法・民事保全法［第2版］（弘文堂・2010）

平野哲郎・実践民事執行法民事保全法［第2版］（日本評論社・2013）

中野貞一郎・民事執行・保全入門［補訂版］（有斐閣・2013）

中野貞一郎・民事執行・保全法概説［第3版］（有斐閣・2006）

【法曹倫理に関するもの】

日本弁護士連合会弁護士倫理委員会編著・解説『弁護士職務基本規程』［第3版］（2017）

高中正彦・法曹倫理（民事法研究会・2013）

森際康友・法曹の倫理［第3版］（名古屋大学出版会・2019）

小島武司＝田中成明＝伊藤眞＝加藤新太郎編・法曹倫理［第2版］（有斐閣・2006）

日本弁護士連合会調査室編著・条解弁護士法［第5版］（弘文堂・2019）

目　　次

（ 伊藤塾合格エッセンス ）

　試験対策問題集シリーズに掲載されている問題やここで記載したような学習方法は，伊藤真塾長や伊藤塾で研究・開発した数多いテキストや講義のうちの一部を紹介したにすぎません。「伊藤塾の講義を体験してみたい」，「直近合格者の勉強方法をもっと知りたい」，「伊藤塾テキストを見たい」，「伊藤真塾長ってどんな人かな」……。そう思ったら，伊藤塾ホームページにアクセスしてください。無料でお得な情報が溢れています。

パソコン・スマホより→ https://www.itojuku.co.jp/

┌─────────────────────────────────┐
│　　**伊藤塾ホームページにある情報の一例**　　│
└─────────────────────────────────┘

　　　塾長雑感（塾長エッセイ）
　　　無料体験講座
　　　合格者の声―合格体験記・合格者メッセージ―
　　　合格後の活躍―実務家レポート―
　　　講師メッセージ
　　　伊藤塾の書籍紹介

　講座は，受験生のライフスタイルに合わせ，在宅（通信）受講と通学（校舎）受講，インターネット受講を用意しています。どの受講形態でも学習フォローシステムが充実しています。

第1部

伊藤塾オリジナル問題

予備試験の論文式問題に慣れていない初学者は，第3部　Festina lenteに掲載した【民事実務基礎科目への取り組み方】に目をとおしてから問題を解き始めることを推奨します。

第1問　消えた敗者さん

　司法試験予備試験用法文および第2部末尾添付の資料を適宜参照して，以下の各設問に答えなさい。

〔設問1〕
　別紙【Xの相談内容】は，弁護士PがXから受けた相談の内容の一部を記載したものである。これを前提に，以下の問いに答えなさい。

　別紙【Xの相談内容】を前提に，弁護士Pは，令和2年3月28日，Xの訴訟代理人として，Yに対し，所有権に基づく返還請求権としての動産引渡請求権を訴訟物として，甲動産の引渡しを求める訴え（以下「本件訴え」という）を提起した。そして，弁護士Pは，その訴状において，請求を理由づける事実（民事訴訟規則第53条第1項）として，次の各事実を主張した（なお，譲渡担保の法的性質は所有権的構成を前提とし，これらの事実は，請求を理由づける事実として適切なものであると考えてよい）。
① 平成31年4月25日，Aは，令和2年4月25日に返還することを約して，Xから300万円の交付を受けたとの事実
② XとAは，平成31年4月25日，Aの①の債務を担保するため，甲動産について，譲渡担保を設定するとの合意をしたとの事実
③ Aは，②の当時，甲動産を所有していたとの事実
④ Yは，甲動産を占有しているとの事実
　上記各事実が記載された訴状の副本の送達を受けたYは，弁護士Qに相談をし，同弁護士はYの訴訟代理人として本件を受任することになった。別紙【Yの相談内容】は，弁護士QがYから受けた相談の内容を記載したものである。これを前提に，以下の問いに答えなさい。なお，別紙【Xの言い分】を考慮する必要はない。

　別紙【Yの相談内容】の第3段落目の主張を前提とした場合，弁護士Qは，適切な抗弁事実として，次の各事実を主張することになると考えられる。
⑤ Yは，令和2年3月4日，Aから甲動産を代金150万円で買ったとの事実
⑥ Yは，同日，Aから⑤に基づいて甲動産の引渡しを受けたとの事実
　上記⑤および⑥の事実について，その事実から生じる実体法上の効果をふまえて，その主張が抗弁となる理由を説明しなさい。

〔設問2〕
　本件訴えにおいて，弁護士Qは，答弁書に〔設問1〕のとおりの抗弁事実を適切に記載して裁判所に提出した。
　その後に行われた争点および証拠の整理手続中において，弁護士Pは，Xは平成31年4月25日に甲動産についてAから占有改定を受けたとの事実を主張した。これを前提に，以下の問いに答えなさい。
(1) 弁護士Qは，別紙【Yの相談内容】を前提として，即時取得の要件事実を検討している。
　　本件における即時取得の要件事実として，〔設問1〕の⑤および⑥の各事実以外に主張すべき事実がある場合にはその事実を記載し，ない場合にはその旨を記載しなさい。そのうえで，本件における即時取得の主張が，本件訴えにおける攻撃防御の構造上，〔設問1〕で検討した抗弁との関係でどのように位置づけられるかについて，説明しなさい。
(2) 弁護士Pは，Xから，Yの過失の有無に関わる事情を聴取したところ，Xは，別紙【Xの言

い分】に記載したとおりの言い分を述べた。弁護士Pは，この【Xの言い分】を前提に，即時取得の過失に関する主張を検討することとなった。

　Yの過失の有無を認定判断するうえで，次の⑦および⑧の各事実は，どのように評価されるか。それぞれ理由を付して説明しなさい。

⑦　令和2年3月4日の時点で，甲動産には，「債権者　X」等と記載されたプレートが打ち付けられていたとの事実

⑧　Yは，同月12日にXから甲動産を引き渡すよう要求された後，Aが甲動産の権利者であるか否かについて確認しなかったとの事実

〔設問3〕

　弁護士Pは，本件訴えの係属中に，Yが，甲動産を他の者に譲渡してしまうおそれがあると考えている。この場合，弁護士Pとしては，将来の強制執行を保全するためにいかなる手続をとるべきか。もっとも適切な手続を選び，結論とその理由を簡潔に記載しなさい。

〔設問4〕

　本件訴えの係属中，弁護士Rは，Yから，「Zに対して販売した中古の医療機器を巡ってトラブルがあり，訴えを提起された。別の弁護士Qにも相談したが，勝つ見込みは少ないとして依頼を引き受けてもらえなかった。答弁書の提出期限が迫っているので，受任してもらえないか。」として，Zから提起されたという損害賠償請求事件を受任することを依頼された。

　これを前提に，以下の各問いに答えなさい。

(1)　弁護士Rは，弁護士Pほか2名の弁護士とともに，共同で法律事務所Cを経営している弁護士である。この場合において，弁護士Rが，上記のYからの依頼を受けることに弁護士倫理上の問題はあるか。結論とその理由を簡潔に記載しなさい。

(2)　弁護士Pは，弁護士登録をした当初から，弁護士Rが経営している法律事務所Cの所属弁護士であったが，令和2年3月1日に独立し，現在は，個人で法律事務所を経営している。この場合において，弁護士Rが，上記のYからの依頼を受けることに弁護士倫理上の問題はあるか。結論とその理由を簡潔に記載しなさい。

(別　紙)

【Xの相談内容】

　平成31年4月，私は，H医院を開業している歯科医のAから300万円の貸付けを申し込まれました。Aは，H医院とは別に，デンタルインプラント専門の分院を開業するため準備を進めてきたが，建物の改装工事等で予想外の出費がかさみ，追加の資金が急きょ必要になったとのことでした。Aから，貸付けに際して，AがH医院で使用している医療機器である甲動産を担保のために譲渡する旨の提案がありましたので，実物を確認したところ，甲動産は，最近開発されたモデルの機器であり，丁寧に使われているようでしたので，担保価値は十分にあると判断しました。

　そこで，同月25日，私は，Aに対して，返還時期を1年後として300万円を貸し付けるとともに，甲動産について譲渡担保設定契約を締結しました。この契約は，300万円の貸金債務の担保のために甲動産の所有権をXに移転すること，Xは甲動産につきAから占有改定による引渡しを受けること，Xは甲動産につきAにその使用を許すこと等をその内容としていました。

　その後，Aは，同年5月，デンタルインプラント専門のI医院を開業しましたが，患者数が見込みに達しなかったことなどから，令和2年2月末にI医院を廃業したとのことでした。

　私は，同年3月8日，300万円の支払の見込みを確認しようとH医院に赴いたところ，「し

ばらく休診します。」との貼り紙があったことから，Aに確認しようと電話を掛けましたが，Aの電話番号は解約されておりつながりませんでした。私はあわてて，同じ建物で医院を営む数軒に問い合わせたところ，同月4日，運送業者が来て機器を運び出していたらしいという情報を得ました。もしかしたら甲動産も処分されてしまったのではないかと考え，この地域で医療機器を扱う業者へ片っ端から問い合わせたところ，業者Yが，甲動産を含めたH医院の機器を買い取ったということがわかりました。

同月12日，Yの営業所を訪れ，私が譲渡担保権者であるとして甲動産の引渡しを要求したところ，甲動産は自分がAから買い取ったものであるとして，要求には応じてもらえませんでした。

先に述べたとおり，私はAから譲渡担保の設定を受けて所有権を有しているのですから，Aが甲動産を勝手に処分することはできないはずです。Yには，1日も早く甲動産を引き渡してもらいたいと思っています。

【Yの相談内容】

私は，医療機器専門の中古品販売業を営んでいます。

私は，令和2年3月1日，歯科医のAから医療機器の買取りの申出を受けました。Aによれば，前年の春にデンタルインプラント専門のI医院を開業したが，経営に失敗し多額の借金が残ってしまったので，H医院にある甲動産を含む医療機器を買い取ってほしいとのことでした。同月4日，私は，H医院に赴き，甲動産について，Aの説明のとおりの性能を有するものであることが確認できたことから，買取りに応じることにしました。同日，Aから，甲動産を代金150万円で買い受け，引渡しを受けて私の営業所の倉庫に運びました。

甲動産について，Xが譲渡を受けていたというのは知りません。甲動産については，私が先に引渡しを受けたのですから，Xは甲動産の所有権を私に対して主張できないはずです。

また，かりにそうでなかったとしても，私は，Aが所有者であると信頼して甲動産を買い受けたのですから，Xに対して権利を主張できるはずです。Aから医療機器を買い受けた際，私は，Aに対して，甲動産を購入した際の契約書など甲動産についての権利関係についても問い合わせ，Aのものであると確認したからこそ，甲動産を買い受けたのです。

このような次第ですので，私には，甲動産をXに引き渡す義務はないと思います。

【Xの言い分】

私がAに300万円を貸し付けた際，担保とした甲動産には，「債権者　X」等と記載したプレートを打ち付けておくことにしました。あまり目立つ箇所ではありませんが，設置場所から移動させようとする場合には必ず目につくところに打ち付けておきましたし，容易には外れないようにしっかりと固定をしていました。Yが甲動産を持ち出す際には，このプレートの存在に気づいていたはずです。

また，令和2年3月12日に私がYの営業所を訪ねて甲動産の引渡しを要求した際，Yは，「甲動産は，たしかにAの所有物であることを確認したからこそ買い受けたのであって，譲渡担保に供されていたなどということはAから聞いていない。」などと述べて，Aに事情を確認しようともしませんでした。

① 設問1

　本件では，XはAから甲動産の譲渡担保の設定を受けているところ，事実⑤により甲動産がXのみならずYにも二重譲渡され，両者が対抗関係に立つことが基礎づけられるという実体法上の効果が生じる。また，178条にいう「第三者」とは，当事者およびその包括承継人以外の者であって対抗要件の不存在を主張するにつき正当な利益を有する者をいうところ，単なる無権利者は，このような正当な利益を有しているとはいえず，「第三者」にはあたらない。したがって，事実⑤は，Yが単なる無権利者ではなく，「第三者」にあたることを基礎づけるという実体法上の効果も生じさせる。

　次に，事実⑥は，「引渡し」（178条）という対抗要件の具備を基礎づける事実である。XYは対抗関係に立ち両者は不完全な物権を有するにすぎなかったが，この事実⑥により，対抗要件を具備したYが確定的に甲動産の所有者となり，Xが確定的に甲動産の譲渡担保権を失うという実体法上の効果が生じることになる。

　このように，事実⑤，⑥によりYが対抗要件を具備し確定的に所有権を取得する一方，Xが確定的に譲渡担保権を失ったことが基礎づけられ，Xの請求は否定されることになる。よって，Yの事実⑤，⑥の主張は，抗弁（いわゆる対抗要件具備による所有権喪失の抗弁）となる。

② 設問2

1　小問(1)

(1)　記載の有無

　即時取得の要件事実を問う問題である（即時取得の要件事実については，第3部Festina lente〔以下「FL」という〕【即時取得の要件事実】参照）。要件事実を考えるにあたっては，必ず実体法上の要件から考える必要がある。192条によれば，即時取得の実体法上の要件は，ア「取引行為」，イ「占有を始めた」こと（基づく引渡し），占有の取得につき，ウ「平穏」・「公然」，エ「善意」，オ「過失がない」（無過失）であることがわかる。

　そして，186条1項により，ウ「平穏」・「公然」およびエ「善意」の主張立証責任が転換される（暫定真実）。したがって，即時取得を主張する者は，これらを主張立証する必要はない。

　また，188条が規定する法律上の権利推定により，動産の占有取得者は，前占有者に所有権があると信ずることについて過失がないものと推定されることになる。したがって，即時取得を主張する者は，オの無過失についても主張立証する必要はない。

　以上から，即時取得の要件事実は，上記条文上の要件のうち，ア「取引行為」とイ「占有を始めた」こと（基づく引渡し）のみとなる。

　そして，本件では，アを基礎づける事実として⑤の事実が主張され，イを基礎づける事実として⑥の事実が主張されているため即時取得の要件事実として必要十分な事実が主張されている。

　よって，⑤および⑥以外に主張すべき事実はない。

(2)　位置づけ

　設問1で検討した対抗要件具備による所有権喪失の抗弁と，即時取得による所有権喪失の抗弁の主張すべき要件事実は同じであり，その効果も原告の所有権喪失を基礎づけるので同じものになる。しかし，前者の抗弁は178条を根拠とするものであり，後者の抗弁は192条を根拠とするものである。また，これらの抗弁に続く攻撃防御方法もまったく異なる。

　よって，即時取得による所有権喪失の抗弁は，対抗要件具備による所有権喪失の抗弁とはまったく別個の抗弁であり，選択的抗弁と位置づけられる。

2　小問(2)

(1)　事実⑦の評価

　Xは再抗弁として，Yが占有取得時に前主Aが権利者であると信じたことにつき過失があったことの評価根拠事実を主張立証することが考えられる。そして，過失が認められるどうかは，前主の処分権限につき，取得者に疑念が生じなければならなかったかどうか（調査確認義務の存在），も

しそれが肯定されるとすれば，取得者が正しい認識を得るために相当と認められる措置を講じなかったかどうか（調査確認義務の懈怠）による。

令和２年３月４日の時点で甲動産に，「債権者　X」と記載されたプレートが打ち付けられていれば，同日に甲動産を取得したYは，甲動産には債権者Xの譲渡担保権といったなんらかの権利が設定されているのではないかと疑問に思うはずである。したがって，事実⑦は，Yの過失の有無を判断するうえで，調査義務の存在を基礎づける事実として評価される。

(2)　事実⑧の評価

過失の有無は，占有取得時を基準として判断される。したがって，占有取得時以後の事実を主張することには意味がない。本件では，Yは令和２年３月４日に甲動産の引渡しを受け，占有を取得していると主張している。したがって，それ以後である令和２年３月12日に，YがAに甲動産の権利者であるか否かについて確認しなかったという事実⑧は，基準時後の事実であり，主張することに意味はない。

よって，事実⑧は，Yの過失の有無を判断するうえで，評価されない。

③　設問３

設問３では，本件でとるべき民事保全手続について問われている（民事保全については，FL【**民事保全法**】参照）。民事保全手続には大きく，仮差押えと仮処分がある。そして，仮処分は，係争物に関する仮処分と仮の地位を定める仮処分に分かれる（民保１条参照）。

仮差押え（20条１項）は，貸金債権のような金銭債権を保全するための制度である。係争物に関する仮処分（23条１項）は，不動産の登記請求権や明渡請求権等のように，特定物に対する給付請求権を保全するための制度である。本件では，動産の引渡請求権が訴訟物とされているので，係争物に関する仮処分によるのが適切である。

そして，本件では，弁護士Pは，Yが甲動産を他の者に譲渡してしまうおそれがあると考えているところ，係争物に関する仮処分の一種である占有移転禁止の仮処分命令が執行されたときは，そのことについて悪意の占有取得者および善意の占有承継者に対して，係争物の引渡しまたは明渡しの強制執行をすることができる（62条１項）。したがって，占有移転禁止の仮処分によれば，Yが甲動産を第三者に譲渡しても，Yに対する勝訴判決によって，甲動産を占有する当該第三者に対する強制執行を行うことができる。

よって，本件では，係争物に関する仮処分のうち，占有移転禁止の仮処分命令の申立てを行うという手続がもっとも適切である。

④　設問４

1　小問(1)

弁護士職務基本規程（以下法名略）57条は，「所属弁護士は，他の所属弁護士（所属弁護士であった場合を含む。）が，第27条又は第28条の規定により職務を行い得ない事件については，職務を行ってはならない。ただし，職務の公正を保ち得る事由があるときは，この限りでない。」と規定している。本件で弁護士RとPは共同で法律事務所を経営している。そして，弁護士Rからみて他の所属弁護士であるPは，本件訴えの相手方であるYから事件を受任することができない（27条３号）。また，本件では，職務の公正を保ちうる事由もない。

よって，弁護士RがYから依頼を受けることは，57条に違反するという問題がある。

2　小問(2)

57条括弧書は「所属弁護士であった場合を含む。」と規定しているため，本件でも小問(1)と同様の問題があるとも思える。しかし，所属弁護士であった者が，当該共同事務所からの離脱後に27条等で職務を行うことができなくなったにすぎない場合などでは，当該弁護士は，共同事務所の所属弁護士とはすでに無関係なので，当該共同事務所において職務の公正を保ちえないという事由は存在しえないため，このような場合には，57条は適用されないと解する。

よって，弁護士Pが令和２年３月１日に独立し，その後，同月28日に訴えが提起され27条３号で職務が行えなくなった本件では，57条は適用されず，弁護士倫理上の問題はない。

答案例

第1　設問1について
1　本件では，事実⑤により甲動産がXYに二重譲渡され，両者が対抗関係に立つことが基礎づけられる。そして，民法（以下法名略）178条にいう「第三者」とは，当事者およびその包括承継人以外の者であって対抗要件の不存在を主張するにつき正当な利益を有する者をいうと解されるところ，Xと対抗関係に立つYは，上記の正当な利益を有する者にあたる。したがって，事実⑤は，Yが「第三者」にあたることを基礎づけるという実体法上の効果を生じさせる。

→第三者の定義は正確に示す

2　次に，XYは対抗関係に立ち両者は不完全な物権を有するにすぎなかったが，事実⑥によりYが確定的に甲動産の所有者となり，Xが確定的に甲動産の譲渡担保権を失うという実体法上の効果が生じる。

3　以上から，事実⑤，⑥によりXが確定的に譲渡担保権を失ったことが基礎づけられる。また，事実⑤，⑥は，請求原因事実である事実①から④までと両立する事実である。よって，Yの主張は，抗弁（対抗要件具備による所有権喪失の抗弁）となる。

第2　設問2(1)について
1　主張すべき事実
(1)　192条によれば即時取得の実体法上の要件は，㋐「取引行為」，㋑「占有を始めた」こと，㋒「平穏」・「公然」，㋓「善意」，㋔「過失がない（無過失）」である。そして，186条1項により㋒，㋓の主張立証責任が転換される（暫定事実）。また，188条により，動産を占有する者は適法な処分権を有すると推定されることになる結果，占有者からの譲受人である動産の占有取得者は無過失であることが推定される。したがって，即時取得を主張する者は㋒，㋓，㋔について主張立証する必要はない。

→要件事実は条文・実体法から検討する

→キーワードは書き込む

以上から，即時取得の要件事実は，上記条文上の要件のうち，㋐と㋑のみとなる。

(2)　そして，本件では，㋐を基礎づける事実として事実⑤が主張され，㋑を基礎づける事実として事実⑥が主張されているため即時取得の要件事実として必要十分な事実が主張されている。

(3)　よって，⑤および⑥以外に主張すべき事実はない。

2　設問1で検討した抗弁事実との関係
設問1で検討した対抗要件具備による所有権喪失の抗弁と，即時取得による所有権喪失の抗弁の主張すべき要件事実は同じものになる。しかし，前者の抗弁は178条を根拠とするものであり，後者の抗弁は192条を根拠とするものである。また，これらの抗弁に続く攻撃防御方法もまったく異なる。

よって，即時取得による所有権喪失の抗弁は，対抗要件具備による所有権喪失の抗弁とは別個の選択的抗弁と位置づけられる。

第3　設問2(2)について
1　事実⑦の評価
過失が認められるためには，調査義務が存在し，かつ，その調査義務が懈怠されていなければならない。

→過失の構造を一言説明する

本件では，令和2年3月4日の時点で甲動産に，「債権者　X」と記

載されたプレートが打ち付けられていたところ，取得者たるYがこれを 45
見れば，甲動産には債権者Xの譲渡担保権といったなんらかの権利が設
定されているのではないかと疑問に思うはずである。

　したがって，事実⑦は，Yの過失の有無を判断するうえで，調査義務
の存在を基礎づける事実として評価される。
　2　事実⑧の評価 50

　過失の有無は，占有取得時を基準として判断される。したがって，占
有取得時以後の事実を主張することには意味がない。

　本件では，Yは令和2年3月4日に甲動産の引渡しを受け，占有を取
得していると主張している。したがって，それ以後である令和2年3月
12日に，YがAに甲動産の権利者であるか否かについて確認しなかった 55
という事実⑧は，基準時後の事実であり，主張することに意味はない。

　よって，事実⑧は，Yの過失の有無を判断するうえで，評価されない。
第4　設問3について

　占有移転禁止の仮処分命令が執行されたときは，そのことについて悪意
の占有取得者および善意の占有承継者に対して本案の債務名義に基づく強 60
制執行を行うことができる（民事保全法62条1項）。したがって，上記手
続をとれば，Yが甲動産を第三者に譲渡したとしても，Yに対する勝訴判
決によって甲動産を占有する当該第三者に対する強制執行を行うことがで
きるという意味で，将来の強制執行を保全することができる。

　よって，Pとしては，甲動産について，係争物に関する仮処分（同法23 65
条1項）としての，占有移転禁止の仮処分命令の申立てを行うという手続
をとるべきである。
第5　設問4について
　1　小問(1)について

　法律事務所Cの他の所属弁護士Pは，本件訴えの相手方であるYから
事件を受任することができない（弁護士職務基本規程（以下「規程」と 70
いう）27条3号）。そうであれば，Yの依頼は，他の所属弁護士Pが規程
27条の規定により「職務を行い得ない事件」にあたり，所属弁護士Rは
職務を行うことができない（規程57条）。そして，本件では「職務の公
正を保ち得る事由」もない。よって，弁護士RがYから依頼を受けるこ
とは，規程57条に違反するという問題がある。 75
　2　小問(2)について

　規程57条括弧書は「所属弁護士であった場合を含む。」と規定してい
るため，本件でも小問(1)と同様の問題があるとも思える。

　しかし，所属弁護士であった者が，当該共同事務所からの離脱後に規 80
程27条等で職務を行うことができなくなったにすぎない場合などは，当
該共同事務所において職務の公正を保ちえないという事由は存在しえな
いため，このような場合には，規程57条は適用されないと解する。

　よって，弁護士Pの独立後に訴えが提起され規程27条3号で職務を行
いえなくなった本件では，規程57条は適用されず，弁護士RがYから依 85
頼を受けることに弁護士倫理上問題はない。

以上

➡基準時は明確に
　示す

➡できるかぎり条
　文を摘示する

　本問は，動産の二重譲渡が問題となった事案を題材として，要件事実，事実認定，民事保全および法曹倫理についての問題点をそれぞれ問うものである。

　設問1では，対抗要件具備の事実が抗弁となる理由の説明，設問2(1)では，即時取得の抗弁が，設問1で検討した対抗要件具備による所有権喪失の抗弁とどのような関係に立つかについて，それぞれ，実体法の解釈を前提とした論述をすることが求められる。また，設問2(2)では，即時取得の過失を基礎づける事実についての理解とその説明が求められる。いずれも，要件事実・事実認定の分野の基本的な理解を問うものとして出題した。

　設問3では，訴訟代理人の重要な役割のひとつである民事保全手続に関し，適切な手続の選択を問うものである。

　設問4では，民事弁護の倫理においてもっとも重要な問題のひとつである利益相反の問題について出題した。

講　評 ▐▐▐

① 設問1

　設問1では，まず事実⑤，⑥から生じる実体法上の効果を分析することが求められている。事実⑤が，XY間の対抗関係およびYが「第三者」にあたることを基礎づけるという実体法上の効果を生じさせること，事実⑥が，Yが対抗関係において優先し確定的に所有権を取得する結果，Xが確定的に譲渡担保権を失うことになるという実体法上の効果を有することは，実体法の正しい理解があれば容易に導くことができる。しかしながら，実際の答案では実体法の正しい理解を答案に明示できていないものも散見された。

　要件事実は，実体法の要件効果をふまえてはじめて確定できるものである。したがって，要件事実に関する出題では，明示であると黙示であるとを問わず実体法上の要件効果をふまえることが要求されていると思ってよい。言い換えれば，要件事実の問題であるからといって身構える必要はなく，実体法の理解が要件事実というかたちで問われているにすぎない。要件事実の問題が苦手な場合は，そもそも民法の理解がおろそかであるか，あるいは民法と要件事実とを切り離して学習している可能性がある。その場合には要件事実の問題は，単に民法の理解が試されているにすぎないことを再認識する必要があるだろう。なお，民事実務基礎科目における民法の重要性は，予備試験サンプル問題に関するヒアリング（第8問）を参照してほしい。

② 設問2

1　小問(1)

　小問(1)前段では，まず即時取得の要件事実が何かが問われている。要件事実の問題では，民法の要件効果をふまえることが必要であるから，答案上では，まず192条に言及し，即時取得の実体法上の要件を示すことが求められる。そのうえで，いわゆる暫定真実を定めた186条1項や188条を正確に摘示し，主張立証責任から即時取得の最終的な要件事実を確定する必要がある。これらの条文を指摘することは必須であるが，加えて，暫定真実といった語句も示すことができれば理解していることが採点者に伝わり印象がよいであろう。このような用語には配点が振られている可能性があるので答案としては積極的に書き込んでいきたい。もっとも，キーワードを使う際には，その用語を理解していなければならないことはいうまでもない。

　小問(1)後段では，対抗要件具備による所有権喪失の抗弁との関係で，即時取得による所有権喪失の抗弁がどのように位置づけられるかが問われている。ここでの問題点は，即時取得による所有権喪失の抗弁は，選択的抗弁となるのか，予備的抗弁となるのかということである。

　選択的抗弁は，2つの抗弁が同格であり，裁判所がどちらから判断してもよいものをいう。これに対し，予備的抗弁は，相殺の抗弁のように，法律効果の観点から必ず最後に判断するか，あるいは論理的な構造から主位的抗弁より後に判断することを要するものをいう。この知識をふまえれば，

対抗要件の具備による所有権喪失の抗弁と即時取得による所有権喪失の抗弁が同格の抗弁であるといえれば，選択的抗弁であるということになる。

　本件では，要件事実は同一であるし，効果についてもどちらもXの所有権の喪失を基礎づけるものもあることから，どちらかが優先するような関係にあるものとはいえない。この2つは，法的構成も，これに続く攻撃防御方法もまったく異なるので，別個の抗弁であり，選択的抗弁と位置づけられるべきであろう。

2　小問(2)

　小問(2)では事実⑦，⑧が過失の有無を判断するうえでどのように評価されるかが問われている。

　過失の判断構造および基準時は基礎的な理解であるからしっかりとおさえておきたい。まず，過失の有無は，調査義務の存在とその懈怠というかたちで判断される。この構造がわかっていれば，事実⑦がどのように評価されるかは容易に判断がつく。次に，過失の基準時は占有取得時である。答案上においてこのような要件の基準時について正確に論述できているものは好印象であったが，そのような答案は少数であった。多くの答案は基準時に自信がなかったのか明言を避けていた。覚えたことはしっかりと答案に明示し，正確な理解を示したい。

　なお，本件とはやや離れるが，「善意」についても意義や判断基準を正確に把握しておかなければならない。即時取得における「善意」と一般の善意との違いや基準時についてはFL【即時取得の要件事実】にて言及しているのであわせて確認しておきたい。

　こういった要件の基準時がいつであるかということについては，民事実務基礎科目のみならず司法試験の民法においても頻出である。司法試験対策としても，この段階で覚えておこう。

③　設問3

　設問3では，民事保全法の知識が問われている。民事保全法の出題について，サンプル問題に関するヒアリングでは，「論文式試験のサンプル問題には，民事保全や民事執行を入れなかったが，これも出題範囲には含まれることとなる。」との指摘がある。民事執行・民事保全も論文式試験の出題範囲内であり，現に民事執行も民事保全も近年出題がある。手薄になりがちな部分だがひととおりの学習をしておくことが望ましい。FL【民事執行法】・【民事保全法】には目をとおしておこう。

　かりに民事保全法に関して学習が進んでいなかったとしても諦めてはいけない。設問3については民事保全法の知識が問われていることもあり，解答それ自体を諦めている答案もあったが，条文を参照すれば最低限の手段はあげられるはずである。目次を手掛りにしながらどうにか論述をしたいところであった。論文式試験は，書いてあることが評価される試験であるから，何かを書けばそれが得点につながることがありうる。知らない問題が出題されたときこそ，真価が試されているということを忘れてはならない。

④　設問4

　設問4は法曹倫理に関する問題であるが，比較的多くの答案が問題となる条文を指摘できていた。

　設問4で問題となる条文を指摘できなかった場合は，問題となる条文を発見しようとする姿勢そのものが弱い可能性があるので要注意である。というのも，本件では弁護士Rは共同法律事務所の一員であるところ，弁護士職務基本規程の目次を参照すれば第7章にて「共同事務所における規律」を発見することができ，第7章の規律は6条分しかないため探そうとすれば容易に問題となる条文を発見することができるからである。知らないからといって諦めていては合格は危うい。本試験では必ず未知の問題が出題されるのだから，こうした機会に条文をしっかりと探すことが重要である。

第1　設問1

1　そもそも抗弁とは，原告の主張する請求原因事実と両立し，請求原因
　事実から生じる法律効果を消滅・障害，阻止する法律効果を有する事実
　で，被告に立証責任のあるものを言う。

　　本問において，訴訟物は，所有権に基づく返還請求権であり，要件事　　　5
　実として，ⓐ甲動産についてXの所有，ⓑ甲動産についてのYの占有で
　あるところ，事実①ないし③でⓐが，事実④でⓑが基礎付けられている。

　　そして，⑦は，Yが甲動産の所有権を取得したことを基礎付けるもの
　で，⑧は，Yが甲動産の占有を得たことにより，Yは，Xに優先して甲
　動産の所有権を取得し，反射的にXが無権利となることを基礎付けるも　　10
　のである。これは，①ないし④と両立し，かつ①ないし③で基礎付けら
　れた甲動産についてのXの所有という法律効果を消滅させるものとして
　抗弁にあたる。

第2　設問2

1　(1)について　　　　　　　　　　　　　　　　　　　　　　　　　　15

　ア　即時取得の要件事実は，１動産についての取引行為により，２平
　　穏・公然，善意・無過失で３占有を始めたことである（民法192条）。

　イ　まず，１については，⑤の事実により既に主張されている。そして，
　　２について，平穏・公然・善意については民法186条１項により，動
　　産については，無過失については民法188条により推定されるので，　　20
　　即時取得を主張する者が主張立証する必要はない。

　　　最後に，３について，「占有を始めた」（民法192条）は，即時取得
　　者と，即時取得により権利を失う者の利益衡量の結果，占有の移転が
　　外部に現れていることを要し，占有改定では「占有を始めた」にはあ
　　たらない。したがって，引渡しの具体的な態様につき，⑤・⑥に加え　　25
　　て主張する必要がある。但し，問題的には引渡しがあったと見てよ
　　い。

2　(2)について

　ア　(1)でも述べたように，即時取得の要件である無過失については，民
　　法188条により推定され，その結果，立証責任が転かんされXは，Yに　　30
　　過失があることを主張・立証しなければならない。

　　　そして，過失は，裁判官の規範的評価によってはじめて存否が確定
　　する規範的要件であるところ，規範的要件を立証する責任を負う者は，
　　その要件を基礎付ける評価根拠事実を主張し，立証がされれば，相手
　　方が評価障害事実を主張立証するという構造となる。　　　　　　　　35

　イ　⑦について

　　　⑦の事実によれば，Yが甲動産をAから買い取ったと主張する令和
　　２年３月４日には，甲動産には「債権者X」等と記載されたプレート
　　が打ち付けられていた。中古品販売業を営む者は，中古品を不当な高
　　値で買取らされないために，買取る品物をすみずみまでチェックする　　40
　　はずである。とすれば，甲動産に「債権者X」と書かれたプレートが
　　打ちつけられていた事実は，もし仮に，Yが甲動産に譲渡担保が設定
　　されていることを知らなかったとしても，注意義務を欠いたものとし
　　て，過失の評価根拠事実となる。

（右欄注釈）

○抗弁の意義が
　正確に論述でき
　ている

△訴訟物は，所
　有権に基づく返
　還請求権として
　の動産引渡請求
　権である

×⑦，⑧ではな
　く⑤，⑥である

○実体法の分析
　ができている

△条文から入る
　姿勢はよいが，
　これは要件事実
　ではなく実体法
　上の成立要件で
　あろう

△本件ではこの
　点は問題となら
　ない

△文章が不自然
　である

△この一般論は
　本件とあまり関
　係がない

△「注意義務の
　懈怠を基礎づけ
　る」と正確に論
　述したい

ウ　⑧について

　　買った品物に譲渡担保権が実は付いており，譲渡担保権者から引渡
　しを請求された場合に，買主が本当に譲渡担保権が付いていることを
　知らなかったのであれば，譲渡担保権者から請求をされた際に，売主
　に事実確認を再度しなおすはずである。にもかかわらず⑧Yは，Aが
　甲動産の権利者であるか否かの確認をしなかった。この事実は，譲渡
　担保権が付いていることを知っていたことを基礎付けるものであり，
　悪意を基礎付けるものである一方で，過失については，評価根拠事実
　とはならないものと考えられる。

←×悪意について
は問われていな
い

第3　設問3

　　本問においては，本件訴えの係属中に，Yは甲動産を他の者に譲渡して
　しまうおそれがある。そして，現実に譲渡されてしまえば，即時取得が成
　立する可能性があり，譲受人が訴訟承継をしても敗訴してしまうおそれが
　ある。

　　そこで，Xの弁護士Pは，Yが甲動産を他者に即時取得されないように
　処分禁止の仮処分（民事保全法23条，24条）を申立てるべきである。

←△占有移転禁止
の仮処分である
ことを指摘した
い

第4　設問4

1　(1)について

　　弁護士Rは，Pと共に，共同で法律事務所を経営している。

　　そして，共同事務所の所属弁護士は，他の所属弁護士が，規程27条又
　は28条の規定により職務を行い得ない事件について職務を行ってはいけ
　ないものとされている（規程57条）。

　　本問では，他の所属弁護士Pが，依頼者Yの相手方であるXの事件を
　受任している（規程27条3号）。

　　したがって，弁護士Rが，Yからの依頼を受けることは弁護士倫理規
　程57条に違反し許されない。

←○問題となる条
文が摘示できて
いる

2　(2)について

　　では，(1)と異なり，Pが既に共同事務所から独立している場合はどう
　か。

　　この点，規程57条により，共同事務所の他の弁護士の受任を制限した
　のは，共同事務所内で利益相反のおそれがあり，弁護士の信頼を損ねる
　おそれがあることから，それを防止することを趣旨とする。

　　とすれば，既に独立している場合，弁護士間の関係性の密度は小さく
　なっており，結託して依頼者間で利益相反を行うおそれは大きくなく，
　これを許しても，弁護士の信頼が害されるとは言えない。

　　また，独立後も規程57条が適用されるとすれば，弁護士の活動領域が
　不当に狭まってしまうことにもなる。

　　よって，独立した後には規程57条は適用されない。

　　したがって，RがYから依頼を受けることは弁護士倫理上問題はない。

　　　　　　　　　　　　　　　　　　　　　　　　　　　　　　　　以上

←○趣旨から論じ
る姿勢はとても
よい

←○趣旨をふまえ
て具体的に論じ
られている

優秀答案における採点実感

① 全体

　若干ミスが目立つ点や設問に真正面から答えていない点は惜しい。その部分は反面教師にする必要がある。しかし，その他の部分では端的な論述が展開されていることに加えて趣旨から論述できている点も学ぶべきところが多いだろう。この答案をたたき台にして，自分ならどのように論述するかを考えてみてもらいたい。

② 設問1

　抗弁の意義が正確に示されている点は印象がよい。もっとも，民事実務基礎科目においては実体法の理解が非常に重視される。設問1では，実体法上の効果を直接問うものであるから，いっそう実体法の理解を示したいところではある。特に，事実⑤が「第三者」(178条)を基礎づけるものであることについては，多くの答案が指摘する部分であるから，「第三者」の正確な定義を示しつつ論述したいところであった。大多数の答案が指摘するところを落としてしまうと，大きく差をつけられてしまうので注意したい。

③ 設問2

1 小問(1)

　192条の要件を示すことができている点はよい。そして，186条，188条といった基礎的な条文もしっかりと摘示できている。基礎的な指摘の部分でしっかりと点数がとれている。

　しかし，小問(1)においては，答案の形式としてまず問いに答えられていない。問いに答えるために，小問(1)の論述は，「⑤および⑥の各事実以外に主張すべき事実はない。」といったもので終わらせるべきだろう。

　また，この答案は，小問(1)後段の設問を落としてしまっている。書き忘れたのであれば論外であるし，わからないから書かないのであれば消極的である。どちらにもならないように，この部分は反面教師としてもらいたい。問に答えるという姿勢を徹底することが受験上必要不可欠である。

2 小問(2)

　小問(2)の冒頭は，誤った知識ではないが，本件とはあまり関係がない一般論であり冗長である。より端的に論述するにとどめるのがよいだろう。特に実務基礎科目では時間の制約が厳しくなることが多い。こういった部分は時間がない場合には省略してよい部分である。

　事実⑦の論述からは，過失の構造の理解が甘いことがうかがえる。事実⑧の論述は，本件では過失の認定について問われているにもかかわらず悪意について論じている点でまったく点数にならない可能性がある。設問に真正面から答えることは基本中の基本である。どうしてもわからない場合に逃げるという手段はあくまでも最後の手段であるから，安易に頼るべきではない。この答案のこの論述部分は参考にすべきではないだろう。

④ 設問3

　民事保全法の条文が見つけられている点はよかった。しかし，多くの受験生が占有移転禁止の仮処分ということまで論述してくると思われるので，この部分まで論述したいところであった。

⑤ 設問4

　問題となる条文を摘示したうえで，小問(2)では趣旨から具体的に論じられている点はすばらしい。法曹倫理まで十分な学習をすることはできないであろうから，その場合にはこのように自分で趣旨を考え，その趣旨から具体的に論じることで十分高得点を狙うことができる。この部分は法曹倫理のひとつの理想的な答案のかたちであるから非常に参考になるだろう。

第2問　部屋とスパイスと私

〔設問1〕

　別紙【Xの相談内容】は，弁護士PがXから受けた相談の内容の一部を記載したものである。これを前提に，以下の問いに答えなさい。

　弁護士Pは，Xの依頼により，Yとの間の賃貸借契約終了に基づく目的物返還請求権としての建物明渡請求権を訴訟物として，Yに対して本件貸室の明渡しを請求する訴え（以下「本件訴え」という）を提起しようと考えている。弁護士Pが，別紙【Xの相談内容】を前提に，本件訴えの訴状において，請求を理由づける事実（民事訴訟規則第53条第1項）として必要十分な最小限のものを主張する場合，次の各事実が必要であり，かつ，これで足りるか。結論とともに理由を説明しなさい。

① Xは，平成11年4月1日，Yに対して，本件貸室を，賃料月額20万円，期間を同日から20年の約定で賃貸したとの事実
② Yは，平成30年4月1日以後，本件貸室で飲食店の営業を始めたとの事実
③ Xは，平成30年5月10日，②の使用をやめるよう催告したとの事実
④ Yは，③以降，⑤までの間，②の使用を継続したとの事実
⑤ 平成30年5月24日は経過したとの事実
⑥ Xは，平成30年5月30日，Yに対して，①の契約を解除するとの意思表示をしたとの事実

〔設問2〕

　弁護士Pは，訴状に本件の請求を理由づける事実およびそれに関連する事実を適切に記載したうえで，本件訴えを平成30年6月15日に提起した（以下，この事件を「本件」という）。数日後，裁判所から訴状の副本等の送達を受けたYが，弁護士Qに相談したところ，弁護士Qは，Yの訴訟代理人として本件を受任することとなった。別紙【Yの相談内容】は，弁護士QがYから受けた相談の内容の一部を記載したものである。これを前提に，以下の問いに答えなさい。

(1) 別紙【Yの相談内容】の第2段落目の主張を前提とした場合，弁護士Qは，どのような抗弁を主張することになると考えられるか。当該抗弁として主張すべき内容の要約およびその事実が抗弁となる理由を簡潔に記載しなさい（なお，当該抗弁を構成する具体的事実を記載する必要はない）。

(2) (1)の抗弁が記載された答弁書が弁護士Pのもとに直送されたとする。弁護士Pとしては，請求を理由づける事実による本件契約の解除が認められない場合に備えて，本件契約を終了させる手段として，いつまでに，どのようなことをすることが考えられるか。結論とその理由を簡潔に説明しなさい。

〔設問3〕

　弁護士Qは，別紙【Yの相談内容】を前提に，〔設問2〕(1)のとおりの抗弁事実を適切に記載した答弁書を裁判所に提出した。

　本件については，平成30年7月20日に第1回口頭弁論期日が開かれた。同期日には，弁護士Pと弁護士Qが出頭し，弁護士Pは訴状のとおり陳述し，弁護士Qは答弁書のとおり陳述した。そのうえで，弁護士Qは次のとおり陳述した。これを前提に，以下の問いに答えなさい。

　弁護士Q：本件貸室の賃貸借契約について，Xのいう解除が認められないとの主張は，答弁書に記載したとおりですが，かりにその主張が認められなくとも，本件における賃借人Yによる本件貸室の使用態様は，賃貸人Xに対する背信行為であるとは到底評価できない程度のものです。したがって，いずれにしても，解除は認められ

ないはずです。

　背信行為などの規範的評価に関する法律要件について，その規範的評価を根拠づける具体的事実が主要事実であるとする考え方に立つ場合，「背信行為と認めるに足りない特段の事情」として，弁護士Qが主張立証すべき具体的事実を別紙【Yの相談内容】から2つ指摘し，その理由を簡潔に説明しなさい。なお，別紙【Zの言い分】を考慮する必要はない。

〔設問4〕
　本件訴えについては，必要な主張立証が行われ，平成31年1月18日，口頭弁論が終結した。その後，同年2月22日に，Xの請求を認容する判決（以下「本件判決」という）が言い渡され，この判決は確定した。本件判決に基づく強制執行についても委任を受けていたX代理人弁護士Pが，本件判決の正本をもって，Yを債務者とする本件貸室の明渡しの強制執行の申立てをしたところ，本件貸室は債務者が占有していないとして執行不能となった。
　別紙【Zの言い分】は，本件貸室を占有しているというZから弁護士Pが聴取した主張の一部を記載したものである。
　以上を前提とした場合，弁護士Pが本件判決に基づいて本件貸室の明渡しの強制執行をすることはできるか。できるとする場合には，そのために弁護士Pが採るべき手段について，できないとする場合にはその理由について，簡潔に説明しなさい。

（別　紙）
【Xの相談内容】
　別紙物件目録（略）記載の建物（以下「本件建物」という）は，もともと，私が所有している建物でしたが，今から30年ほど前，近くを走る鉄道の会社が付近を高級住宅地として開発を始めたことから，それに合わせるかたちで，高級アパートとして改装し，現在にいたるまで賃貸をしています。
　本件建物は，貸室をすべて居住目的としていました。私は，Yとの間で，平成11年4月1日，期間を同日から20年，賃料を月額20万円，目的を居住専用と定めて，本件建物の1階部分の1区画（以下「本件貸室」という）を賃貸する契約を締結し，同日，Yへの引渡しを行いました。Yは，そこで家族とともに生活を始めました。
　平成30年春頃，本件建物の他の居住者から，1階からの臭いが強烈で困るという苦情がありました。現地を見に行ったところ，本件貸室の入口付近に，本件建物の外観と似たデザインの看板が掲げられており，人の出入りが激しくなっていました。Yに事情を尋ねたところ，勤めていた会社をやめたのをきっかけに，以前からやりたいと思っていた多国籍料理の店を開こうと思い，本件貸室の一部を若干改装して店舗にしたとのことでした。私は，そのような話は聞いておらず，勝手に改装をされては困ると思い，Yに対して，すぐに本件貸室を原状に戻すよう抗議しましたが，Yは，せっかく開店にこぎつけ，客足も伸びてきているので，それはできないとの一点張りでした。
　そこで，私は，平成30年5月9日，Yに対し，2週間以内に本件貸室を飲食店の営業に使用することをやめることを求める通知を内容証明郵便で送りました。これは，翌日にYに配達されています。しかし，その後もYは，この通知に応ずる気配がありませんでしたので，平成30年5月29日，賃貸借契約を解除する旨の通知を内容証明郵便で送りました。これも，翌日にYのもとに配達されています。
　私としては，いちおう高級住宅街のなかのアパートのひとつと見られている本件建物で，そのような店の営業を行ってもらうわけにはいかないと考えており，また，使用する食材や調味料などの臭いが周囲に漂っているのも，苦情を受ける側としては迷惑な話であると

思っています。そもそも，当初の条件と異なる使い方であるわけですので，これ以上，契約を続けるわけにはいきません。ちょうど，近いうちに私の息子が結婚する予定があり，新居を探しているところだったので，Yには，立退料を支払ってでも，出ていってもらいたいと考えています。

【Yの相談内容】

　本件貸室については，訴状に記載してあるとおり，もともとXの所有であり，私は，Xとの間で本件貸室について20年間の賃貸借契約を締結しました。

　私は，平成29年の年末に，それまで勤めていた会社を早期退職でやめました。そのタイミングで，それまで長年の夢だった多国籍料理の店の経営を始めることにしました。新たに店舗用の物件を借りる資金がなかったことから，本件貸室の一部を店舗とすることになったのです。資金の面で一定のメドがついたら，ちゃんとした物件を探してそちらに移転するつもりでした。その点については，年末，飲食店をやることをXに話しに行った際に，Xに了解してもらっていたはずです。

　その後，本件貸室を若干改装して，平成30年4月1日，今の店舗をオープンさせました。改装といっても，もともとオープンキッチンで広めのダイニングとして使っていた部屋に，カーテンを付けたり壁紙を張り替えたりした程度にすぎません。また，客は，私の知り合いなど紹介の人が中心で，予約数や開店時間も制限していることから，本件建物の他の住人に迷惑ではないはずです。臭いの苦情があるとのことですが，一般的な洋食でも使われるスパイスのものであり，慣れの問題ではないかと思います。幸い，収益は順調に上がっており，おかげで，本件貸室の賃料の支払は滞りなく行っています。

【Zの言い分】

　私は，本件貸室で多国籍料理の店を営んでいます。私は，Yとは旧知の仲で，この店がオープンした時から調理人としてここで働いていましたが，Yは，昨年末，地方の実家の都合で長期間ここを離れなければならなくなりました。そこで，この店の運営を私がやることになりました。その際，本件貸室は，Yから期間を定めず賃貸を受けるということにしました。平成31年1月31日のことです。ただ，その点について，契約書は作成していません。同年2月からは，店舗関係の取引もすべて私の名義で行っており，本件貸室は，現在は私が占有していることになると思います。本件貸室についてYがXとの間で紛争になっていたということは知りません。

1 設問1

本設問は要件事実の問題である。民事実務基礎科目の問題においては，要件事実の問題が比較的配点が高い傾向にある。したがって，本設問では記述の分量を確保する必要がある。

まず，賃貸借契約の終了に基づく目的物返還請求の請求原因は，⑦賃貸借契約の成立，⑦⑦の契約に基づく目的物の引渡し，⑦⑦の契約の終了原因である。

賃貸借契約の終了に基づく目的物返還請求権は，賃貸借契約から発生した権利であるから，⑦賃貸借契約が成立していることが必要である。賃貸借契約の冒頭規定である601条は，「当事者の一方がある物の使用及び収益を相手方にさせることを約」することと，「相手方がこれに対してその賃料を支払うことを約する」ことによって成立すると定める。そのため⑦としてこれらの事実を主張する必要がある。なお，本書では貸借型理論に立たないので，期間の合意は賃貸借契約の成立要件とならないと考える（貸借型理論については，FL【貸金返還請求の要件事実】5参照）。

次に⑦は，賃貸借契約は諾成契約であるから，契約の成立要件ではないものの，賃貸借契約の終了に基づく返還請求をするためには，賃貸借契約に基づいて借主に引渡しがなされたことが前提となる。そのため，⑦の事実を主張する必要がある。

⑦について，本件の建物賃貸借契約の終了原因としてXは，債務不履行解除を主張している。賃貸借契約では，借主は定まった用法に従い使用収益をしなければならない（616条・594条1項）。この義務を用法遵守義務という。これは，賃借人の使用収益方法を限定，制限するものであるから，不作為義務である。この不作為義務違反は，履行遅滞にあたるものと考えられる（講評1）。したがって，用法遵守義務違反に対しては，履行遅滞に基づき賃貸借契約を催告により解除することができる（541条）。本件において，Yは，本件貸室が居住専用と定められているにもかかわらず，飲食店の営業に使用している。そこで，⑦の賃貸借契約の終了原因として催告による解除の要件事実を検討することになる。催告による解除の要件事実は，FL【催告による解除の要件事実】に譲る。

本件で履行遅滞となっているのは用法遵守義務である。この義務違反を主張するには，①用法の合意の事実と②その用法に違反しているという事実を主張する必要がある。①の用法の合意は，賃貸借契約の成立要件ではない。そのため，⑦賃貸借契約の成立，という事実からただちに導けるものではなく，別個に主張立証する必要がある。また，FL【催告による解除の要件事実】では「債務を履行しない」ことという要件は，債務者の側で債務を履行した事実を主張立証させるとしたが，本件の用法遵守義務は居住目的以外には使用しないという不作為義務であるから，公平の見地に照らし，解除を主張する賃貸人において不作為義務違反である行為を行ったこと（用法違反の事実）を主張立証する必要がある。そして，541条は催告後相当「期間内に履行がないとき」に解除権が発生するとしていることから，その期間内に用法遵守義務違反を止めなかったことを主張立証する必要がある。

よって，⑦の事実として，①用法の合意，②用法違反の事実，③催告，④催告後相当期間の経過，⑤④の期間内に用法遵守義務違反を止めなかったこと，⑥解除の意思表示，が必要である。

本件で，⑦は事実①，⑦のうち②は事実②，③は事実③，④は事実⑤，⑤は事実④，⑥は事実⑥として主張されている。しかし，⑦と，⑦のうち①は主張されていない。よって，この2つの事実を主張する必要がある。

2 設問2

1 小問(1)

【Yの相談内容】の第2段落には，Yが本件貸室の一部を店舗とすることにつきXに了解してもらっていたとある。これは，Yが居住目的以外の目的，すなわち，飲食店目的で本件貸室を用いることについて承諾していたことを述べるものである。Yとしては，Xが承諾したにもかかわらず，Yが飲食店用として賃貸物件を使用したことを理由に，賃貸借契約を解除されるのは到底納得がいかないだろう。これを条文に即して考えれば，特約に基づく用法の合意があっても，賃貸人が別の用法について承諾をすれば，当該用法も「契約……によって定まった用法」（616条・594条1項）であ

ると考えられる。契約により定まった用法に従っている以上，用法遵守義務違反はなく，債務不履行がないことから，解除の理由を欠く。そして，当初居住目的として合意していた事実と，平成29年の年末に飲食店目的での使用を承諾した事実は，事実として両立するため，承諾の事実は抗弁となる。したがって，平成29年の年末にXY間で飲食店目的で使用することを合意した旨を抗弁として主張することが考えられる。

このようなことは，基本書等には完全に整理されていないことであるが，要件事実および民法の基本的知識から解答を導くことは十分可能である。

② 小問(2)

債務不履行解除以外に賃貸借契約を終了させる方法として，解約申入れ（借地借家27条1項）と期間満了が考えられる。解約申入れは期限の定めのない賃貸借契約において適用される制度であるから，賃貸借契約の期間が定められている本件では，解約申入れにより賃貸借契約を終了させることはできない。そこで，期間満了による賃貸借契約の終了を検討することになる。

本件では，建物賃貸借契約なので借地借家法の適用がある（1条）。そして，期間を平成31年4月1日から20年とする賃貸借契約が締結されているところ，借地借家法の適用下で，期間満了により賃貸借契約を終了させるには，当該期間満了の1年前から6か月前までの間に更新をしない旨の通知をする必要がある（26条1項本文）。そのため，平成30年4月1日から，平成30年10月1日までの間に，更新しない旨の通知をする必要がある。

③ 設問3

本件では，居住目的の合意がなされているから，背信行為と認めるに足りない特段の事情として，店舗のための使用態様が居住による使用態様と大差ないことを示す事実を主張していくことになる。賃借人に用法遵守義務が課せられているのは，定められた目的から逸脱すると，使用態様や占有方法が大きく変わりうるからである。そこで，目的外使用であっても，使用態様や占有方法が変わっていない事実を示すことで，背信行為と認めるに足りない特段の事情を根拠づける事実となる。具体的には以下の2つの事実が抽出できる。①Yの改装はカーテンを付けたり壁紙を張り替えたりした程度にすぎないという事実，②Yの店は，紹介の客が中心であり，予約数・開店時間などを制限しているとの事実である。①は，居住目的で使用している場合でも通常行いうるものであり，使用態様に大きな変更はないという評価が可能である。②の事実は，居住している住居に知り合いを呼んでいる状態とほとんど変わらないという評価が可能であろう。

なお，この2つ以外にも該当する事実がある。自身が適切と思う事実を拾い，適切に評価することができればよい。

④ 設問4

民事執行については，勉強が進んでない受験生も多いかもしれないが，問題となる条文を探し，食らいついていくしかない（民事執行については，FL【民事執行法】参照）。

本件では，平成31年1月31日に，Zは占有を開始しており，口頭弁論終結後の占有者である。このような者は，口頭弁論終結後の承継人（民執23条1項3号）にあたる。したがって，PはZを執行債務者とする強制執行を行うことができる。もっとも，強制執行を行うためには，執行文の付与を受ける必要がある（25条本文）が，Zは債務名義に表示された当事者ではないため，承継執行文（27条2項）の付与を受ける必要がある。承継執行文の付与を受けるためには，「その者に対し……強制執行をすることができること……を証する文書を提出」する必要がある。しかし，本件ではZとYは契約書を作成しておらず，Zが口頭弁論終結後の承継人であることを示す文書を提出することは困難である。このような場合には，執行文付与の訴え（33条）を提起することになる。

なお，本件には直接明示されているわけではないが，Yが口頭弁論終結後に，みずからの敗訴を悟り，Xによる執行を妨害するために，転借人Zに対して建物を転貸した可能性もある。このような執行妨害を防ぐため，実務では，訴えの提起前に，占有移転禁止の仮処分を行っておく。これにより，Zへの転貸がなされたとしても，わざわざ執行文付与の訴えを提起せずに，Zに対して強制執行を行うことができる（民保62条）。このような実務上の知識も覚えておくと，後々役に立つ。詳しくはFL【民事保全法】を参照のこと。

答案例

第1　設問1について

1　必要な要件事実

(1)　本件訴訟物は，賃貸借契約の終了に基づく目的物返還請求権であるから，まず㋐賃貸借契約が成立していることが必要である。次に，目的物返還請求は，賃貸借契約に基づいて借主に目的物が引き渡されていることが前提であるから，㋑㋐の契約に基づく目的物の引渡しが必要である。そして，㋒賃貸借契約が終了する原因が必要である。以上㋐から㋒までが要件事実である。

➡必要な要件の大枠

(2)　Xは，㋒契約終了原因として，用法違反を理由とする解除を主張している。賃貸借契約では借主は契約によって定まった用法に従い使用収益しなければならず（民法616条・594条1項，以下法名略），用法違反は借主の債務不履行であることから，債務不履行解除の要件を検討することになる。

　　債務不履行解除の実体法上の要件は，ⅰ債務の発生原因事実，ⅱ履行可能，ⅲ債務の履行期が経過，ⅳ債務者が履行しないこと，ⅴ不履行が軽微でないこと，ⅵ遅滞の違法性，ⅶ催告，ⅷ催告後相当期間の経過（以上，541条本文），ⅸ解除の意思表示（540条1項）である。

➡実体法上の要件

　　次に解除する者が主張立証する必要があるものとして，ⅰとⅳ，それにⅶからⅸまでがあげられる。ⅱは，債務は履行可能であることが原則であり，履行不能である例外的事情は抗弁で主張すれば足りる。ⅲは用法遵守義務という本件の債務では継続的に不作為義務を負うから，常に履行期であるといえる。ⅴは，解除の効果を争うことで利益を受ける債務者が，不履行が軽微であることを基礎づける事実を主張立証すべきである。ⅵは，債務を履行しないことは原則として違法であり，違法でないという例外的事情は債務者に主張させれば足りる。

➡要件事実の分配

　　なお，ⅵについては，原則，履行によって債務を免れる利益を受け，解除の効果を争う債務者が履行したことの主張立証責任を負う。しかし，本件の債務は不作為義務であり，定められた用法に従い使用収益していることの主張立証責任を負わせることは公平ではない。そこで，不作為義務に関しては，定められた不作為義務に反する作為を行ったことを債務不履行を主張する債権者が主張立証すべきである。したがって，ⅵを，解除する者が主張立証する必要があるものとしてあげた。

2　本件で主張されている具体的事実

　　本件で，㋐は事実①，㋒のうちⅳは事実②と事実④，ⅵは事実③，ⅶは事実⑤，ⅷは事実⑥で主張されている。しかし，㋑と㋒のうち事実①は主張されていない。よって(A)事実①の契約に基づく引渡しがなされた事実と，(B)使用目的を居住にかぎるとの合意がある事実を主張する必要がある。

➡主張されている事実との対応

➡追加で主張が必要な事実

第2　設問2(1)について

　　弁護士Qは，本件貸室を店舗目的として使用することについてXY間で合意があったとの事実を，抗弁として主張する。

➡承諾の抗弁

　　この事実があれば，店舗目的での使用も「契約……によって定まった用

➡条文に引き付ける

法」(616条・594条1項）に該当し，②の使用態様がYのXに対する債務不履行とはならず，訴訟物たる明渡請求権の発生を障害するからである。　45

第3　設問2(2)について

1　結論

弁護士Pは，Xの代理人として，Yに対して，平成24年10月1日までに，①の契約の更新をしない旨の通知を行うことが考えられる。　50

2　理由

①の契約は，平成31年4月1日に契約上の期間が満了するが，これは建物の賃貸借契約であることから，当該期間満了の1年前から6か月前までの間に当事者が更新しない旨の通知をしなければ，同一条件で契約を更新したものとみなされるからである（借地借家法26条1項本文）。　55 ➡条文から導く

第4　設問3について

1　総論

そもそも用法遵守義務違反が原則として背信行為となるのは，賃貸人は賃借人に対して自己の所有物を賃貸して占有させるのであり，その占有方法や使用態様を無限定とすると，賃貸人に不測の損害を生じさせ，　60 ➡用法遵守義務違反の趣旨
賃貸人の地位を不安定にするからである。そこで，形式的には用法遵守義務違反があっても，その占有方法や使用態様が従前の用法で想定されるものとほとんど変わらない場合は，例外的に背信行為とならない。

2　具体的事実

(1)　Yのした改装が，カーテンを付けたり壁紙を張り替えたりした程度　65 ➡事実の摘示
であるとの事実

この事実は，当該改装が，本来の使用目的でも通常行う程度のものであることから，使用態様に大きな変更はなく，契約で使用目的を制限した趣旨を逸脱するものではないことを基礎づける事情となる。 ➡評価

(2)　Yの店は，紹介の客が中心であり，予約数・開店時間などを制限し　70 ➡事実の摘示
ているとの事実

この事実は，本件貸室へ出入りする者が不特定多数というわけではなく，その使用態様が居住に供した場合と大差ないことを表すことから，契約で使用目的を制限した趣旨に反するものではないことを基礎づける事情となる。　75 ➡評価

第5　設問4について

【Zの言い分】によれば，Zは，本件訴えの口頭弁論終結日以後に，本件訴えの目的物の転貸を受けている。このような者は，口頭弁論終結後の承継人（民事執行法23条1項3号）にあたる。したがって，弁護士Pは，本件の確定判決を債務名義として，Zを債務者とする強制執行を行うことが　80 ➡条文摘示
できる（同項柱書）。

強制執行を行うためには，執行文の付与を受ける必要がある（同法25条本文）。この場合，「債務名義に表示された当事者以外の者を……債務者とする」（同法27条2項）場合にあたることから，承継執行文（同項）の付与を受ける必要があるが，ZはYとの間の契約につき契約書を作成していない　85 ➡条文摘示
ないとしており，その要件を証明する文書の提出（同項）はできない。 ➡本件の事情

よって，弁護士Pは，承継執行文の付与を受けるために，執行文付与の訴え（同法33条）を提起するという手段を採るべきである。　　　　以上 ➡結論

設問1は，実務上重要な訴訟類型のひとつである賃貸借契約終了に基づく建物明渡請求について，請求を理由づける事実として必要な事実は何かを検討させるものであり，実体法の正しい理解に基づいて要件事実を考えることのできる力が問われている。

設問2(1)は，被告代理人弁護士の立場で，【Yの相談内容】から訴状の請求原因に対して主張することのできる抗弁について，設問2(2)は，原告代理人弁護士の立場で，【Xの相談内容】の事実関係から，別の契約終了原因を基礎づけるためになすべき手段について，それぞれ検討させるものである。

設問3は，いわゆる規範的要件のひとつである「背信行為と認めるに足りない特段の事情」について，評価根拠事実を検討させるものである。

設問4は，民事執行の問題として，いわゆる口頭弁論終結後の承継人に対して強制執行を行う場合の手続について問うものであり，民事執行の基本的手続の理解が問われている。

① 設問1

書き方が整理されていない答案が散見された。問題文記載の事実が，主張すべき要件事実として必要十分であるかを問われているのであるから，まず主張すべき要件事実は何かという点を確定しなければならない。主張すべき要件事実が何かを確定するためには，その請求の実体法上の要件は何かを，条文を根拠に示さなければならない。

答案では，まず実体法上必要な要件を条文を根拠に示し，次に原告側が主張しなければならない要件事実を整理し，最後に実際に主張された事実が過不足ないかを書くことになる。ここはある程度書き方の「型」があるので，うまく書けなかったと感じたならば，答案例の書き方を分析してみるとよいだろう。

設問1は，主張すべき要件事実としては足りないという答えになる。要件事実を正確に理解していないと答えられない問題であるが，多くの答案は賃貸借契約に基づく引渡しの要件事実の主張が必要であることを答えられていた。もっとも，一部の答案では，事実①で賃貸借契約に基づく引渡しが主張されているとするものがあった。おそらく，事実①の「賃貸した」という文言から，そのように解したのであろうが，要件事実を記載する際には，「賃貸借契約に基づき，○○を引き渡した。」というように記載する。したがって，「賃貸した」という事実では主張したことにはならないので注意が必要である。

用法の合意があるという事実を加えて主張しなければならない点は，なかなか気づきにくい点ではあると思うが，多くの答案が言及することができていた。

なお，用法遵守義務違反のような不作意義務違反について，債務不履行の類型として履行遅滞，履行不能，不完全履行のいずれにあたるのか，これらとは別個の類型なのかについて見解が一致しているとはいえない。もっとも，履行遅滞を前提として解説する文献が比較的多い（『民事訴訟における要件事実第2巻』108頁，『要件事実マニュアル第2巻』328頁）ことから，本答案例および思考過程も履行遅滞解除を前提としている。

② 設問2

1 小問(1)

XがYの飲食店目的の使用を容認した，というYの言い分は，ほとんどの答案が気づいていた。しかし，これを答案に書く際に，正確性を欠く答案が予想外に多かった。たとえば，使用目的が居住から飲食店に変更されたという主張がそれである。【Yの相談内容】によれば，「本件貸室の一部を店舗とすること」としたのであって，本件貸室を全部店舗にしたわけではない。Yは依然として本件貸室に居住しているのであり，住居としての使用を継続しているのであるから，飲食店用に完全に変更したわけではない。そのため，「使用目的を変更した」という主張は不適切である。

本設問で出題した承諾や合意の抗弁は，教科書等に整理されているわけではないが，問題文のYの相談内容を見れば，Xに了解を得たという点を根拠に反論しようとしていることは明らかである。承諾や合意の抗弁について知識がなくとも，問題文から解答を導くことは十分に可能である。要件事実は暗記科目ではないという意識をもつ必要がある。

2　小問(2)

更新拒絶の通知については，ほとんどの答案が解答できていた。賃貸借契約が登場する問題では，借地借家法が登場することが多いので，普段から借地借家法の勉強も怠らないようにしたい。

借地借家法に基づいて論述する場合には，借地借家法の適用があることに触れておくべきである。本件は，建物賃貸借であるから，借地借家法の適用がある（借地借家1条）。

また，解約申入れ（27条1項）に言及している答案が少数ながらあった。解約申入れは期限がない賃貸借契約にのみ適用されるから，本件では適用がない。これを機会に解約申入れが適用される場面における要件事実についても各自の基本書等で確認しておいてほしい。

3　設問3

本設問では，用法遵守義務違反の主張に対して信頼関係が破壊されていない特段の事情を主張するのであるから，用法に関する具体的な主張をするべきである。ここで，通常の賃貸借契約の解除の場面における信頼関係破壊の問題のように論じていた答案が散見された。賃料の支払を滞りなく行っているという事実を指摘する答案がそれである。賃料の支払が滞っていないという主張は，用法と関係ないので，この事情は，用法遵守義務違反における背信性と関係するものではない。いかなる点から背信性を基礎づけることができるのかを考える必要がある。

また，事実をあげるだけで，それがなぜ信頼関係が破壊されていないのか，という説明が不十分な答案が多かった。これを説明するためには，そもそも使用目的を変更することがなぜ信頼関係の破壊となるのか，なぜ民法594条によれば，賃借人は使用目的の範囲内で使用収益しなければならないのか，という点から説明する必要がある。その趣旨を説明し，使用目的範囲外での使用収益は原則として信頼関係の破壊を導くことを述べたうえで，本件の事情ではこのような理由から例外的に，信頼関係の破壊にはいたらない，のように述べると説得的である。

また，設問で事実を2つ指摘せよとされているにもかかわらず，事実を1つしか指摘しない答案が少なからずあった。そのようなかたちで点数を落としてしまうことは非常にもったいない。本試験ではこのようなミスが合否を分けてしまうこともあるので，設問の指示は丁寧に読むことを心掛けてもらいたい。

4　設問4

Zが口頭弁論終結後の承継人であることを条文を引用して指摘することはほとんどの答案においてなされていた。もっとも，民事執行法27条2項に言及できていた答案は少数であった。それに伴い，執行文付与の訴えについて言及できている答案も少数であった。

執行文付与の訴えについては，民事執行法を一定程度学習しないと知らないであろう分野である。そして，学習の優先度から民事執行分野を学習している受験生は少ないだろう。そのため，本問ができなくても，気落ちする必要はない。

民事執行については，民事保全よりもなじみがない分野かもしれない。これを機会に，民事執行法の条文を一読しておくとよいであろう。詳しくはFL【民事執行法】を参照のこと。

優秀答案

1 設問1について
(1) 本問においてXがYに対し賃貸借契約終了に基づく目的物返還請求としての建物明渡請求権を訴訟物とする本件訴えにおいてもとめられる請求を理由づける事実として①～⑥まででは必要であり，かつそれで足りるとはいえない。

◀○結論を先に示していてよい

5

(2) なぜならば，建物賃貸借契約においては，1．相手方に建物の使用及び収益を約束し2．相手方が賃料を支払う約束をすること，が必要である（民法601条）。そのため①が必要である。ただそれだけでは，建物賃貸借が，現実に行われているということはいえず，賃貸借契約の目的物である建物が，引きわたされた事実がなければ返還をもとめることはできない。そのため，ⒶXは平成11年4月1日Yに対し本件貸室を本件契約に基づき引き渡したと主張することが必要である。

10

さらに，本問においてはXはYが，本件貸室において無断で飲食店を営業していたことを理由とする（用法違反）債務不履行による解除を主張している。そのため，XはYに対し本件貸室で飲食店の営業するのをやめるように相当の期限を定めて催告したとの事実が必要のため③～⑤までの事実が必要である（民法541条）。さらに，解除権の意思表示を相手になしたという事実も必要であるため⑥が必要である。もっとも，それだけでは不十分である。なぜならば，債務不履行といえるためには，債務の本旨にもとづく使用がなんであったのかがしめされなかったならば，債務が不履行となったかどうか確定することができないからである。本問においては，XはYが本件貸室で飲食店を営業している事実が債務不履行にあたると主張している。そのため，本件貸室の飲食店としての使用が本来の使用目的とは異なることをしめす必要があるのである。したがって，ⒷXは本件貸室は，居住目的専用の定めがなされていたことを事実として主張する必要があるのである。

15

◀△この程度の言葉は漢字で書きたい

20

25

(3) したがってXは，Ⓐ平成11年4月1日Yに対し本件貸室を引き渡した。Ⓑ本件貸室は居住目的専用とする定めを，XY間で作った。という事実を①～⑥に加えて主張することが必要であるため，①～⑥の事実の主張だけでは必要かつこれで足りるとはいえない。

30

2 設問2について
小問(1)について
(1) 本問において，弁護士Qは，抗弁として，XY間において，本件貸室を飲食店として使用することについての特約が，XY間にあったとする事実を主張することとなる。

35

(2) なぜならば，本問においてYがXから本件貸室の返還をもとめられている原因は本件貸室が，居住目的専用とする契約となっているとXが主張しているためである。しかし，XY間で本件貸室を飲食店として使用することをXが認めていたのであれば，Yは，本件貸室を目的外使用したというXの主張は認められなくなり，XはYとの本件貸室の賃貸借契約を解除する理由がなくなり，本件貸室の返還を請求できなくなるためである。

40

小問(2)について
(1) 本問において弁護士Pは平成30年10月1日までに，Yに対してXが本

件貸室の賃貸借契約の更新を行わないことを通知することが必要である。45

(2) なぜならば本件貸室の賃貸借契約は平成31年4月1日までであるため，期間満了の1年前から6ヶ月前までに更新を行わないことを通知しなければ，契約更新となってしまうためである（借地借家法26条）。そのため本件契約を終了させるためには，平成30年10月1日までに，更新を行わない旨の通知をする必要がある。50

⬅×1項本文まで正確に引用すべき

3 設問3について

(1) 本問において，弁護士Qは，「背信行為を認めるに足りない特段の事情」として，まず，Yが，本件貸室を飲食店とするために行った改装は，カーテンを付けたり壁紙を張り替えたりした程度の軽微な改装にとどまっている事実をまず主張することが考えられる。55

なぜならば，カーテンを付けたり壁紙を張り替えたりする程度の改装は，居住用に使用する場合であっても行われることであるため，契約で居住目的専用とする制限を契約で行うことで得られる利益を大きく失わせるとまではいえない事情であるためである。

⬅△「得られる利益」とは何か

(2) 次に，弁護士QはYの店の客は知り合いなどの紹介の客が中心で予約 60 数・開店時間などを制限しているという事実を主張することが考えられる。

なぜならば，飲食店として，不特定多数の人間が一日中本件貸室に出入りしているのではないという使用態様であれば，本件貸室が居住用として使用されている場合とあまりかわらないこととなるから契約で本件 65 貸室に使用目的制限をもうけたXの意思を大きくそこなうものではない事実であるためである。

⬅○評価もできていてよい

4 設問4について

(1) 本問において弁護士Pは，本件確定判決を債務名義として，Zに対し明渡しの強制執行することができる。70

なぜならば，Zは，本件訴えの口頭弁論終結後にYから本件貸室を転貸し引きわたしを受けているため口頭弁論終結後の承継人といえるからである（民事執行法23条1項3号）。

⬅○正確に条文引用をできている

(2) そして，弁護士Pは，Zに対し，本件確定判決を債務名義として明渡しの強制執行をするためには，承継執行文の付与を受ける必要がありそ 75 のために執行文付与の訴えを提起することが必要である。

なぜならば，本件確定判決の債務名義はYでありZではないため，承継執行文の付与を受ける必要がある。しかしZはYから口頭弁論終結後に本件貸室を賃貸したという。これを証明する契約書を作成していないのでXはZが承継人であることを証明する文書を承継執行文の付与を受 80 けるために提出することができない。そのため執行文付与の訴えにより承継執行文の付与を受けることが必要であるのである（民事執行法27条2項・33条）。

⬅○基本的事項を理解できている

以上

1 全体

　書いていることは間違っていないが，日本語が拙いためか，採点者に理解が伝わらず，評価が伸びない可能性がある。この答案をたたき台として，理解を伝える表現について考えてもらいたい。

　この答案はどの設問も，まず結論を示し，次に理由を述べている。理由を述べる段では，「なぜならば……」と始めている。

　しかし，「なぜならば……」と始めたなら，文末は「……からである。」や「……ためである。」と結ばなければならないはずである。設問1ではそれができていない。さらには，「なぜならば」以下が長すぎる。「Aである。なぜならばBだからである。」という文章で，Bが十数行に及ぶようでは，接続詞を考え直したほうがよい。読んでいて，今，何の話をしているのかわかりにくいからである。これは日本語の文章力の問題で，法律知識の問題ではない。

　また，設問2の小問(1)では，「Aである。なぜならばBのためである。しかしCのためである。」という文章となっている。これではAを導く理由がBなのかCなのか両方なのかわからない。BとCの関係もわからない。このような文章では，採点者に読みにくいことこのうえなく，点数も伸び悩むであろう。

　結論を先に示し，理由を後から書くという方法自体を否定するものではない。「Aである。なぜならばBである。」という形式も否定するものではない。しかし，この形式で書くには無理がある文章も存在する。ただの書き方の問題だと甘くみてはいけない。予備試験では，実体法や手続法に対する理解とともに，これを的確に表現する能力も求めている（〔第8問〕予備試験サンプル問題ヒアリング参照）。このような答案になっている場合は，改善すべきである。

2 設問1

　要件事実として必要十分であるか，という問いに対しては，まずどのような要件を原告が主張しなければならないか，ということを書く必要がある。これをせずに，ただ「①の要件は……だから必要。②の要件は……という理由で必要なのに記載されていない」と列挙しても，①や②の要件が必要なことは伝わるが，それで十分であることは伝わらない。要件事実の書き方は全体の講評を参照のこと。

3 設問2

　小問(1)は，Yの言い分から抗弁を自分の頭で考えるという作業はよくできている。ただ冒頭に書いたように，「……ためである。」が続いてしまっている点は直すべきだろう。

　小問(2)は，「Aである。なぜならばBのためである。そのためAをする必要がある。」と日本語として繋がっている。このような日本語であれば自分の考えを伝えることができる。

4 設問3

　カーテンや壁紙の張り替えが軽微なものにとどまっているという事実をあげ，これは居住用に使用する場合であっても行われることであると評価している点はよい。もっとも，「制限を契約で行うことで得られる利益を大きく失わせるとまではいえない」というのならば，「制限を契約で行うことで得られる利益」とは何かを説明をする必要がある。

　飲食店の営業が紹介中心であり開店時間を制限しているという事実をあげ，これも居住用に使用されている場合とあまり変わらないと評価している点もよいだろう。

5 設問4

　民事執行の問題であるが，必要な知識を身につけていることがうかがわれる。債務名義に表示された債務者と現在の占有者が違うことから，承継執行文（民執27条2項）が必要なことに触れ，また承継執行文の付与を受けるために必要な文書の提出が期待できないことから，執行文付与の訴え（33条）が必要なことにも触れられている。この設問は，他の答案の出来が悪かっただけに，相対的に高得点であろう。

第3問 ヨガ世なら……

〔設問1〕から〔設問3〕までの配点の割合は，16：17：17

司法試験予備試験用法文を適宜参照して，以下の各設問に答えなさい。

〔設問1〕
弁護士Pは，令和2年4月10日，Xから次のような相談を受けた。

【Xの相談内容1】
「平成24年初めころ，Yが，ヨガ教室開設のためにK駅近くの甲建物を利用させてほしいと頼んできたため，私は，Yに対し，平成24年3月20日，賃料月額24万円，敷金60万円，期間同日から令和2年3月19日までとの約束で，甲建物の1，2階部分を賃貸し，引き渡しました。なお，上記期間途中の平成30年3月20日から，賃料については，月額6万円増額することにしました。

ところが，Yとの当初の契約時に海外転勤をしていた息子夫婦が，来年6月には日本に戻ってくるということなので，甲建物の1階部分を息子夫婦に貸し渡し，2階部分に妻と居住しようと考えました。そのため，令和2年3月20日以降の契約更新をするつもりはなく，平成31年8月28日には，更新拒絶の通知をしました。

しかしながら，契約期間満了日の直前である令和2年3月初旬に妻が脳梗塞で倒れ，3月28日に亡くなったため，私は，妻の看病や葬儀等および遺産分割の手続に追われ，期間満了後に返還請求することを失念しておりました。

煩雑な手続も一段落し，最近になってようやく，甲建物のことを思い出しました。息子夫婦が戻ってくる前に2世帯用に甲建物をリフォームしたいと考えていますので，なるべく早くYに甲建物を明け渡してほしいです。また，契約期間満了後の違法な占有による損害の賠償を請求したいです。」

(1) 弁護士Pは，【Xの相談内容1】を前提に，Xの訴訟代理人として，Yに対し，主位的に甲建物明渡請求訴訟（以下「本件訴え」という）を，附帯請求として損害賠償請求訴訟を提起することにした。それぞれにつき，請求の趣旨，訴訟物およびその個数を答えなさい。なお，主位的請求の訴訟物については，債権的請求権についてのみ答えなさい。

(2) 弁護士Pは，主位的請求につき，その訴状において，請求原因1（存続期間の満了に基づく返還請求）として以下の各事実を記載した。
① Xは，Yに対し，平成24年3月20日，甲建物を賃料月額24万円で賃貸した。
② Xは，Yに対し，平成24年3月20日，甲建物を①に基づき，引き渡した。
③ XとYは，①の賃貸借契約締結の際，賃貸借期間を平成24年3月20日から令和2年3月19日までと合意した。
④ 令和2年3月19日は〔ア〕した。
⑤ Xは，Yに対して，平成31年8月28日に，①の賃貸借契約を更新しない旨の通知をした。
⑥ 更新拒絶についての正当事由の評価根拠事実 ……（略）……
⑦ よって，（略）。

本件訴えの訴状において，請求を理由づける事実（民事訴訟規則第53条第1項）として必要十分な最小限のものを主張する場合，上記事実③⑤⑥に加えて，①②④の主張が必要となる。①②④の主張がなぜ必要となるのか，それぞれ理由を説明しなさい。なお，④については，〔ア〕に入れるべき語句を示したうえで，理由を説明すること。

以下の設問では，附帯請求については検討せず，主位的請求についてのみ問題とする。

〔設問２〕
　弁護士Pは，【Xの相談内容１】を受けて，XY間の契約書を確認したところ，「賃借権の譲渡又は転貸の際には，事前に賃貸人の書面による承諾を受けること。」と印字されていることが判明したので，更にXから事情を聴取したところ，以下の事実が判明した。

【Xの相談内容２】
　「期間満了後も，甲建物をYが使用していたようなのですが，私は，妻の葬儀等に追われ，これまで何の請求もしておりません。
　もっとも，私は，契約期間満了直後に一度甲建物を訪れ，いつ出て行ってくれるのかについては，妻が危篤状態であるため，妻の容態が落ち着いてから話し合いたいと思っている旨をYに伝えました。その際に，私は，ヨガ教室の名前が変更されていることに気づき，そのことについてYに問いただしたところ，『以前お話ししたとおり，税金対策および経営の更なる発展のために株式会社Z（以下「Z」という）を設立し，又貸しすることにしました。平成30年５月１日にZを設立し，平成30年５月10日から，賃料月額30万円でZに転貸し，同日に引き渡しました。Zは，引渡しを受け，ただちに甲建物を改装し，ヨガ教室をリニューアルオープンした次第です。』との，簡単な説明がされました。たしかに，平成30年３月中旬に，Yが私のもとを訪れ，Zに又貸ししたい旨の相談を受けたことはありますが，私は，又貸しを認めた覚えはありません。
　私の承諾なく，転貸をしたYの一連の行為は，明らかに契約違反であって憤慨したのですが，私は，当時は妻の看病に忙殺されており，今にいたるまで，甲建物に関する一連の問題について，何らの対応もとることができませんでした。」

　弁護士Pは，Xの相談内容を受けて，ただちに，令和２年４月中に甲建物の明渡しを求める旨の内容証明郵便をYに送達することとした。しかしながら，請求原因１に対し，Yが抗弁として法定更新（借地借家法第26条第２項）を主張した場合，再抗弁としての遅滞なき異議が裁判所に認められるかは確実ではないので，弁護士Pは，請求原因２として無断転貸による解除の事実を主張する必要があると説明し，Xの了解を得た。弁護士Pは，同年４月14日に，Yに対して，無断転貸による解除をする旨の内容証明郵便を送達し（同月15日に到達），また，請求原因１に加え，請求原因２（無断転貸による解除）として以下の各事実を訴状に記載した。
① （請求原因１の事実①と同じ）
② （請求原因１の事実②と同じ）
③ Yは，Zに対し，平成30年５月10日，甲建物を賃料月額30万円で賃貸した。
④ 〔イ〕
⑤ Xは，Yに対し，令和２年４月15日，請求原因２①の契約を解除するとの意思表示をした。
⑥ よって，（略）。

以上を前提に，以下の各問いに答えなさい。
(1) 上記〔イ〕に入る具体的事実を答えなさい。
(2) 請求原因２の上記③から⑤までの各事実について，請求原因事実としてそれらの事実を主張する必要があり，かつ，これで足りると考えられる理由を，実体法の定める要件や当該要件についての主張立証責任の所在に留意しつつ説明しなさい。
(3) 上記訴状の副本等の送達を受けたYは，弁護士Qに相談した。Yは，弁護士Qに対し，「私

は，Zに対し，平成30年5月10日に本件建物を貸し渡した。したがって，現在甲建物を占有しているのは私ではないから，甲建物の明渡しの義務を負わない。」との説明をした。弁護士Qは，このような事実を，Xの請求に対する抗弁として第1回口頭弁論期日において主張すべきか。結論とその理由を述べなさい。

〔設問3〕
　以下，請求原因2について答えなさい。
　弁護士Qは，Yの相談を受けて，契約書を確認し，Yに事実関係を詳しく聞いたところ，Yは，以下のように答えて，甲建物の明渡しを回避する方法があるか，弁護士Qに相談した。【Yの相談内容】は次のとおりである。

【Yの相談内容】
　「そもそも，私は，平成28年9月ころから1年間，自分のヨガ教室を閉鎖して，ヨガの極意を学ぶためにインド留学に行っている間に，友人のヨガインストラクターAに甲建物を転貸したことがありますが，その際にはXからの口頭での承諾をいただいた以外に，別途書面による承諾を要求されたことはなかったので，Xにも，転貸にあたって書面による承諾が必要だという意識はなかったはずです。また，Xは，転貸の際には書面による承諾が必要だという約款のあることを，契約締結時にまったく説明してくれませんでした。契約書に約款の記載はありますが，小さい文字で書かれていて，私は気づきもしませんでした。
　さらに，Xは，Zへの転貸を承認していないと言っているようですが，それは誤りです。私は，平成30年3月13日に，Xのお宅を訪問し，『ヨガ教室の経営が軌道に乗ってきたため，今後は首都圏を中心に展開していくことを視野に入れている。それゆえ，個人経営だったヨガ教室を，税金対策および経営の合理化を図るため，Zを設立して店舗を又貸しするかたちをとりたい。』との説明をして，甲建物の転貸を承諾してもらえないかとお願いしました。Xは，Xのあずかり知らないZへ甲建物を又貸しすることを心配していたので，『Zは，私と夫が共同出資して設立した会社であって，役員は私1人であるので，実質的には何も変わらないです。』と説得したところ，『わかった。家賃を多めに増額するならば考えよう。月額30万円ではどうか。』と言われたので，私は，その提案を了承し，賃料を月額30万円に変更する旨の確認書を作成しました。確認書は，自宅に保管してあります。私は，確認書を作成する以外に，Xから，転貸について承諾の書面を作成しようという趣旨のことはいっさい言われませんでした。私も，書面による承諾が必要だとは知りもしなかったので，書面の作成を求めませんでした。
　Zによる甲建物使用後，営業時間が平日の午前10時から午後5時までだったものを，午後9時までに延長し，土日も午前10時から午後3時まで行うことになったという変更点はあるものの，従業員はまったく変わっていません。賃料も，以前と同様に私の個人名で振り込んでいます。
　ヨガ教室を会社組織とし，数個の運動プログラムを加えて，リニューアルオープンをした際には，Xからはお祝い状までいただいているのですから，Xは，転貸を認めていたはずです。
　転貸は，税金を抑え，ヨガ教室の経営を更に発展させていくためのものであり，株式会社による経営は必須だったのです。Xは，甲建物をもてあまして賃料収入を得るためだけにテナントを募集していましたから，Zに甲建物を又貸ししているとしても，私がXに毎月遅滞なく賃料を払っている以上，転貸を拒否する理由はなかったと思います。むしろ，当初は転貸に賛同していたのに，突然強引に解除を迫るXの態度に疑問を感じます。」

　第1回口頭弁論期日において，弁護士Pが【Xの相談内容1・2】と同趣旨の，弁護士Qが

【Yの相談内容】と同趣旨の主張をしたところ，弁護士Pは，Xの訴訟代理人として，以下のように，Xの反論を主張した。

【Xの供述内容】
　「まず，賃貸借契約書には，はっきりと，転貸の前に，賃貸人の書面による承諾が必要だと印字されていますから，承諾が口頭でよいという合意があったということはできません。
　4年前に，Yから甲建物をAに転貸したいという旨の電話があったとき，口頭で承諾したのは事実ですが，AもYと同様の営業形態のヨガ教室を実施するために甲建物を利用するとの話でしたし，Aは私の友人で信用できる人なので，書面作成を求めなかったにすぎません。
　また，Yが私のもとに，Zの設立および又貸しについて事前に説明しに来たことは確かですが，私は，Yの説明に納得できず，その場では承諾をしなかったと記憶しています。賃料を6万円増額したのは，あくまで甲建物周辺の土地の再開発が進み，以前の賃料のままでは，近隣の同種の建物賃料額にそぐわなくなったからにすぎません。
　承諾した旨の書面を作成せずに，Yが転貸を行った以上，Yには義務違反があり，これ以上賃貸借契約を続けることはできません。甲建物をZが経営し，ヨガ教室のために使用するようになってからというもの，ヨガを仕事帰りに習いに来る客が増え，夜間も騒がしく，また，甲建物近くの違法駐輪が増えたとの近隣の方の苦情が寄せられています。今回の無断転貸が私に与えた損害は大きいです。もともと，甲建物は駅近くの住宅街に立地しているので，私は，周囲の住環境に配慮できるテナントのみを募集していました。私は，あくまで，Yが，甲建物を使用するということを前提に甲建物の使用を許したのであり，たとえ遅滞なく賃料が支払われていたとしても，第三者に転貸され，使用されたことは許せません。」

(1) 弁護士Qは，【Yの相談内容】をふまえて，どのような抗弁を主張することになると考えられるか。また，その抗弁に対して，【Xの供述内容】を前提に，弁護士Pは，どのような再抗弁を主張することになると考えられるか。弁護士Qの主張すべき複数の抗弁をあげて，抗弁および再抗弁の内容を端的に記載しなさい。なお，当該抗弁および再抗弁を構成する具体的事実を記載する必要はない。

(2) 弁護士Qは，【Xの相談内容1・2】，【Yの相談内容】および【Xの供述内容】をふまえて，Xに有利な事実への反論をし，Yに有利な事実を力説して，Yの主張の正当性を明らかにしたいと考えている。この点について，弁護士Qが作成すべき準備書面の概略を答案用紙1頁程度の分量で記載しなさい。

答案構成用紙

思考過程

1 設問1

　小問(1)は，請求の趣旨，訴訟物とその個数を答えさせる問題である。いずれも，予備試験では頻出の問題であるから，しっかりと書けるようにしておきたい。

　請求の趣旨とは，訴えによって求める判決内容の結論的・確定的な表示をいい，通常，請求認容判決の主文に対応するものである。請求の趣旨では，請求の法的性質や理由づけは記載せず，原告が被告に対して要求する事項を端的に示す必要があり，かつ，強制執行のできる内容となっていなければならない。

　本件の主位的請求は，甲建物の明渡請求であるから，「被告は，原告に対し，甲建物を明け渡せ。」という単純な記載で足りる。一方で，附帯請求は若干複雑である。XはYが期間満了後も違法に占有していることに対し，その分の賃料相当額を請求しようとしている。Xの要求は金銭であるから，「被告は，原告に対し，金銭を支払え。」という骨子は思いつくだろう。しかし，今回はその金銭がいくらであるか特定していない。というのは，いまだにYは甲建物を占有し続けており，日に日にその金額は膨らんでいく状態にあるからである。

　このような場合には，金額ではなく，その計算方法を示す方法がとられる。すなわち，賃貸借期間経過時たる令和2年3月20日以降のYの占有は不法占有だと主張するのだから，そこから甲建物の明渡しが完了するまでの賃料相当額を請求する。そして賃料相当額とは，今回は月30万円と考えられる。これらの要素をすべて網羅すると，論述例のような請求の趣旨が完成する。

　訴訟物とは，原告が主張する一定の権利または法律関係である。Xの言い分によれば，Xの主張は，賃貸借契約の期間満了により賃貸借契約は終了したのだから目的物を返還せよ，というものであり，賃貸借契約の期間満了が終了原因として主張されている。もっとも，賃貸借契約の終了に基づく目的物返還請求権は，賃貸借契約に基づく賃借人の義務のひとつであり，個々の終了原因ごとに賃借人の返還義務が発生するわけではない。したがって，賃貸借契約の終了原因にかかわらず，訴訟物は1個であり，個々の終了原因は原告の攻撃防御方法にすぎないと考えられる（一元説）。よって，主位的請求の訴訟物は，賃貸借契約の終了に基づく目的物返還請求権としての建物明渡請求権1個となる。

　附帯請求は，Yが目的物を返還しないことを理由とし，その間の賃料相当額の損害を請求するものである。目的物の返還義務は，賃貸借契約が終了したときに，賃借人が負う債務である。そのため訴訟物は，目的物返還債務の履行遅滞に基づく損害賠償請求権1個となる。

　小問(2)は，賃貸借契約の終了に基づく目的物返還請求の要件事実を問う問題である。

　賃貸借契約の終了に基づく目的物返還請求権は，賃貸借契約から発生した権利であるから，まず，賃貸借契約を締結していることが必要である。次に，賃貸借契約はそれ自体諾成契約である（601条）。そのため，目的物の引渡しの有無は，賃貸借契約成立の要素ではない。しかし，契約終了に基づいて目的物の返還を請求するには，契約に基づいて目的物を引き渡していたことが前提となるため，いわゆる基づく引渡し，すなわちその契約に基づき借主に目的物が引き渡されたことが必要である。

　また，賃貸借契約で期間が定められている場合は，期間満了日までは賃借人は占有権原を有する。そのため，期間の最終日が経過したことが必要である。到来ではないので注意したい（到来と経過の区別については，FL【貸金返還請求の要件事実】④参照）。

2 設問2

　小問(1)(2)は，無断転貸を理由とする解除が賃貸借契約の終了原因になる場合の要件事実を問う問題である。

　無断転貸は賃貸借契約の解除原因となる（612条）。612条1項と2項から，㋐賃貸人の承諾なく，㋑賃借物を転貸し，㋒第三者に賃貸物の使用収益をさせた場合は，賃貸人に解除権が発生する。

　ここで，㋐については，賃貸借契約は賃貸人と賃借人の個人的信頼関係が根底にあることから，原則として転貸してはならず，例外的に，賃貸人の承諾ある場合にかぎり，可能であると一般的に

考えられている。そうだとすれば，⑦の賃貸人の承諾は，解除を主張する賃貸人の側が，承諾を得なかったことについて主張立証責任を負うのではなく，解除を妨げる賃借人の側で，例外的事情として承諾が存在することについて主張立証責任を負うと解すべきである。また，解除権を発生させるためには，転貸借がなされていることを基礎づける必要があるので，解除を主張する賃貸人が①とⓌの事実を主張立証する必要がある。したがって，賃貸人が解除原因の発生を主張する際には，①とⓌで足りる。これに相当するのが③と④の事実である。

よって，〔イ〕には「転貸人たるZが，転貸借契約に基づき目的物の引渡しを受け，使用収益を行ったこと」が入る。

また，解除権はこれを意思表示によって行使してはじめて，解除の効果が生じるため（540条1項），解除権を行使した事実が必要である。これに相当するのが⑤の事実である。

小問(3)は，Yの説明が本件訴えにおける抗弁たりうるか，という問題である。

Yは，現在甲建物を使用しているのはZであるから，自分は明渡しの義務を負わないとの説明をしている。しかし，主位的請求の訴訟物は賃貸借契約の終了に基づく目的物返還請求権である。この権利は，契約を基礎とするので契約当事者間に発生する。本件でいえば，XとYが賃貸借契約の当事者であるから，XのYに対する返還請求権が発生している。したがって，Yが直接甲建物を占有しているか否かにかかわらず，当該権利が発生する。

よって，Yが現在直接占有していないとの主張は，主位的請求の訴訟物に対する抗弁たりえず，主張自体失当であるから，口頭弁論において主張すべきではない。

③ 設問3

小問(1)は，請求原因2についてYが主張しうる抗弁とXが主張しうる再抗弁をあげさせる問題である。複数あげることが問題文上予定されているため，1つで満足してはならない。また，抗弁等を構成する具体的事実を記載する必要はないという指示から，なるべく端的に記載したい。

まず，Yが主張しうる抗弁①は，Xによる承諾があったというものである。前述のとおり，転貸も賃貸人の承諾があれば解除原因とはならないのだから，Yとしてはまずこれを主張したい。条文上は，承諾の方式を限定していないので，Yは端的に承諾があったことを主張すればよい。これに対して，Xは再抗弁として，XY間の契約書には承諾は書面による旨記載されており，これは承諾について制限するものであるから，この特約を主張することが考えられる。

もう1つYが主張しうる抗弁②は，Yの転貸には背信性がないというものである。判例（最判昭和28年9月25日）によれば，賃借人が賃貸人の承諾なく第三者をして目的物を使用収益させた場合でも，その行為が賃貸人に対する背信的行為と認めるに足りない特段の事情があるときは，解除権は発生しないとされている。この背信的行為と認めるに足りない特段の事情（非背信性）は，解除権を制限する事情なので，主張立証責任は賃借人の側にある。そして，背信性は規範的要件なので，具体的な抗弁事実は，非背信性を基礎づける評価根拠事実となる。これに対してXが提出する再抗弁は，非背信性に対する評価障害事実となる。

小問(2)は，Yの代理人として，準備書面を作成させる問題である。

まず，弁護士Qは，抗弁①が認められる旨を主張したい。そのためには，抗弁①が認められること，および，それに対する再抗弁を否定する主張をすることになる。よって，弁護士Qは，口頭による承諾のあること，および，書面による承諾を義務づける特約の存在を否定する旨を主張することになる。そこで，準備書面では，Xに有利な事実について反論し，Yに有利な事実を力説する。

次に，弁護士Qは，抗弁②が認められる旨を主張したい。この抗弁と再抗弁は，無断転貸借における非背信性を基礎づける評価根拠事実と評価障害事実を総合して認められるものである。したがって，Xに有利な非背信性の評価障害事実に対して，反論を加え，Yに有利な非背信性の評価根拠事実を力説することになる。

これらを説得的に書くことで，答案例のような論述になる。

【関連判例】
最判昭和28年9月25日民集7巻9号979頁

答案例

第1　設問1(1)について
1　主位的請求
(1)　請求の趣旨　被告は，原告に対し，甲建物を明け渡せ。
(2)　訴訟物　賃貸借契約の終了に基づく目的物返還請求権としての建物明渡請求権1個

5　➡訴訟物の個数を忘れない

2　附帯請求
(1)　請求の趣旨　被告は，原告に対し，令和2年3月20日から明渡し済みまで1か月30万円の割合による金員を支払え。
(2)　訴訟物　目的物返還債務の履行遅滞に基づく損害賠償請求権1個

➡訴訟物の個数を忘れない

第2　設問1(2)について

➡要件事実は条文・実体法から考える

1　賃貸借契約は，当事者の一方がある物の使用および収益を相手方にさせることを約し，相手方がその賃料を支払うことを約することによって成立する（民法601条，以下法名略）ため，同契約の成立には，目的物と賃料額が確定していることが必要となる。そのため，①の主張が必要となる。

15

2　賃貸借契約の目的物返還請求権は，賃貸借契約に基づき目的物を引き渡してはじめて行使可能となるから，②の主張が必要となる。
3　〔ア〕に入れるべき語句は，「経過」である。
　賃借人は期間満了日までは使用権原を有するので，使用権原を喪失していることを示す時的要素として期間満了日の「経過」を主張する必要がある。そのため，④の主張が必要となる。

20

第3　設問2(1)について
　Zは平成30年5月10日，請求原因2③に基づき，Yから甲建物の引渡しを受け，これを使用収益した。

第4　設問2(2)について

25

1　請求原因2で，解除原因はYによる無断転貸である。無断転貸とは，㋐賃貸人の承諾なく，㋑賃借物を転貸し，㋒転借人が目的物を使用収益したことである（612条1項，2項）。そして，賃貸借契約は当事者の信頼関係をその基礎とするため，原則として転貸は許されず，例外として賃貸人の承諾がある場合にのみ許される。

➡要件事実は条文・実体法から考える

30

　そこで，解除を主張するXは解除権を発生させる原則的要件である㋑と㋒の事実を主張すれば足り，解除権を例外的に制限する㋐の要件については，賃貸人の承諾があるという事実をYが主張立証する必要がある。

➡条文・実体法の要件をあげた後に主張・立証責任を分配する

　また，解除は解除権の発生原因があるのみならず，解除の意思表示をすることでその効果が生じる（540条1項）。そのため，Xは解除の意思表示をしたことを主張立証する必要がある。

35

　そのほか，無断転貸借において背信性が認められない場合には解除権が発生しないと解されている。この背信性の有無については，Yが背信性の不存在の評価根拠事実について主張立証責任を負うと考える。なぜなら，無断転貸は原則として賃貸借契約における信頼関係を破壊するため，解除権が発生し，例外的に信頼関係が破壊されていない場合は解除権が制限されるからである。

40

2　以上から，主張すべき事実は，㋑，㋒および解除の意思表示の事実である。

これを本問についてみると，事実③は⑦，事実④は⑪に対応する。ま 45
た，事実⑤は解除の意思表示である。

以上より，事実③から⑤までを主張立証することが必要であり，かつ，
これで足りる。

第5　設問2(3)について

1　主張すべきではない。 50

2　賃貸借契約の終了に基づく建物明渡請求の場合，賃借人は賃貸人に対 ➡訴訟物の性質か
して，賃貸借契約上の義務として契約が終了したときに，目的物たる建 ら導く
物の返還義務を負う。賃借人が借り受けた建物を占有していることは，
上記請求権の発生要件ではないからである。

第6　設問3(1)について 55

1　抗弁①とそれに対する再抗弁

抗弁①は，口頭による承諾，それに対する再抗弁は，書面による承諾
が必要な旨の特約の締結である。

2　抗弁②とそれに対する再抗弁

抗弁②は，背信性不存在の評価根拠事実，それに対する再抗弁は，背 60 ➡なるべく端的に
信性不存在の評価障害事実となる。

第7　設問3(2)について

1　抗弁①について

(1)　契約書には，書面による承諾を要する特約が存在するが，Yがかつ ➡合意内容となっ
てAに対して転貸したときにXは承諾したが，その際に書面での承諾 65 ていないことを
を要求することはなかった。このことから，書面による承諾という特 指摘
約は，XY間の合意内容ではなく，契約内容とはならない。

(2)　本件では，Xは口頭で本件転貸借を承諾している。本件の転貸時期 ➡賃料値上げの事
が平成30年5月10日であり，賃料の値上げ時が同年3月ころである。 実
これは，賃料値上げを条件にZへの転貸を承諾したというYの供述と 70
整合する。Xは近隣の同種の建物賃料との均衡から増額したと供述す
るが，通常，その理由で賃料の25％にもあたる増額をYは承諾しない。
さらに，Xは，Zによる新装開店に祝い状を送っている。転貸を承諾 ➡祝い状送付の事
していないのに祝い状を送るはずはない。よって，口頭による承諾は 実
あったといえる。 75 ➡承諾を推認させ
る方向への評価

2　抗弁②について

(1)　賃貸借契約は賃貸人と実際に使用収益する賃借人との個人的信頼関
係を基礎としているところ，実際に使用収益する者が交代し，その使
用方法や占有状態の変更によって，その信頼関係が失われる。

(2)　本件では，形式的にはZに対して転貸はなされているが，ZはYが1 80
人で役員を務める会社であり，基本的な業務態様や，従業員の構成に
も変化はない。実質的な使用方法や占有状態に変更もない。 ➡使用・占有状態
また，営業日時の拡大に伴う周辺住民への迷惑は，転貸それ自体で からの評価
はなく，Z社による業務拡大により生じたものである。その程度も，
Yによる個人経営のままでも十分想定されうる程度であり，転貸によ 85
り使用収益する者が変更したことから生じるものではない。

3　よって，Zへの転貸借は賃貸借契約の解除原因とはなりえない。

以上

　設問1は，Xの相談内容に基づき，主位的請求と附帯請求のそれぞれにつき，請求の趣旨および訴訟物の理解を問い，そのうえで，主位的請求についての具体的請求原因事実につき，それらの要否，誤りを指摘させ，更に理由を問うものである。

　設問2では，無断転貸による解除の請求原因につき，条文を基礎とする実体法上の要件と主張立証責任の所在に留意しつつ説明することが求められる。

　設問3は，XおよびYの相談内容・供述内容をふまえて，抗弁・再抗弁を整理し，Yの側としてどのような準備書面を作成すべきかを問うものである。

① 設問1

　小問(1)は，主位的請求についてはほとんどの答案が請求の趣旨を記載できていた。また，多くの答案が，訴訟物を正確に記載できていた。一方で附帯請求については，請求の趣旨を正確に記載できていた答案はわずかであった。特に附帯請求の金額は現時点で特定できないため，明渡し時までの割合で金額を特定するという独特の方法をとるが，これを正確に記載することは難しいであろう。この機会に覚えておくと，司法修習や実務にでたときに役立つはずである。

　小問(2)は，まず，①について601条から説明できている答案は高評価であった。どのようなときでもまず条文から導こうとする姿勢は，民事実務基礎にかぎらず，すべての科目でも共通して求められるものである。

　次に，②については，基づく引渡しが必要とされる点について理解できていないと思われる答案が多数あった。Yの占有が要件であるから，とする答案も一定数あったが，物権的請求権と混同している可能性がある。

　④については，多くの答案が「経過」と記載でき，その理由も理解できていた。

② 設問2

　小問(1)は，612条2項から，YZ間賃貸借契約に基づく引渡しと，Zの使用収益を正しくあげられた答案がある一方で，Xが承諾していないこと，という事実をあげる答案が多かった。たしかに，条文上は，「賃貸人の承諾を得なければ」（612条1項）と書いてあるため，もしほかに予備知識がなければ，この要件を請求原因として記載しなければならないと誤解してしまったことはうなずける。このような答案は，条文を大切にするという姿勢はできているため，あとは知識を磨き，問題演習を重ねれば，高得点に結びつくだろう。

　次に，小問(2)では，小問(1)に正しく答えられた答案は，③④について，正確な理解を示すことができていた。なかには，小問(1)で正しく答えたうえ，Xの承諾の有無は請求原因ではなくYが主張すべき抗弁であると記載した答案もあった。正確な理解であるが，より高得点を得るためには，賃貸借契約の性質から原則として転貸が許されないためXの承諾が抗弁となる，という理由まで示すことができればよいだろう。結論だけでなく，理由を記載することでより説得的な答案となる。

　また，⑤の解除の意思表示は，多くの答案はおおむね理解していた。540条1項を根拠に説明できていた答案もあり，そのような答案は条文を理解していることが伝わり高評価であった。

　小問(3)では，多くの答案は「適切ではない。」と正しい結論を示すことができていた。ただ，その理由において，YはZを介して間接的に占有しているから，とする答案が一定数あった。債権的請求にあっては被告の占有の有無は問題にならないため，理由づけが不適切である。原告がいかなる請求をしているかを把握し，その要件・効果を考える習慣をつけておきたい。

③ 設問3

　小問(1)は，Yが主張する抗弁を1つしかあげていなかったり，複数あげていても，それに対応するXの再抗弁が何であるかを整理できていなかったりする答案が予想外に多かった。問題文にはYの抗弁を複数あげるよう明示されているのだから，1つで満足してはならない。また，Yが主張す

る抗弁にはそれぞれ、Xが主張する再抗弁がセットになっているのだから、どの抗弁に対してどの再抗弁を主張するのかをわかるように書かなければ、問いに答えたことにはならない。

　小問(2)では、まず書面による事前承諾を要するとの特約について、そのような合意が無効、不存在、不適用とするために、さまざまな理由づけが考えられる。契約書という書面にいちおう記載がなされている以上、Yの代理人としては困難な主張となることが予想されるため、これをどのように自分の頭で考えて論述するか、という点に期待した。しかし、ほとんどの答案は、契約書に小さい文字で書かれていたことや、Xが契約時に説明していなかったこと、Aに転貸するときは書面を要求しなかったこと、という事実のみをあげ、これを評価することをせず、事実からただちに特約の存在を否定してしまっていた。事実に対する評価もまた重要な要素であることは、だれしも一度は耳にしたことがあるだろう。この機会にその重要さを再認識してほしい。

　次に、口頭での承諾をしたことについて、この点はXとYの主張で争いがある部分である。Yの言い分のみを採用し、当然に口頭による承諾があったという事実を認定する答案もあったが、不適切である。そうではなく、客観的な間接事実から、Xによる承諾があったという推認をはたらかせる、その思考過程を論じてほしかった。たとえばZによるリニューアルオープンの際に、Xが祝い状を送っていたのはその典型であろう。Xに転貸を認める意思がないのなら、そのような行動をするはずはなく、むしろ転貸に対する異議を述べたりYに問いただしたりするはずである。また、このような転貸を2年間も放置したことも、Xが転貸を承諾したことを推認する間接事実といえるだろう。この点についても、事実を羅列するのではなく、その事実に対していかなる経験則からどのような評価ができ、それがなぜ転貸を承諾したことを推認するのかという意味づけをしてほしかったが、そのような答案は少数にとどまった。

　一方、背信性の有無については、対立点は明確であったため、その争点自体を外した答案は少なかった。しかし、背信性とは何かを把握していないために、背信性について的が外れた論述をする答案が多数見られた。

　たとえば、賃料を遅滞なく支払っている、という事情を背信性がないとする一事情とする答案があった。しかし、無断転貸において原則として背信性が認められるのは、賃貸借契約では当事者間の信頼関係が重視されるのであって、現実に物を占有し使用収益する者が変われば、その使用方法や占有状態が変わるため、賃貸借契約の前提である信頼関係が失われるからである。このような理解に立てば、無断転貸であっても、転貸人と転借人が実質的に同一であったり、使用方法や占有状態が従前とほとんど変わらなかったりするような場合は、信頼関係も失われないということができる。そうすると、本件の問題文で抽出すべき事情はYとZの同一性であり、Yが賃料を遅滞なく支払っていたという事実は、ほとんど関係がないことになる。

　賃料の点だけでなく、答案によりさまざまな事実があげられているが、それらが本当に背信性に対するなんらかの評価に結びつくか、もう一度よく考える必要があるだろう。そのためには当然、「背信性」とは何か、という点についての理解が不可欠であるし、答案には背信性についての自己の理解を示して書かなければいけないはずだが、この点についての理解を示していた答案はほぼ存在しなかった。

第1　設問1
1　設問(1)について
(1)ア　主位的請求の訴訟物及びその個数
　　　　賃貸借契約終了に基づく目的物返還請求権としての建物明渡請求
　　　権　1個　　　　　　　　　　　　　　　　　　　　　　　　　　5
　　イ　主位的請求の請求の趣旨
　　　　被告は原告に甲建物を明け渡せ　　　　　　　　　　　　　　　　　　　⇦△被告は原告に
　　　　　　　　　　　　　　　　　　　　　　　　　　　　　　　　　　　　　　「対し」が必要
(2)ア　附帯請求の訴訟物及びその個数
　　　　不法行為に基づく損害賠償請求権　1個　　　　　　　　　　　　　　　⇦△一般的には履
　　　　　　　　　　　　　　　　　　　　　　　　　　　　　　　　　　　　　　行遅滞に基づく
　　イ　附帯請求の請求の趣旨　　　　　　　　　　　　　　　　　　　10　　　　損害賠償請求権
　　　　被告は原告に令和2年3月20日から，本件建物の明渡済みまで月　　　⇦△被告は原告に
　　　額30万円の割合による金員を支払え　　　　　　　　　　　　　　　　　　「対し」が必要
2　設問(2)について
(1)　賃貸借契約における冒頭規定である民法601条によれば，目的物の
　　使用収益を相手方にさせることと，その対価として賃料支払いをなす　15
　　ことの合意により賃貸借契約が成立するとされており，請求を理由づ
　　ける事実として以上のような事実を主張する必要があるため，①の事
　　実の主張が必要となる。
(2)　賃貸借契約終了に基づく建物明渡請求は，当該建物を引渡すことが
　　前提とされているから②の主張が必要となる。　　　　　　　　　　20
(3)　アには「経過」が入る。賃借人は合意期間の満了まで使用収益する　　　⇦○よく理解でき
　　ことが認められているところ，その期間が終わったことを言うため期　　　　ている
　　間の経過を主張する必要があるとして，④の主張が必要となる。
第2　設問2
1　設問(1)について　　　　　　　　　　　　　　　　　　　　　　　25
　　Yは Zに対し，平成30年5月10日，甲建物を③に基づき引渡し，使用
　　収益させた。
2　設問(2)について
(1)　民法612条は1項で賃貸人の承諾なしに無断で転貸することを禁ず　　　⇦○よく理解でき
　　る旨を定め，2項で賃借物を第三者に，使用収益させたとき賃貸人は　30　　ている
　　解除できる旨を定めているところ，賃借人の第三者への無断転貸と，
　　第三者の使用収益を解除原因として主張する必要があり，③，④の事
　　実が必要となる。
(2)　民法612条は「承諾を得なければ」を定めているため，承諾を得て
　　いないことも解除原因として主張しなければならないか問題となるが，35　⇦△なぜ抗弁とす
　　当事者間の主張立証責任の公平な分配の観点からは，承諾を得たこと　　　　ることが公平な
　　を抗弁として位置づけるべきで請求原因とはならないと考える。　　　　　　分配なのか
(3)　民法540条によれば解除は相手方に対する意思表示によってすると　　　⇦○条文から考え
　　されているため，⑤の事実が必要となる。　　　　　　　　　　　　　　　ることができて
3　設問(3)について　　　　　　　　　　　　　　　　　　　　　　40　　　　いる
(1)　結論としてはかかる事実を抗弁として主張すべきでない。
(2)　賃貸借契約終了に基づく建物明渡請求の場合の賃貸人の明渡義務は，　　⇦○よく理解でき
　　当該建物の占有の有無に関わらず，賃貸借契約自体の効果として発生　　　　ている
　　するものであるため，現在甲建物を占有しているのがYでない事実に

Xの請求原因の法的効果を障害する効果はなく抗弁として機能しない 45
から。
第3　設問3
1　設問(1)について
　(1)ア　抗弁1
　　　　Xは Y に対して，転貸借契約につき承諾をした。 50
　　イ　抗弁1に対する再抗弁
　　　　本件賃貸借契約には転貸の前に賃貸人の書面による承諾が必要との
　　　特約があった。
　　　　Y は転貸の前に X の書面による承諾を受けていない。　　←×ここは不要
　(2)ア　抗弁2 55
　　　　Y の転貸は背信性に欠くという特段の事情がある。
　　イ　抗弁2に対する再抗弁
　　　　Y の転貸は背信性を有する。
2　設問(2)
　(1)ア　まず承諾の抗弁について，X 側は，書面による承諾が必要だとの 60
　　　特約があり，承諾が口頭でよいとの合意があったとは言えないと主
　　　張する。しかし，平成28年9月頃から1年ヨガ留学に行ってる間に　←×事実を羅列し
　　　A に甲建物を転貸したときは書面作成を求めなかった。また，契約　　　ているにすぎな
　　　の際にも書面による承諾が必要との旨の説明はなかった。さらに，　　　い
　　　契約書の約款の記載は小さい文字で通常人なら気付く可能性はほと 65
　　　んどなかったといえる。以上のことからすれば，書面による承諾が
　　　必要だとの特約は認められず，口頭でよいと考えられる。
　　イ　さらに X 側は，Z への転貸については承継してないと主張する。　←△この発言をし
　　　しかし，X は，家賃を多めに増額するなら考えるといい，月額30万　　　たか否かという
　　　という額を提示したところ，かかる発言は賃料30万に上げるなら転 70　　事実自体が明ら
　　　貸も認める旨ととることができ，X による承諾があったといえる。　　　かでないので，
　　　　　　　　　　　　　　　　　　　　　　　　　　　　　　　　　　　客観的事実から
　　　　　　　　　　　　　　　　　　　　　　　　　　　　　　　　　　　裏づけられるこ
　　　　　　　　　　　　　　　　　　　　　　　　　　　　　　　　　　　とまで書くべき
　(2)ア　次に，背信性の評価障害事実について，まず転借人である Z は，
　　　X とその夫が共同出資して設立した会社で役員は X 1 人であり実質
　　　的に同一といえるため，全くの第三者に転貸するケースと比べても
　　　その背信性は低いということができる。また，転貸は税金を抑えヨ 75
　　　ガ教室の経営を更に発展させるためという目的によるものであって　←△営利目的でな
　　　決して営利目的によるものではなかったから，この点でも背信性は　　　いとなぜ背信性
　　　低いということができる。またきちんと賃料は支払っていた。　　　　　が低いのか
　　　　　　　　　　　　　　　　　　　　　　　　　　　　　　　　　　←△きちんと賃料
　　　　　　　　　　　　　　　　　　　　　　　　　　　　　　　　　　　を支払っている
　　　　　　　　　　　　　　　　　　　　　　　　　　　　　　　　　　　となぜ背信性が
　　　　　　　　　　　　　　　　　　　　　　　　　　　　　　　　　　　低いのか
　　イ　他方，X 側は甲建物を Z に転貸しヨガ教室のために利用するよう
　　　になってから，夜間も騒がしく，近隣の違法駐輪が増えたとの苦情 80
　　　が寄せられ，損害を被っていると主張し，その背信性を基礎づけて
　　　いる。しかし，ヨガ教室をリニューアルオープンをした際には X は
　　　お祝い状を持ってきており，転貸を認めていたと考えられるのに，
　　　後々態度を改め，解除するというのは禁反言にするものとして，許
　　　されないと思われる。後々態度を改められて，ヨガ教室を経営でき 85
　　　なくなる不利益を考えれば，上記 X の損害も受忍すべき限度にとど
　　　まっており，背信性を基礎づけるとまではいえない。　　　　　　　　←△背信性は利益
　　ウ　以上より Y の転貸は背信性に欠く。　　　　　　　　　　　以上　　　衡量の問題だろ
　　　　　　　　　　　　　　　　　　　　　　　　　　　　　　　　　　　うか

1 全体

　全体として理解は正確であり，かつ，自分の理解を答案というかたちに表現できている。論述に甘さも残るが，この程度まとめられていれば十分に合格答案だろう。

2 設問1

　小問(1)における請求の趣旨は，決まった言い方があるため，これを覚えておくしかない。もっとも，このような知識問題は配点も低く差がつくところではないため，できなくても過度に気落ちする必要はない。

　小問(2)では，賃貸借契約の成立要件について，601条から論じることができていて，高評価である。また基づく引渡しについても正確に理解しているし，期間の経過まで主張しなければならない点も，きちんと理解できている。賃貸借契約の要件事実については正確に理解していることがうかがえるため，高い点数がつくだろう。

3 設問2

　小問(1)から(3)までを通じて，正確な理解をしていることがうかがえる。無断転貸を終了原因とする賃貸借契約の解除の要件事実として，理解に欠けるところはないだろう。

　特に優れている点は，小問(2)の③，④の事実については，612条からその必要性を導きだし，⑤の事実については540条からその必要性を導きだしている点である。まず条文から，という姿勢が重要であることは繰り返し指摘しているところであるが，これを徹底できている答案は少なく，相対的に優秀答案と評価される。

　改善の余地がある点は，小問(2)で転貸の承諾が請求原因ではなく抗弁であると主張している点である。その理由として立証責任の公平な分配をあげており，もちろん間違いではないのだが，公平に分配すると，なぜ承諾があることが抗弁となるのか，という点を書いてほしい。この点を書くことにより，意味を理解せずただ言葉だけを記載した答案と大きな差をつけることができる。

4 設問3

　小問(1)では，承諾の抗弁に対する再抗弁として，書面による承諾がないこと，という事実は再抗弁事実ではない。書面による承諾が必要な旨の特約があることを再抗弁として提出すれば，Yが，承諾が書面によること，という事実を主張立証する必要がある。

　小問(2)について，まず書面による承諾の特約がなかった，という部分は，事実を羅列しているにすぎない。契約のときに特約について説明がない事実はどういう意味をもつのか，Aへの転貸の際に書面作成を求めなかった事実はどういう意味をもつのか，が記載されていない。そのような事実があるとどうして，特約がなかったという結論にいたるのか，その理由を聞きたいのである。

　また，口頭による承諾の有無について，家賃を増額するなら考えると発言した事実と，家賃の増額を提示した事実をあげて，その発言の趣旨を考えて結論をだした点は評価できる。しかし，後者は実際に家賃が上がっている事実から，真実であるといえるにせよ，前者は発言したか否かという事実自体明らかではないため，発言した事実自体を客観的に裏づけないかぎり，推認の基礎となる間接事実とするのは危険である。

　背信性については，問題文にあがっている事情をつぶさに拾おうとする姿勢は評価できる。しかし，そもそも背信性とは何か，賃貸借契約における信頼とは何か，という規範にあたる部分があやふやであるため，いくら事実を拾って評価しようとしても，規範なきあてはめとなってしまう。最後の部分では，Xの不利益とYの不利益を比較衡量していると見受けられるが，背信性とは当事者間の比較衡量と考えているのだろうか。もしそうならば，それを背信性の理解として答案上に表すことが必要である。

〔設問1〕から〔設問5〕までの配点の割合は，8：12：6：20：4

　司法試験予備試験用法文および第2部末尾の資料を適宜参照して，以下の各設問に答えなさい。

〔設問1〕
　弁護士Pは，Xから次のような相談を受けた。

【Xの相談内容】
　「私は，昭和54年から現在にいたるまで，T市の郊外にある土地を，地代月額3万円で，地主であるSから賃借し，土地上に家屋（以下「本件建物」という）を建築してそこに住んでいます。
　私には，昨年亡くなった夫との間に子が1人いますが，遠隔地に住んでおり何年も会っていません。私は，昨年80歳になり，数年前から1人で外出することがやや困難となったことから，近くに住んでいる甥Wが生活の面倒をみてくれていました。
　先日，知り合いの行政書士からもうそろそろ相続のことについても考えておいたほうがよいのではないかと言われて，少し調べ始めたのですが，そのなかで，本件建物に身に覚えのない登記（以下「本件登記」という）がなされているのを知りました。登記の内容は，平成31年4月1日に株式会社CがYという人物から借りた1500万円の担保のために抵当権を設定するという内容だとのことですが，私は，Yという人物についても1500万円の借金についても知りません。なお，株式会社Cは，Wが社長を務めていた会社です。今回のことが明らかになってからは，Wは行方不明になってしまっており，今はどこにいるのかわかりません。
　平成31年4月というのは，ちょうど本件建物の敷地の借地契約の期限となっていたことから，同年3月，Wに対して，実印や本件建物の書類等を預けて，Sとの間での借地契約の延長に関する交渉をお願いしていました。しかし，本件建物に抵当権を設定するなどという話はしたことがありませんし，そのようなことを許した覚えもありません。
　このような次第ですので，私は，Yに対し，本件登記の抹消登記手続をすることを求めます。」

　弁護士Pは，【Xの相談内容】を前提に，Xの訴訟代理人として，Yに対し，所有権に基づく妨害排除請求権としての抵当権設定登記抹消登記請求権を訴訟物として，本件登記の抹消登記手続をすることを求める訴え（以下「本件訴え」という）を提起しようと考えている。弁護士Pが，【Xの相談内容】を前提に，本件訴えの訴状において，請求を理由づける事実（民事訴訟規則第53条第1項）として必要十分な最小限のものを主張する場合，主張すべき事実は以下の①および②となる。Xが，Yに②の登記を保持する権原がないことを主張する必要がない理由を説明しなさい。
①　Xは，現在，本件建物を所有しているとの事実
②　本件建物について，下記【登記目録】記載のY名義の抵当権設定登記があるとの事実

【登記目録】
T法務局平成31年4月5日受付
第3141号抵当権設定
原因　　　　平成31年4月1日金銭消費貸借同日設定

債権額　　　金1500万円
利息　　　　年5分
損害金　　　年2割
債務者　　　T市（所在略）　株式会社C
抵当権者　　T市（所在略）　Y

〔設問2〕
　弁護士Pは，訴状に本件の請求を理由づける事実を適切に記載したうえで，本件訴えを令和2年1月15日に提起した（以下，この事件を「本件」という）。数日後，裁判所から訴状の副本等の送達を受けたYが，弁護士Qに相談した。Yの相談内容は次のとおりである。

【Yの相談内容】
　「本件建物をXが所有していること，本件建物にY名義の本件登記があることは，Xの主張するとおりです。
　私は，個人で貸金業を営んでいますが，平成31年4月1日に，株式会社Cの代表者であるWとの間で，株式会社Cに対して，返還期日を令和2年4月1日とし，利息年5分，損害金年2割とする約定で，1500万円を貸す契約を締結しました。
　その際，Wとの間では，株式会社Cの土地建物のほか，Wの伯母が所有する家屋にも抵当権を設定するということで合意をしていたことから，Wの伯母であるXを設定者とする抵当権設定契約書を作成しました。
　もっとも，Xは高齢で外出が困難であるということであったので，Xと直接会って契約したわけではありません。必要事項を記載した契約書の用紙をあらかじめWに渡しておき，Wに依頼してXに署名および押印をしてもらうようにしました。契約の日には，Wは，Xの署名および押印のある契約書に加えて，Xの実印，本件建物の登記済証を含めて登記手続に必要な書類をすべて持参してきましたので，私は，WがXに，契約書に署名および押印をしてきてもらったものと考えました。かりにそうでなかったとしても，XがWに対して本件登記を行う契約の権限を与えていたはずですし，また，このような権限を与えていなかったとしても，Wは必要な書類をすべて持参していたのですから，私にはWに権限があるものと信じる正当な理由があるはずです。
　このような次第ですので，私には本件登記を抹消する義務はないと思います。」

　そこで，弁護士Qは，答弁書において，Xの主張する請求を理由づける事実を認めたうえで，登記保持権原の抗弁の抗弁事実として次の各事実を主張した。
③　Yは，株式会社Cに対し，平成31年4月1日，1500万円を次の約定で貸し付けたとの事実
　　返還期日　　　令和2年4月1日
　　利息　　　　　年5分
　　損害金　　　　年2割
④　XとYは，同日，株式会社Cの③の債務を担保するため，本件建物に抵当権を設定するとの合意をしたとの事実
⑤　Xは，平成31年4月1日当時，本件建物を所有していたとの事実
⑥　②の登記は，④の抵当権設定契約に基づくとの事実

　以上を前提に，以下の各問いに答えなさい。
(1)　本件において上記③から⑥までの各事実が登記保持権原の抗弁の抗弁事実として必要になる理由を説明しなさい。

(2) 【Yの相談内容】を前提とした場合，登記保持権原の抗弁として，④の事実に代えてどのような事実を主張することができるか。その内容を2つあげ，それぞれ端的に記載しなさい。なお，抗弁を構成する具体的事実を記載する必要はない。

〔設問3〕
　令和2年2月10日に行われた本件の第1回口頭弁論期日において，弁護士Qは，④の契約があった事実を立証するための証拠として，次のような契約書（斜体部分はすべて手書きである。以下「本件契約書」という）を提出した。

抵当権設定契約書

1　抵当権設定者Xは，債務者株式会社Cと債権者Yとの間の平成31年4月1日付金銭消費貸借契約に基づく株式会社Cの債務の履行を担保するため，Yに対し，X所有の後記表示の不動産のうえに抵当権を設定する。
2　Xは，本契約締結後，ただちにYのために本物件について抵当権設定登記手続を行う。
3　抵当権設定登記手続に要する費用は，Xの負担とする。

（不動産の表示）（略）

以上のとおり，契約が成立したので，本書を2通作成し，YX各1通を保有する。

平成31年4月1日
抵当権者　　　　Y　　Y印
抵当権設定者　　X　　X印

　本件契約書について，弁護士PがXに第1回口頭弁論期日の前に確認したところ，Xの言い分は次のとおりであった。

【Xの言い分】
　「本件契約書末尾の私の名前の押印は，たしかに私の実印のものです。しかし，その隣の私の名前の署名は，私が記載したものではありません。」

　そこで，弁護士Pは，第1回口頭弁論期日において，本件契約書の成立の真正を否認したうえで，それに加えて，「本件契約書中のX名の署名はX自身が行ったものではない。その右にあるX名義の印影はXの印章によるものであるが，<u>これは盗用されたものである。</u>」旨陳述した。この陳述のうち，下線部分はどのような意味を有しているかを説明しなさい。

〔設問4〕
　本件においては，〔設問2〕の抗弁がいずれも適切に主張されたうえで，弁護士Pは，抗弁事実のうち〔設問2〕の⑤の事実以外はすべて否認または不知と述べた。そして，証拠調べの結果，裁判所は，次の事実があったとの心証を形成した。

【事実】
　株式会社Cは，自動車部品を製造する工場を経営する，従業員10人程度の会社であり，Wが

代表取締役を務めていた。株式会社Cでは，工場の一部建て替え工事のための費用を，個人で金融業を営むYから借りることとした。その際，株式会社Cの所有する土地および建物に抵当権を設定することとされたが，担保価値が足りないということで，Wは，伯母であるXの所有する本件建物を担保に供する方向でYと交渉をした。Wは，数年来，高齢で不自由となったXの身の回りの世話をしており，Yはそのことを知っていた。

　Yは，平成31年4月1日，株式会社Cに対して1500万円を，返還期日令和2年4月1日，利息年5分，損害金年2割の約定で貸し付けた。その際，Wは，Xの署名および押印のなされた抵当権設定契約書（本件契約書）とともに本件建物の登記済権利証，Xの実印および印鑑証明書を持参した。本件契約書上のX名の押印は，Xの印章によるものであったが，Xの意思に基づくものではなかった。Xの署名は，高齢者の手によるものとは見受けられないほど整ったものであり，X自身の筆跡とはまったく異なっていた。この署名についても，Xの意思に基づくものではなかった。

　同日，Yは念のためX本人の意思を確認したいと述べ，Wと共に車でXの自宅へ向かったが，Wが「Xは体調が悪く刺激したくない。」と述べたことから，Yは，Xとは会わずに帰ったが，Wには本件契約書の締結を行う権限があるものと信じた。その後，【登記目録】記載のY名義の抵当権設定登記がなされた。

　本件建物の敷地の借地契約は，平成31年4月末に期限を迎えており，Xは，借地の条件に関する地主Sとの交渉や，地代の納付などについて，同年3月，Wに代理権を授与していた。

　この場合，裁判所は，判決主文において，どのような内容の判断をすることになるか。結論とその理由を記載しなさい。なお，上記事実はすべて当事者が口頭弁論期日において主張しているものとする。

〔設問5〕
　その後，本件訴えでは，証拠調べ手続が終わった後，裁判官Jが両当事者に対して和解を勧めた。弁護士Pは，和解の期日に備えてこれまでの口頭弁論手続の経過についてXに報告をしたが，その際，Xは，以前に報告をしていた期日の経過の内容を忘れていたほか，弁護士Pが20分ほど前に話した内容についても思い出せないなど，記憶障害や判断力の低下の症状が見られたことから，弁護士Pとしては，Xについて認知症を疑った。しかし，まだ軽度であり問題はないだろうと考え，少し時間をかけて和解の条件について説明をした。その後の期日で，弁護士PがXに説明をしたのとほぼ同じ条件で裁判上の和解が成立した。なお，弁護士Pは，Xからあらかじめ本件の和解を含む事件の処理について委任を受けていた。

　以上の弁護士Pの行動に弁護士倫理上の問題があるかどうかについて説明しなさい。

答案構成用紙

① 設問1

　本設問では，Yに登記を保持する権原がないことが請求原因とならない理由の説明が問われている。要件事実を問う問題であるから，実体法上の要件から考える必要がある。

　本問の訴訟物は，所有権に基づく妨害排除請求権としての抵当権設定登記抹消登記請求権である。この請求権を発生させる実体法上の要件は，㋐原告が目的物を所有していること，㋑相手方の抵当権設定登記の存在，㋒相手方が抵当権設定登記を保持する権原を有していないことである。

　次に，これを主張立証責任に基づいて分配する。本件でXが妨害されている所有権（206条）とは，排他的な物の使用・収益・処分ができ，そのような所有権に制限が加えられている場合には，物権的請求権を行使できるのが原則である。地上権，賃借権，抵当権などの利用権原の存在は，例外的な事態であるから，それを主張する側が主張立証することによって原則を排除すべきであると考えられる。

　次に，登記の事実上の推定について言及する必要がある。既登記不動産については，登記に推定力が与えられていると解されている（最判昭和34年1月8日等参照）ので，登記があれば，登記されている者は所有者と推定されるのではないかという問題である。この点について，判例は，登記の記載が事実上の推定力を有するにすぎないとしている。したがって，登記の推定力によって立証責任の転換が生じることはなく，登記保持権原の主張立証責任は，登記名義人の側にある。

　したがって，請求原因として，㋐，㋑を主張する必要があるということになり，㋒について原告は主張立証責任を負わないから，原告が請求原因として主張する必要はない。したがって，㋒の登記保持権原をXは主張する必要がないことになる。

② 設問2

1　小問(1)

　本設問は，所有権に基づく妨害排除請求権としての抵当権設定登記抹消登記請求権の請求原因に対する登記保持権原の抗弁について問題文記載の各事実が必要である理由を問うものである。

　登記保持権原の抗弁とは，原告の所有を認めたうえで，みずから登記を保持することができる旨を主張するものである。本件においては，権原として有効に抵当権設定登記をしたということを主張することになる。そこで，抵当権設定の実体法上の要件から考える。

　抵当権には，附従性があることから，㋐被担保債権が存在していなければならない。そして，抵当権は抵当権設定契約によって発生するものであるから，㋑抵当権設定契約の存在が必要である。また，抵当権設定契約が物権の発生を目的とする物権契約であることから，㋒抵当権設定者が抵当権設定契約当時，当該不動産を所有していることが必要である。さらに，抵当権設定登記が有効であるためには，㋓抵当権設定登記が抵当権設定契約に基づいて行われたことが必要である。

　以上が実体法上の要件であり，次に主張立証責任を振り分け，要件事実を考える。そうすると，いずれの要件も，登記保持権原という例外的事情であるので，その主張により利益を得る抵当権者が主張立証責任を負う。したがって，抵当権設定登記の場合の登記保持権原の抗弁の要件事実は，ⅰ被担保債権の発生原因事実，ⅱⅰの債権を担保するため，当該不動産について抵当権設定契約を締結したこと，ⅲⅱ当時，設定者が当該不動産を所有していること，ⅳその登記がⅱの抵当権設定契約に基づくことである。

　これらは，いずれも問題文の③から⑥までの事実と対応している。よって，③から⑥までの事実は，登記保持権原の抗弁としていずれも必要になる。

2　小問(2)

　本設問は，④の事実の代わりに主張すべき事実を問う問題である。そこで，まずは，④の事実を確認する必要がある。④の事実は，XY間の抵当権設定契約締結の事実である。

　これを確認し，Yの相談内容に目をとおすと，Yは，抵当権設定契約においては，WがXの代理人として，抵当権設定契約をしたものと思っている。したがって，有権代理の抗弁（99条1項）をXY間の契約締結の事実の代わりに主張することができる。また，Yは，かりにWに権限がなかっ

たとしても，Wに代理権があると信じるにつき正当な理由があると言っているので，表見代理（110条）の抗弁を主張することになる。

③ **設問3**

本設問は，下線部分の主張である印章が盗用されたということの意味を問うているところ，その意味を検討する前提として本件抵当権設定契約書におけるXの押印の意味を考えなければならない。押印されている私文書はいわゆる二段の推定によって文書の成立の真正が認められることになる（二段の推定については，FL【文書の成立の真正】参照）。そして，いわゆる一段目の推定では，文書上の印影が本人の印章によって顕出されたものであるときは，反証のないかぎり，その印影は本人の意思に基づいて顕出されたものと事実上推定される。もっとも，弁護士PはXの印章について「これは盗用されたものである。」と陳述している。この陳述は上記一段目の推定を覆そうとする主張である。したがって，「これは盗用されたものである。」旨の陳述は，二段の推定における一段目の推定を覆すものであるという意味を有する。

④ **設問4**

本設問では，裁判所が判決主文においてどのような判断をすることになるかが問われている。一般的にこのような出題では，原告の請求原因事実が認められるか，次に被告の抗弁事実が認められるか，というかたちで原告，被告の攻撃防御方法を順に検討していけばよい。本件ではXの請求原因が認められることについては当事者間に争いはないだろう。

本件における抗弁は大きく分けて，契約当事者をXとYとする構成と，WとYとする構成の抗弁とが考えられる。後者においては，有権代理に基づく登記保持権原の抗弁と，表見代理に基づく登記保持権原の抗弁とが考えられる。

まず，契約当事者をXとYとする構成であるが，この場合，事実④を立証するために本件契約書が必要である。しかし，【事実】によれば，本件契約書上のX名の署名・押印は，Xの意思に基づくものではない。そうだとすると，民事訴訟法228条4項の推定ははたらかず，本件契約書の成立の真正が認められない。したがって，本件契約書からXとYの抵当権設定契約が立証できず，ほかに事実④を立証する証拠はない。よって，事実④は認められないので，この抗弁は成り立たない。

次に，有権代理構成であるが，この構成の場合，代理行為に先立つ代理権授与の事実を立証しなければならない。しかし，XがWに対して抵当権設定契約の代理権を授与した事実は認定されていない。よって，この抗弁も成り立たない。

最後に，表見代理構成であるが，本件ではまず，基本代理権の存在と，権限の逸脱は認められる。次に「正当な理由」について，たしかにWが登記済権利証，Xの実印や印鑑証明書を提示している。このようなものは通常交付しないものであるから，代理権があると信じる理由にはなりうる。しかし，Yは一般人ではなく貸金業者であり，調査確認を徹底すべき注意義務を負っている。また，WはXの甥であり，身の回りの世話をしていたから，これらの書類・印章を持ち出すことが可能な状況にあった。さらに，本件契約書の署名が高齢者の署名としては不自然に整っていたのであるから，疑うべき点が存在していた。これらのことからすれば，Yに本件登記の設定がXの真意によるかどうかという点につき，調査確認すべき義務があったにもかかわらず，その義務の懈怠があったといえる。したがって，正当な理由はないということになる。

⑤ **設問5**

法曹倫理の問題では，まずは適切な条文を見つけることが重要である。本問では，依頼者との関係で弁護士の行為が問題となっているから，弁護士職務基本規程の「第3章　依頼者との関係における規律」の部分を探してみるとよい。そうすると，規程22条2項が見つかるであろう。

次に，当該条文を見つけたら，どの文言が問題となるかということを探していく。本問では，Pが「適切な方法を講じ」たといえるかということが問題となる。「適切な方法を講じ」たといえるかどうかを問題文の事実を用いてあてはめ，結論を導けばよい。

【関連判例】
最判昭和34年1月8日民集13巻1号1頁

答案例

第1　設問1について
　　所有権（民法206条，以下法名略）は所有物を円滑に利用できる権利であるから，その利用に一定の制約が課されることが正当化されるのは例外的な場面である。そのような例外的事情の存在については，それを主張する者が主張立証責任を負う。抵当権は，所有権者の処分権を一定程度制約 5
するものであり，登記保持権原というのは，自己の登記を正当化する例外的事情である。よって，抵当権者であるYが，自己に登記保持権原があることを主張すべきであり，XがYに登記保持権原がないことを主張する必要はない。

　　また，抵当権設定登記には，事実上の推定しか生じない以上，抵当権の 10 ➡登記の推定力への言及
存在を法律上推認させる効力を認め，主張立証責任を転換することはできないため，Xが登記保持権原を主張立証する必要がない。

第2　設問2について
1　(1)について
　　Yは登記保持権原として，抵当権設定登記の有効性を主張する。その 15 ➡実体法上の要件から検討
実体法上の要件は，㋐被担保債権の存在，㋑抵当権設定契約の存在，㋒抵当権設定当時，設定者が当該不動産を所有していること，㋓抵当権設定契約に基づく登記の存在である。㋐は，抵当権の附従性から導かれる。㋑は，抵当権設定も契約であるためであり，それも物権契約であるから㋒も導かれる。そして，登記の有効性は権原に基づくものでなければな 20
らないから，㋓も導かれる。

　　そして，これらの事実の主張立証責任は，例外的な事情であり，これに ➡主張立証責任の視点
より利益を受ける者が負う。したがって，Yがこれらの要件を主張立証する必要があるところ，③から⑥までの事実は，㋐から㋓までの要件と対応する。よって，③から⑥までの事実を登記保持権原の抗弁として主 25
張する必要がある。

2　(2)について
　　WがXを代理（99条1項）して抵当権設定契約を行ったことを表す事 ➡有権代理構成
実を主張することができる。また，当該代理行為は無権代理行為である ➡表見代理構成
としても，表見代理（110条）が成立することを表す事実を主張するこ 30
ともできる。

第3　設問3について
　　私文書につき本人の意思に基づく押印がある場合に，当該私文書が真正 ➡二段目の推定
に成立したことが推定される（民事訴訟法228条4項）。そして，わが国では印章は通常慎重に管理されており，第三者が容易に押印することはでき 35
ないという経験則があるため，本人の印章によって顕出された印影がある ➡一段目の推定
場合には，押印が本人の意思に基づくことが事実上推定される。これと同項による推定とを合わせれば，前述の印影がある場合には，文書の成立の真正が推定されることになる（二段の推定）。

　　この点について，印章が盗用されたとの事実は，押印が本人の意思に基 40 ➡一段目の推定への反証
づくことについての事実上の推定に反する事実となる。印章が窃盗されていれば，本人が押印したのではないということになり，押印が意思に基づくことの推定が破られる。したがって，下線部分の陳述は，当該推定を破る主張となるという意味がある。

第4 設問4について　　　　　　　　　　　　　　　　　　　45
　1　結論 →結論の明示
　　請求原因に争いはないが，以下のとおり抗弁はいずれも成り立たない。
　裁判所は，判決主文で，原告の請求を認容するとの判断をする。
　2　本人契約の構成
　　抵当権設定契約の事実④を立証する本件契約書には，Xの署名および　50 →本人構成の否定
　押印があるものの，Xの意思に基づかないものであることから，民事訴
　訟法228条4項の推定ははたらかない。したがって，証拠から事実④は
　認められず，本人契約の構成での抗弁は認められない。
　3　有権代理（99条1項）の構成
　　本件契約書のXの署名および押印がXの意思に基づくものではない。　55 →有権代理構成の否定
　そのため，Wに抵当権設定契約の代理権が与えられていたとは考え難い
　ことから，当該契約に先立ってXがWに対して当該契約の代理権を与え
　ていたとの事実は認められない。したがって，④の事実は認められず，
　有権代理の構成による登記保持権原の抗弁も認められない。
　4　表見代理（110条）の構成　　　　　　　　　　　　　　　　　60 →検討する要件を明示
　　表見代理を抗弁として主張するには，「正当な理由」（110条）が認め
　られなくてはならない。
　　抵当権設定契約締結に際し，Wは本件建物の登記済権利証，Xの印鑑 →反対事情
　証明書を持参していたほか，本件契約書にはXの実印が押印されていた。
　このような重要な書類等は安易に渡さないので，YがWに本件契約の代　65
　理権があると信じたことにつき「正当な理由」がありそうではある。
　　しかし，本件の抵当権設定は，株式会社Cの代表者であるWの利益に →利益相反関係
　なる一方でXにとっては不利益となるものである。また，XはWの伯母 →近親という関係
　であり，かつ，Wが高齢なXの身の回りの世話をしていたという両者の
　関係に照らすと，Wが登記済権利証，Xの実印等を持ち出せる環境にあ　70
　る。加えて，Yは貸金業者であり，代理権の有無等の契約上重要な事項 →Yが専門業者である点
　について，調査確認する高度の注意義務がある。さらに，本件契約書の →不自然な事情
　署名が高齢者の署名としては不自然に整っていたことから，権限を疑う
　べき事情が存在した。これらの事情からすれば，Yとしては，本件登記
　の設定がXの真意によるかどうかの点につき，X本人に直接確認すべき　75
　注意義務を負っていた。それにもかかわらず，Yは，安易にWの発言を
　信じてX本人の意思の確認を怠った。よって，YがWに本件契約の代理 →総合判断
　権があると信じたことにつき「正当な理由」は認められない。以上より →結論
　表見代理の抗弁も認められない。
第5 設問5について　　　　　　　　　　　　　　　　　　　　80
　　弁護士は，「適切な方法を講じて」（弁護士職務基本規程22条2項）依 →適切な条文を指摘
　者の意思の確認に務める必要がある。
　　Xにつき認知症が疑われる状況にあった以上，弁護士Pとしては，医師 →端的にあてはめる
　の立会いを求めるなどしてXの意思の確認を行う必要があったといえる。
　弁護士Pの行動には，そのような適切な方法を講じていないという弁護士　85
　倫理上の問題がある。

　　　　　　　　　　　　　　　　　　　　　　　　　　　以上

　本問は，抵当権設定登記が本人に無断で行われたことを理由にその抹消を求める訴訟において考えられる実務上の問題点について問うものである。

　設問1では抹消登記手続請求訴訟の請求原因について，設問2(1)ではいわゆる登記保持権原の抗弁について，それぞれ問われている。これらは，物権的請求の攻撃防御の構造のなかできわめて重要な部分である。また，設問2(2)では，当事者の言い分のなかから別の法律構成による抗弁を検討することが求められている。

　設問3では，裁判官が行った争点整理の理由について問われているが，その背景として，私文書についての証拠法則の意義の理解が問われている。

　設問4は，口頭弁論で確定された事実を前提として，判決で行うべき判断について問うものである。ここでは，いわゆる規範的要件の認定を含めて，要件事実・事実認定にわたる横断的な理解が問われている。

　最後に，設問5は，当事者の意思の確認が必要になる場面においての弁護士倫理上の問題を問うものである。

講　評 ▐▐▐

① 設問1

　ほとんどの答案が1つまたは2つの理由を記述できていたが，所有権は円満な利用ができることが原則であるということからの理由づけを落としている答案が多かった。法的思考において，原則と例外の視点を意識することは有益である。これを機に，原則などについて各自のテキストで確認し，確実に覚えておいてもらいたい。他方で，登記の存在は事実上の推定にすぎないこと，消極的事実の証明を課すのは酷であることという理由づけにおいては記述できていた答案が多く，この点は好印象であった。

　本設問は，基本的事項を問う問題であるだけに，正しく解答できないと実体法や要件事実を理解していないと思われてしまう。このような基本的問題こそ確実に解答できるようにしておくことが望まれる。

② 設問2

1　小問(1)

　所有権に基づく妨害排除請求権としての抵当権設定登記抹消登記請求権については，勉強が進んでいないと思われる答案が散見された。ほとんど理由づけを書いていない答案もあった。しかし，十分に当該訴訟物の要件事実を覚えていないとしても，基本的な知識から実体法上の要件を考えることで要件事実を導きだすことができる。たとえば，事実③は被担保債権の発生原因事実であるが，これが抵当権の附従性から要求されることは民法の基本的知識で推論することは十分可能である。また，事実⑤においても，抵当権が物権契約であることは民法の基本的知識であるから解答を導くことは可能である。このように，民法の基本的知識から，要件事実の問題に解答することは不可能ではない場合が多い。要件事実の問題は暗記科目だと割り切るのではなく，覚えていない問題に出会った場合でも，問題文の事実から，民法の基本的知識を駆使して問題に答えるようにしたい。

2　小問(2)

　問題文に「端的に」という文言があることから，小問(1)と比べて配点が低く，深く記述することは求められていないことを察知する必要がある。答案のなかには，ここで10行程の分量を割いたばかりに，答案の後半でほとんどスペースがなくなっているようなものがあった。近年の予備試験では，比較的問題数が多いので，問題ごとに答案の分量を適切に配分することがますます重要となっている。

　答案例を参考にして，端的に書くことが求められた場合にはそのように書く練習もしておきたい。

③ 設問3

　まず，二段の推定について正確に理解していない受験生は，各自のテキストを利用して正確な理解をする必要がある。二段の推定の問題は，論文式試験・口述試験を問わず予備試験において頻出であり，正確な理解が必要不可欠である。正確に理解しているかどうかで本問では大きく差がついた。

　また，これを機会に二段の推定の基本的理解に加え，各段階での推定を覆すための事実としてどのようなものがあるのかということも，二段の推定の理解を深めるという点から，おさえておくとよい。一段目の推定が覆る場合として，印鑑を他の者と共用している場合，印鑑の紛失，盗難，盗用があった場合，別の目的で預けた印鑑が悪用された場合，本人による印鑑の押印が考えにくい場合などがある。これらについて，FL【文書の成立の真正】に詳細に論じてあるので，それを読み込んでもらいたい。

④ 設問4

　本人契約の構成が成り立たないことはほとんどの答案が的確に指摘できていた。この点については，差がつかなかった。

　有権代理の構成については，理由を正確に記述できている答案とそうでない答案の差が目立った。本件では抵当権設定登記の先立つ代理権授与の事実の直接証拠がなく，その事実を基礎づける間接事実もない。むしろ，本件契約書のXの署名および押印がXの意思に基づくものではない以上，Wに抵当権設定登記の代理権が先立って授与されていたと考えるのは困難である。このようなことを理解したうえで答案を作成してほしい。事実を拾うだけでなく，その事実からいかなることを推認できるかということを思考過程がわかるように書くことが重要である。

　表見代理の構成においては，「正当な理由」が問題になることについてはほとんどの答案が理解し，事実を拾うことができていた。もっとも，すべての事実を使い切っている答案はむしろ少数派であった。たとえば，Yが貸金業者であることやWがXの身の回りの世話をみていたことの指摘を落とす答案が散見された。このように，論じることが明らかである問題では，拾った事実の量や事実の評価を正しくできているかという点で差がつくから，油断せず丁寧に答案を作成してほしい。その際には，自己の思考過程がわかるように答案上に表現することも忘れてはならない。

⑤ 設問5

　弁護士職務基本規程22条2項を摘示できている答案が思いのほか少なかった。規程36条をあげたり，規程22条1項をあげたりする答案があった。たしかに，これらの条文は無関係とまではいえない。しかし，より事案に近い条文は規程22条2項であろう。このように，法曹倫理の問題では，一番事案に近い条文を見つけられるかが1つ目の関門となる。

　他方で，適切な条文を引用できていても，分量が不適切な答案が散見された。すなわち，必要以上に書きすぎているのである。本問の配点は全体の8パーセントであるから，問題提起，条文の趣旨の考察，規範定立，あてはめという段階を丁寧にふむ必要はない。本問では，規程22条2項の指摘，「適切な方法を講じ」たかが問題となることの指摘，問題文の事実を指摘・あてはめができれば十分である。この点で得点において損をしている答案が散見されたのでここで言及しておく。答案作成において，配点割合は無視できない重要な情報であることを肝に銘じていただきたい。

第1　設問1
　1　本件訴えにおける訴訟物は，所有権に基づく妨害排除請求権としての抵当権設定登記抹消登記請求権である。所有権に基づく妨害排除請求権は，実体と登記との間に不一致が生じているときに，発生する。

⇦△本問では訴訟物が明示されているので，あえて答案で書く必要はない

　2　かかる請求権の発生要件は，実体法上，⒤当該不動産を所有していること，ⅱ⒤の不動産に相手方名義の抵当権設定登記があること，ⅲ相手方にⅱの登記を保持する権限がないこと，である。しかし，ⅲのような消極的事実の立証は困難なので，立証負担の公平な分担を図るべく，登記保持権限の存在については相手が抗弁として主張することになる。

⇦○実体法から要件事実を考えている
⇦△正しくは「権原」
⇦○主張立証責任の点を考えている

　3　そして，登記の推定力は事実上のものにすぎないので，立証の転換は生じず，Xは，Yが②の登記を保持する権限がないことを主張する必要はない。

⇦△理由として弱い。他の理由も明示したい
⇦○登記の事実上の推定力にも言及できている

第2　設問2
　1　設問2(1)
　⑴　Yは登記保持権限の抗弁を主張している。その要件事実は何か。
　⑵　まず，抵当権を設定するに際しては，成立の付従性から，⒤被担保債権の存在が必要となる。そして，抵当権は特定の債権を担保する権利であり，その債権と抵当権の結びつきを示す事実として，ⅱ⒤の債務を担保するために，抵当権設定契約をした，という事実も必要となる。さらに，抵当権設定契約は物権契約であり，処分権限がない限り同契約は無効なので，ⅲⅱの当時，当該不動産を所有していたという事実も必要となる。そして，被告の登記を抵当権設定契約に基づく適法なものであることを示すべく，ⅳ被告の登記はⅱの抵当権設定契約に基づくという事実も必要となる。

⇦○実体法の要件から考えている

　⑶　本件では，⒤が③に，ⅱが④に，ⅲが⑤に，ⅳが⑥に当たる。
　⑷　③④⑤⑥の事実は，所有権に基づく妨害排除請求権の発生を障害するので，抗弁となる。

⇦×主張立証責任にも触れたい
⇦×問われていない余事記載なので，このような記述は避けたい

　2　設問2(2)
　⑴　Yとの相談内容からして，④の抵当権設定契約の締結は，XY間でなされていない可能性がある。そこで，Yとしては，Xに同契約の効果を帰属させるべく，以下の抗弁を提出すると思われる。
　⑵　まず1つは，抵当権設定契約は，YとX代理人Wにより締結されたという抵当権設定契約の有権代理（民法99条）の事実が考えられる。
　⑶　もう1つは，XがWに対して本件登記を行う契約の権限を与えていなかった場合を考えて，Yは，権限外の行為の表見代理（民法110条）の事実を主張するものと考えられる。

⇦○端的に正しく解答できている

第3　設問3
　1　民事訴訟法228条4項により，「私文書は，本人……の押印があるときは，真正に成立したものと推定」される。そして，この「押印」は，自己の意思に基づいてなされる場合をいう。また，印鑑が重宝される我が国の取引事情から，印影と印章が一致するときは，特段の事情のない限り，押印は自己の意思に基づいてなされ（一段目の推定），その結果，「押印」があったことになり成立の真正が推定される（二段目の推定）。

⇦△二段の推定をいちおう理解しているが，各段階の推定の意義についても触れたい

これを二段の推定という。 45

  2 本件は，X名義の印影はXの印章によるので，一段目の推定が問題と
  なる場面である。そして，Xの印章は盗用されたものと主張しているが
  これは，Xの「押印」がXの意思によらないことを示す事実であり，こ
  の事実が真実ならば一段目の推定を破るという意味を有する。

第4 設問4 50

  1 裁判所はいかなる判断をなすべきかは，訴訟に現れた事実が認められ
  るか否かに関わるので，この事実を検討する。

  2(1) Xが請求原因事実としてあげた事実については，Yは「裁判上の自
  白」（民訴法179条）をしているので，弁論主義の第2テーゼから，裁
  判所は，かかる自白に拘束される。このままだと，Xの請求は認めら 55
  れる。

  (2) 次に抗弁事実を検討する。

    ア ⑤の事実については，Xによる「裁判上の自白」がある。また，
    Xの相談内容からすれば，③は不知となり，⑥も不知となるが，裁
    判所の心証から，③⑥の事実は認められる。もっとも，X名の押印，60
    X名の署名はともに，Xの意思に基づくものではなく，抵当権設定
    契約書は不真正文書となり，④の事実は認められない。

    イ また，有権代理の事実が認められるか問題となるも，上記の契約
    書は不真正文書になるので，XによるWに対する抵当権設定契約に
    ついての代理権授与は認められず，有権代理の事実は認められない。65

    ウ では，表見代理についてはどうか。XがWに対して，借地の条件
    に関するSとの交渉等について，基本代理権を授与した事実は認め
    られる。また，Yは，Wには，本件契約書の締結を行う権限がある
    と信じ，Yは「善意」であった。しかし，押印，署名がXの意思に
    よらず，契約内容が本件建物に抵当権の負担を課すというXに不利 70
    益なものであるので，Yには調査確認義務があったのに，YはX本
    人の意思を確認しておらず，YにWが本件契約書の締結を行う権限
    があると信じたことについて「正当な理由」はない。よって，表現
    代理の事実も成り立たない。

  3 以上から，Yの抗弁は成立しないので，裁判所は請求認容判決を下す 75
  べきである。

第5 設問5

  Pは，Xについて，認知症を疑っていたのに，Xに，少し時間をかけて
  和解の条件について説明をしたのみで，この説明通りの裁判上の和解をY
  との間でしている。 80

  Pのかかる行為は，依頼者の意思を尊重して弁護活動をしなければなら
  ないとする弁護士職務基本規程22条1項，36条に反するものといえる。

  以上

⇦〇二段の推定に
対する反証を理
解している

⇦△正しい指摘だ
が，メインの部
分ではないので
端的な指摘にと
どめたい

⇦△正しいが，答
案配分上，争点
を端的に明示す
るようにしたい

⇦〇抵当権設定契
約の代理権がな
いことにも触れ
られている

⇦△事実が多数存
在するのにもか
かわらず，指摘
できている事実
が少ない

⇦〇結論を明示で
きている

⇦×検討の対象の
条文を誤ってい
る

優秀答案における採点実感

1 設問1

設問1については，所有権に基づく妨害排除請求権の要件事実を実体法上の要件から考えている姿勢が大変よい。もっとも，その要件の主張立証責任の点について，消極的事実という形式的観点のみから論じている点は評価できない。たしかに，消極的事実の主張立証責任を負わせるのが酷であるということは認められる。しかし，消極的事実についても立証の難度は多種多様であり，消極的事実だからといって短絡的に主張立証責任を決めるのは，公平の観点上問題がある場合もありうる。そのため，形式的に判断するのみではなく，実質的にも判断するほうが説得的な答案になるだろう。

2 設問2

設問2は，抵当権の登記保持権原の抗弁という慣れない要件事実を問う問題であったにもかかわらず，実体法から要件を導きだして，論述している点が非常に好印象である。要件事実は，実体法の理解のうえに成り立っているということを理解しているということが伝わってくる。要件事実が得意でない受験生は，この答案を是非参考にしていただきたい。

ただ，この答案は，実体法の要件を導きだしただけで終了している。要件事実を考えるうえでは，主張立証責任も考えなければならない。それを考慮していない点が残念である。本問は，実体法上の要件と要件事実が重なるものであったからよかったものの，そうでないならば，解答としては誤りになっているのであるから，その点には注意したい。

なお，抗弁である旨の論述をしているが，これは余事記載であり，答案上好ましくない。

3 設問3

設問3は，二段の推定の理解を問う基本的問題であるが，この答案は，それをいちおう理解していることが伝わってくる。もっとも，よりよい答案にしたいのであれば，推定の性質などにも触れる必要があるだろう。

4 設問4

設問4は，配点割合が非常に高く，この部分に分量を多く割きたい。そして，そのなかでも中心的な部分に分量を割いて論述したい問題である。

この答案は，一歩一歩ステップをふんで，争点を明らかにしようとしている点が，わかりやすい答案につながっており，好印象ではある。しかし，問題となる箇所は，問題文から明らかなので，争点の部分について早く明示して，それについて厚く論述しないと，その部分につき十分得点することができない。求められていることを読み取り，それに対して的確に解答するということも法律家に求められる能力なので，出題趣旨を探り，ピンポイントで解答するということを心掛けたい。

本問の中心的なところは，法律構成の検討と，正当な理由の判断であるところ，前者については論述できているが，後者の部分の論述が必要な事実を拾えておらず，不十分であった。事実が豊富にある場合には，それを十分に使いたい。

5 設問5

設問5で問題となっている規程は，規程22条2項である。条文を間違うと点を十分にあげることができないので，もっとも関係する条文を見つけるようにする努力が必要である。

第5問　売った甲斐がある絵画

〔設問1〕から〔設問4〕までの配点の割合は，12：18：14：6

　司法試験予備試験用法文および第2部末尾添付の資料を適宜参照して，以下の各設問に答えなさい。

〔設問1〕
　弁護士Pは，Xから次のような相談を受けた。

【Xの相談内容】
　「私は，30年ほど前から，郊外の駅前の商店街の一角で，個人で家具店を営んでいます。
　令和2年3月の末ころ，同じ商店街で飲食店を営むYから，店舗の改装費用の一部にあてるためとして，借入れの依頼を受けました。Yとは，古くからの付き合いであり，かつ，私の親がYの父親であるAから助けてもらったこともあったことなどから，Yの依頼を受け入れることにしました。
　令和2年5月1日，私は，Yとの間で，300万円を貸し付ける契約を締結し，現金で300万円をYに渡しました（以下「本件貸金」という）。返還は，半年後の同年11月1日とし，また，改装に伴って新調する什器・備品の一部を私の店から購入する等の約束のうえで，利息はとらないことにしました。
　その後，約束の返還期日が近づいたことから，Yに対して本件貸金の返済について確認をしたのですが，Yは，返還期日の前日に，半分の150万円だけを持参して来ました。Yは，残りの150万円については，もう少し待ってくれと言うだけで，その日は支払がなされませんでした。
　その後，何度もYに催促をしたのですが，支払がなかったことから，私は，同年11月20日，本件貸金の残額150万円の支払を催告する内容の内容証明郵便を送りました。この書面は，翌日にYのもとに到達しています。しかし，その後も，現在にいたるまで，Yから150万円の支払はありません。
　このような次第ですので，私は，Yに対し，本件貸金の残額150万円の支払を求めます。」

　弁護士Pは，【Xの相談内容】を前提に，Xの訴訟代理人として，Yに対し，消費貸借契約に基づく貸金返還請求権を訴訟物として，本件貸金のうち150万円の支払を求める訴え（以下「本件訴え」という）を提起した（なお，遅延損害金については請求しないものとする。以下の設問でも同じである）。そして，弁護士Pは，その訴状において，請求を理由づける事実（民事訴訟規則第53条第1項）として，次の各事実を主張した。
①　Xは，Yに対し，令和2年5月1日，300万円を貸し付けたとの事実
②　XとYは，①に際し，返還時期を令和2年11月1日と定めたとの事実
③　令和2年11月1日は到来したとの事実

　以上を前提に，以下の各問いに答えなさい。
(1)　最高裁判所の判例に従った場合，弁護士Pが訴状において主張すべき事実として，上記①から③までの事実に加えて，令和2年10月31日に，Yが本件貸金の弁済として150万円を支払ったとの事実は必要であるか。結論とその理由を説明しなさい。
(2)　本件において上記②の事実が請求を理由づける事実として必要になる理由を説明しなさい。

〔設問2〕
　数日後，裁判所から訴状の副本等の送達を受けたYは，弁護士Qに相談をした。Yの相談内容は次のとおりである。

【Yの相談内容】
　「私が，令和2年5月1日に，私が営む飲食店の改装工事の費用にあてるためにXから300万円の借入れを受けたこと，同年10月31日に，そのうちの半分である150万円をXに返済したのは，Xの主張するとおりです。
　Xから借入れを受けた後，私は予定どおり，店舗の改装工事を業者に依頼していましたが，同年7月ころ，既存建物部分の構造の関係などで，大幅に工期が延びてしまい，工事の費用も，当初の見積りよりもかなり多額を要することとなりました。
　Xには迷惑をかけてはいけないと思っていましたので，なんとか300万円だけは用意しようといろいろ手を尽くしましたが，結局，約束の日には半分の150万円しか現金で用意することはできませんでした。同年10月31日に，150万円をXのもとに持参して，なんとか年末まで返済を猶予してくれないかと懇願しましたが，聞き入れられませんでした。
　ところで，私の父Aは，私とずっと一緒に住んでいましたが，同年7月末日に急病で亡くなりました。母は数年前に死亡しており，また，兄弟もいなかったことから，私が単独で父を相続しました。その後，父の遺品を整理している際，父の所有していた絵画αの行方がわからなくなっていることに気づきました。父は，長年の趣味で，画家Zの絵画を集めていましたが，絵画αもそのうちの1つでした。αについて何か書いていないかと日記やノートなどを見直しているうちに，どうやら父は，αをXに150万円で売却したらしいということがわかりました。ちょうど，次のような領収証（斜体部分は，すべて手書きであり，また，カーボン紙による複写で記載されたものである。以下「本件領収証」という）がノートにはさまっているのを見つけました。また，同年7月25日の受付で品物が「絵画」となっている宅配便の送り状の控えも近くからでてきましたので，間違いないと思います。しかし，通帳などをいくら調べても，代金の支払を受けたとの記録が見つかりませんでしたし，150万円のような大金を手に入れた様子もありませんでした。このことから，Xは，まだαの代金を支払っていないのだと思われます。
　そこで，本件貸金の残額150万円と未払のαの代金150万円とを相殺したいと思います。このような次第ですので，私にはXに対して150万円を支払う義務はないと思います。」

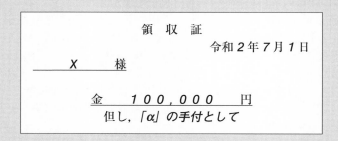

　そこで，弁護士Qは，答弁書において，Xの主張する請求を理由づける事実を認めたうえで，弁済および相殺の抗弁の抗弁事実を主張することを検討している。
④　Yは，Xに対し，令和2年10月31日，本件貸金の弁済として，150万円を支払ったとの事実
⑤　Aは，Xに対し，令和2年7月1日，絵画αを代金150万円で売ったとの事実
⑥　令和2年7月31日，Aは死亡したとの事実

⑦　YはAの子であるとの事実

⑧　⑤の売買代金債権と①から③までの貸金債権とを対当額で相殺するとの意思表示

　以上を前提に，以下の各問いに答えなさい。

(1)　弁護士Qが主張する必要がある抗弁事実のうち相殺にかかる部分は，上記⑤から⑧までの各事実だけで足りるか。結論とその理由を説明しなさい。

(2)　本件領収証は，抗弁事実の立証にとってどのような意味を有するか。本件領収証とこれによって証明すべき事実との関係を具体的に説明しなさい。

〔設問３〕

　弁護士Qは，【Yの相談内容】を前提に，答弁書に弁済および相殺の抗弁事実を適切に記載して裁判所に提出するとともに，答弁書を弁護士Pの事務所へ直送した。

　答弁書に記載されたYの主張について，弁護士PがXに確認したところ，Xの言い分は次のとおりであった。

【Xの言い分】

　「たしかに，Yの言うとおり，私は，Yの父であるAとの間で，絵画αを購入するという話をしていました。家具店の壁面に飾るのにちょうどよいと思っていたので，資金の都合がついたころに購入しようと考えていたのです。私は，令和２年７月１日に，Aとの間で正式に，絵画αを代金150万円で購入する約束をしました（以下「本件売買契約」という）。その際，支払と引渡しは１か月後とし，10万円を手付として支払いました。

　しかし，その直後，私の妻が，『絵画αが気に入らない。』と言い出し，２人でいろいろもめたのですが，結局，妻がインターネットで見つけた別の絵画βを購入することで落ち着きました。そこで私は，同年７月24日に，手付の10万円を放棄して本件売買契約を解除することを，Aに対して電話で伝えました。うちの電話台のメモに「手付　A　放棄　済」などと記載してあるのは，その時の電話の際に書いたものですから，これは間違いありません。なお，その後，絵画αが送られてきたということはありません。

　それから間もなくして，Aは亡くなったようですが，私と絵画αの関係はAの生前に解消されていたはずですので，絵画αの関係でYから何か言われることはないと思います。」

　これを前提に，次の各問いに答えなさい。

(1)　弁護士Pが主張すべき解除の再抗弁の内容はどのようなものになるか。再抗弁となるべき事実として必要十分な最小限のものを記載しなさい。

(2)　弁護士Qは，(1)の解除の再抗弁に対して，どのような再々抗弁を主張することが想定されるか。その再々抗弁の内容を端的に記載しなさい。なお，当該再々抗弁を構成する具体的事実を記載する必要はない。

〔設問４〕

　弁護士Qは，本件訴えの訴状の送達を受けたYから相談を受けた際，絵画αの売買契約についての事情をYから聴取した段階で，「それなら問題はないはずですよ。本件で，Yさんが150万円を支払わなければならなくなることは絶対にありませんから，ご心配なさらないでください。」と述べた。その後，弁護士Qは，Yの依頼に関する事件を受任し，適切に訴訟活動を行った。

　以上の弁護士Qの行動に弁護士倫理上の問題はあるか。結論とともに，その理由を簡潔に説明しなさい。

1 全体

　本問は，設問数が4問であり，時間配分と分量配分を考えないと，時間や解答用紙が足りなくなるおそれがある。構成の段階で，どの部分にどれだけの時間と記述を割くかを考えておくとそのようなミスを防ぐことができる。設問1から3までは要件事実の問題なので，条文上の要件から丁寧に説明することを心掛けつつ，時間と分量に気をつける必要がある。

2 設問1(1)

　本設問は，一部請求において，一部弁済を受けたことが請求を特定するのに必要な事実として必要かを問う出題である。これは，訴訟物の特定と関係する問題である。

　単なる機械的・数量的な分割に基づく一部請求も請求の特定に欠けるところがないとする判例（最判昭和37年8月10日）の立場で考えると，訴訟物の特定としては，一部弁済を受けたことを請求を特定するのに必要な事実として主張する必要はない。また，一部弁済は，抗弁となりうるものであり，抗弁の主張立証責任は，相手方にあるわけであるから，この点においても一部弁済を請求を特定するのに必要な事実として主張する必要はない。

　よって，Yが150万円を本件貸金の弁済として支払ったという事実を主張する必要はない。

3 設問1(2)

　本設問は，貸金返還請求の要件事実として，返還時期の合意が必要な理由を問うている。返還時期の合意がなぜ必要かについては，その理由をめぐって見解の対立がある（FL【貸金返還請求の要件事実】参照）。現在の実務では，消費貸借契約は，一定期間借主に利用させることを目的としているため，貸主としては，返還請求をするためには消費貸借契約が終了したことも主張する必要があると考えられている。具体的には，返還時期の合意がある場合には，返還時期の合意と返還時期の到来を主張し，返還時期の合意がない場合には，催告と催告からの相当期間の末日の到来を主張することになる（591条1項）。

　本件では，返還時期の合意がなされているので，事実②の主張が必要となる。

4 設問2(1)

　本設問は，相殺の抗弁の要件事実として指摘された事実が必要十分かを問うている。このような問題では，実体法の要件から考えていくと必要十分か否かを判断することができる。

　相殺の要件事実として主張する必要があるのは，㋐自働債権の発生原因事実，㋑自働債権が双務契約の場合には，同時履行の抗弁権の発生を障害または消滅させる事実，㋒自働債権が貸借型の契約である場合には，弁済期の定めとその到来，㋓相殺の意思表示である（FL【相殺の要件事実】参照）。

　これを本設問についてみると，㋐の自働債権の発生原因事実は⑤から⑦までに対応する。そして，㋓の相殺の意思表示が事実⑧でなされている。

　しかし，自働債権は売買契約（555条）であり，双務契約であるから，同時履行の抗弁権の存在効果が発生している。これを障害または消滅させる事実として，弁済（または弁済の提供）の事実が必要であるところ，それに該当する事実は主張されていない。そこで，この事実を主張する必要があるので，⑤から⑧までの事実では足りないということになる。

　本設問では直接の関係がないが，事実④で150万円の弁済の事実が主張されていることの重要性に気づきたい。本件は一部請求の事案であり，弁済や相殺の抗弁について通説・判例の外側説の立場に立つと，いずれかのみの抗弁では，請求額を減じることができずに主張自体失当となってしまうのである。しかし，両者が合わさると，全体として300万円の返還請求権の消滅を導くことができるので，抗弁として成立することになる。これを合体抗弁という。

5 設問2(2)

　本件領収証は，令和2年7月1日にαの手付としてYがXから10万円を受領したことを示すものである。このような領収証は，現実に金銭が授受されなければ，作成されることは通常ありえないのであるから，当該売買契約の手付として10万円が支払われたということを強く推認させる。そし

て，αの手付として10万円を受領したということは，αについての売買契約が成立したことを強く推認させる間接事実である。αの売買契約は自働債権の発生原因事実であるので，本件領収証は相殺の抗弁の要件事実である自働債権の発生原因事実を立証する間接証拠ということになる。

6　設問3(1)

Pは再抗弁として手付放棄による解除を主張すべきである。手付放棄による解除の実体法上の要件は，557条1項から①買主が売主に手付を交付したこと，ⅱ当事者の一方が契約の履行に着手するまでの間に，ⅲ買主が手付を放棄したこと，と540条1項からⅳ解除の意思表示をしたことである。そして，主張立証責任について検討すると，ⅱの履行に着手するまでというのは，権利の発生を消滅するものなので，その主張により利益を受ける相手方が主張すべきことになる。そのためこれは抗弁事実である。したがって，①，ⅲ，ⅳを主張すれば，解除の主張として必要十分である。なお，手付は特段の意思表示がないかぎり，解約手付としての性質を有すると判断した判例（最判昭和29年1月21日）から，手付が解約手付であることを主張立証する必要はない。

したがって，主張すべき事実は，㋐令和2年7月1日，XはAに対し，本件売買契約の手付として10万円を支払った，㋑同年7月24日，XはAに対し，㋐の手付を放棄するとの意思表示をした，㋒同日，XはAに対し，本件売買契約を解除するとの意思表示をした，という事実である。これで必要十分な事実が主張されている。

7　設問3(2)

(1)での検討から，再々抗弁として主張すべきは，Aが手付解除の意思表示に先立ち，履行に着手したことである。

8　設問4

弁護士倫理の問題は，該当する弁護士職務基本規程を探しだすのが鉄則である。規程さえ探せだせれば，あとは文言との関係で検討することで，最低限の答案となる。そのため，該当する規程を探す努力を怠ってはならない。

本設問では，「絶対に……」という旨の発言をしている。これは，弁護士職務基本規程29条2項との関係で問題があることに気づくだろう。

この条文は，弁護士が依頼者に有利な結果となることを請け合い，または保証することを禁じている。その趣旨は，弁護士の独立性と職務の公正を保持すると同時に，かりに依頼者において意図した結果が実現しない場合であっても，弁護士と依頼者との間に紛議を生じさせることがないようにしようとするものである。そうであれば，有利な結果を請け合いまたは保証するとは，依頼者に有利な結果を確信させるような言動をいうと解することが妥当である。

「絶対」といった，確証の度合いが強い言葉を使うのは，依頼者に誤解を与える可能性が強く，依頼者が有利な結果を確信しうるものである。したがって，弁護士Qが「絶対に」などと発言したことは，有利な結果を請け合いまたは保証したといえるので，規程29条2項に反する点で問題がある。

【関連判例】
最判昭和37年8月10日民集16巻8号1720頁
最判昭和29年1月21日民集8巻1号64頁

答案例

第1　設問1小問(1)について
1　当該事実の主張は不要である。　　　　　　　　　　　　　　　　　　　→結論
2　以下，理由を述べる。
　　本件における請求は，消費貸借契約（民法587条，以下法名略）に基
　づく300万円の貸金債権のうち以前に弁済（473条）を受けた150万円を　　5
　除いた残額の請求である。
　　これは，1個の債権の数量的な一部についてのみ判決を求める一部請　　　→一部請求である
　求である。そして，単なる機械的・数量的な分割に基づく一部請求も請　　　ことを示す
　求の特定に欠けるところはなく，許容される。
　　したがって，請求の特定に必要な事実としては，本件貸金300万円の　　10　→訴訟物の特定か
　うち150万円の支払を求める旨を主張すれば足り，150万円の弁済の事実　　　ら検討する
　の主張は不要である。
　　また，150万円の支払は，貸金返還請求の発生原因事実ではなく，そ　　　→請求原因からも
　の消滅を基礎づける抗弁事実であることから，請求を理由づける事実と　　　検討する
　しての主張も不要となる。　　　　　　　　　　　　　　　　　　　　　　15
第2　設問1小問(2)について
　　本件の訴訟物は消費貸借契約に基づく貸金返還請求権である。消費貸借　　→貸借型契約の説
　契約は，貸主が交付した金銭その他の物を借主に利用させることを目的と　　　明
　する契約であることから，契約成立から返還までの間に一定の期間が必要
　になる。そうであれば，当該返還請求権は，契約が終了したときに発生す　　20
　る。そして，返還時期についての定めがある場合には，その定めの内容に
　応じて終了する。そのため，当事者間に貸金の返還時期についての確定期
　限の合意があれば，当該合意の事実およびその確定期限の到来の事実によ
　って契約関係が終了する。
　　よって，事実②は，消費貸借契約の終了を基礎づけるための確定期限の　　25
　合意の事実として，請求を理由づける事実として必要となる。
第3　設問2小問(1)について
1　⑤から⑧までの事実では足りず，令和2年7月25日ころ，Aは，本件　　　→結論
　売買契約に基づき，αをXに引き渡した，との事実が必要になる。
2　本件の抗弁は，相殺の抗弁である。相殺の抗弁で主張すべき事実は　　30　→要件事実は条文
　505条1項，506条1項前段と主張立証責任から，㋐自働債権の発生原因　　　・実体法から検
　事実，㋑相殺の意思表示の事実が必要となる。そして，これらは⑤から　　　討する
　⑧までの事実と対応する。
　　しかし，相殺に供する自働債権の発生原因事実を主張する場合に，自
　働債権が双務契約である場合には，自働債権に同時履行の抗弁権（533　　35
　条）が付着していることが明らかになるところ，この場合においては同
　時履行の抗弁権の存在効果により相殺は許されない。そこで，同時履行
　の抗弁権の存在効果を消滅させるため，抗弁権の発生障害または消滅原
　因となる事実の主張が必要である。本件では弁済の事実である目的物を
　引き渡した事実がこれにあたる。　　　　　　　　　　　　　　　　　　40
第4　設問2小問(2)について
　　本件領収証は，抗弁事実⑤のαの売買契約の日に，同契約の売主Aが買
　主Xから同契約に付随する手付として10万円を受領したことを証するもの
　として発行されたものの写しである。このような領収証は，現実に金銭の

授受がなければ作成されることがまれであることから，本件領収証の存在 45
は，同売買契約に付随する手付の授受があったことを推認させる。この事
実は，同売買契約が存在しなければ通常ありえないのであるから，同売買
契約の存在を推認させる間接事実である。 ➡推認過程を示す
　　よって，本件領収証は，その存在が抗弁事実⑤の契約の存在を推認させ ➡結論
る間接証拠としての意味をもつ。 50
第5　設問3について
　1　本件の解除の再抗弁は，手付放棄による解除（557条1項本文）であ ➡要件事実は条文
　　る。当該解除の実体的要件は，買主が売主に手付を交付したこと，当事 　・実体法から検
　　者の一方が契約の履行に着手していないこと，買主が手付を放棄するこ 　討する
　　と，解除の意思表示をすること（540条1項）である。 55
　　　そして，主張立証責任を考慮すると，条文上，契約の履行に着手した ➡要件事実の検討
　　こと（557条1項ただし書）については，解除権を消滅させる事実であ
　　るから，これは再々抗弁にあたるものである。そして，他の事実につい
　　ては，解除の再抗弁を主張をすべきものが主張立証すべきである。
　2　小問(1) 60
　　　以上の検討から，手付放棄による解除として主張すべき事実は，以下 ➡具体的事実を示
　　のようになる。 　す
　　⑴　Xは，令和2年7月1日，Aとの間で，⑤の売買契約の手付として
　　　10万円を交付する旨を合意し，10万円を交付した。
　　⑵　Xは，同月24日，⑤の契約の解除のためにすることを示して，手付 65
　　　返還請求権を放棄するとの意思表示を行った。
　　⑶　Xは，同月24日，⑤の契約を解除する意思表示をした。
　3　小問(2)
　　　1での検討から，Qは再々抗弁として上記⑶の意思表示に先立って，
　　Aが履行に着手していたことを示す事実を主張することになる。 70
第6　設問4
　1　Qの行動は，受任にあたり有利な結果を保証してはならないという， ➡結論
　　弁護士職務基本規程29条2項に反するという問題がある。
　2　29条2項の趣旨は，弁護士と依頼者との間に紛議を生じさせることが ➡趣旨からの検討
　　ないようにしようとするものである。そうであれば，依頼者に有利な結 75
　　果を確証をもって期待させる言動が「依頼者に有利な結果となることを
　　請け合い，又は保証」することにあたると解する。
　　　そして，本件においてQは，Yが150万円を支払うことは絶対にないと
　　説明している。絶対にという言葉は100パーセントを意味するから，Y
　　は有利な結果を確証をもって期待するのが相当である。よって，Qの行 80
　　為は有利な結果を請け合い，または，保証したといえ，同項に反すると
　　いう問題がある。

　　　　　　　　　　　　　　　　　　　　　　　　　　　　　　　以上

本問は，消費貸借契約に基づく貸金返還請求が行われた事案をベースとして，民事訴訟における攻撃防御の構造および弁護士倫理について問う基本的な問題である。

設問1では，一部請求の訴訟物の特定にどのような事実の主張が必要かという点および消費貸借契約成立の要件として期限の合意が必要かどうかという点についての基本的な理解が求められている。また，設問2⑴では，相殺の抗弁において問題となる同時履行の抗弁権の存在効果の点，設問3では手付解除に関する要件事実が問われており，いずれも，実体法の適切な理解をふまえた論述が求められる。

また，設問2⑵では，手付の交付に関する領収証が売買契約の認定にとってもつ意味という，事実認定の基本的な理解が問われている。

設問4は，受任の際の説明事項として問題となる弁護士倫理の問題である。

講　評

①　設問1

小問⑴は，一部請求訴訟において，弁済（473条）を受けたという事実を請求原因として主張する必要があるかを問う基本的な問題である。

一部請求訴訟特有の問題として，訴訟物の特定がある。訴訟物の特定として，弁済の事実が必要かということが問題となっていることに気づけた受験生は，この点から論述できており，出題趣旨に沿った論述として高評価となった。一方で，弁済が抗弁であるから，請求原因事実として主張する必要がないとのみ論述する答案も見られた。たしかに，その指摘は正しいが，主張立証責任という主張レベルの前に，訴訟物の特定という請求レベルで問題となるということも忘れてはならない。このような間違いをしたならば，次からは問題の特殊性に目を向けるようにしてもらいたい。

小問⑵は，消費貸借契約に基づく貸金返還請求において，期限の合意の主張が必要な理由を問う基本的な問題である。多くの受験生は，貸借型契約であり，契約の終了を主張立証しなければ返還を請求できないということを論述し，的確に説明することができていた。このような基本的な問題で正確に説明できないと他の受験生と大きく差をつけられることになるので，注意したい。

予備試験では，1問目にこのような基本的な問題が出題されている場合が多い。基本的な問題が確実にできていないと，実務基礎科目への理解不足が疑われてしまうので，得点が伸び悩む原因となる。基本的な問題こそ的確に論述することで，自己の理解を採点者にアピールすることができることを覚えておきたい。

②　設問2

小問⑴は，相殺の抗弁として必要十分な要件事実を主張できているかを問うものである。相殺の抗弁は，要件が多く，苦手とする受験生も多いだろう。しかし，要件事実の問題は，該当部分について条文と判例を理解していれば，導きだすことができるので，要件事実を無理に覚えずに，試験場で導きだす訓練をしておくとよい。要件事実を覚えてないとしてもその場で導きだす能力は後々役に立つのであるから，早いうちに身につけることをお勧めする。

本設問については，同時履行の抗弁権を障害または消滅させる事実が主張されていないことに気づきやすい問題となっているので，多くの受験生はその指摘をすることができていた。この問題を落としてしまった受験生は相殺についてしっかりと復習してほしい。相殺は，要件事実上考えるべき問題も多いので，出題者としては出題しやすい分野である。そうであるから，相殺の要件事実は頻出問題なのでしっかりと対策していないと他の受験生に大きく差をつけられてしまう。FL【相殺の要件事実】を読み込んで，対策を万全にしておくことが望まれる。

小問⑵は，領収証から認定できる事実を問うものである。事実認定が苦手な受験生は，証拠構造を考えるとよい。具体的には，その証拠は，認定する事実との関係で直接証拠なのか間接証拠なのかを考えるのである。そうすることで，的確な論述をすることができる。

本問の領収証では，手付として10万円を受領したということを示すにとどまるものであり，本件売買契約が成立したとはただちに証明できるわけではないということに気づいた受験生は，本件領収証が間接証拠であるということを指摘できていた。もっとも，間接証拠から導きだした間接事実から主要事実を推認する過程について，説得的に論じられている答案はわずかであった。推認過程も事実認定においては重要であるから，説得的に論じられるようにしておくとよい。

予備試験においては，事実認定の問題が過去に頻出されており，今後も事実認定の問題の出題が予想される。事実認定においては，どうしてそのように考えるのかという論理が大事である。これは日ごろのトレーニングを積むことでしか対策することができない。事実認定が苦手であるならば，本書で徹底的にトレーニングをし，答練で書いた答案を他人に読んでもらうということを繰り返そう。実践なくして上達する近道はない。

③ 設問3

本設問は，手付放棄による解除（557条1項本文）の要件事実を問うものである。手付について要件事実をしっかりと学んだことがない人もいると思われる。しかし，要件事実は実体法の理解のうえに成り立っているのであるから，実体法の理解から導きだすことができるということを肝に銘じておきたい。そして，実際に，実体法上の要件から導きだすことのできた答案は高評価となった。不慣れな要件事実の問題がでたとしても，冷静に対処することが肝要である。

今後は，要件事実をみずから導きだす練習をするとよいだろう。その練習として，本問をもう一度やり直してみることをお勧めする。

④ 設問4

設問4は，弁護士倫理を問う問題であり，問題点も発見しやすいものであった。

しかしながら，時間が足りず，条文のみを指摘する答案が散見された。時間管理は試験において重要であり，特に，設問数が多いものでは注意を要する。

時間切れとなってしまうようであれば，設問ごとの配点割合を参考に，時間配分を決めてから答案を作成することを心掛けておきたい。

弁護士倫理の問題は，弁護士職務基本規程の該当規程を発見したとしても，その文言との関係で検討しなければ高評価とはならない。規程のどの文言がいかなる行為との関係で問題となるのかを説得的に論じるべきである。そのような論述を心掛けるとよいだろう。

多くの答案では，そのように文言との関係で検討することができているので，いい加減な検討では他の受験生と大きく差をつけられてしまう。法曹倫理の問題も通常の法律と同様，条文をあげてこれを解釈し，あてはめるという視点を忘れないようにしたい。

第1　設問1(1)について,
1　不要である。
2(1)　Xは, Yに対し, 消費貸借契約に基づく貸金返還請求権を訴訟物と
して, 本件貸金300万円のうち, Yから弁済を受けた150万円を控除し
て, 残額150万円の支払を請求している。 5

最高裁判所の判例に従うと, 一部請求における訴訟物は, 単なる機
械的一部請求であっても, 原告が一部であることを明示しさえすれば,
当該一部が訴訟物となり, 特定に欠けるところはないとされる。

そうだとすれば, 「Yが本件貸金の弁済として150万円を支払った」
との事実は, 訴訟物の特定に不要であり, 請求原因事実として主張・ 10
立証する必要はない。

(2)　したがって, かかる理由により, 設問記載の事実の主張は不要であ
る。
第2　設問1(2)について,
1　消費貸借契約は, 売買, 贈与等の契約と異なり, 借主に目的物を一定 15
期間, 利用させることにその特質がある, いわゆる貸借型の契約である。

そうだとすれば, 貸主は一定期間目的物の返還を請求できないという
拘束を伴うため, 契約が終了するまでは, 返還請求権は発生しないと考
えるべきである。

そして, 契約が終了したといえるためには, 返還時期の合意と, その 20
到来が必要となるため, かかる事実の主張・立証が請求を理由づける事
実として, 必要になる。
2　したがって, 消費貸借契約の特質から, 目的物の返還時期が契約の不
可欠の要素となるという理由により, ②の事実が必要となる。
第3　設問2(1)について, 25
1　足りない。
2(1)　相殺の抗弁は, 自働債権に同時履行の抗弁権 (533条) が付着して
いる場合, その存在効果として, 相殺を主張することができない。

そして, 双務契約たる売買契約の締結という⑤の事実の存在が明ら
かになることによって, XのAに対する同時履行の抗弁権の存在が基 30
礎付けられることになる (せり上がり)。そこで, Yは, Xの同時履行
の抗弁権を消滅させる事実, すなわち, 絵画αの引渡しの提供 (533
条本文) をした事実を主張, 立証しなければ, Yの請求は, 主張自体
失当となる。

(2)　したがって, 同時履行の抗弁権の存在効果という理由により, ⑤か 35
ら⑧までの事実だけでは足りない。
第4　設問2(2)について
1　本件領収書は, AがXに対して, 手付として10万円を交付したことを
示すものである。

これは, XA間の絵画αの売買契約締結という⑤の抗弁事実を立証す 40
る証拠であるといえる。

つまり, 手付契約は, 本体たる売買契約に付随するものとして, 特段
の事情ない限り解約手付として交付されるため, 売買契約の存在を前提
とするものであるといえる。

そうだとすれば，手付契約の存在を立証し得る本件領収書は，XA間 45
　の，本件売買契約締結を推認する間接証拠であるといえる。

⬅○証拠構造を理
解している

　2　したがって，本件領収書は，抗弁事実⑤の存在を立証する間接証拠と
　しての意味を有する。

⬅○結論を明示し
ている

第5　設問3(1)について，

　　再抗弁となるべき事実は，①XはAから，令和2年7月1日，絵画αを 50
　代金150万円で買ったとの事実，②①の手付として，10万円を交付する旨，
　XA間で合意をしたこと，③XがAに対して，手付の返還請求権を放棄す
　る意思表示をしたこと，④XがAに対して，解除の意思表示をしたことで
　ある。

⬅△当該要件事実
が導かれる理由
を示したい

　　もっとも，①については，弁護士Qが既に主張していることから，改め 55
　て再抗弁として，弁護士Pが主張する必要はない。

第6　設問3(2)について，

　　弁護士Qは，(1)の解除の再々抗弁に対して，Xの解除の意思表示前に，
　「履行に着手」（557条1項ただし書）したことを主張することになる。

⬅△当該要件事実
が導かれる理由
を示したい

　　また，解約手付を排除する旨の特約も再々抗弁として主張し得る。 60

第7　設問4について，

　　弁護士Qの行動は，弁護士職務基本規程29条2項，3項との関係で問題
　がある。

⬅×条文だけでな
く，文言との関
係で検討する必
要がある

　　　　　　　　　　　　　　　　　　　　　　　　　　　　　　以上

優秀答案における採点実感

① 全体

　この優秀答案は，全体的に端的に記述してあり，非常に読みやすい答案となっている。本答案を参考に，読みやすい答案を心掛けるようにしてほしい。

② 設問1(1)

　本答案は，一部請求の観点から記述しており，判例を意識した規範を明示している。そして，本問は，規範さえ正しく示すことができれば，ほとんど正確な解答をすることができる問題であるため，規範を正しく明示してあるだけでも印象のいい答案となっている。規範を正しく書くことの重要性を再認識したい。

　もっとも本答案は，主張立証責任の点には触れられていない。訴訟物の特定のために必要かという観点と，当事者の主張立証責任の分配という観点は，異なるレベルの問題であるため，両方に触れることが必要である。

③ 設問1(2)

　本答案は，貸借型契約の理解を正確に示している。このような理解を問う問題において，多くの受験生は，正確に理解していないことが多く，曖昧な点の多い答案となっていることが多い。しかし，本答案は，貸借型の契約を正確に理解し，それを正確に記述できている。そのため，他の答案に比べるとはるかに評価が高い答案となっているので，他の受験生と大きな差をつけることができている。

④ 設問2(1)

　本設問は，相殺の要件事実として足りないものを問う問題であるから，本答案は，要件事実として足りない同時履行の抗弁権の存在効果を否定する事実に焦点をあてた論述をしている。設問数が比較的多く，答案の全体的な分量にも限界があるので，コンパクトな論述をするのが望ましいところ，本答案は，まさにコンパクトな論述をしている。こうすることで，問いに対して正確に答えつつも答案の分量を制限することができている。このような答案は読みやすく，理解していることをうかがわせるので採点者によい印象を与える。是非参考にしたい。

⑤ 設問2(2)

　本答案は，証拠構造を正確に把握し，事実認定の基本がわかっていることをうかがわせる。本設問のような基本的な事実認定について本答案ぐらいの論述ができるようにするのが望ましい。

⑥ 設問3

　本答案は，要件事実を正確にあげることができている。しかし，その導出過程が示されていないので，どうしてその要件事実がでてきたのかが不明なままとなっている。答案上では，結論に対する理由まで書くことが望ましい。この点は，残念であった。

　また，再抗弁の点についても，履行に着手したことが再抗弁になることを指摘できてはいるものの，なぜそうなのかという点についての記述がない。やはり理由を書く必要がある。

⑦ 設問4

　弁護士倫理の問題であるが，条文を指摘するだけで終わってしまっている。弁護士倫理とはいえ，法律文書を書くということに変わりはないのであるから，条文の文言との関係で論述するとなおよい答案となったであろう。

第6問　夢のマイホーム（仮）

〔設問1〕から〔設問4〕までの配点の割合は，14：14：16：6

　司法試験予備試験用法文を適宜参照して，以下の各設問に答えなさい。

〔設問1〕
　弁護士Pは，Xから次のような相談を受けた。

【Xの相談内容1】
　「私の父Aは，その妻である私の母が平成6年7月10日に亡くなって以来，自己が所有する建物（以下「本件建物」という）において1人で居住していました。息子の私が言うのもなんですが，Aは非常に偏屈な人だったので，母が亡くなって以来，ほとんどAとの交流はありませんでした。そして，令和元年11月10日，Aが亡くなりました。そこで，Aの葬儀等を執り行った後，令和2年1月31日，Aの相続人である私と私の兄であるBの両名において，Aの遺産分割協議を行いました（以下「本件協議」という）。その結果，Aが生前居住していた本件建物とその敷地についてはBが相続することになり，私は，Aが他に所有していた土地（以下「甲土地」という）を相続することになりました。
　私は，せっかく相続した甲土地を使用せずに遊ばせておくのはもったいないと考え，甲土地を駐車場にして近隣住民に貸し付けようと考えました。そこで，私は，甲土地の現状を確認するために現地に赴いたところ，甲土地上にはY所有の建物（以下「乙建物」という）が建っており，私とは面識のないYが居住していました。その際，私がYに対して乙建物を取り壊して甲土地から出て行くよう求めたところ，Yは，『あんたが何者かは知らんが，土地の所有者でもないあんたに，とやかく言われる筋合いはない。私は所有者であるAからこの土地を借りている。』と言って，私の要求を聞き入れませんでした。私は，甲土地を駐車場として使用し，副業として収入を得るつもりであったのに，甲土地をYに勝手に使用され，乙建物まで建てられて非常に困っています。
　本件協議の結果，甲土地は私の所有物になったのですから，Yには一刻も早く乙建物を取り壊したうえで退去してもらいたいと考えています。」

　弁護士Pは，【Xの相談内容1】を受けて甲土地および乙建物の登記事項証明書を取り寄せたところ，甲土地には賃借権の登記や地上権の設定はされていないこと，乙建物にはY名義の所有権保存登記があることが明らかになった。そこで，弁護士Pは，【Xの相談内容1】を前提に，令和2年5月11日，Xの代理人として，Yに対し，所有権に基づいて甲土地の明渡しを求める訴えを提起することにした。
　そして，弁護士Pは，その訴状において，請求を理由づける事実（民事訴訟規則第53条第1項）として，次の各事実を記載した。
① Aは，令和元年11月10日，甲土地を所有していた。
② Aは，令和元年11月10日，死亡した。
③ Xは，Aの子である。
④ 本件協議の結果，Xは甲土地を取得した。
⑤ 甲土地上に乙建物が存在する。
⑥ 〔ア〕

　以上を前提に，以下の各問いに答えなさい。

(1) 弁護士Pが作成する訴状における請求の趣旨（民事訴訟法第133条第2項第2号），訴訟物およびその個数を記載しなさい。なお，附帯請求については記載しなくてよい。

(2) 上記〔ア〕に入る具体的事実を答えなさい。

(3) 弁護士Pが，請求原因事実として必要十分な最小限のものを主張する場合，上記①から⑥までの各事実が必要か。結論とともに理由を説明しなさい。

〔設問2〕

　前記訴状の副本の送達を受けたYは，弁護士Qに相談した。Yの相談内容は以下のようなものであった。

【Yの相談内容】

　「私は，Aと高校時代からの親友です。今回，Xから，乙建物を取り壊したうえで甲土地から出て行けという内容の訴状を受け取りましたが，これはまったくの筋違いな話です。

　というのは，平成15年ころのことでしょうか。私の子供が小学生になり，当時住んでいたマンションが手狭となっていました。私は，子供が当時通学していた小学校を転校せずに転居できる住宅を探していたのですが，なかなかよい物件にめぐり合うことができませんでした。そこで，Aによい物件に心あたりがないか尋ねると，Aは，『それならば，私が所有している甲土地に建物を建てて住めばいいじゃないか。お前には昔から世話になっていることだし，甲土地の賃料は相場の半額以下でよい。特に賃貸期限などを定めないで柔軟に対処できるようにしておこうか。』と言ってくれました。そこで，平成15年12月20日，私は，Aとの間で甲土地に対する賃貸借契約を締結し，同日，甲土地の引渡しを受けました。そして，Aに言われたように，月額4万円をAに対して支払ってきました。なお，私は，令和元年10月までは，毎月賃料4万円をAの口座に振り込んでいましたが，Aの死亡によりAの銀行口座が凍結され，また，Aの相続人の所在がわからなかったため，同年11月以降の賃料については供託しています。

　Xが甲土地を訪れた際，私は，所有者でないXにとやかく言われる筋合いはないと言いました。XはAの子であると主張しているようですが，私はそんなことは知りません。いずれにせよ，Aから甲土地を賃借したのですから，出て行く必要はないと思います。」

　上記事情をYから聴取した弁護士Qは，占有権原の抗弁として，AY間において甲土地に対する賃貸借契約が締結されたことを主張（以下「抗弁1」という）するとともに，同賃貸借契約の成立が認められない場合に備えて，AY間において甲土地に対する使用貸借契約が締結されたことを主張（以下「抗弁2」という）することにした。そこで，弁護士Qは，Yの訴訟代理人として，Xの請求を棄却するとの判決を求める，Yは甲土地に対する占有権原を有する旨記載した答弁書を提出した。

　弁護士Qは，その答弁書において，抗弁1に関する抗弁事実（民事訴訟規則第80条第1項）として，次の各事実を記載した。

⑦　Aは，Yとの間で，平成15年12月20日，甲土地を，賃料月額4万円で賃貸するとの合意をした。

⑧　Aは，Yに対し，同日，⑦の賃貸借契約に基づき，甲土地を引き渡した。

⑨　⑦の賃貸借契約は建物を所有する目的で締結された。

　上記答弁書の副本を受け取った弁護士Pは，Xに事実関係の確認をした。Xの相談内容は次のとおりである。

【Xの相談内容2】

「以前お話ししたように，私は，母が亡くなって以来，Aとほとんど交流がなかったため，Aが甲土地をどのように使用収益しているか知りませんでした。そこで，生前のAと交流の深かった，私の叔母であるZに甲土地のことについて事情を聞いてみました。

そうすると，Aは，平成15年ころ，Yから，『私の子供が小学生になり，現在住んでいるマンションが手狭になってきた。子供が現在通学している小学校を転校せずに転居できる住宅を探しているが，なかなかよい物件が見つからない。申し訳ないが，Aの所有している甲土地を貸してくれないだろうか。甲土地に家を建てれば，子供の転校の心配もないし，住居の問題も解決するんだ。』と言われたそうです。そして，Aは，Yと長年懇意にしていることもあって，甲土地の維持費などをYが負担する約束で，甲土地を貸したそうです。

また，Zに話を聞いた後に，Aの生前の預金通帳の記帳内容を確認したところ，たしかに，平成15年12月より令和元年10月まで毎月末日に4万円がYから振り込まれていることが確認できました。もっとも，それ以降，Yから4万円を受け取った事実はありません。」

　上記事情をXから聴取した弁護士Pは，令和2年6月25日，「賃貸借契約および使用貸借契約の終了通知書」を配達証明付内容証明郵便という方法によりY方に送り，翌日Y方に届いた。

　令和2年7月6日の本件の第1回口頭弁論期日において，弁護士Pは訴状を陳述し，弁護士Qは答弁書を陳述した。

　以上を前提に，以下の各問いに答えなさい。

(1) 弁護士Qが，抗弁1の事実として必要十分な最小限のものを主張する場合，前記⑦から⑨までの各事実が必要か。結論とともに理由を説明しなさい。

(2) 弁護士Pが，抗弁2に対する再抗弁事実として，「Xは，Yに対して，甲土地に対する使用貸借契約の解除の意思表示をした。」との事実を主張したと仮定する。このとき，弁護士Qが，「Bは，Aの子である。」との事実を主張した場合，それは，再々抗弁事実としての意味をもつか。結論とともに理由を説明しなさい。なお，請求原因において主張される事実は，〔設問1〕(3)において検討した，必要十分な最小限のものが主張されたものとする。

〔設問3〕

　その後，弁論準備手続が終結し，第2回口頭弁論期日において，弁論準備手続の結果の陳述を経て，Yの本人尋問およびZの証人尋問が行われた。尋問におけるYとZの供述内容の概略は，以下のとおりであった。

【Zの供述内容】

「私は，Aの妹であり，Xの叔母にあたります。Aは，平成15年ころ，甲土地をYに貸し渡しました。私がAに対して，『いくらで甲土地を貸すことにしたの。』と聞くと，Aは，『Yには世話になっているから，甲土地の固定資産税に加え，甲土地の必要最低限の維持費さえ負担してもらえれば，特に賃料はとらないつもりだ。』と私に言ったと思います。そして，甲土地の使用料は，近隣の似たような物件に照らすと，月額10万円程度が相場であると思いますが，Aは，Yから月額4万円しか金銭を受け取っていませんでした。また，Yは，Aから甲土地を借り受けた際，甲土地を快く貸してくれたことに対するお礼として10万円を支払ったとも聞きました。AがYに甲土地を貸す際に，賃貸借契約書などは作成していないはずです。

さらに，Yは，子供が大きくなったら甲土地を返還して妻と2人で田舎で暮らすつもりであるため，乙建物は15年ももてばそれでよいとして費用を抑えて建築したとも聞いています。

Aは，Yに対して，あくまでも甲土地を恩恵的に使用させてあげていたにすぎず，月額4万円の支払についても甲土地の最低限の維持費をYに負担してもらっていたにすぎません。Yは長年甲土地の賃料を支払うことなく使用収益をしていたのですから，Xに甲土地を返してあげてほしいです。」

【Yの供述内容】

　「私は，Xの父であるAと高校のころより，かれこれ40年来の付き合いとなっています。私は，Aの事業が難航している際に親身に相談に乗ったり，また，平成7年ころには，Aの事業の拡大のために取引先を斡旋したりしました。

　平成15年ころ，私は，子供が小学校を転校せずに，家族が快適に住むことのできる物件を探していたところ，Aから，『それならば，甲土地を使用するのはどうだろう。お前にはいつも世話になっているから，賃料は特別に安くしてもよい。相場の半額以下で甲土地を貸してやろう。』と言われました。甲土地に建物を建築すれば子供の転校の心配もせずにすみ，また，賃料も安くしてくれるとのことでしたので，私は甲土地を借り受けることを決めたのでした。そして，私は，甲土地を借り受けた際に，敷金として10万円をAに支払いました。

　さらに，私は，甲土地について賃貸借契約を締結したからこそ乙建物を建築したのであって，これが使用貸借契約であれば乙建物を建築することはなかったと思います。なお，乙建物は平米あたりの単価が安価にて建築されましたが，これは当時，私が経済的にそれほど余裕があったわけではないのに加え，将来的に子供が家を出た際にリフォームしやすいように必要最低限の設備を備えた建物にしたからです。乙建物を建築することについて，Aが異議を申し出ることはいっさいありませんでした。

　私とAは長年の付き合いがあり，互いに互いのことを大事に思っていたからこそ，Aは私に対して，甲土地を非常に安い賃料で貸してくれたのだと思います。」

　本人尋問および証人尋問終了後に，弁護士Qは，次回の第3回口頭弁論期日までに，YおよびZ双方の尋問結果に基づいて準備書面を提出する予定であると陳述した。弁護士Qは，抗弁1に関し，法廷におけるYとZの供述内容をふまえて，Xに有利な事実への反論をし，Yに有利な事実を力説して，Yの主張の正当性を明らかにしたいと考えている。

　この点について，弁護士Qが作成すべき準備書面の概略を答案用紙1頁半程度の分量で記載しなさい。

〔設問4〕

　弁護士Pおよび弁護士Qは，和解交渉の結果，①Xが解決金として2か月後に50万円を支払う，②解決金の支払と同時にYが甲土地を明け渡す，③乙建物については，収去義務を免除し，乙建物の所有権名義をYからXに和解成立後すみやかに移転する，という内容の和解案を双方持ち帰り，XおよびYを説得することとなった。

　弁護士Pは，弁護士Qとの交渉後，すみやかにXに対して連絡をとり，上記和解の内容についてXに対して打診した。弁護士Pは，Xから上記和解内容でかまわないとの回答を得たうえで，Xから解決金としての50万円を後日預かった。この際，弁護士Pは，同預り金を自分の収入・経費などを管理している銀行口座に入金したが，記帳した預金通帳には「X解決金」とメモをした。

　弁護士Pの行為は弁護士倫理上どのような問題があるか，司法試験予備試験用法文中の弁護士職務基本規程を適宜参照して答えなさい。

答案構成用紙

思考過程

① 設問1

1 小問(1)

　請求の趣旨を考える際には，まず当事者が何を求めているのかを正確に把握しなければならない。本件でXは，「Yには一刻も早く乙建物を取り壊したうえで退去してもらいたいと考えています。」と述べ，乙建物を収去したうえでの土地の明渡しを求めている。したがって，請求の趣旨は「被告は，原告に対し，乙建物を収去して，甲土地を明け渡せ。」となる。

　次に，本件では，このような請求の場合の訴訟物およびその個数が問われている。

　建物収去土地明渡請求の場合，その訴訟物は，土地所有権に基づく妨害排除請求権としての建物収去土地明渡請求権と土地所有権に基づく返還請求権としての土地明渡請求権であるとする見解（2個説）がある。しかし，実務上，建物収去土地明渡請求権の訴訟物は，所有権に基づく返還請求権としての土地明渡請求権であり，訴訟物の個数は1個であると見解（旧1個説）が確立している（見解の対立については，講評参照）。したがって，本件建物収去土地明渡請求の訴訟物は，所有権に基づく返還請求権としての土地明渡請求権であり，その個数は1個と答えるのが適当だろう。

2 小問(2)

　本件のように，被告が土地上に建物を所有して土地を占有しているとして，建物収去土地明渡請求をする場合には，建物収去の主文を導くため，占有についての争いの有無にかかわらず，被告が土地上に建物を所有して土地を占有していることを主張立証しなければならない。

　したがって，〔ア〕には，「Yは，乙建物を所有している。」との文言が入る。

3 小問(3)

　前述のように，Xは請求原因において原告所有，被告占有という2点を主張立証する必要がある。そして，所有という概念は事実ではなく法的評価の問題であるから，原告所有というためには，本来，所有権の発生時点までさかのぼって，その後の所有権の移転原因事実をすべて主張立証することが必要ということになる。しかし，そこまでさかのぼることは立証の困難さから現実的ではない。また，所有は法的評価であるといっても，日常的な概念であり，一般人にとっても理解が容易である。したがって，所有権の有無について争いがない時点から，権利自白を認めるべきである。

　本件の場合，XY間において，Xの所有には争いがあるが，Aが甲土地を所有していたことには争いがない。したがって，Aのもと所有について権利自白が生じる。そして，Xはそれに加えて，甲土地の所有権を相続により承継した（887条1項，896条）ことを基礎づける事実を所有権移転原因事実として主張立証しなければならない。したがって，①②③の各事実を主張する必要がある。

　また，建物収去の主文を導くためには，被告が土地上に建物を所有して土地を占有していることを主張立証しなければならない。したがって，⑤⑥の各事実を主張立証する必要がある。

　もっとも，事実④を主張立証する必要はない。相続人は，相続開始の時から，被相続人の財産に属したいっさいの権利義務を承継するのであり（896条），相続による権利取得を主張する者は，相続の要件事実として，被相続人の死亡，相続人であることを基礎づける事実（被相続人の子であること等）を主張立証すれば足りるからである。

② 設問2

1 小問(1)

　本件では，占有権原として賃貸借が主張されているところ，賃貸借契約の冒頭規定である601条によれば，目的物と賃料について具体的に特定して主張立証する必要がある。なお，改正により目的物の返還義務も合意の内容として規定されたが，改正の趣旨が目的物の返還義務を当事者に特定させて主張立証すべき趣旨であるとはいえないし，契約が終了したときに目的物を返還することは返還合意に当然に含まれると解されることから，返還合意とは別に目的物の返還義務を主張立証する必要はない。したがって，事実⑦が必要である。

　また，請求原因で現れたYの占有が賃貸借契約に基づく適法なものであることを示すため，いわゆる基づく引渡しが要件事実として必要になる。したがって，事実⑧が必要である。

もっとも，事実⑨は不要である。事実⑨は甲土地の賃借権が借地借家法の適用を受ける借地権（借地借家2条1号）であることを基礎づける事実であるところ，抗弁の段階では，Yに甲土地の占有権原があることを示せば十分であり，甲土地の賃借権が借地借家法の適用を受ける借地権であることを基礎づける必要はない。

2　小問(2)

民法598条2項は「当事者が使用貸借の期間並びに使用及び収益の目的を定めなかったときは，貸主は，いつでも契約の解除をすることができる。」と規定している。したがって，弁護士Pの主張する再抗弁事実は，598条2項に基づく使用貸借契約の解除による終了を基礎づける事実である。そして，共有者が共有物を目的とする使用貸借契約の解除をすることの意思表示は管理行為（252条本文）にあたると解されるため（最判昭和29年3月12日参照），かりに甲土地が共有物であれば，共有者の持分価格の過半数で解除をすべきか否かを決する必要がある。ここで「BはAの子である」という事実は，相続人が2人いることを示す事実であるため，相続財産である甲土地はBとXの共有となる（898条）。そのため，Xが単独で本件使用貸借契約の解除の意思表示をすることができない。したがって，この事実は，再抗弁事実と両立し，かつ，再抗弁から生じる法的効果を覆滅させる効果を有する。よって，この事実は再々抗弁としての意味を有する。

3　設問3

1　Xに有利な事実への反論

まずYが，Aに対して支払っていた金銭が月額4万円と相場の半額以下であった事実があげられる。これは，使用収益の対価としては低廉にすぎるとも思える。しかし，AとYが旧知の関係にあったことからすれば，賃料を相場に比べて安く設定することも十分に考えられる。また，賃貸借契約書が作成されていない事実もあげられるが，AとYが旧知の関係にあったことからすれば，賃貸借契約書を作成しないことが不自然であったとはいえない。さらに，乙建物が簡素な建物である事実もあげられるが，これは子どもが独り立ちした後にリフォームしやすくするためであり，土地自体は賃借し続けるつもりであるから，賃貸借契約であっても説明できる。

2　Yに有利な事実の力説

Yが乙建物を建築した事実があげられる。使用貸借権は，賃借権と比べ，借地借家法の適用がないなどの点で，借主の法的保護が弱い権利であるから，AY間の契約が使用貸借契約ならば，Yは乙建物の建築などしないはずである。また，AY間の契約は乙建物の建築を予定しており，実際に乙建物を建築する際もAは異議を唱えていない。これは，AY間の契約は長期にわたり継続することが予定されていることを示す事実であり，AY間の契約が賃貸借契約であることを推認させる。さらに，Yは契約時に10万円をAに支払っている。10万円という額はYが毎月支払っていた額の2か月分に相当し，敷金の額として相当である。そして使用貸借契約においては通常，敷金が交付されることはない。よって，この事実は，AY間の賃貸借契約の存在を推認させる。

以上より，本件では，AY間で賃貸借契約が締結されていたといえる。

4　設問4

弁護士職務基本規程38条は，「弁護士は，事件に関して依頼者，相手方その他利害関係人から金員を預かったときは，自己の金員と区別し，預り金であることを明確にする方法で保管し，その状況を記録しなければならない。」と規定している。そして，預り金をめぐる無用の紛争を避けるという同条の趣旨に照らせば，「自己の金員と区別し，預り金であることを明確にする方法」とは，一般に，預り金専用の銀行口座での保管等をいうと考えられている。

本件では，弁護士Pは，本件預り金を自己の収入・経費などを管理している口座に入金しているところ，「X解決金」とメモをしても，預り金を保管するための預り金口座ではなく，自己の口座に入金している。したがって，弁護士Pの行為は，規程38条に違反するという問題点がある。

【関連判例】
最判昭和29年3月12日民集8巻3号696頁

答案例

　1　請求の趣旨について
　　　被告は，原告に対し，乙建物を収去して甲土地を明け渡せ。
　2　訴訟物およびその個数について
　　　土地上の建物所有による土地の占有によって土地所有権が侵害されて　　5
　　いる場合，建物収去は土地明渡しと別個の実体法上の請求権の発現では
　　ないと解される。よって，訴訟物は，所有権に基づく返還請求権として
　　の土地明渡請求であり，その個数は1個である。
第2　設問1⑵について
　　　前述の場合には，執行方法の明示として建物収去の主文を導くため，被　　10
　　告が土地上に建物を所有して土地を占有していることが必要である。よっ
　　て，〔ア〕には「Yは，乙建物を所有している。」との具体的事実が入る。
第3　設問1⑶について
　1　結論
　　　①②③⑤⑥の各事実は必要であるものの，④の事実は不要である。　　15
　2　理由
　　　上記訴訟物の要件事実は，原告がその土地を所有していること，およ
　　び被告がその土地を占有していることの2点である。
　　　本件では，権利自白が成立するAの甲土地もと所有と，相続により甲
　　土地の所有権を承継した（民法887条1項，896条，以下法名略）ことを　　20
　　基礎づける事実を主張する必要がある。したがって，①②③の事実を主
　　張することが必要となる。また，建物収去の主文を導くために，被告が
　　土地上に建物を所有して土地を占有していることを主張しなければなら
　　ない。したがって，⑤⑥の各事実を主張することが必要となる。
　　　もっとも，事実④を主張する必要はない。相続による権利取得を主張　　25
　　する者は，相続の要件事実として，被相続人の死亡，相続人であること
　　を基礎づける事実を主張立証すれば足りるからである。
第4　設問2⑴について
　1　結論
　　　⑦および⑧の各事実は必要であるが，事実⑨は不要である。　　30
　2　理由
　　　⑦⑧の各事実は，賃借人としての占有であることを示すため，これを
　　主張する必要がある。一方で，事実⑨は甲土地の賃借権が借地借家法の
　　適用を受ける借地権（借地借家2条1号）であることを示す事実である
　　ところ，抗弁の段階では，Yに甲土地の占有権原があることを示せば十　　35
　　分であり，甲土地の賃借権が借地借家法の適用を受けることは主張する
　　必要はない。そのため，事実⑨は不要である。
第5　設問2⑵について
　1　結論
　　　再々抗弁事実としての意味をもつ。　　40
　2　理由
　　　弁護士Pの主張する再抗弁事実は，使用貸借契約の解除による終了で
　　ある（598条2項）。共有者による共有物を目的とする使用貸借契約の解
　　除は管理行為（252条本文）にあたるため，かりに甲土地が共有物であ

→短いながらも理由を示すことが大切である

→条文を正確に摘示する

→特別法であってもその場で正確に条文を理解し，摘示する

→この部分は正確に実体法の理解を示すべき部分である

れば，共有者の持分価格の過半数で決する必要がある。ここで「BはA 45
の子である」という事実は，相続人が２人いることを示す事実であるた
め，相続財産である甲土地はBとXの共有となることを基礎づける（898
条）。そのため，Xが単独で本件使用貸借契約の解除の意思表示を行う
ことはできない。よって，Xのほかに相続人Bが存在するという事実は
再々抗弁としての意味を有する。 50

第６ 設問３について
１ Xに有利な事実への反論
(1) YがAに対して支払っていた金銭は月額４万円であり，甲土地の使 ➡評価
用料相当額である月額10万円の半額以下であるため，使用収益の対価
ではないとも思える。しかし，AとYが旧知の関係にあったのだから，55 ➡この事実に依拠
し適切な反論を
行う
賃料を相場に比べて安く設定していた可能性もあり，この事実はAY
間の契約が賃貸借契約であったことと矛盾しない。
(2) 賃貸借契約においては契約書が作成されるのが通常であるから，契 ➡経験則も上手く
使う
約書が作成されていないという事実は，AY間の契約が使用貸借契約
であったことを推認させるとも思える。しかし，AとYが旧知の関係 60
であったのだから，あえて賃貸借契約書を作成しないことも不自然と
はいえない。それゆえ，この事実はAY間の契約が賃貸借契約であっ
たことを否定する事実とはならない。
(3) 乙建物は簡素な作りであるという事実は，Yが短期間の占有を予定
していたといえ，YA間の契約が使用貸借契約であることを推認させ 65
るものとも思える。しかし，乙建物が簡素なのは，リフォームしやす
いようにするためであり，期間を短くする予定であったわけではない。
この事実はYA間の契約が使用貸借であることを推認させない。
２ Yに有利な事実の力説
(1) 使用借権は，賃借権と比べ，借地借家法の適用がないなどの点にお 70 ➡実体法の理解を
生かし事実を分
析する
いて，借主の法的保護が弱い権利である。かりに使用借権なら収去の
手間がかかることから，乙建物を建築しないことが合理的である。そ
れにもかかわらず，Yが乙建物を建築したということは，AY間で賃
貸借契約が締結されていたことを意味するものといえる。
また，AY間の契約は建物の建築を前提とするものであり，乙建物 75
の建築時にもAは異議を唱えていない。この事実はAY間の契約が長
期間継続することを予定していたことを示し，AY間での賃貸借契約
の存在を推認させる。
(2) YがAに対して10万円を交付しているが，これは敷金として相当額
である。そして，使用貸借契約では通常敷金を交付することはないか 80
ら，この事実はAY間の賃貸借契約の存在を推認させる。
第７ 設問４について
弁護士職務基本規程38条は預り金の保管方法を定めているところ，預り ➡可能なかぎり趣
旨に言及する
金をめぐる無用の紛争を避けるという同条の趣旨から，「方法」とは，一
般に，預り金専用の銀行口座での保管等をいう。ところが，本件で弁護士 85
Pは，「X解決金」とメモをしているが，自己の口座に入金しており「自己
の金員と区別」できていない。よって，弁護士Pの行為は，同38条に違反
するという問題点がある。 以上

　設問1⑴では，請求の趣旨，訴訟物およびその個数の把握が求められ，設問1⑵⑶では，所有権に基づく返還請求権としての土地明渡請求権の請求原因について，民法の理解をふまえたうえで解答することが求められる。設問2では，被告が抗弁および再々抗弁事実として主張すべき事実を民法の理解をふまえたうえで解答することが求められる。設問3では，甲土地に対する賃貸借契約が締結されたという被告側の主張について，被告側に立って相手方に有利な事実への反論をし，自己に有利な事実を力説することが求められる。当事者尋問および証人尋問の結果から，相手方の主張を支える間接事実と，自己の主張を支える間接事実を適切に指摘し，評価して，説得的な論述を行うことが必要となる。設問4は，弁護士倫理の問題であり，弁護士職務基本規程38条に留意して検討することが求められる。

講　評 ▮▮▮

① 設問1

1 小問⑴

　小問⑴では，まず請求の趣旨が問われていた。請求の趣旨については，「Yは，Xに対し」との表現を使っている答案も多かった。誤りではないが，実際の請求の趣旨では，「被告は，原告に対し」との表現を用いる。したがって，答案上でもX，Yではなく，原告，被告といった表現を用いるのがよいだろう。

　次に訴訟物ついては，思考過程で述べた旧1個説のほか，2個説，新1個説の見解の対立がある。

　2個説は，建物収去土地明渡請求の訴訟物は，土地所有権に基づく妨害排除請求権としての建物収去請求権と土地所有権に基づく返還請求権としての土地明渡請求権の2個であるとする見解である。しかし，この見解には建物所有による土地の占有という1つの土地の1つの侵害に対し，占有以外による侵害と，占有による侵害を並存させることはできないのではないか（1つの侵害を二重に評価しているのではないか）という批判がある。新1個説は，建物収去土地明渡請求の訴訟物は，所有権に基づく建物収去土地明渡請求権1個であるとする見解である。しかし，この見解には伝統的な物権的請求権の理解との整合性において問題があるという批判がある。

　旧1個説は，思考過程で述べたとおり，建物収去土地明渡請求の訴訟物は所有権に基づく返還請求権としての土地明渡請求権1個であるとの見解である。これが実務的に確立した見解である以上，民事実務基礎科目の答案としては，この見解によるのが穏当であろう。なお，この見解によれば請求の趣旨において「建物を収去して」という文言が入っているのは，土地と建物は別個独立の不動産であるところ，土地明渡しの債務名義だけでは別個の不動産である地上建物収去執行はできないという執行法上の制約（民執168条5項参照。建物収去は民414条2項，民執171条により代替執行となる）があるため，建物収去を求める場合は執行方法を明示する必要がある。したがって，主文に「建物を収去して」という文言が加えられるにすぎないと考えることになる。

2 小問⑵

　小問⑵では，〔ア〕に入る具体的な事実が問われていた。思考過程や答案例の知識がなかったとしても，次のように考えることができるだろう。すなわち，本件請求は所有権という物権に基づく返還請求権であるから，その要件事実は，原告所有，被告占有となる。そして，原告所有については，①から④までの各事実により十分基礎づけられていることからすれば，⑤⑥の事実により，被告占有を基礎づけなければならないことがわかる。そして，事実⑤は「甲土地上に乙建物が存在する。」という事実であり，この事実からはYが，甲土地を占有しているのか明らかにならない。したがって，占有がYによるものであることを示すために，〔ア〕には，「Yは乙建物を所有している」が入ると考えられるだろう。このように，本小問は，本件のような物権的請求を基礎づけるためには，原告所有，被告占有を主張立証しなければならないというきわめて基礎的な知識から解答することもできる。知らない問題だからといって諦めてはいけない。既存の知識からどうにか推論

し考えることが必要である。

3　小問(3)

　小問(3)は，設問1の核となる部分である。ほかの小問に比べて詳細に検討しなければならないだろう。また，多くの答案では，事実④が不要であることについて気づくことができていた。したがって，この部分は他の受験生に書き負けないためにも正確に論述したいところである。

②　設問2

1　小問(1)

　小問(1)では，⑦から⑨までの事実が必要かを問う出題であった。このような問題では，各事実がもつ意味を考察することで必要な事実か否かがより明確になることがある。たとえば，思考過程でも述べたように，事実⑨は甲土地の賃借権が借地借家法の適用を受ける借地権（借地借家2条1号）であることを基礎づけるための事実である。そして，建物所有目的の土地の賃貸借であれば借地借家法が適用され，賃貸期間は30年となる（3条本文）。したがって，事実⑨は本来Xが民法上の期間満了や期間の定めのない賃貸借契約における解約申入れを請求原因において主張している場合に賃貸借の期間を伸張させるべく主張すべき抗弁である。よって，事実⑨は本件の抗弁の段階では無関係であり，不必要な事実であるということになる。

　ほかにも，本来再々抗弁で主張すれば足りるような事実を再抗弁にて主張しているような場合に，不要な事実は何かを問うものがある。この種の問題では，この事実は再々抗弁などで主張すれば足りる事実ではないのか，といったことを考えてみることは有益であろう。

2　小問(2)

　小問(2)において正確な論述を行うためには，実体法の正確な理解が必要不可欠である。この部分の論述でつまずいている答案は共有に関する正確な知識が欠けていたように思われる。要件事実の問題は，あくまでも実体法の正確な理解のうえで問われているものであることを，サンプル問題に関するヒアリングを参照するなどして理解しておいてもらいたい（第8問参照）。

③　設問3

　平成26，27年度予備試験論文式試験でも準備書面を答案1頁程度で論述させる問題が出題されている。今後もこの形式での出題は予想されるので対策は必要である。

　このような問題で他の答案と差をつけるためのポイントは，事実の抽出，評価をしっかりと行うことに尽きる。事実の抽出については，問題文にて抽出すべき事実をマークし，その後，抽出漏れを防ぐために，再度あまりマークが引かれていない部分を中心に事実を抽出することでかなり抽出漏れを防ぐことができる。評価については，まずは答案例や優秀答案が参考になるだろう。評価は，自分で考えることももちろん大切であるが，実際の答案から学ぶこともまた大切である。評価は人により異なり，相対的なものだからである。答案例，優秀答案などを事実と評価に分けてみるのもよい勉強になるだろう。

④　設問4

　設問4では，法曹倫理を問う問題であった。法曹倫理では，問題となる条文を摘示することができれば，合格ラインに到達することができる。逆にいえば，問題となる条文を示せない場合には，合格ラインに到達することができない可能性がでてくる。したがって，法曹倫理の問題ではまず問題となる条文を正確に摘示することを意識しておきたい。最低限の対策として，弁護士職務基本規程を4，5回は通読しておく必要があるだろう。本番ではそれほど条文を探している時間もないことも付言しておく。本設問では，問題となる条文は規程38条のみであるため多くの答案で正確に指摘できていた。やはり合格ラインに達するためには規程38条の摘示は必須であろう。

第1　設問1
1　(1)について
　　請求の趣旨　被告は，原告に対し，乙建物を収去して甲土地を明渡せ。
　　訴訟物　所有権に基づく返還請求権としての，土地明渡請求権　1個　　　　　◀️ⓘ
2　(2)について
　　Yは，乙建物を所有している。
3　結論　④を除き，必要である。
　　理由　本件は所有権に基づく返還請求をするもので，原告所有及び被告占有の事　　◀️ⅱ
　　　　実が要件となる。
　(1)　原告所有につき，原告は所有権の来歴を証明する必要があるが，所有権の有無
　　　について権利自白が認められる。本件で被告Yは原告Xの所有権につき争って
　　　いるので，Xは所有権取得の事実として，前主のもと所有と，前主からの取得を
　　　主張する必要がある。ここで，前主のもと所有については権利自白が認められ，
　　　①の事実で足りる。
　　　　前主からの取得につき，Xは相続（896条）を主張しているので，相続開始の　　◀️ⅲ
　　　要件として被相続人の死亡（882条）及び相続人であることとして，被相続人の
　　　子（887条1項）を主張すればよく，これらは②③の事実に当たる。
　　　　ここで，他の相続人の存否については，立証の困難性及び相続人に当たるなら
　　　権利を承継取得する点では同じなので，摘示不要と解する。
　　　　また，他の相続人の存在が示されない限り，相続人は権利を包括承継すること
　　　になるから，分割協議によりXが甲土地を相続したことである④の事実は摘示す
　　　る必要はないと解する。
　(2)　被告占有の事実は甲土地を占有している事実で足りるところ，甲土地上に乙建
　　　物があり，乙建物を被告Yが所有していることにより，土地占有の事実は示され
　　　るため，⑤⑥の事実が必要となる。
　　　　また，本件は建物収去，土地明渡しを求めるものだから，土地上に建物があり，
　　　それを被告が所有することは，この建物収去を基礎付ける意味でも必要となる。
第2　設問2
1　(1)について
　　結論　⑦⑧は必要であるが，⑨は不要である。
　　理由　本件では賃貸借契約に基づく占有であることを理由として占有権原がある
　　　　と主張するものであるから，あ賃貸借契約締結の事実と，い占有がかかる契
　　　　約に基づくものであることが必要となる。
　　　　　あについて，賃貸借契約の冒頭規定である601条から，目的物，賃料，賃　　◀️ⅳ
　　　　貸の合意があることを示すことで足り，⑦がこれに当たる。
　　　　　ここで，⑨の建物所有目的の事実が必要かにつき，かかる事実は借地借家　　◀️ⅴ
　　　　法の適用があり（借地借家法2条1号），存続期間が30年（同法3条）とな
　　　　ることを示すものであるが，存続期間については民法601条から賃貸借契約
　　　　の成立要件とはならないし，30年より短い期間の合意があり，これが満了し
　　　　たとして賃貸借契約が終了したとの主張に対する抗弁となるものであり，不
　　　　要である。いについては，⑧の事実がこれに当たる。
2　(2)について
　　結論　再々抗弁としての意味を持つ。
　　理由　本件において，甲土地の解除の意思表示をするか否かは管理行為（252　　◀️ⅵ

条）にあたるところ，X以外に相続人としてBもいることが示されれば，甲土地はXとBが持分2分の1で共同相続していることになり，Bの同意がなければXはかかる管理行為をなし得ず，使用貸借契約は解除により終了していないことになる。

　　　よって，再抗弁の効果を覆滅させて抗弁を復活させるので，再々抗弁となる。

第3　設問3
1　確かに，賃貸借契約をするに当たり，通常であれば契約書を作成しているはずであり，本件でこれがないのは不自然と言い得る。また，賃料が相場とされる10万円の4割である4万円と低く，使用収益と対価性がないとも思える。 ◀ⅶ

　　　しかし，本件賃貸借の当事者A，Yは40年来の付き合いがあり，親密であり，またYはそれまでAの事業について相談に乗ったり取引先を幹旋するなどしている。そのような関係にあるなかで，Aは，Yに対して恩義もあることから，特別に低額な賃料で貸すことを申し出たのであり，賃料が低額で，契約書が作成されていないことも，不合理，不自然ではない。

　　　また，Yは賃貸借に際して10万円を敷金として交付している。敷金は賃貸借契約だから渡しているのであり，その額も月額の2，3ヶ月相当として相当な額である。 ◀ⅷ

　　　さらに，YはAに対して賃料を支払い続けており，Aが死亡した後も，供託の方法によりその支払いを継続している。

　　　これらの事実はAY間で賃貸借契約がされたことを示すものである。

2　また，乙建物がそれほど長持ちするやり方で建てられたものではないことは，本契約が建物所有目的賃貸借であることにより，少なくとも30年は存続することからすれば，不自然であるとも思える。

　　　しかし，建物をたてていること自体，使用貸借であったなら借りる側の地位として不安定であり，そもそも建てなかったと言えるから，賃貸借契約があったことを示す事実である。また，乙建物が安価に建築されたのは，当時Yの経済状況が芳しくなかったこと及び，将来子供が独立した際にリフォームをしやすくするために必要最小限の設備にしたかったことがあったからで，不自然とは言えない。 ◀ⅶ'

　　　加えて，賃貸借でなかったなら，乙建物を建てる際，長年の占有がされる可能性が高いことからAが何らかの異議を申し立てたはずであるが，Aは何らの異議も述べなかった。

3　以上からすれば，AY間では賃貸借契約があったと言える。

第4　設問4
本件でPがXから受け取った解決金50万円を自分の収入・経費等を管理する銀行口座に入金しており，弁護士職務基本規程38条に反しないか。 ◀ⅸ

(1)　同条は，預り金を着服できるような可能性を見せること，あるいはそれができるような状況を作り出すことは，弁護士としての品位を下げ，依頼人との信頼関係を失わせ得るものであることから，定められたものと言える。

　　　そうすると，預り金は専用の別口座を作ってそこに入金するのが相当と言える。

　　　もっとも，「自己の金員と区別」して「預り金であることを明確にする方法」である限りは，別口座でなくとも許され得ると解する。

(2)　本件で，Pは自己の口座に入金しているが記帳した通帳に「X解決金」とメモすることで，それを明確にしたと言いうる。

(3)　よって，38条には反しないが，不相当であったと言える。　　　　　　　　以上

優秀答案における採点実感

1 全体

実体法，条文の理解が正確に論述できている点，設問3では，事実の抽出にとどまらずその事実に対する評価まで的確になされている点は，大変参考になる部分である。実体法の理解，条文の理解，事実の抽出，事実の評価というこの4つの要素は，民事実務基礎科目の柱ともいうべきものである。本答案ではこの4つの要素がそれぞれ高い水準にある。ぜひ参考にしてもらいたい。

2 設問1

1 小問(1)

本件のように，被告が建物を所有することによって原告の土地を占有している場合における土地所有権に基づく建物収去土地明渡請求については，訴訟物が何かということについて争いがあった。確立した実務上の見解があるとはいえ，一言でも理由を述べておくのが望ましいだろう（右欄①部分）。

2 小問(2)

ここでも理由づけについて一言でも言及したほうがよいだろう。論文式試験においては思考過程を示すことが何よりも重要である。結論のみ示すことが要求されている場合を除き，理由づけは必須であると考えるべきである（右欄ⅱ部分）。もちろん，簡潔に，との指定がある場合には簡潔に答えれば足りる。

3 小問(3)

小問(3)では，条文と実体法をふまえて論じることができていた。特に相続に関する条文まで正確に条文を摘示できている部分は非常に好印象である。条文には必ず配点があるため，摘示できる条文は逐一摘示していきたい（右欄ⅲ部分）。

3 設問2

設問2においても正確に実体法（共有）や条文（借地借家法）の理解を示すことができている。民事実務基礎科目では，実体法の理解が重視される（右欄ⅳ ⅴ部分）。したがって，このように実体法や条文の理解が伝わってくる部分は高く評価されるだろう。

管理行為について252条と引用されているが，正確には252条本文である（右欄ⅵ部分）。252条ただし書は保存行為についての条文である。このように，本文とただし書で異なる内容となる場合には，条番号だけではなく，本文かただし書かまでを正確に引用するべきである。条文の正確な摘示も評価の対象となっていることを忘れてはならない。

4 設問3

設問3では，十分な事実の抽出がなされている。それに加えて，しっかりと事実を評価している部分も高い評価につながるだろう（右欄ⅶ部分）。

改善する点があるとすれば，YがAに敷金として10万円を交付したという事実を当然の前提としている点である（右欄ⅷ部分）。契約締結にあたり，YがAに10万円を交付した事実は争いないものの，それが敷金としてなのか，低額で使用させてもらうことへのお礼なのかは，YとZの供述で食い違っている。そのため，交付した10万円は敷金として考えるのが相当であることを説得的に論じると，より高い評価が得られるだろう。

5 設問4

設問4は，問題となる条文を示すことができ，かつ，その条文の趣旨を示して解釈を行うことができている。これだけで十分合格答案の水準には到達するだろう（右欄ⅸ部分）。

もっとも，「預り金等の取扱いに関する規程」では，弁護士は，口座名義として預り金口座であることを明示した，預り金のみを管理する専用の口座の開設が義務づけられている。預り金の管理には慎重であるべきことから考えても，収入・経費の管理口座とは別口座での管理が適切である，という感覚を身につけておこう。

なお，「第3」までとナンバリングが異なっていた。焦らずに最後まで書ききる訓練もしておこう。

第7問　ベ◯ツ車の行方

CHECK

〔設問1〕から〔設問4〕までの配点の割合は，8：12：18：12

　司法試験予備試験用法文を適宜参照して，以下の各設問に答えなさい。

〔設問1〕
　弁護士Pは，Xから次のような相談を受けた。

【Xの相談内容】
　「私は，S県T市内において，中古車販売業を営んでいます。令和元年5月24日，私は，A
さんの甥であり，Aさんの代理人と称するYさんとの間で，甲車を300万円で売却する旨の
売買契約（以下「本件売買契約」という）を締結しました。同年6月14日，私は，甲車をY
さんのもとに納車し，受領証書をYさんから受け取りました。
　しかし，同年6月15日，Aさんが私の営業する販売店に訪れ，Aさんの説明により，Aさ
んはYさんに本件売買契約を締結する権限を与えていなかったことが判明しました。その後，
すぐにAさんから甲車を返してもらうはずだったのですが，なかなか返ってきません。私が
Aさんに確認しようとしたところ，Aさんは同年7月8日に亡くなっていたことが判明しま
した。そこで私は，Yさんに対し，本件売買契約は無効であるとして，甲車の返還を求めま
した。ところが，Yさんは，何かと理由をつけて，甲車の返還に応じてくれません。なお，
YさんはAさんの相続人ではないそうです。
　そこで，私は，Yさんに対し，甲車の返還を求める裁判を提起したいと考えています。」

　弁護士Pは，【Xの相談内容】を前提に，令和元年12月10日，Xの代理人として，Yに対し，
所有権に基づく返還請求権としての動産引渡請求権を訴訟物として，甲車の引渡しを求める
訴え（以下「本件訴訟」という）を提起した。そして，弁護士Pは，その訴状において，請求
を理由づける原因（民事訴訟規則第53条第1項）として，次の各事実を記載した。
①　Xは，甲車を所有している。
②　Yは，甲車を占有している。
　上記各事実が記載された訴状の副本を受け取ったYは，弁護士Qに相談した。Yの相談内容
は次のとおりである。

【Yの相談内容】
　「私が現在，甲車を占有していることはXさんの言うとおりですが，甲車は現在Xさんの
ものではありません。
　令和元年5月17日，私は，Xさんの営む中古車販売店に行きました。そこで，甲車が一般
的な価格より安く販売されているのを見つけました。甲車は，ドイツのZ社が1960年代に製
造した希少価値の高いもので，以前から私がほしいと思っていた車でした。しかし，私に
は甲車を購入するような金銭的余裕はありませんでした。そこで，甲車がどうしてもほし
いと思った私は，同居中の叔父であるAの実印と印鑑登録カードを勝手に持ち出して印鑑登
録証明書を取得し，更に委任状を作って，Aの代理人であると称して本件売買契約を締結す
ることにしました。Aには，後で説明して許してもらえばよいと思っていました。
　同月24日，私は，Xさんの営む中古車販売店に行き，Aの代理人として甲車の売買契約を
締結しました。その際，私は，Xさんから甲車の名義変更（なお，正式名称は「移転登録」
〔道路運送車両法第13条〕という。「名義変更」は一般的な呼称である）手続について必要

な自動車検査証，譲渡証明書の交付を受け，納車の日取りを決めました。納車の日取りは，同年６月14日とし，同日，Ｘさんは，Ａと私が同居する家に甲車を納車してくれました。その際，私は，受領証書に署名し，甲車を受領しました。

　納車された14日の夜，Ａに甲車を買ったことを伝えると，Ａは，私の勝手な行動に激怒していました。しかし，甲車を見ているうちに気が変わったようで，翌15日，Ａは，Ｘさんの営む中古車販売店に行き，本件売買契約を追認してくれました。

　以上のような次第ですので，私は，Ｘさんに甲車を返還しなくてもよいと思います。」

　弁護士Qは，【Yの相談内容】を前提として，答弁書において，上記①の事実を否認し，②の事実は認め，更に以下の抗弁事実を記載することにした。

③　Ｘは，Ｙに対し，令和元年５月24日，甲車を代金300万円で売った。
④　Ｙは，③の契約の際，Ａのためにすることを示した。
⑤　Ａは，Ｘに対し，令和元年６月15日，③の契約を追認するとの意思表示をした。

　弁護士Qが上記答弁書に記載した③から⑤までの各事実の主張は，いかなる抗弁として機能するかを明示するとともに，その抗弁の要件に該当する事実として必要かつ十分な事実を主張しているといえるか。結論とその理由を述べなさい。

〔設問２〕
　令和２年１月８日，本件の第１回口頭弁論期日が開かれ，同期日において弁護士Pは訴状を陳述し，弁護士Qは答弁書を陳述した。また，同期日において，弁護士Pは，次回期日までに，上記答弁書記載の事実に関する認否を行うとともに，Yに対して損害賠償請求をするという内容の訴えの追加的変更を申し立てる予定であると述べた。そこで，裁判所は，当事者の意見を聴いたうえで，本件を弁論準備手続に付することにした。

　弁護士Pは，第１回口頭弁論期日後にＸから更に事実関係を確認した。上記答弁書に関するＸの言い分は，次のとおりである。

【Xの言い分】
　「令和元年５月24日，私とYさんとの間で甲車の売買契約を締結したこと，その際，YさんがAさんのためにすることを表示したことは認めます。

　しかし，本件売買契約をAさんが追認したということはありません。同年６月15日，Aさんが私の営む中古車販売店に訪れたことは認めますが，Aさんは本件売買契約が無効であることを確認しに来られただけです。

　現在，Yさんは甲車を使用しているようですが，中古車は複数の人間に使用されたものというだけでその評価額が下がってしまいますし，走行距離が増えれば増えるほど評価額は下がります。そのため，甲車の評価額も下がっていると思います。そこで，Yさんが甲車を使用していることによって生じた損害の賠償も請求したいです。」

　弁護士Pは，【Xの言い分】をふまえて，準備書面において，③，④の各事実は認め，⑤の事実は否認した。さらに，下記の事実を主張した。

⑥　Ａは，Ｘに対し，令和元年６月15日，③の契約の追認を拒絶する旨の意思表示をした。
　また，弁護士Pは，損害賠償請求を追加するため，訴えの変更申立書を作成した。

　以上を前提に，以下の問いに答えなさい。

(1) 弁護士Pが準備書面に記載した⑥の事実の主張は，本件訴訟における攻撃防御方法としてどのように位置づけられるか。結論とその理由を述べなさい。

(2) 本件訴訟における，⑥の事実の主張の攻撃防御方法としての位置づけを前提とすると，弁護士Pは，⑥の事実を積極的に立証する必要があるか。結論とその理由を述べなさい。

(3) 【Xの言い分】を前提とすると，弁護士Pが訴えの追加的変更を申し立てようとしている損害賠償請求の訴訟物は何か。結論とその理由を述べなさい。

〔設問3〕

　第1回弁論準備手続期日において，弁護士Pは上記訴えの変更申立書および上記準備書面を陳述し，弁護士Qはこれらに記載された事実に対する認否を記載した準備書面を陳述した。また，裁判所は，各当事者から提出された書証の取調べを行った。その後，裁判所は，XおよびYの本人尋問を行う旨決定し，証明すべき事実を各当事者との間で確認したうえ，弁論準備手続を終結した。その後，第2回口頭弁論期日において，弁論準備手続の結果の陳述を経て，XとYの本人尋問が行われた。その尋問は，Yが先でXが後という順番で行われた。本人尋問における両者の供述内容の概略は，以下のとおりであった。

【Yの供述内容】

　「私は，令和元年5月24日，Xさんとの間で，Aの代理人と称して甲車の売買契約を締結しました。その際，Xさんから，『甲車の名義変更手続はどうされますか。私が代行することもできますが，そのためには新たなAさんの委任状が必要です。また，警察署に行って車庫証明書（なお，正式名称は「自動車保管場所証明書」〔自動車の保管場所の確保等に関する法律第4条〕という。「車庫証明書」は一般的な呼称である）を取得してもらう必要があります。』と言われました。Xさんに私が無権限であることを知られたくなかったので，私は，『名義変更はAと一緒に私がやります。』と答えました。すると，Xさんは，私に，名義変更手続に必要な自動車検査証と譲渡証明書を渡してくれました。また，本件売買契約書の控えも渡してくれました。

　甲車が納車された同年6月14日の夜，Aに甲車を買ったことを伝えました。すると，Aは，最初は激怒していたものの，やがて，『私も以前から甲車がほしいと思っていた。この機会に自分の車にしてしまおう。』と私に言いました。そして，Aは，『名義変更手続は車を買った店で代行を頼むものだ。代行を頼んできてやろう。そのついでに，事情を話したうえで契約が有効になるようにしてこよう。』と言って，翌15日，自動車検査証，譲渡証明書および私が取得しておいた甲車の車庫証明書を持ってXさんの営む中古車販売店に行ってきたようです。

　Xさんのところから帰ってきたAは，『契約を有効にしてきたぞ。』と言っていました。もっとも，そのことを証明するような書面は作成しなかったようです。

　また，Aは，『代金の一部として30万円支払ってきた。』と言い，その30万円の領収書を見せてくれました。ただ，その領収書のただし書の部分は空欄になっていました。そして，Aは，Xさんに甲車の名義変更手続の代行を頼むために，自動車検査証や譲渡証明書，および甲車の車庫証明書を交付し，代行のための委任状もその場で作成してXさんに渡してきたと言っていました。

　その後，Aは，体調を崩し，同年7月8日に突然亡くなりました。たしかに，甲車の名義は依然Xさんのままですが，これはXさんが名義変更手続をきちんと代行していないからだと思います。また，同年6月15日以降，XさんがAや私に代金の支払の請求をしてきたことはありません。

　しかし，それは，Aが亡くなる前に残代金270万円を支払っていたからだと思っていました。

甲車はカーマニアの間では有名な希少価値のある車で，300万円で購入できるような車ではないのですが，Xさんは，これに気づいていたものの，S県内ではそれほど高く売れないと思って300万円で売ることにしたと言っていました。おそらく，ほかに高く購入してくれる相手が見つかったため，いきなり返却を求めてきたのだろうと思いますが，そんなことは認められないと思います。」

【Xの供述内容】
　「Yさんは，Aさんが本件売買契約を追認したと主張しているようですが，そのような事実はありません。その証拠に，追認を証明するような書面は作成しておりません。
　令和元年6月15日，Aさんが私の営む中古車販売店に訪ねてきました。その際，Aさんは，私に対し，『本件売買契約は，甥のYが勝手にしたものだから，なかったことにしてください。』と述べ，本件売買契約書の控えを返却してくれました。
　また，Aさんは，私に対して，本件売買契約の際にYさんに交付した甲車の名義変更手続に必要な自動車検査証，譲渡証明書を返却してくれました。Yさんは，この事実から，Aさんが私に対し甲車の名義変更手続の代行を委任したと主張しています。しかし，私は，Aさんから代行に必要な委任状や車庫証明書を受け取っていないので，甲車の名義変更手続の代行を委任されておりません。
　さらに，私がAさんに対し，甲車の整備費用や納車手続費用等合計30万円を支払ってもらいたいと伝えると，Aさんはその場で現金30万円を支払ってくれました。そこで，私は，Aさんに30万円を受け取った旨記載した領収書を渡しました。ただ，その領収書のただし書の部分には何も書き込みませんでした。
　そして，車の名義変更は車の所有者の変更があった日から15日以内に申請する必要があり，これをしないと新所有者が罰せられます（道路運送車両法第13条第1項および同法第109条第2号）。そのため，車の名義変更手続は所有者の変更があった日から15日以内に行う必要があります。しかし，甲車の名義は，現在も私の名義のままになっており，その名義は私からAさんに移転しておりません。
　加えて，Aさんとの間で本件売買契約が無効であることを確認したので，令和元年6月15日以降，私はAさんやYさんに対し甲車の代金の支払を請求しておりません。
　甲車は，希少価値があってなかなか手に入らない車であり，Yさんがこれを返したくない気持ちもわかりますが，これ以上勝手に乗り回されても困るので，早く返却してもらいたいです。」

　本人尋問終了後に，弁護士Pは，次回の第3回口頭弁論期日までに，当事者双方の尋問結果に基づいて準備書面を提出する予定であると陳述した。弁護士Pは，「Aは，Xに対し，令和元年6月15日，③の契約を追認するとの意思表示をした。」とのYの主張に関し，法廷におけるXとYの供述内容をふまえて，Yに有利な事実への反論をし，Xに有利な事実を力説して，Xの主張の正当性を明らかにしたいと考えている。
　この点について，弁護士Pが作成すべき準備書面の概略を答案用紙1頁程度の分量で記載しなさい。

〔設問4〕
　裁判所は，和解による紛争解決が妥当と考え，和解の試みをすることにした。令和2年3月13日，裁判所は，各当事者に訴訟上の和解により本件紛争を解決する意思があるかどうか，確認した。XおよびYは和解による解決に興味を示したので，裁判所は期日外において和解協議の機会を設けることにした。その和解協議において，弁護士Pは下記【Xの言い分】を，弁

護士Qは下記【Yの言い分】を述べた。

【Xの言い分】
　「Yさんが甲車を本当に気に入って大事にしてくれているということがわかったので，Yさんが270万円を支払ってくれるなら，もう甲車を取り戻すことにはこだわりません。
　ただ，私は，すでにYさんに対して甲車を引き渡しています。Yさんは現実に甲車を使用できるようになっているわけですから，Yさんが本当に270万円を支払ってくれるのか心配でなりません。
　なお，Yさんに対する損害賠償請求はしないことにします。」

【Yの言い分】
　「私は，甲車を本当に気に入っており，返したくありません。幸運にも宝くじに当選したので，私は，甲車の代金を支払えるようになりました。Xさんに270万円を支払うことで甲車を私のものにできるのなら，すぐにでも支払います。
　ですから，今回の和解により，甲車の所有権がXさんから私に移転することにしてもらいたいです。
　なお，甲車の名義変更については，代金の支払が終わってから私が自分で行うことにします。」

　裁判所は，各当事者の言い分および和解協議の結果をふまえて，各当事者に対し，和解案を作成して提出するよう促した。弁護士Pは，XおよびYの言い分をふまえたうえで，以下の和解案を作成した。

　　　　　　　　　　　　和　解　案
1　原告は，被告に対し，甲車を代金270万円で売り渡し，被告はこれを買い受ける。
2　甲車の所有権は，前項の売買代金が支払われたときに，原告から被告に移転する。
3　原告は，被告に対し，被告が前項の売買代金を支払うまで，甲車を無償で貸し渡し，被告はこれを借り受ける。
4　被告は，原告に対し，第1項の金員を，令和2年4月末日かぎり，○○銀行○○支店の原告名義の普通預金口座（口座番号○○○○○○○）に振り込んで支払う。
5　被告が前項の支払を怠ったときは，第1項の売買契約および第3項の使用貸借契約はただちに解除となり，被告は，原告に対し，甲車を引き渡す。
6　原告と被告は，前項により原告が甲車の引渡しを受けたときは，甲車をただちに評価し，その評価額と第1項の売買代金との差額を前項の解除に伴う損害賠償額とし，7日以内に支払う。
7　被告が第1項の売買代金を支払ったときは，原告は，被告に対し，簡易引渡しの方法により，甲車を引き渡す。
8　原告は，その余の請求を放棄する。
9　原告および被告は，原告と被告との間には，本件に関し，この和解条項に定めるもののほか何らの債権債務がないことを相互に確認する。
10　訴訟費用は各自の負担とする。

　本件においてすでに甲車がXからYに対して引き渡されていることに留意しつつ，弁護士Pが上記和解案に第2，第5の和解条項を入れた理由を説明しなさい。

思考過程

① 総論

本問の設問数は４つと標準的な問題数である。それでも，時間的制約はある程度厳しいので，時間管理をしっかりと行うことが肝要である。設問１は，基本的問題なので，ここは確実に得点したい。設問２は，主張の意味と訴訟物を問うものであるから，分析を丁寧に行う必要がある。設問３は，準備書面の作成なので，相手の主張に対する適切な反論，そして自説の補強を心掛けるようにしたい。設問４は，和解案という初見の問題であろうから冷静な対応が求められる。

② 設問１

設問１は，所有権に基づく返還請求に対する抗弁の性質を問うている。この主張が認められると，XはAに甲車を譲渡したことになるから，Xは甲車に対する所有権を失うことになる。したがって，これは所有権喪失の抗弁にあたる。

次に，この抗弁の事実摘示は必要十分かを検討する。本設問では，所有権喪失の抗弁として，本人の追認（113条１項，116条本文）により甲車の売買契約が成立し，Xが所有権を喪失したことを主張している。そこで，無権代理行為の追認の要件事実が③④⑤で必要十分か否かを検討しなければならない。

無権代理行為の追認の実体法上の要件を考えると，無権代理行為も代理であるから，99条１項によれば，⑦代理行為の存在，①顕名が要件となる。そして，追認（113条１項，116条本文）により，契約は遡及的に有効となるから，⑦本人が追認したことも要件となる。

これらの主張立証責任は，法律要件分類説によると，代理行為が有効となることによって利益を受ける者が負う。そして，本件では，利益を受ける者はYである。

したがって，Yは上記の要件に該当する事実をいずれも主張しなければならないところ，本設問の③から⑤まではこれらにあたる。よって，必要十分な事実の摘示がなされているといえる。

③ 設問２

小問(1)では，追認拒絶の主張の攻撃防御方法の位置づけが問われている。ここで，攻撃防御方法の位置づけとは，否認，抗弁等のいずれにあたるかを問うものである。そこで，これが相手方の主張と両立しない否認か，それとも両立する抗弁かを検討しなければならない。

本件の事実の詳細について確認すると，Yは抗弁として⑤の令和元年６月15日の追認の主張をしている。これに対してXは「本件売買契約をAさんが追認したということはありません。」と主張している。このような主張は，⑤の事実と両立するものではない。したがって，Xは⑤の事実を否認しているのである。そして，その否認についてXは，令和元年６月15日にAは本件売買契約が無効であることを確認したのであり，その際に追認を拒絶する旨の意思表示をしたと主張していると考えられる。したがって，追認拒絶の事実を主張する⑥の事実は，否認の理由づけとなるものである。なお，このように理由付きの否認を積極否認という。

よって，本件で⑥の事実は，積極否認に位置づけられる。

小問(2)では，積極否認を前提とすると⑥の事実の立証責任を負うことになるかが問われている。抗弁は自己が立証責任を負う事実の主張であるが，否認は相手方が立証責任を負う事実を否定する陳述である。そして，積極否認は，相手方が立証責任を負う事実に対する否認の理由を明示するものにすぎないから否認した者はその内容である事実について立証責任を負わない。本件で⑥の事実は積極否認であるから，弁護士Pは，⑥の立証責任を負わず，積極的に証明度を超える立証をする必要はない。

小問(3)においては，新請求の訴訟物が問われている。新請求はXのYに対する損害賠償請求である。ここでまず考えられるのが，無権代理人に対する損害賠償請求（117条１項）である。

無権代理人に対する損害賠償請求の損害の内容は，代理行為が有効であったならば得られたであろう利益たる履行利益である。本件の損害は，使用に伴う価値の低下であるから，履行利益にあたるものではない。したがって，新請求は無権代理人に対する損害賠償請求ではない。

そうなると，XY間に契約関係もないから，不法行為（709条）に基づく損害賠償請求しかない。

そして，損害の内容としても，不法行為があった場合となかった場合との差額を損害とする通説の差額説によれば，損害として認められるものであるから，不法行為構成が適切である。

したがって，訴訟物は不法行為に基づく損害賠償請求権である。

④ 設問3

設問3は，相手方の主張に対する反論をし，そして自説に有利な主張をすることを求めている。このような問題では，証拠構造を把握し，いかなる証拠からいかなる事実を主張しようとしているのかを考えるとよい。

本設問で争点となっているのは，Aが追認の意思表示をしたか否かである。まず，Yに有利な事実をあげ，それに対し反論を加えなければならない。

Yは，Aが契約を有効にしたということを言っていたこと，Aが代金の一部である30万円を支払ったと言い，その領収書があるところ，本人がそのような不利益をみずから進んで受ける理由がないことから，本件ではAが追認したという事実を推認することができるという主張をしていると思われる。そして，自動車検査証や譲渡証明書等をXに渡したという事実もAが追認したことを推認させると主張するものと思われる。

しかし，Aが有効にしたと言ったということは本人の発言であり，Yのためにうそをついている可能性もあるので信用性は低い。そして，30万円の領収書の存在についても，領収書のただし書に記入がないので，いかなる債務に対する弁済の領収書なのかが判然としないため，代金の一部に対する弁済として追認の事実を推認することはできない。また，上記書類を渡したのも，追認を拒絶し，不要となったから渡したにすぎないと考えることもできる。そのため，これらの事実から，追認があったとの事実を推認することはできないと反論する。

次に，Xに有利な事実を力説しなければならない。まず主張すべきは，追認を証明するような書面が存在しないことである。追認という法律関係を確定させる重要な行為については，書面を作成しておくのが通常である。そのような書面が存在しないことは追認の不存在を推認させるものである。さらに，甲車の名義がXのままになっているということも，Aの追認を否定する事情となる。なぜなら名義変更しないと新所有者が罰せられるので，名義変更をする強い動機を有するAがそれをしていないということは，追認の不存在を推認させるためである。また，Xは，代金の請求をしていない。かりにAが追認したのであれば，300万円もの代金を約半年もの間，請求しないことは，通常考えられないので，追認の不存在を推認させるものである。

以上から，追認の不存在を主張することになる。

⑤ 設問4

設問4は，和解案の条項について，その条項を入れた理由を問うものである。このような問題は，その条項がなければどのようになっているか，どのような不利益があるかを考えるとよい。

まず，Xは，Yが270万円を支払ってくれるのかという点に不安を抱いている。そして，第2の条項は，売買代金が支払われたときに所有権が移転することを定めている。かりにこの条項がないとすれば，所有権は原則どおり，売買契約時に移転することになる（176条）。そして，本件では，第1の条項によって売買契約が成立することになるから，和解時が売買契約時となる。そうなると，和解時にただちにYに所有権が移転してしまう。Yに所有権が移転することになると，すでにYが甲車を占有していることからすれば，同時履行（533条）の関係にないことから，Yの270万円の支払を確保することができない可能性がある。そこで，Xは所有権を留保する条項を設けることで，Yの履行を確保しようとした。これが，第2の条項を設けた理由である。

また，第5の条項は，Yが270万円の支払を怠ったときは，和解を解除し甲車を引き渡すことを定めたものである。この規定がないと，Yが債務を履行しない場合に，和解調書によって強制執行しようにも，Yの債務が特定されていないので執行することができなくなる。そこで，Yが270万円の支払を怠った場合に，債務名義になる（民執22条7号，民訴267条）和解調書によって執行するため第5の条項を設けたと考えられる。

答案例

第1　設問1について
　　無権代理人の法律行為は原則として本人に効果帰属しないが，本人が追
　認すれば契約時にさかのぼって効果帰属する（民法116条本文，以下法名
　略）。そうだとすれば，無権代理人による売買契約を本人が追認したこと
　は，無効な売買契約を有効にするものであるから，所有権喪失の抗弁とし
　て機能する。その要件としては，無権代理も代理である以上，㋐法律行為，　　　5
　㋑顕名（99条1項）が必要である。また，㋒本人の追認（113条1項，116
　条本文）は必要であるが，㋓代理権の不存在は不要である。なぜなら，代
　理権授与の代わりに，代理行為が有効になるための事実として本人の追認
　を主張するからである。
　　③から⑤までの各事実はそれぞれ㋐㋑㋒の要件に該当する事実であるか　　　10
　ら，その各主張は所有権喪失の抗弁として機能し，その要件に該当する事
　実として必要かつ十分な事実を主張しているといえる。
第2　設問2について
　1　小問(1)　　　　　　　　　　　　　　　　　　　　　　　　　　　　　　　15
　　　抗弁は相手方の主張する事実と両立する事実の主張であるのに対し，
　　否認は両立しない事実の主張である。否認には，単に相手方の主張を否
　　定する陳述を述べる単純否認と，相手方の主張する事実と両立しない事
　　実を述べて相手方の主張を否定する積極否認がある（民事訴訟規則79条
　　3項参照）。　　　　　　　　　　　　　　　　　　　　　　　　　　　　　20
　　　本件では，Yは抗弁事実として令和元年6月15日にAが③の契約を追
　　認した（⑤）と主張しており，他方Xは本件売買契約をAが追認したこ
　　とはないと主張し両者の主張は両立しない。したがって，事実⑥の主張
　　は，Aが追認拒絶の意思表示をしたことを理由として⑤の事実は存在し
　　ないと主張するものであり，積極否認と位置づけられる。　　　　　　　　25
　2　小問(2)
　　　抗弁は自己が立証責任を負う事実の主張であるが，否認は相手方が立
　　証責任を負う事実を否定する陳述である。積極否認は，相手方が立証責
　　任を負う事実に対する否認の理由を明示するものにすぎないから，否認
　　した者はその内容である事実について立証責任を負わない。　　　　　　　30
　　　本件では，前述のように，⑥の事実の主張は積極否認であるから，弁
　　護士Pは，⑥の事実を積極的に立証する必要はない。
　3　小問(3)
　　　無権代理人に対する損害賠償請求の根拠条文としては，まず民法117
　　条1項が考えられる。しかし，この法的性質は履行に代わる損害賠償責　　　35
　　任であるから，その損害の内容は，無権代理行為が有効であり，履行さ
　　れたならば得られたであろう利益をさすから，無権利者が勝手に目的物
　　を使用したことによりその価格が下がったことは，これに含まれない。
　　そのため，無権代理人の責任に基づく損害賠償請求は認められない。
　　　もっとも，Xは，Yに対し，Yが無権限で甲車を使用したことにより　　　40
　　甲車の評価額が下がったことを損害としてその賠償を請求しようとして
　　いる。この損害は，不法行為（709条）における「損害」にあたる。し
　　たがって，弁護士Pが追加的変更を申し立てた損害賠償請求の訴訟物は，
　　不法行為に基づく損害賠償請求権である。

㋐抗弁の指摘

㋐要件事実は実体
法から考える

㋐結論

㋐抗弁と否認の区
別
㋐積極否認と単純
否認の区別

㋐抗弁と否認との
差異
㋐積極否認の立証
責任

㋐結論

㋐無権代理人の責
任に基づく損害
賠償請求
㋐否定事情

㋐不法行為に基づ
く損害賠償請求

　1　AからXへの30万円の支払の事実は，Aが本件売買契約を追認し有効
　　になったことを前提とする代金の一部支払を意味しない。この事実は，
　　Aが追認を拒絶したことにより，Yにより無効な売買契約を締結させら
　　れたことで生じた，甲車の整備費用や納車手続費用等の支払を意味する。
　　　　AからXへの自動車検査証および譲渡証明書の交付の事実は，Xに対　50
　　して甲車の名義変更手続の代行を委任したことを意味しない。このこと
　　は，XがAから代行に必要な委任状や車庫証明書を受け取っていないこ
　　とからも明らかである。Aの追認拒絶により本件売買契約が確定的に無
　　効となったため，不要となった書類を返却したにすぎない。

　2　AとXの間で，追認があったことを証明する書面を作成していない。　55
　　契約の効力に問題がある以上，争いの余地を残さぬよう追認の事実があ
　　ったことを証する書面を作成すべきであったにもかかわらず，作成して
　　いないことは，追認の事実がないことを意味する。
　　　　Aは，Xに本件売買契約書の控えを返却している。これはAが本件売
　　買契約を追認していないことを意味する。追認したのであれば，契約書　60
　　の控えを返却する必要はないからである。
　　　　車の名義変更手続は，所有者の変更があった日から15日以内に行う必
　　要がある。名義変更手続の懈怠を理由に客が罰せられるとすれば，中古
　　車販売店の信用が大きく害されるため，当該手続は15日以内になされる
　　はずである。そうであるにもかかわらず，甲車の名義が現在もX名義の　65
　　ままであることは，追認の事実がないことを意味する。
　　　　Xは，令和元年6月15日以降，Aに対し甲車の代金の支払を請求して
　　いない。追認の事実があれば，当然に支払を請求したはずであるから，
　　この請求がないことは，追認の事実がないことを意味する。

第4　設問4について　　　　　　　　　　　　　　　　　　　　70

　1　売買契約が締結された場合，代金支払と目的物引渡しは同時履行の関
　　係にあり，売主は買主から代金の提供がないかぎり引渡しを拒める（533
　　条）。これにより，売主は，目的物を引き渡したのに代金を得られない
　　という事態を回避でき，買主の代金支払を間接的に強制することができ
　　る。一方，売主の目的物引渡しが先履行の場合や引渡し済みの場合には，　75
　　代金支払が間接的に強制されるという関係にない。

　2(1)　本件では，甲車がすでにYのもとにあるから，Yの270万円の支払と
　　Xの甲車の引渡しが同時履行の関係にない。このような場合に代金の
　　支払を間接的に強制するためには，代金が支払われてはじめて甲車の
　　所有権がXからYに移転するようにすればよい。そこで，弁護士Pは，　80
　　まず和解条項の第2において所有権留保特約条項を本件和解案に入れ
　　たといえる。

　　(2)　また，代金支払債務の不履行があった場合には，XがただちにYの
　　もとから甲車を引き揚げることができるようにすればよい。そこで，
　　Yの代金支払債務の不履行があった場合に，和解調書（民事訴訟法　85
　　267条）を債務名義として甲車の引渡しの強制執行（民事執行法22条
　　7号，169条）ができるように，第5において失権約款を本件和解案
　　に入れたといえる。
　　　　　　　　　　　　　　　　　　　　　　　　　　　　　　　　以上

▶30万円の支払の
事実について

▶書類の交付の事
実について

▶重要な書面の不
存在

▶契約書の控えの
返却の事実

▶名義変更手続の
懈怠

▶請求権の不行使

▶原則を示す

▶本設問の特殊性
▶第2の条項を設
ける理由

▶第5の条項を設
ける理由

　本設問は，何ら権限のない者が本人の代理人と称して車の売買契約を締結し，相手方である売主がその売買契約の無効を主張して目的物である車の返還を請求してきたという事案において，要件事実の理解，特に抗弁と否認の違いや，損害賠償請求の訴訟物，自己の主張を支える間接事実の選別，および和解案に関する問題点を問うものである。

　設問1は，所有権喪失の抗弁として本人の無権代理行為の追認を主張する場合の要件事実について，必要かつ十分な事実の主張をしているかどうかを問うものである。実体法である民法の正確な理解を前提に，条文に基づいて説明することが求められる。

　設問2は，原告側の主張が，訴訟上の攻撃防御方法としてどのように位置づけられるかという点と，損害賠償請求の訴訟物について問うものである。まず，抗弁と否認の違いについての正確な理解を前提に，原告側の主張が再抗弁なのかそれとも積極否認なのか，原告側に立証責任があるのかどうかを説明することが求められる。また，発生した損害からその賠償を請求するために選択すべき訴訟物は何かを説明することが求められる。

　設問3では，本人が無権代理行為を追認したという被告側の主張に対して，原告側に立って相手方に有利な事実への反論をし，自己に有利な事実を力説することが求められる。当事者尋問の結果から相手方の主張を支える間接事実と，自己の主張を支える間接事実を適切に指摘し，評価して，説得的な論述を行うことが必要となる。

　設問4では，すでに目的物が引き渡されており，代金支払と目的物引渡しが同時履行の関係にないという点に着目して，原告側が作成した和解案の意図について説明することが求められる。

1　設問1

　本設問は，無権代理の追認の要件事実を問うていることが明らかな問題なので，大きく筋を外す答案は見られなかった。そうであるだけに，要件事実を正確に論述できたか否かで差がつくこととなった。

　まず，所有権喪失の抗弁であるということに気づけなかったならばおおいに反省しなければならない。所有権喪失の抗弁は，要件事実の基本中の基本であるから，ここを間違えると要件事実を理解していないとの印象を与えてしまうので注意を要する。

　次に，追認の要件事実について，条文から丁寧に説明している答案は要件事実を理解していることをうかがわせるので非常に印象のよい答案であった。要件事実は民事実体法を基にしているのであるから，条文から論述するという姿勢を忘れないでほしい。

　なお，形式面については，結論を明記し，その理由を書くという答案形式のほうが明瞭な記述となり，採点者にわかりやすい答案となるので意識してみるのもよいだろう。もっとも，その書き方には慣れが必要であるため，いきなり本番の試験で試すのではなく，日ごろの答案作成などを通じてしっかりとその書き方に習熟する必要がある。

　本設問のような出題に対応するための今後の学習としては，いかなる理由で要件事実として主張する必要があるのかを理解する勉強をすることがよいだろう。

2　設問2

　小問(1)(2)については，積極否認であることとその立証責任を最低限おさえていなければならない。この点については，ほとんどの受験生が書けていたので，間違えた場合は注意が必要である。このような基本的な問題を間違えることは他の受験生に大きく差をつけられることになるということを改めて認識しなければならない。

　小問(3)については，多くの受験生が十分な論述をすることができていなかった。本設問では，無権代理人が問題となっているのであるから，117条の責任についても検討する必要があったにもかかわらず，多くの受験生は不法行為（709条）のみを検討していた。

不法行為に基づく損害賠償請求をすることが可能であり，それが適切ではあるが，無権代理人の責任追及の検討も考えられるため，その責任追及ができないことも指摘すべきであった。

今後の学習としては，請求の方法を複数考慮して，最適なものを選択する癖をつけるのがよいだろう。

③ 設問3

本設問のような準備書面で事実認定を争う問題では，事実を必要十分に拾い，それを的確に評価し，説得的に論述することが求められている。そして，設問の指示に従い，Yの主張に対して反論を加え，自己の主張を説得的にする事実を指摘することが必要である。

優秀な答案は，事実を適切に拾い上げ，経験則から考えられる妥当な評価をしているので，説得的な答案となり高評価となっていた。たとえば，Aが名義変更をしていないという事実について，Aが名義変更をしないと罰せられる可能性があるにもかかわらず，名義変更をしていないということは，Aが追認をしていないということを推認させると結論づけているなど，納得できる説明となっていた。一方で，あまり評価の高くない答案では，事実の指摘が不十分であるうえに，評価も適切とはいいがたいものであり，点はあまり与えられなかった。たとえば，Aが追認していたならば，書面が作成されるようになるはずであるのに，それがないとだけ指摘しているのは，結論が明示されていない点で不十分な論述であるうえに，書面が作成されていないからといってただちにその契約等の不存在が推認されるわけではないことにも注意を要する。書面が本来作成されるのが当然であるということまで説明しなければ，書面がないことをもって，ただちにその契約等の不存在が推認されるということにはならないのである。

このような準備書面問題は近年の予備試験の傾向であるが，事実を適切に抽出する力とその事実に対して常識的感覚をもって評価するということを徹底すれば難しい問題ではないので焦ることはない。日ごろから，事実に対して適切な評価を行うことを意識して勉強をすることが肝要である。

④ 設問4

設問4は，予備試験でも出題されていない和解案の条項について説明を求める問題である。このような見慣れない問題であっても冷静に分析すれば，基本的なことの説明を求めていることに気づくだろう。本設問で焦ってしまったならば，冷静に対処する努力をしてほしい。

第2の条項については，多くの受験生が同時履行ではない状況に気づき，担保としての性格に気づくことができていた。その点に関しては，基本から考えられているので，好印象な答案が多かった。

もっとも，第5の条項について執行の点に気づいて論述した答案はわずかしかなかった。民事執行法は，出題頻度が少ない分野であるとはいえ，出題範囲であるから，それを知っておくにこしたことはない。訴訟や和解もその先の執行を意識して行うものであるから，執行の視点を忘れないように注意する必要がある。

今回この問題ができなかったならば，執行保全分野を学習することをお勧めする。その際には，FL【民事執行法】【民事保全法】で最低限おさえるべきところを必ず確認しておいてほしい。また，口述試験では毎年といえるほど問われている分野でもあるため，早いうちに対策しておくとよい。

第1　設問1

1　③から⑤までの各事実の主張は，XA間で売買契約（民法555条）が成立し，Xが所有権を失ったことの主張であり，所有権喪失の抗弁として機能する。

⇦○抗弁を正しく指摘している

2　XA間売買は，YがAの代理人であると主張して締結したものである。5 そして所有権喪失の抗弁の要件事実は，XA間の売買契約締結の事実である。そこで，かかる抗弁を主張するためには，ⓐ所有者と代理人間の法律行為，ⓑ顕名，ⓒⓐに先立つ代理権授与の各事実を主張する必要がある（民法99条1項）。

したがって，ⓐⓑの主張のために，③④は必要である。 10

他方，ⓒについては，先立つ代理権授与がなければ無権代理（113条1項）となるが，後に本人の追認があれば，遡及的に契約は本人に帰属する（116条1項）。そのため，ⓒに代わって，本人が追認の意思表示をしたことを主張することができる。

したがって，⑤は必要である。 15

⇦○条文から丁寧に説明している

⇦×116条に1項はない。正しくは，116条本文

3　よって，③から⑤までの各事実の主張は，必要かつ十分である。

第2　設問2

1　小問(1)

⑥の事実は，⑤の事実と両立しない事実である。そして，⑤の事実は，Xの相手方Yの弁護士Qが主張する事実であり，Yに有利な法律効果の 20 発生を基礎付ける事実である。

したがって，⑥の事実の主張は，⑤の事実の主張に対する理由付否認である。

⇦△積極否認の理由づけとして不十分

⇦○立証責任を正しく指摘している

2　小問(2)

前述のように，⑤の事実は，XA間の売買契約の成立というYにとっ 25 て有利な法律効果の発生を基礎付けるので，Yが説明責任を負う。そうだとすれば⑤の事実の立証を妨げることができれば，Pの訴訟活動として十分である。

したがって，⑥の事実を立証する必要はない。

3　小問(3) 30

Xの言い分を前提とすると，XY間での売買契約の締結は，Aに帰属せず，無効である。そうだとすると，Yは無権原で甲車を占有していることになり，かかる行為は，「故意又は過失」によって，Xの所有権という「他人の権利」を「侵害」するものであり，不法行為に当たる。

したがって，本問における訴訟物は，XのYに対する不法行為に基づ 35 く損害賠償請求権である。

⇦×「損害」の検討も必要である

第3　設問3

法廷におけるXとYの供述を踏まえると，以下の通り，令和元年6月15日，AがXに対し，③の契約を追認するとの意思表示をしたという事実は認められない。 40

1　確かに，AはXに対して，同日，30万円を支払っており，Yの供述によれば，Aは「代金の一部として」支払ったと言っている。かかる事実は，Aに契約を追認する意思があったことをうかがわせる。

しかし，その際にAが受領した領収書のただし書部分は空欄となって

⇦△Yの主張する事実に対する反論であることを明らかにしたい

おり，その支払目的が代金の一部弁済であったかどうかは明らかでない。45

2　また，Aは「事情は話した上で契約が有効になるようにしてこう。」と言ってXの店に向かっているが，Yが甲車を買ったことを知った当初，Aは激怒していたことも考えると，Xの店を訪れた時点でも追認の意思を有していたかは明らかでない。

3　他方，Aは亡くなるまでずっと甲車の名義をXのままにしており，名義変更をしていなかった。所有者の日から15日以内に名義変更をしなければ，新所有者が罰せられるのであるから，Aが追認をして所有権を移転したと考えていたのであれば，直ちに名義変更を行ったはずである。それにもかかわらず，Aは15日を経過しても名義変更をしていないので追認の意思はなかったといえる。55

4　また，XはAに対し一切，代金の支払を請求していない。希少価値の高い甲車の代金を中古車販売業を営むAが，契約成立後相当期間経過しても請求することは通常考えられない。したがって，追認の意思表示はなかったと考えるのが相当である。

5　以上より，AのXに対する追認の意思表示はなかった。60

第4　設問4

1　第2の和解条項

所有権の移転時期は原則として，売買契約締結時である（民法176条）。しかし，本件では甲車がXからYに対して既に引き渡されているので，同時履行の抗弁権（533条）を主張することができない以上，Yの代金支払を担保するための手段が必要である。そこで，Yの代金支払を担保するために，売買代金が支払われるまでXに所有権を留保したのである。

2　第5の和解条項

履行遅滞解除をするためには原則として，催告後相当期間の経過が必要である（541条）。しかし，甲車は希少価値のある中古車であり，走行距離が増えるほど評価額が下がる。そうだとすると，相当期間経過を待たずに直ちに解除を可能として，できるだけ早く引渡しを請求ができるようにする必要があったので，かかる条項を入れたのである。70

以上

◯適切な評価である

△この事実と評価は反論としてずれている

×「所有者の日から」では意味がわからない。誤字には注意したい

◯妥当な評価である

◯適切に事実を拾い，評価している

◯問題点に気づき，適切に論じている

◯条項から考える姿勢がうかがえる

×執行の点に気づけていない

1 全体

　全体の分量配分としては，設問に応じて適切な配分となっているので，バランスのよい答案となっている。このような答案は答案構成をしっかり行わなければできないので，この答案もしっかりと構成したことがうかがえる。この答案のように，答案構成をしっかりとすれば，適度なバランスで論述することができるということを知っておいてもらいたい。

2 設問1

　設問1では，抗弁として所有権喪失の抗弁を端的に説明しており，所有権喪失の抗弁について最低限理解していることがわかる。

　無権代理の追認の要件事実については，条文から必要な要件事実を導きだしており，要件事実に対する理解の深さがうかがえる。もっとも，追認構成であることが明らかな問題であるから，端的に追認が必要な理由を述べれば十分であるので，この答案のように丁寧すぎる説明を答案上でしなくてよい。

　要件事実の指摘の仕方として，この答案はおおいに参考になるであろう。

3 設問2

　設問2では，積極否認であることを指摘できているが，積極否認であるというだけでなく，抗弁との違いをもう少し意識して論述するほうがわかりやすい答案となるだろう。立証責任の点については，端的に指摘できているので読みやすい答案となっている。しかし，小問(3)の部分については，やや端的にすぎるので残念である。不法行為を選択するのはよいが，無権代理人の責任を選択しない理由も一言ほしいところであった。また，不法行為の各要件を検討しているようにも見えるが，「損害」について検討していないので，そこは不十分である。

4 設問3

　本答案の設問3の書き方はよいものではない。設問の指示が，Yに有利な事情に対する反論と自己の主張を補強する事実を指摘せよというものであるから，どの部分を論じているのかを明らかにする表題を設けるほうが読み手にとってわかりやすい答案となる。読み手を意識した答案を書くようにしたかった。

　また，事実の抽出が不十分であった。本設問では，多数の間接事実が含まれているので，もっと丁寧に間接事実を指摘して評価・検討を加える必要があった。これだけの答案を書く能力があるので，間接事実を多く拾うようにしていれば，もっと点が伸びたと思われるだけに残念であった。

5 設問4

　本答案は，本来，代金支払債務と目的物引渡債務が同時履行の関係にあるはずであるのに，そうなっていないことに気づいて，適切に論じることができていた。

　第5の条項の部分に関しては，題意からそれてしまっている点が惜しい。条項から，具体的に考えることができている点は印象のよいものではある。しかし，強制執行の点に触れられれば，よりよい答案になっていたであろう。

第2部

司法試験予備試験過去問

第8問 予備試験サンプル問題

〔問〕 弁護士Lが依頼者Xから別紙【Xの相談内容】のような相談を受けたことを前提に，下記の各設問に答えなさい。

〔設問1〕 弁護士LがXの訴訟代理人としてYに対して訴え（以下「本件訴え」という。）を提起する場合について，以下の各小問に答えなさい。

小問1 本件訴えにおける明渡請求の訴訟物として何を主張することになるか。訴訟物が実体法上の個別的・具体的な請求権を意味するものであるとの考え方を前提として答えなさい。

小問2 本件訴えにおける明渡請求の請求の趣旨（訴訟費用の負担の申立て及び仮執行宣言の申立ては除く。）はどのようになるかを記載しなさい。

小問3 【Xの相談内容】第3項中のYの言い分を前提とした場合，本件訴えの訴状において，明渡請求についての請求を理由づける事実（民事訴訟規則第53条第1項）として，弁護士Lは次の各事実等を必要十分な最小限のものとして主張しなければならないと考えられる。

　　ア Cは，平成21年8月3日当時，甲土地を所有していた。
　　イ Aは，Xに対し，平成21年8月3日，甲土地を代金1500万円で売った。
　　ウ Aは，イの際，Cのためにすることを示した。
　　エ Cは，Aに対し，イに先立って，イの代理権を授与した。
　　オ Yは，現在，甲土地を占有している。

　　請求を理由づける事実として，以上のような各事実等の主張が必要であり，かつ，これで足りると考えられる理由を説明しなさい。ただし，ウ及びエの事実については説明をしなくてよい。

小問4 【Xの相談内容】第3項中のYの言い分を前提とした場合，Yから主張されることが予想される抗弁は何か。抗弁となるべき事実として必要十分な最小限のものを記載した上，その事実から生じる実体法上の効果を踏まえて，それが抗弁となる理由を説明しなさい。

　　なお，事実の記載に当たっては，小問3のアからオまでの記載のように，事実ごとに適宜記号を付して記載しなさい。

〔設問2〕 本件訴えが裁判所に提起され，各当事者から【Xの相談内容】第1項から第3項までに記載された各事実が口頭弁論あるいは争点及び証拠の整理手続の中で陳述された場合，裁判所は，当事者双方に対し，それぞれどのような事項についての釈明を求める必要があると考えられるか。結論とともに，その理由を説明しなさい。

〔設問3〕 弁護士Lは，Xから，「Aに対し，甲土地の売買契約に関する一切の代理権を授与します。」との記載のある委任状の提出を受けた。この委任状には，C名義の署名押印がされていた。Xの話では，Aは，Cからこの委任状を受け取ったと述べているようであるが，平成21年9月14日にXがYと会った際に，Yは，「この委任状のC名義の印影は私がCとの間で作成した売買契約書のC名義の印影と同一であることは認めるが，Cが私と売買契約を締結しておきながらAに代理権を与えることはあり得ないので，この委任状は何者かに偽造されたものに間違いない。」と言っていたとのことであった。

　　本件訴えが裁判所に提起され，Xの訴訟代理人である弁護士Lが，CのAに対する代理権授与の事実を証明するための証拠として，この委任状を提出した場合，いずれの当事者がどの

ような立証活動をすることになるかを説明しなさい。

〔設問4〕 弁護士でないAは，これまでも自分の取引の中で事件が起きるとそれを弁護士に紹介して謝礼金を受け取っていたが，今回もこれまでと同様に謝礼金をもらおうと，【Xの相談内容】に係る事件について，Xを弁護士Lに紹介した。弁護士Lが，Xから事件を受任し，その対価としてAに謝礼金を支払うことに弁護士倫理上の問題はあるか。結論とともに，その理由を説明しなさい。

別紙
【Xの相談内容】
1　私は，平成21年5月ころ，新しい事業を立ち上げるために必要な土地を探していたところ，かねてからの友人であるAから，甲土地の紹介を受けました。Aによると，甲土地は，もともとBの所有地だったそうですが，Cが同年3月1日にBから贈与を受けて取得したものであり，Cは遠方に居住していることから，Aが売却の依頼を受けたとのことでした。私は，現地を見てみたところ，甲土地が気に入ったことから，甲土地を購入することにし，同年8月3日，Cの代理人であるAとの間で甲土地を代金1500万円で買う旨の契約を締結して，その日に内金500万円をAに支払いました。残金1000万円は，用意するのにしばらく時間がかかる見込みであり，また，Aによると，登記についても，登記関係書類をCから取り寄せる必要があり，手続には1か月程度かかるということでしたので，残金1000万円の支払は，同年9月30日に，甲土地の所有権移転登記及び引渡しと引換えに行うことにしました。
2　ところが，平成21年9月10日に甲土地を通り掛かったところ，甲土地の周囲に仮囲いがされており，「Yビル建設予定地」との看板が立っていました。驚いて，甲土地の登記記録を調べてみると，同年8月8日付けでY名義の所有権移転登記がされていました。
3　私は，直ちにその看板に書かれていたYの連絡先に電話したところ，Yは「私は，CがBから贈与を受けて取得した甲土地を，平成21年8月8日，Cから代金2000万円で買い，所有権移転登記をしてその引渡しも受けたのだから，甲土地は私のものだ。そもそも，Aが本当にあなた（X）との間で甲土地の売買契約を締結したかはよく分からないが，Cは私に甲土地を売ったのだから，Aに甲土地の売買についての代理権を授与していたはずはない。だから，あなたにとやかく言われる筋合いはない。」などとまくしたて，電話を切られてしまいました。そこで，私は，Aに連絡してみたところ，Aは，Cから，「確かに，私（C）は，Yとの間で，Yの言うとおりの売買契約を締結し，所有権移転登記と引渡しを済ませた。Yは，売買契約の際に代金のうち1000万円を支払ったが，残金1000万円については，数日後に入金が予定されている資金を充てたいということだったので，期限を特に定めないことにした。本当は代金完済まで登記をしたくなかったが，Yの強い求めがあり，この売買契約は代金が市価より高くて私にとってもメリットのあるものであったことから，Yを信じて登記に応じてしまった。ところが，Yは，数日待っても残金を支払わず，Yに問い合わせたところ，『もうしばらく待ってほしい。』と言うだけで，いつになったら支払うつもりかすら答えなかった。私は，もはやこのまま待つわけにはいかないと思い，同年9月10日，Yに対し，甲土地の売買契約を解除する旨の内容証明郵便を発送し，同郵便は同月11日にYに到達している。この解除によってYとの売買契約は既に無くなっているのだから，Yの言っていることはおかしい。」と聞いたとのことでした。
　　CとYとの間で甲土地の売買契約の残金が支払われたのかどうかの確認はしていませんが，CがYとの売買契約を解除するとの内容証明郵便を出している以上，YがCに対して残金を支払っているはずはありません。
4　私は，既に甲土地の利用を前提とした事業計画を立ててしまっており，甲土地にYのビル

を建てられると困りますので，Yに対し，甲土地の明渡しと登記手続を求めたいのですが，その裁判をお願いできませんでしょうか。

思考過程

① 設問1

1 小問1

　物権に基づく請求の訴訟物は，①物権の種類，②物権的請求の種別，③具体的な給付内容によって特定していくことになる。

　本件では，①本件請求の物権の種類は所有権である。次に，②所有権に基づく物権的請求には，㋐返還請求権，㋑妨害排除請求権，㋒妨害予防請求権の３種類があるところ，㋐と㋑は占有による侵害か否かで区別される。本件では，甲土地所有権はYの占有により侵害されているので，返還請求権となる。また，③本件請求の具体的な給付内容は明渡しを求めるものである。

　よって，本件請求の訴訟物は，所有権に基づく返還請求権としての土地明渡請求権となる。

2 小問2

　請求の趣旨とは，訴えによって求める判決内容の結論的・確定的な表示をいい，通常，請求認容判決の主文に対応するものである。そして，給付訴訟の場合，請求認容判決の主文は，強制執行により実現されるべき被告の義務を明らかにするものであるから，当事者および給付の内容が簡潔かつ正確に表現されていなければならない。また，請求の趣旨には，請求の法的性質や理由づけは記載しないのが実務上の扱いである。

　したがって，本件明渡請求の請求の趣旨は「被告は，原告に対し，甲土地を明け渡せ。」となる。

3 小問3

　小問3では，本件請求の請求原因が何かを考える必要がある。請求原因等の要件事実を考える際には，実体法上の成立要件から考えなければならないところ，所有権に基づく返還請求権としての土地明渡請求権を発生させる実体法上の要件は，①原告所有，②被告占有，③被告の占有権原の不存在の３つである。③については，所有権に制限が加えられている場合には物権的請求権を行使することができるのが原則であり，占有権原が存在する場合は例外的な事態であると考えられる。したがって，③は被告が抗弁として，占有権原があることを主張立証すべきであるといえる。それゆえ，本件請求の請求原因としては①，②を主張立証すれば足りる。

　そして，①について，所有自体は法的評価であるが，所有権の来歴をすべて主張立証する必要があるとするのは，原告に不可能を強いることになりかねない。また，所有権は日常的な概念であり，一般人にとっても理解が容易である。したがって，所有権の有無について争いがない時点で権利自白が認められ，原告は，その権利自白が成立した時点から自己にいたるまでの所有権取得原因事実を主張立証すれば足りると解される。

　また，②について，被告の占有がいつの時点で必要かについては，見解の対立があるが，実務では，物権的請求権は，物権の円満な実現が妨げられている現在の状況を排除するために認められているものであるから，原告は被告の現在（口頭弁論終結時）においてその不動産を占有していることを主張立証する必要があると考えられている。

　本件では，①のうち，所有権の有無に争いがない時点として，アの時点があげられている。そこからXが所有権を取得した原因事実を基礎づけるひとつとして，イがあげられている。また，②を基礎づけるものとしてオが主張されている。

　したがって，請求を基礎づける事実として，ア，イ，オの各事実等の主張が必要であり，かつ，それで足りる。

4 小問4

(1) 予想される抗弁

　本件では，甲土地がCからX，CからYへと二重に譲渡されて，Yが甲土地登記を有している。このような場合，Yは対抗要件の抗弁と，対抗要件具備による所有権喪失の抗弁の２つの抗弁を主張することができる。しかし，本件のようにYが登記の具備を明確に主張し，Xの登記具備自体については争ってはいないような場合には，Yとしては，Xの所有権を肯定したうえで，自己との関係でその行使を許さないと主張しているのではなく，みずからが所有者であると主張していると理解

すべきである。したがって，この場合，Yは対抗要件の抗弁ではなく，対抗要件具備による所有権喪失の抗弁を主張しているとみるべきであろう。

よって，本件では，Yは対抗要件具備による所有権喪失の抗弁を主張することが予想される。

(2) 抗弁となるべき事実

この対抗要件具備による所有権喪失の抗弁の要件は，「第三者」（177条）であることと，対抗要件を具備したことである。したがって，抗弁となるべき事実としては，前者が「Cは，Yに対し，平成21年8月8日，甲土地を代金2000万円で売った。」という事実になり，後者が「Yは，同日，上記売買契約に基づき，甲土地所有権移転登記を具備した。」という事実となる。

(3) 抗弁となる理由

本件ではXとYが対抗関係に立つところ，Yが所有権移転登記を具備すると，Yが確定的に甲土地の所有権を取得し，それと同時に，不完全な所有者であったXの地位は失われる。したがって，Yが，二重譲渡において対抗要件を具備した旨の主張は，Xの所有権に基づく請求原因事実と両立し，かつ，その法律効果の発生を障害するものといえ，抗弁となる。

② 設問2

裁判所としては，当事者に対し，主張が不十分な点があればこれを補充するように促し，また，争いのある事実についてはその立証を促すなどしながら争点および証拠の整理をすることになる（民訴149条参照）。

主張については，Xは，CY間の売買契約は履行遅滞により解除（541条）されたと主張しているところ，催告による解除の再抗弁を主張するためには催告の事実が主張されていなければならない（FL【催告による解除の要件事実】参照）。しかし，Xはこのような事実を主張していない。そこで，裁判所は，催告の事実の有無という事項について釈明を求める必要がある。また，Yは，Xの解除の主張に対し認否を明らかにしていない。そこで，裁判所は，解除の主張に対するYの認否につき釈明を求める必要がある。

次に，証拠については，CのAに対する代理権授与の有無につきXY間に争いがあるため，代理権の授与について重点的に証拠調べを行う必要がある。そこで，裁判所は，Xに対し，いかなる証拠により代理権授与を立証するかという事項につき釈明を求める必要がある。

③ 設問3

設問3では，二段の推定の理解が問われている（FL【文書の成立の真正】参照）。

本件では，XY間において，委任状の印影が，Cの印章によって顕出されたことについて争いはない。したがって，一段目の推定により，委任状の押印は意思に基づくことが事実上推定される。よって，Yは，一段目の推定を覆すために，印章は厳重に保管・管理されていなかったため上記経験則を適用できないような事案であるとの疑いを抱かせる程度の反証をすることになる。

また，上記一段目の推定が覆らない場合には，民事訴訟法228条4項により，文書の真正な成立が推定される。この推定も，事実上の推定（法定証拠法則）にすぎない。したがって，Yは，推定を破るには文書の成立の真正について疑いを抱かせる程度の反証をすれば足りることになる。

④ 設問4

1 弁護士職務基本規程13条1項違反

規程13条1項は，弁護士は依頼者の紹介を受けたことに対する謝礼を支払うことを禁止している。本件では，弁護士Lは，AからXという依頼者の紹介を受けている。したがって，弁護士LがAに対して謝礼金を支払うことは規程13条1項に反するという問題点がある。

2 規程11条違反

規程11条は，弁護士法72条に違反する者から依頼者の紹介を受けることを禁止しているところ，弁護士法72条は，弁護士ではない者が，訴訟事件の周旋を業とすることはできないと規定している。本件で，Aは，何度か自分の取引のなかで生じた事件を弁護士に紹介して謝礼金を受け取っていた。したがって，Aは，弁護士でないにもかかわらず訴訟事件の周旋を業としている者にあたる。よって，このようなAから依頼者の紹介を受け，これを受任することは規程11条に違反するという問題がある。

答案例

第1　設問1について
　1　小問1
　　　本件明渡請求の訴訟物としては，甲土地所有権に基づく返還請求権としての土地明渡請求権を主張することになる。
　2　小問2
　　　本件明渡請求の請求の趣旨は，「被告は，原告に対し，甲土地を明け渡せ。」となる。

➡小問1，2は配点割合からして簡潔に論述する

　3　小問3
　⑴　本件請求権を発生させる実体法上の要件は，①目的物の所有，②目的物の相手方現占有，③相手方の占有権原の不存在である。もっとも，占有侵害があれば物権的請求権を行使することができるのが原則であるから，③については，被告が抗弁として占有権原が存在することを主張立証すべきこととなる。したがって，原告としては，①，②の事実を主張立証すれば足りる。

➡実体法上の要件から考える

　　　そして，①について所有自体は法的評価であるが所有権は日常的な概念であることから，所有権の有無について争いがない時点で権利自白が認められると解する。したがって，原告は，その権利自白が成立した時点から，自己にいたるまでの所有権取得原因事実を主張立証すれば足りる。また，②について，占有は口頭弁論終結時に認められることが必要であると解する。

➡実務上の争いは大きくないので簡潔に

　⑵　本件では，XY間に争いがないC所有につき権利自白が成立し，Xの所有を基礎づける事実としてア，イの事実が必要となる。
　　　また，Yの現占有を基礎づける事実としてオが必要である。
　⑶　よって，請求原因としては，アからオまでの事実が必要であり，かつ，これで足りる。
　4　小問4
　⑴　Yは，Cから甲土地を代金2000万円で購入し，所有権移転登記を受けていることを理由に甲土地の所有権は確定的に自己に帰属していると主張していると考えられる。そこで，Yからは，対抗要件具備による所有権喪失の抗弁が主張されることが予想される。

➡ここでも実体法から考える

　⑵　このような抗弁となるべき事実としては，177条の「第三者」であることと，対抗要件を具備したことが必要である。したがって，抗弁となるべき事実は，ⅰ「Cは，Yに対し，平成21年8月8日，甲土地を代金2000万円で売った。」，ⅱ「Yは，同日，上記売買契約に基づき，甲土地所有権移転登記を具備した。」というものとなる。
　⑶　抗弁となる理由について，本件では，XとYが対抗関係に立つところ，Yが所有権移転登記を具備すると，Yが確定的に甲土地の所有権を取得し，それと同時に，不完全な所有者であったXの地位は失われる。したがって，Yが，二重譲渡において対抗要件を具備した旨の主張は，Xの所有権に基づく請求原因事実と両立し，かつ，その法律効果の発生を障害するものといえ，抗弁となる。
第2　設問2について
　1　Xに対する釈明事項
　　　本件では，CのAに対する代理権授与の有無につきXY間に争いがある

ため，その点につき重点的に証拠調べを行う必要がある。そこで，裁判所は，Xに対し，いかなる証拠により代理権授与を立証するかという事項につき釈明を求める必要がある。また，Xは，CY間の催告による解除（民法541条，以下法名略）を主張しているが，解除に必要な催告の事実を主張していない。そこで，裁判所は，催告の事実の有無という事項について釈明を求める必要がある。

2　Yに対する釈明事項

Yは Xの解除の主張に対し認否を明らかにしていないため，裁判所は，解除の主張に対する Yの認否につき釈明を求める必要がある。

第3　設問3について

1　委任状を証拠として提出する場合には，提出者がその文書の成立の真正を立証する必要がある（民事訴訟法（以下「民訴」という）228条1項）ところ，民訴228条4項は，意思に基づく署名または押印がある場合には，文書の成立の真正を推定している。そして，わが国では，自己の印章は厳重に保管・管理し理由もなく他人に使用させることはないという経験則があるので，文書に本人の印章によって顕出された印影があるときは，反証がないかぎり，その印影は本人の意思に基づいて押印されたものと事実上推定される（一段目の推定）。 ➡二段の推定については書くべきことが多いのでできるかぎり端的に論述する

本件では，Yは，C名義の印影はCの印章によって顕出された事実を認めている。したがって，一段目の推定により，印影は本人の意思に基づいて押印されたものと事実上推定される。

よって，Yは，本人Cが意思に基づいて押印をしたか否か真偽不明の状態にするという立証活動（反証）をすることになる。

2　また，意思に基づく押印が認められる場合には民訴228条4項によって文書の成立の真正が推定される（二段目の推定）ところ，民訴228条4項は，法定証拠法則を定めたものである。したがって，民訴228条4項は，意思に基づく署名または押印がある場合には，その文書が真正に成立したものであると事実上推定すべきことを規定していると解する。

よって，民訴228条4項によって文書の真正な成立が推定される場合には，Yは，本件文書が真正に成立したことについて真偽不明の状態にするという立証活動（反証）をすることになる。

第4　設問4

1　弁護士職務基本規程（以下「規程」という）13条1項違反

規程13条1項は，弁護士は依頼者の紹介を受けたことに対する謝礼を支払うことを禁止している。本件では，弁護士Lは，AからXという依頼者の紹介を受けている。したがって，弁護士LがAに対して謝礼金を支払うことは規程13条1項に反するという問題点がある。 ➡条文をしっかりと拾うことが大切

2　規程11条違反

Aは，弁護士ではないにもかかわらず「報酬を得る目的で訴訟事件……の周旋」（弁護士法72条）をすることを業としているため，弁護士法72条に違反する者といえる。そこで，弁護士LがAから紹介を受けた事件を受任することは，弁護士法72条に違反する者から依頼者の紹介を受けるものといえ規程11条に違反するという問題点がある。

以上

　本問は，具体的な事例を前提として，訴訟代理人として訴えを提起する場合の訴訟物の把握，実体法の理解を踏まえた攻撃防御方法の把握，訴訟において裁判所の果たすべき役割についての理解，事実認定についての基本的な知識及び法曹倫理に関する基本的な理解等を問う問題である。主に，法科大学院における法律実務基礎科目（民事訴訟実務の基礎）の教育目的や内容を踏まえて，民事訴訟実務に関する基礎的な素養が身についているかどうかを試すものであるが，これと併せて，検討した内容を文章として的確に表現する能力をも求めている[1]。また，法曹倫理についても，法科大学院における法律実務基礎科目の内容とされていることから，典型的な事例を通じて，その基礎的な素養を身につけているかを問うものである。

　設問1は，主に，当事者から相談を受けた弁護士が，訴えを提起する場面における問題である。

　小問1及び2は，訴訟において審判を求める対象となる訴訟物及び請求の趣旨についての基本的な理解を問うものである。

　小問3は，訴訟物たる権利の発生原因である請求原因事実について，実体法の要件を踏まえた説明を求める[2]とともに，所有という法的評価について権利自白を認める理由やその機能についての説明を求めるものである。

　小問4は，当事者の主張の中から抗弁となるべき具体的事実を抽出させるとともに，実体法の効果を踏まえて，なぜ当該主張が抗弁と位置づけられるのかの説明を求めるものである。

　小問3及び4は，実体法の要件や効果についての理解をいかして，具体的な事例を攻撃防御の観点から的確に分析し，かつ，その理由を実体法の理解を踏まえて説明することができる能力が備わっているかを試す[3]ことを目的とするものである。

　設問2は，訴えが提起された後における裁判所の役割を問う問題である。

　裁判所は，当事者の行った主張を攻撃防御の観点から的確に分析するとともに，必要に応じて，当事者に対し，主張に不十分な点があればこれを補充するように促し，また，争いのある事実についてはその立証を促すなどしながら，争点および証拠の整理をすることになる。このような裁判所の訴訟運営や争点等の整理にかかる当事者の訴訟活動が実体法の要件や効果を踏まえて行われるものであることを理解し[4]，具体的な事例の中で争点等を整理するために必要となる事項を指摘することができる能力が備わっているかを試すことを目的とするものである。

　設問3は，事実認定に関する基礎知識の一つである文書の成立の推定（いわゆる二段の推定）に関する理解を問う問題である。ここでは，訴訟において，文書を証拠として裁判所に提出する場合，提出者がその真正を立証する必要があることを前提として，成立の真正が推定される場合に，立証責任の転換が生じるのか否かや，それを踏まえて，いずれの当事者がどの程度の立証活動を行うべきことになるのかについて，具体的事例に即して論じることが求められる。

　設問4は，弁護士倫理に関する基本的な理解を，非弁護士との提携の禁止等を含む典型的な事例に即しつつ，問う問題である。法曹倫理の中でも弁護士倫理については，弁護士法のほか，弁護士職務基本規程にもさまざまな規律が定められているので，設問で問われている弁護士倫理の条項を正確に示して説明することが求められる。

　なお，本問における配点の比率は，例えば，設問1から4までで，10：4：3：3とすることが考えられる。また，その場合の設問1における配点の比率は，例えば，小問1から4までで，1：1：4：4とすることが考えられる。

---

1) 文章表現力も，採点の一要素となっている点に改めて注意を払いたい。

2) 要件事実の問題では，常に実体法の要件をふまえた説明が求められる。

3) この部分から民事実務基礎科目の問題では，実体法の要件・効果等に関する理解ができているかという点に重点がおかれていることがわかる。

4) このように，出題の趣旨において実体法の理解が特に強調されていることからして，答案上では，できるかぎり実体法の理解をしっかりと示すことが鉄則であるといえるだろう。

（法律実務基礎科目（民事））

（◎委員長，○委員，□有識者，△事務局）

◎先生方におかれては，御多用にもかかわらず，当委員会に御出席いただき感謝申し上げる。まず，検討結果につき御説明いただき，その後，質疑応答とさせていただきたい。

□法律実務基礎科目（民事）のサンプル問題については，資料3〔略〕を御覧いただきたい。まず，論文式試験のうち法曹倫理以外の部分について，説明したい。

　　まず，問題を作成するに当たっての基本的な考え方についてであるが，司法試験法にあるとおり，法科大学院の課程を修了した者と同等の学識及び応用能力並びに法律に関する実務の基礎的素養を有するかどうかを判定するという予備試験の目的や，法科大学院を経由しない人にも法曹資格を取得する途を確保するために設けられたという趣旨を踏まえ，問題を作成するに当たっては，法科大学院における教育の目的や内容を踏まえたものとすることを基本的な考え方とした。また，試験時間は1時間30分程度とのことであったので，その時間内に解答可能な程度の分量にするということと，解答の分量が資料6〔略〕の答案用紙に収まる程度のものにするということを考え，質問の仕方などを工夫して，そのような問題としたつもりである。

　　内容については，出題趣旨として記載したとおりであるが，ごく簡単に説明したい。このサンプル問題は，具体的な事例を前提として，訴訟代理人として訴えを提起する場合に，訴訟物を把握し，実体法の理解を踏まえて攻撃防御方法を把握できるかどうかということ，次に，訴訟において裁判所が果たすべき役割について理解しているかどうかということ，さらに，事実認定についての基本的な知識があるかどうかということを見ようとするものである。併せて，<u>論文式試験であるので，自分の知識や検討した内容を文章として的確に表現できる能力も求めている</u>[5]。

　　個別の設問について申し上げると，設問1については，主に，当事者から相談を受けた弁護士が訴えを提起する場面を念頭に置いている。小問1と小問2は，訴訟物と請求の趣旨を問う問題である。小問3は，最初から要件事実を記載させるという方法は採らず，このような事実を請求原因事実として必要十分な最小限のものとして主張することを考えなければならないということを示した上で，<u>実体法の要件を踏まえ</u>[6]，なぜこのような事実を必要十分な最小限のものとして書かなければならないのかということを問う形とした。要件事実の記載の仕方に関する技術的な部分で受験者を悩ませないようにすることも考えて，このような形をとることとした。小問4は，本来であれば原告の相談内容から被告の抗弁が直接出てくるわけではないのだが，このサンプル問題では，被告がこのような主張をしている，あるいは反論をしているということを事例の中に書き込んである。代理人であれば，当然，相手方からどのような抗弁が予想されるのかということを常に念頭に置いて訴訟活動を行うこととなるので，この小問では，依頼者の言い分の中から相手方の抗弁となる具体的な事実を抽出させることとしている。小問3のアからオまでで事実の記載方法の例を示しているので，それを踏まえた上であれば，具体的な事実を抽出させ，整理して記載させることもさほど困難ではないであろうと考え，このような形とした。さらに，小問4では，具体的事実の抽出だけではなく，実体法の効果を踏まえた上で，なぜ当該主張が抗弁と位置付けられるのかということの説明を求めている。このように，小問3と小問4で，<u>実体法の要件と効果をきちんと理解できているかどうか</u>[7]，そして，攻撃防御の観点から具体的な事例を的確に分析できるかどうか，かつ，それを説明することができるかどうかということを見ようとしている。

　　設問2については，設問1から場面を少し変えて，訴えが提起された後の場面を設定した上で，

5）論文式試験である以上，文章表現力も採点要素になることが明示されている。これは他の科目についても同様であろう。答案作成においては，常に正確かつわかりやすい文章になっているかを強く意識する必要がある。

6）要件事実の問題では，実体法の要件をふまえなければならないことが強調されている。

7）ここでも実体法の理解が問われていることがわかる。

裁判所の役割を問うこととしている。これは、いわゆる訴訟運営の問題ということになるが、現在、多くのロースクールにおいて、「民事訴訟実務の基礎」などの講義の中でこのような観点からの授業が行われていると理解している。司法修習委員会が出している平成21年3月5日付けの「法科大学院における『民事訴訟実務の基礎』の教育の在り方について」という文書においても、訴訟運営について「民事訴訟実務の基礎」の授業の中で取り上げるべきものとされており、法科大学院課程の修了者と同程度の素養を持っているかどうかということを確認するためには、やはりこのような問題も出題することが適当であろうと考えた。もっとも、本格的な訴訟運営については司法修習生になってから学ぶべきことであるので、ここでは本格的な内容を問うことまでを目的とはしていない。むしろ、ここでは、実体法の理解を踏まえた上で[8]訴訟運営が行われるということを理解しているかどうかということを基本的な問題で試すこととしている。

　設問3は、事実認定に関する基礎知識についての問題である。ここでは、典型的な問題である文書の成立の推定、いわゆる二段の推定に関する理解を問うている。本格的な事実認定は司法修習生になってから学ぶべきものだが、事実認定に関する基礎的な知識については、法科大学院で基本的には講義をしていると理解しており、この出題によってその理解ができているかどうかということを確認できると考えている。

□論文式試験のうち法曹倫理については、私の方から御説明申し上げる。法曹倫理という場合には、法曹三者それぞれの倫理を考えることができると思うが、事件関係者との直接的なかかわりという視点から考えると、弁護士倫理が主要なポイントになるだろうと考え、設問4では、弁護士倫理について問うこととした。設問4の事例は、いわゆる非弁提携の問題と、弁護士が関係者から紹介を受けて対価を支払うということが弁護士倫理上どう考えられるのかを問うという視点から設定した。いずれも典型的な弁護士倫理上の問題だと考え、サンプル問題として取り上げることとした。

［口述試験に関する部分，省略］
○論文式試験については、解答の分量の制限はあるのか。
△お示しした資料6の答案用紙は、旧司法試験と同様、A4で4ページ分としている。
□旧司法試験の場合は、1問当たり1時間だが、予備試験の実務基礎科目は1時間30分程度とされているので、旧司法試験よりは解答の分量が多くなる可能性もあるかと思う。また、設問ごとに解答の分量を考え、論述にメリハリをつけるというのも一つの大事な能力ではないかと思うので[9]、それを見るために、実際の問題を作成する段階で、配点の比率を示すかどうかについても検討してはどうかと思う。
□サンプル問題の検討に当たって苦労した点の一つには、試験時間や答案用紙の分量との関係がある。検討メンバーの間では、試験時間を1時間30分とし、かつ、解答をA4用紙4枚で収めさせるようにするということを強く意識して、検討を行った。例えば、設問1の小問3については、検討の当初の段階では、当然のことながら受験者に請求原因事実を記載させることを考えたが、その後の設問の流れを考えていくと、1時間30分ではとても時間が足りないと思われた。そこで、先ほど別の検討メンバーから御説明申し上げた点のほか、時間の点も考えて、この小問では、請求原因事実そのものは問題文で示して、理由を聞くだけにとどめることにした。
◎予備試験はどのような人が受験するかとらえ切れないという難しさがある。大金をはたいて受験予備校に通う人はともかく、一人でこつこつ勉強する人にとって、このサンプル問題が難しすぎるということはないか。

8）さまざまな箇所において実体法の理解に言及されていることから、実体法の理解の重要性を再認識することができる。実体法の正しい理解があれば、ほとんどの設問において適切な解答を導くことができるように各設問に工夫が凝らされていることがわかる。

9）各設問をバランスよく展開しメリハリをつけることができるかどうかも重要であることが指摘されている。当然のことではあるが、論述のメリハリの重要性を再確認したい。

□司法研修所が編集して市販されている「問題研究要件事実」という書籍が法科大学院の教科書として最も良く利用されていると思うが，基本的には，そこに出てくる知識を十分理解していれば書ける程度の問題としている。ただ，単に要件事実を挙げさせるのではなく，なぜこれらが請求原因事実として必要なのかについて説明させるという点と，なぜ抗弁になるのかについて効果を踏まえた機能を説明させるという点は，基本的な実体法の理解があれば解答できる[10]が，単に要件事実を書かせることに比べると，難易度が上がっているかもしれないと思う。

○法科大学院の教育を受けていない人に対しても，問題としては，基本的な良い問題だと思う。

○予備試験については，簡易で容易なものとすべきだとの意見が一部に見受けられる。このサンプル問題を作成するに当たり，法科大学院修了者と同程度の能力を判定するという観点から，問題の水準についてどのような検討をされたのかについて，お伺いしたい。

□先ほど別の検討メンバーから説明のあった口頭で議論する能力に加えて，法科大学院では，分かりやすい法律文書を書く訓練を重視している。限られた時間の中で，メリハリをつけて，ほかの人が読んで分かりやすい文章を的確に書けるということは，法科大学院修了者と同程度かどうかを見るに当たって，重視すべき点であると考える[11]。そのようなことも考え，比較的基本的な問題にして，文章力を問うことができるものとした。

□法科大学院修了者と同程度の能力と問題との関係をどのように考えるかということには，どのような方針で採点を行うかということもかかわってくるのではないかと思う。例えば，設問2は，訴訟運営の観点から的確にこの点を取り上げた教科書が必ずしもあるわけではないので，ある意味では難しいととらえられる面もあるかもしれないが，この事例の中では，CがYに催告したかどうか，つまり，解除の要件が満たされているかどうかということをあえてぼかしてある。したがって，民法の基本的な理解ができていれば[12]，この点に気付いて書くことができるはずであって，例えば，この点が書けていればある程度評価するというような柔軟な見方をするのであれば，法科大学院修了者よりもいたずらに高い到達水準を求めるようなことにはならず，法科大学院修了者と同程度の到達水準を適切に測ることができるのではないかと思う。また，口述試験についても，誘導の仕方を工夫し，どの程度の誘導でどの程度答えられるのかという点を見れば，その受験者の到達水準がどの程度であるのかを適切に見極められるのではないかと思う。そのことも考えると，問題が難しくて過大な要求を課しているとは思わない。

□この検討メンバーは，5名のうち4名が法科大学院の教員の経験を持っており，このサンプル問題の作成に当たっては，法科大学院修了者と同程度の能力を測るという観点を十分に意識した。作成の過程では，司法試験法が予備試験に対して求めている水準がどの程度か，その水準とサンプル問題の内容・難易度・分量との関係はどうかということを何度も議論した。

---

10) 実体法の正しい理解があれば解答を導くことができるということが指摘されている。要件事実の問題では新しい知識が必要なのではなく実体法の理解が試されているのだという意識をもちたい。

11) 法曹としてもっとも重要な能力のひとつが，わかりやすい法律文書を書くことができる力であることはさまざまな場面で指摘されている。答案作成においては，とにかくわかりやすい文章にするということを強く意識しなければならない。

12) 出題趣旨，ヒアリングで再三指摘されてきたように，実体法の理解こそが重要である。これら出題趣旨，ヒアリングが実体法の理解を強く強調していたことを忘れてはならない。民事実務基礎科目は，実体法の理解が試されている科目であるといってよいであろう。

〔設問1〕
　別紙【Xの相談内容】は，弁護士PがXから受けた相談の内容の一部を記載したものである。これを前提に，以下の問いに答えなさい。

　弁護士Pは，Xの依頼により，Xの訴訟代理人として，AY間の消費貸借契約に基づく貸金返還請求権を訴訟物として，Yに対して100万円の支払を請求する訴え（以下「本件訴え」という。）を提起しようと考えている（なお，利息及び遅延損害金については請求しないものとする。以下の設問でも同じである。）。弁護士Pが，別紙【Xの相談内容】を前提に，本件訴えの訴状において，請求を理由づける事実（民事訴訟規則第53条第1項）として必要十分な最小限のものを主張する場合，次の各事実の主張が必要であり，かつ，これで足りるか。結論とともに理由を説明しなさい。
　　①　平成16年10月1日，Yは，平成17年9月30日に返済することを約して，Aから100万円の交付を受けたとの事実
　　②　平成22年4月1日，Aは，Xに対して，①の貸金債権を代金80万円で売ったとの事実
　　③　平成17年9月30日は到来したとの事実

〔設問2〕
　弁護士Pは，訴状に本件の請求を理由づける事実を適切に記載した上で，本件訴えを平成23年2月15日に提起した（以下，この事件を「本件」という。）。数日後，裁判所から訴状の副本等の送達を受けたYが，弁護士Qに相談したところ，弁護士Qは，Yの訴訟代理人として本件を受任することとなった。別紙【Yの相談内容】は，弁護士QがYから受けた相談の内容の一部を記載したものである。これを前提に，以下の問いに答えなさい。

　弁護士Qは，別紙【Yの相談内容】を前提に，答弁書において抗弁として消滅時効の主張をしようと考えている。弁護士Qとして，答弁書において必要十分な最小限の抗弁事実を主張するに当たり，消滅時効の理解に関する下記の甲説に基づく場合と乙説に基づく場合とで，主張すべき事実に違いがあるか。結論とともに理由を説明しなさい。
　　　　甲説……時効による債権消滅の効果は，時効期間の経過とともに確定的に生じるものではなく，時効が援用されたときに初めて確定的に生じる。
　　　　乙説……時効による債権消滅の効果は，時効期間の経過とともに確定的に生じる。時効の援用は，「裁判所は，当事者の主張しない事実を裁判の資料として採用してはならない」という民事訴訟の一般原則に従い，時効の完成に係る事実を訴訟において主張する行為にすぎない。

〔設問3〕
　弁護士Qは，別紙【Yの相談内容】を前提に，答弁書に消滅時効の抗弁事実を適切に記載して裁判所に提出した。
　本件については，平成23年3月14日に第1回口頭弁論期日が開かれた。同期日には，弁護士Pと弁護士Qが出頭し，弁護士Pは訴状のとおり陳述し，弁護士Qは答弁書のとおり陳述した。その上で，両弁護士は次のとおり陳述した。これを前提に，以下の問いに答えなさい。
　弁護士P：Y側は消滅時効を主張しています。しかし，私がXから聴取しているところでは，Aは，平成22年4月1日にXに本件の貸金債権を譲渡し，同日にYにその事実を電話で通知した，そこで，Xは，5年の時効期間が経過する前の同年5月14日にY

の店に行き，Yに対して本件の借金を返済するよう求めたが，そのときにYが確たる返事をしなかったことから，しばらく様子を見ていた，その後，Xが，同年12月15日に再びYの店に行ったところ，Yの方から返済を半年間待ってほしいと懇請された，とのことでした。このような経過を経て，私がXから依頼を受けて，平成23年2月15日に本件訴えを提起したものです。ですから，Y側の消滅時効の主張は通らないと思います。

弁護士Q：私も，Yから，A及びXとの間のやりとりについて詳しく確認してきましたが，Yは，平成22年中に，AともXとも話をしたことはないとのことです。

　訴状に記載された本件の請求を理由づける事実及び答弁書に記載された消滅時効の抗弁事実がいずれも認められるとした場合，裁判所は，本件の訴訟の結論を得るために，弁護士Pによる上記陳述のうちの次の各事実を立証対象として，証拠調べをする必要があるか。結論とともにその理由を説明しなさい。なお，各事実を間接事実として立証対象とすることは考慮しなくてよい。

> ①　Xは，5年の時効期間が経過する前の平成22年5月14日に，Yに対して，本件の借金を返済するよう求めたとの事実
> ②　平成22年12月15日に，YがXに対して，本件の借金の返済を半年間待ってほしいと懇請したとの事実

〔設問4〕

　本件の第1回口頭弁論期日において，弁護士Pは，「平成22年4月1日，Aは，Xに対して，①の貸金債権を80万円で売った。」との事実（設問1における②の事実）を立証するための証拠として，A名義の署名押印のある別紙【資料】の領収証を，作成者はAであるとして提出した。これに対して弁護士Qは，この領収証につき，誰が作成したものか分からないし，A名義の署名押印もAがしたものかどうか分からないと陳述した。これを前提に，以下の問いに答えなさい。

　上記弁護士Qの陳述の後，裁判官Jは，更に弁護士Qに対し，別紙【資料】の領収証にあるA名義の印影がAの印章によって顕出されたものであるか否かを尋ねた。裁判官Jがこのような質問をした理由を説明しなさい。

〔設問5〕

　本件の審理の過程において，弁護士P及びQは，裁判官Jからの和解の打診を受けて，1か月後の次回期日に和解案を提示することになった。和解条件についてあらかじめ被告側の感触を探りたいと考えた弁護士Pは，弁護士Qに電話をかけたが，弁護士Qは海外出張のため2週間不在とのことであった。この場合において，早期の紛争解決を望む弁護士Pが，被告であるYに電話をかけて和解の交渉をすることに弁護士倫理上の問題はあるか。結論と理由を示しなさい。なお，弁護士職務基本規程を資料として掲載してあるので，適宜参照しなさい。

（別紙）
【Xの相談内容】

　私は甲商店街で文房具店を営んでおり，隣町の乙商店街で同じく文房具店を営んでいるAとは旧知の仲です。平成16年10月1日，Aと同じ乙商店街で布団店を営んでいるYは，資金繰りが苦しくなったことから，いとこのAから，平成17年9月30日に返済する約束で，100万円の交付を受けて借り入れました。ところが，Yは，返済期限が経過しても営業状況が改善せず，

返済もしませんでした。Aもお人好しで，特に催促をすることもなく，Yの営業が持ち直すのを待っていたのですが，平成21年頃，今度はAの方が，資金繰りに窮することになってしまいました。そこで，Aは，Yに対して，上記貸金の返済を求めましたが，Yは返済をしようとしなかったそうです。そのため，私は，Aから窮状の相談を受けて，平成22年4月1日，Yに対する上記貸金債権を代金80万円で買い取ることとし，同日，Aに代金として80万円を支払い，その場でAはYに対して電話で債権譲渡の通知をしました。

　このような次第ですので，Yにはきちんと100万円を支払ってもらいたいと思います。

【Yの相談内容】

　私は，乙商店街で布団店を営んでいますが，営業が苦しくなったことから，平成16年10月1日に，いとこのAから，返済期限を平成17年9月30日として100万円を借りました。私は，この金を使って店の立て直しを図りましたが，うまくいかず，返済期限を過ぎても返済しないままになってしまいました。Aからは，平成21年頃に一度だけ，この借金を返済してほしいと言われたことがありますが，返す金もなかったことから，ついあの金はもらったものだなどと言ってしまいました。その後は，気まずかったので，Aとは会っていませんし，電話で話したこともありません。

　そうしたところ，平成23年2月15日に，XがP弁護士を訴訟代理人として本件訴えを起こしてきました。そこで，私は，同月21日に，訴訟関係書類に記載されていたXの連絡先に電話をかけて，Xに対し，XがAから本件の貸金債権を譲り受けたという話は聞いていないし，そもそも今回の借金は，Aから借りた時から既に6年以上が経過しており，返済期限からでも5年以上が経過していて，時効にかかっているから支払うつもりはないと伝えました。

　このような次第ですので，私にはXに100万円を支払う義務はないと思います。

【資料】

領　収　証

　X　様

　本日，Yに対する百萬円の貸金債権の譲渡代金として，金八十萬円を領収致しました。

平成22年4月1日　　　　　　A　　| A印 |

---

1 設問1

　設問1では，債権の譲受人が債務者に対してその履行を請求するための請求原因が問われている。この場合の請求原因においては，⑦譲受債権の発生原因事実，④譲受債権の取得原因事実を主張立証する必要がある（債権譲渡に関する要件事実については，FL【債権譲渡の要件事実】参照）。

　まず，⑦について，本件における譲受債権は，AY間の消費貸借契約に基づく貸金返還請求権である。そして，消費貸借契約の冒頭規定である587条から，要物契約である消費貸借契約の成立要件にあたる事実は，金銭の返還の合意をしたことおよび金銭を交付したこととなる（FL【貸金返還請求の要件事実】参照）。さらに，消費貸借契約は，貸主が交付した金銭その他の物を借主に利用させることを目的とする契約であるから，契約の成立からその返還までの間に，一定の期間があることが必要になると考えられる。そうすると，消費貸借契約に基づく貸金返還請求権は契約終了時に発生するといえる。この点，利息の合意がある場合には契約成立時から利息が発生し，弁済期前でも貸金返還請求権を譲渡できることから，貸金返還請求権自体は契約成立時に発生しているとも考えられる。もっとも，消費貸借契約の上記特質を考慮すれば，契約成立時に請求権が発生してもただちに権利行使できるわけではない。よって，貸金返還請求権の発生時期についていずれの考え方をとるにせよ，返還時期の合意の内容として確定期限の合意がある本件では，その確定期限の定めとその到来を，主張する必要がある。

　本件では，事実①のうち「Yは……返済することを約して」は金銭返還の合意，「Aから100万円の交付を受けた」は金銭の交付，「平成17年9月30日に返済することを約して」は返還期日の合意に対応し，事実③は期限の到来に対応している。したがって，①と③の事実が必要である。

　次に，④について，譲受債権の取得原因事実としていかなる事実を摘示しなければならないのかについては，債権譲渡行為（準物権行為）の独自性に関連して争いがある。この点については，準物権行為の独自性は否定し，債権譲渡が売買や贈与として行われたと主張する場合には，譲受債権の取得原因事実として，売買契約や贈与契約といった事実のみを主張すれば足りると考えられている。したがって，本件では④の要件事実に該当する事実として，事実②が必要である。

2 設問2

　甲説は，不確定効果説のうち停止条件説とよばれる見解である。この見解によれば，時効の援用（145条）は，訴訟上の攻撃防御方法ではなく時効の効果を確定的に生じさせる実体法上の要件であり，時効によって不利益を受ける者に対する実体法上の意思表示と考えることになる。したがって，「……の時効を援用するとの意思表示をした。」と事実摘示する必要がある。

　これに対し，乙説は，確定効果説とよばれる見解である。この見解によれば，援用は訴訟上の攻撃防御方法であり，弁論主義から訴訟において時効援用の主張を要することは当然であるので，145条は注意的な規定であると考えることになる。この見解によれば，時効に基づく効果を発生させるために，時効の援用の意思表示を主要事実として掲げる必要はなく，攻撃防御方法としての時効を当事者が提出していることが弁論の全趣旨から明らかであればよい。したがって，時効の援用に関する事実を摘示する必要はない。

　よって，甲説と乙説には，主張すべき事実に違いがあることになる。

3 設問3

　本件では，請求原因および抗弁がいずれも認められること，および各事実を間接事実として立証対象とすることは考慮しなくてよいことが設問の前提となっている。したがって，裁判所としては，①②が再抗弁となる事実であれば，本件訴訟の結論を得るために①②の各事実を立証対象として証拠調べをする必要があることになる。そこで，①②が再抗弁となる事実か検討する。

　まず，事実①はXがYに対して借金を返済するよう求めた事実であるから，催告（150条）にあたる。もっとも，催告は，6か月間消滅時効の完成を猶予するにとどまるので（150条），時効の完成が猶予されている間に裁判上の請求等をして，権利を確定させることによって時効を更新させる必要がある（裁判上の請求等をして権利が確定するまでの間は，147条1項による時効完成猶予が生じ

るため，催告による完成猶予期間が経過しても，時効は完成しない）。本件では，平成22年5月14日に催告をし，裁判上の請求をしたのは催告から6か月以上経過した後の平成23年2月15日である。したがって，事実①は，時効の更新を生じさせるものではないので再抗弁となる事実ではない。よって，裁判所は訴訟の結論に影響しない事実①を立証対象として証拠調べをする必要はない。

次に，事実②は，時効完成後の債務の承認にあたる事実である。そして，時効完成後の債務の承認については，債務者が，消滅時効完成後に債権者に対し債務の承認をした場合は，時効完成の事実を知らなかった場合でも，信義則に照らし，その後その時効の援用をすることは許されない（最大判昭和41年4月20日）。このような実体法の解釈を前提とすれば，事実②は，抗弁事実と両立し，かつ抗弁事実の効果を覆滅させるものであるから，再抗弁（いわゆる時効援用権喪失の抗弁）にあたる。そして，弁護士Qは事実②を否認している。したがって，裁判所は事実②を立証対象として証拠調べをする必要がある。

④ 設問4

本件で，弁護士Qは，書証の形式的証拠能力である領収証の成立の真正（民訴228条1項）を認めていない。そこで，印影の顕出されている本件では，文書の成立の真正に関するいわゆる二段の推定により，文書の成立の真正を判断することになる（FL【文書の成立の真正】参照）。

一段目の推定は，文書上の印影が本人または代理人の印章によって顕出されたものであるときは，反証のないかぎり，その印影は本人または代理人の意思に基づいて顕出されたものと事実上推定されるというものである。この一段目の推定を破るには，本人または代理人が押印したことについて，疑いを抱かせる程度に反証すれば足りる。

次に，二段目の推定は，民事訴訟法228条4項に基づく推定であり，本人または代理人の意思に基づく押印がある場合には，文書全体が真正に成立したものと推定される。この推定は法律上の事実推定ではなく，事実上の推定であるため，相手方においてこの推定を破るには，文書の成立の真正について疑いを抱かせる程度の反証をすれば足りることになる。

本件では，領収証にA名義の印影が顕出されている。したがって，弁護士Qが，A名義の印影をAの印章によって顕出されたものであると認める場合には，一段目の推定および二段目の推定がはたらき，文書全体が真正に成立したものと推定される。この場合には，弁護士Qが一段目の推定または二段目の推定について反証しなければならない。これに対し，弁護士Qが，そのように認めない場合には，弁護士Pが領収証のA名義の印影はAの印章によって顕出されたものであると本証しなければならない。このように，弁護士QがA名義の印影がAの印章によって顕出されたものであると認めるか否かによって当事者の立証活動や裁判所の判断の仕方が異なる。よって，裁判所は本設問の質問をしたと考えられる。

⑤ 設問5

設問5は，弁護士が依頼者に直接和解の交渉をする場面であることがわかる。そして，弁護士職務基本規程の目次から第6章の事件の相手方との関係における規律が見つかる。このうち，相手方本人との直接交渉についての規程52条が問題となり，本件では「正当な理由」の有無が問題となることがわかる。

本条の趣旨は，法令上の資格を有するものを代理人とする制度の実効性を確保し，直接交渉によって相手方本人が不利益に陥らないようにすることにある。このような趣旨に照らせば，「正当な理由」とは，相手方と直接交渉する緊急性・必要性があり，相手方本人に殊更不利益を与えるおそれも少ないと認められる場合をいうと解される。本件では，和解期日は1か月後であり，Qが2週間後に帰国してからも和解条件を検討することはできるし，2週間という時間が和解条件の検討に不十分でもない。弁護士Pは，和解条件についてあらかじめ被告側の感触を探りたいと考えているだけである。したがって，相手方と直接交渉する緊急性・必要性は認められない。

よって，弁護士PがYと直接和解交渉をすることは規程52条に違反するという問題点がある。

【関連判例】

最大判昭和41年4月20日民集20巻4号702頁（判例シリーズ15事件・民法百選Ⅰ43事件）

答案例

第1　設問1について
1　債権の譲受人が債務者に対してその債務の履行を請求するためには，請求原因として，㋐譲受債権の発生原因事実，㋑譲受債権の取得原因事実を主張する必要がある。
（1）まず，㋐について，本件における譲受債権は消費貸借契約に基づく貸金返還請求権である。そのため，その発生原因事実として，民法（以下法名略）587条より①金銭の返還の合意をしたこと，ⅱ金銭を交付したことの主張が必要となる。また，消費貸借契約は物を借主に利用させることを目的とするから，一定期間にその返還を請求できないという拘束を伴い，契約終了時にはじめて返還請求権が発生する。そのため，同条の貸金返還請求権は同契約の終了をその発生要件としているから，貸金返還請求権行使のために，返還期日の合意と期日の到来の主張が必要である。したがって，返還時期の定めがある場合は，ⅲ返還時期の合意をしたこと，ⅳ返還時期の到来を主張する必要がある。

これを本件についてみると，①はⅰⅱⅲに該当する事実であり，③はⅳに該当する事実であるから主張が必要である。
（2）また，㋑について，債権譲渡につき債権の移転自体を目的とする準物権行為の独自性は否定すべきであるから，債権移転の原因行為にあたる事実を主張すれば足りる。

これを本件についてみると，②はAからXへの債権移転の原因行為に該当する事実であり，弁護士Pはこの主張をすれば足りる。
2　よって，①②③の事実の主張が必要であり，かつ，これで足りる。
第2　設問2について
1　まず，甲説に基づく場合，実体法上，時効援用の意思表示があってはじめて時効による債権消滅の効果が発生する。そのため，①時効期間の経過の事実のほかに，②時効援用の意思表示をしたことの主張が必要になる。これに対して，乙説に基づく場合，時効完成の時点で実体法上当然に債権消滅の効果が発生し，時効の援用は，時効の完成にかかる事実を訴訟において主張する行為にすぎないものとなる。したがって，②の主張は不要である。このように，本件では，甲説に基づく場合のみ，②に該当する事実として，YがXに対し，平成23年2月21日，時効を援用するとの意思表示をしたことを主張すべきことになる。
2　よって，甲説に基づく場合と乙説に基づく場合とで，主張すべき事実に違いがある。
第3　設問3について
1　事実①について
（1）この事実は，XがYに対して時効完成前に催告（150条）を行ったことを意味するものである。しかし，本件では，Xは，平成23年2月15日に本件訴えを提起しており，催告による6か月の時効の完成猶予中に147条1号所定の行為が行われたといえない。したがって，かりに催告の存在が認められても，時効の更新は生じえない。そのため，この事実の主張は時効更新の再抗弁としての意味をもたず，訴訟の結論に影響を及ぼさない。

5

10

15

20

25

30

35

40

➡まず債権譲渡の大枠を摘示する。そのうえで小さな枠に入っていく

➡要件事実は条文・実体法から考える

➡要件事実と問題文の事実とを対照する

➡事実のもつ法的意味を確定する

（2） よって，事実①を立証対象として，証拠調べをする必要はない。 45

2 事実②について

（1） 消滅時効完成後に債務の承認をした場合，信義則上，債務者はその
時効を援用しえなくなるというべきである。事実②は，YがXに対し
て時効完成後に債務を承認したことを意味するものである。したがっ
て，この事実の主張は時効援用権の喪失の再抗弁としての意味をもつ。 50

➡事実のもつ法的
意味を確定する

（2） そして，弁護士Qは事実②を否認しているから，これは証明を要す
る事実となる。よって，裁判所は，事実②を立証対象として証拠調べ
をする必要がある。

第4 設問4について

1 真正に成立した文書には形式的証拠能力が認められる（民事訴訟法 55
228条1項）ところ，同条4項は，私文書につき本人の押印がある場合
に，文書の成立の真正を推定する。そして，この押印は本人の意思に基
づいたものでなければならないとされている。この点，わが国では印章
は通常慎重に管理されており，第三者が容易に押印することはできない
という経験則があるため，本人の印章によって顕出された印影がある場 60
合には，押印が本人の意思に基づくことが事実上推定される（一段目の
推定）。これと同項による推定とを合わせれば，前述の印影がある場合
には，文書の成立の真正が推定されることになる（二段目の推定）。

➡この経験則は答
案に明示すべき
重要な知識であ
る

2 本件では，領収証にあるA名義の印影がAの印章によって顕出された
とすれば，領収証に上記二段の推定がはたらくといえる。すなわち，こ 65
の事実をQが争わない場合には二段の推定がはたらき，争う場合には同
事実についてPによる立証がなされてはじめて二段の推定がはたらくこ
とになるので，それぞれ立証方法が異なることになる。

よって，裁判官Jは，「A」という印影がAの印章から顕出されたこと
について，Qの争う意思の有無を明らかにするため，本件質問をした。 70

第5 設問5について

1 本件では，「弁護士」Pの「相手方」Yに，弁護士Qという「法令上の
資格を有する代理人が選任され」ているので，Pが「直接」Yに電話を
かけて和解の「交渉」をすることは，Qの「承諾」を得なければ行えな
いのが原則である（弁護士職務基本規程52条）。 75

➡条文を正確に摘
示する

2 もっとも，「正当な理由」（同条）がある場合には許される。本条の趣
旨は，法令上の資格を有するものを代理人とする制度の実効性を確保し，
相手方に不利益を被らせないようにすることにある。そこで，「正当な
理由」とは，直接交渉する緊急性と必要性があり，相手方本人に殊更不
利益を与えるおそれも少ないと認められる場合をいうと考える。 80

➡条文の文言を摘
示する。趣旨か
ら論じることが
重要

これを本件についてみると，Qが海外出張により2週間不在であり，
電話も通じないが，Pが和解案を提示する次回期日は1か月後であるか
ら，Yと直接交渉する緊急性・必要性は認められない。また，Pの提示
する和解案の内容がY側に著しく不利な場合などには，直接交渉によっ
てYに不利益を与えるおそれが認められる。 85

➡あてはめで事実
を十分に使う

したがって，「正当な理由」は認められない。

3 よって，Pの行為は同条に反するという弁護士倫理上の問題がある。

以上

設問1は，貸金債権を譲り受けて請求する場合の請求を理由付ける事実の説明を求めるものである。訴訟物である権利の発生，取得及び行使を基礎付ける事実について，条文を基礎とする実体法上の要件の観点から説明することが求められる。

設問2は，時効の援用に関する考え方の相違が消滅時効の抗弁事実に及ぼす影響を問うものであり，実体法上の効果発生のための要件という観点から検討することが求められる。

設問3は，要件事実が民事訴訟の動態において果たす機能の理解を問うものである。時効完成前の催告（小問1）と時効完成後の債務承認（小問2）について，実体法上の効果，攻撃防御方法としての意味，相手方の認否といった観点から検討することが求められる。

設問4は，私文書の成立の真正に関するいわゆる二段の推定の理解を問うものである。

設問5は，弁護士倫理の問題であり，弁護士職務基本規程第52条に留意して検討することが求められる。

＊　なお，平成29年改正に伴い商法522条は削除されたため，商法522条が適用されることを解答の前提としてよいとする設問2の記載は問題から削除した。

講　評 ▌▌▌

① 設問1

要件事実の問題に対する解答においては，大きな枠組みから考える，ということを意識するとよい。すなわち，本件でいえば，まず債権の譲受人が債務者に対してその債務の履行を請求するためには請求原因として譲受債権の発生原因事実と，その債権の取得原因事実とを主張立証する必要がある。これが大きな枠組みである。ここからあとは入れ子構造のようにそれぞれに該当する事実が何かを考えていく。本件では，譲受債権の発生原因事実として消費貸借契約に基づく貸金返還請求権が主張されているので，この債権を発生させるための要件事実を考えることになる。次にその債権の取得原因事実として本件では売買が主張されているので，売買に関する要件事実を考えることになる。このように大きな枠組みから考えることが要件事実の基本中の基本である。この思考ができれば，混乱もせず，また難しい要件事実に関する問題であっても応用して考えることができるだろう。

設問1では，上記のような点で不十分な答案が多かった。設問1のように「各事実の主張が必要であり，かつ，これが足りるか」を問う問題では，大きな枠組みから考え，必要な要件事実を示さなければならない。そのうえで，導きだした要件事実と設問で提示されている①から③までの事実とを照らし合わせれば，主張された事実が要件事実として必要十分であるかを説得的に論述できるだろう。したがって，答案の論述順序もそのようなかたちが望ましい。すなわち，まず，必要な要件事実を提示し，その後，設問で提示されている①から③までの事実と照らし合わせるという順序で論述するのがよいだろう。

これに対して，必要な要件事実を摘示しないまま，①から③までの各事実について言及する答案も多く見られた。しかし，必要な要件事実を摘示しないまま①から③までの事実の検討に入る答案は，一般論と具体論が混在しているものや，重複した記載が生まれているものが多かった。まずは，必要な要件事実の摘示，その後，①から③までの検討という順序の答案が書きやすいだろう。

② 設問2

設問2では，実体法の理解により，要件事実がどのように変わるのかが問われていた。実体法の理解と要件事実との関係を考えるという点ではよい問題である。

甲説は不確定効果説のうち停止条件説であり，判例の立場である。甲説に立った場合，「……の時効を援用するとの意思表示」が必要となることについては多くの答案が論じられていた。これに対し，乙説に立った場合，時効の援用に関する事実摘示が必要であるとする答案もあれば不要であるとする答案もあった（実際の答案では，不要であるとする答案のほうが多く見受けられた）。

乙説に立った場合，時効の援用に関する事実摘示が必要か否かについては，学説でも対立が見られる。たとえば，確定効果説について，時効の援用に関する事実摘示が必要であるとする見解として，『〈完全講義〉民事裁判実務の基礎（上巻）［第3版］』96頁では，「確定効果説と不確定効果説は，訴訟において時効援用の主張立証を要することは同じであるが，実体法上の意味をもつのかという違いがあります。確定効果説に立てば，時効援用は，意思表示ではないので，『……の時効を援用する』との事実摘示することになります。」と指摘されている。これに対し，確定効果説について時効の援用に関する事実摘示が不要であるとする見解として，『要件事実論30講［第4版］』384頁では，「訴訟上の主張立証として，まず確定効果説においては，時効に基づく効果の発生を主張するために，時効援用の意思表示を主要事実として掲げる必要はなく，攻撃防御方法としての時効を当事者が提出していることが弁論の全趣旨から明らかであればよい。」としている。この見解では，攻撃防御方法としての時効を当事者が提出していることが弁論の全趣旨から明らかであればよいのであるから，援用に関する事実摘示は不要であるとしていると考えられる。

このように，設問2では答えが1つしかないわけではないので，自己の見解から論理矛盾なく説明することができていれば十分であった。

③ **設問3**

設問3では，「訴状に記載された本件の請求を理由づける事実及び答弁書に記載された消滅時効の抗弁事実がいずれも認められるとした場合」に関するものであるから，訴訟の帰結は再抗弁が認められるか否かによることになる。そして，本設問では更に「各事実を間接事実として立証対象とすることは考慮しなくてよい」，すなわち主要事実として立証対象となるか検討せよという指定があることから，①②がそれぞれ主要事実（本設問の場合は再抗弁）として立証の対象となるかが問われていることがわかる。本設問は問いかけ方が一見変わっているが，丁寧に分析すれば，①②がそれぞれ再抗弁として成立するかを問うものである。この分析ができていない答案も散見された。設問の指示は絶対に守らなければならないので注意したい。

そのうえで，事実①について，請求（147条1項1号）とするなど，催告（150条）であることに気づかない答案が思いのほか多かった。また，問題文中に日付がでてきたらこれに注意する必要がある。自分なりに図や時系列を作成するなどして問題文の事実を整理する必要があろう。

事実②については，これを時効利益の放棄（146条）としている答案もあった。しかし，ここでは時効援用権の喪失とするのが正しい。すなわち，時効利益の放棄とは，不確定効果説によれば，時効の効力を発生させないことを確定させる意思表示であり，その前提として，時効の完成を知っていることを必要とするものである。したがって，㋐債務の承認をしたことにより時効利益の放棄の意思表示をしたこと，㋑時効完成の事実を知っていたことの2つの事実を主張することになる。他方，時効援用権の喪失は，時効完成の知・不知に関わらないから，時効完成後の債務の承認の事実だけでその要件事実が尽されることとなる。そうすると，時効利益の放棄を主張するにあたって，時効の利益を放棄する意思表示が債務の承認に該当するような場合は，債務の承認のみを主張すれば足りることになる。したがって，時効利益の放棄の主張は，時効援用の援用権喪失の主張を内包する関係である過剰主張となる。要件事実は最小限の事実を主張するものであるから，このような過剰主張は意味がないものになる。

④ **設問4**

設問4では，二段の推定について正しく理解していたかどうかにより出来不出来がはっきり分かれていた。二段の推定は予備試験においては頻出事項であるから，FL【文書の成立の真正】を活用するなどしてしっかりと理解しておく必要がある。本設問を通じて二段の推定がいかなるときに問題となり，どのような推定をたどるのかを理解しておきたい。

⑤ **設問5**

時間が足りなかったからか，ほとんど記述できていない答案が散見された。配点が比較的低いとはいえ，最低限のことは書いて周りの受験生に引き離されないようにする必要がある。記述量を確保していた答案同士の比較においては，趣旨から「正当な理由」（規程52条）の判断基準を導けているか，与えられた事実をすべて使い切っているかで差がついた。

第1　設問1について
　1　①について
　　(1)　本問において，Xは，訴訟物としてAY間の消費貸借契約（民法587条）に基づく貸金返還請求権を示していることから，かかる契約を基礎付ける事実を主張する必要がある。まず，Yは，Aから100万円の交付を受けたという金銭授受の要件事実を主張しており，また，YとAには返済することを約してという返済合意の事実も主張している。

⬅△各事実ごとに項目を立てるのではなく，まず必要な要件事実を摘示する構成のほうがよいだろう

　　(2)　そして，契約を特定するために，契約の日時である平成16年10月1日に，契約を締結した事実を主張している。
　　(3)　また，消費貸借契約のような貸借型の契約は，目的物を一定期間借主に利用させることを当然の内容としていることから，弁済期の合意が本質的要素となるが，Xは，平成17年9月30日という弁済期の合意も主張している。

⬅△現在では貸借型理論によった説明はしないほうがよいだろう

　　(4)　よって，①の主張は，これで必要かつ足りる。
　2　②について
　　(1)　本問で，Xは，<u>YのA</u>に対する貸金返還請求権という他人の権利を訴訟物としていることから，かかる権利の取得原因事実を主張する必要がある。そして，Xは，①の貸金債権を代金80万円で売買契約（民法555条）に基づいて，平成22年4月1日に取得したと主張しており，売買の合意，代金額という売買契約の本質的要素を主張し，契約の特定のための日時も主張しているといえる。

⬅△正しくは，「AのYに対する」である

⬅△若干不正確である

　　(2)　なお，債権譲渡（民法466条1項本文）には，取得原因となった事実のほかに準物権行為があったことの主張が必要かが問題となるも，物権行為と同様，不要であると解する。

⬅○よく理解している

　　(3)　以上より，②の主張は必要かつ足りる。
　3　③について
　　(1)　貸金返還請求権は，弁済期が到来しなければ，その権利を行使することはできないが，Aは，平成17年9月30日までは，返済する必要がないことから，到来ではなく，経過と主張すべきである。

⬅×到来が正しい

　　(2)　よって，平成17年9月30日は経過したと主張する必要がある。
　4　なお，債権譲渡の対抗要件（民法467条1項）は，債権の取得の成立要件ではないことから，Xは，かかる事実を主張する必要はない。
第2　設問2について
　1　甲説と乙説では，主張すべき事実に違いはない。
　2　なぜなら，甲説については，時効の効果は，時効が援用（民法145条）されたときに初めて確定的に生じることから，時効の要件事実として援用の事実を主張しなければならないのに対し，乙説では，時効の効果は，援用を待たずに確定的に生じるが，その効果を訴訟で取り上げてもらうためには，援用の事実を主張する必要があり，援用の事実を主張しなければならない点では異ならないからである。

⬅○このような理解もある

第3　設問3について
　1　①について
　　(1)　裁判所は，①の事実を立証対象として証拠調べをする必要はない。
　　(2)　なぜなら，Xの平成22年5月14日にYに対して本件の借金を返済す

⬅△一文が長すぎる

るように求めた事実は裁判上の請求ではなく，時効更新事由である「請求」（民法147条1項1号，2項）に当たらず，このXの請求に対して，Yは，確たる返事をしていないから「承認」（152条1項）もないことから，単なる催告（民法150条）にしか当たらず，しかも，Aはその後6ヶ月間何ら時効更新措置を講じておらず，訴訟に影響はないからである。

2　②について

(1)　裁判所は，②の事実を立証対象として，証拠調べをする必要がある。

(2)　なぜなら，YがXに対し平成22年12月15日に，本件借金の返済を半年間待ってほしいと懇願した事実が証明されれば，時効完成後の債務の承認としてYは，信義則上，時効の援用はできなくなり，訴訟の結果に影響するからである。

第4　設問4について

1　本問では，XY間で，A名義の領収書の成立の真否に争いがあり，Xはそれを証明する必要がある（民事訴訟法228条1項）が，かかる領収書は私文書であることから，Aの署名押印があれば真正に成立したと推定される（同条4項）。

2　もっとも，同項の「署名又は押印」は，Aの意思に基づいていることが必要となるが，かかる点について明らかでない。そして，通常自己の印章を他人に使用させることはないことから，印影が当人の印章によって顕出されたことが明らかになれば，経験則上，その人物の意思に基づいて署名又は押印がなされたと推定される。

3　よって，裁判官Jは，Aの意思に基づく署名押印があったかどうかを確認するために，本問の質問をしたといえる。

第5　設問5について

1　本問において，Pは，Yと直接交渉しようとしているが，かかる行為が弁護士職務基本規程（以下「規程」という）52条に反するのではないかが，弁護士倫理上問題となる。

(1)　この点，規定52条の趣旨は，訴訟の相手方に訴訟代理人がいる場合には，法律的知識の乏しい本人との直接交渉を禁じ，もって本人の利益の保護を図るとともに，弁護士の職務の公正とそれに対する信頼を確保する点にある。

　　そうだとすると，PがYと直接交渉することは原則として許されない。

(2)　もっとも，Pは，Yの代理人Qが海外出張のため不在であることからYと直接交渉しようとしており，「正当な理由」があるのではないか。

ア　この点，上記の規程52条に鑑みると，本人との直接交渉は，可能な限り認めるべきでなく，「正当な理由」とは，あらゆる手段を尽くしても代理人と連絡がとれない場合をいうと解する。

イ　これを本問についてみると，Qは海外にいるとはいえ，Pは電話をかける等で，Qと連絡をとることは可能である。

ウ　よって，Pに「正当な理由」はない。

(3)　以上より，Pの行為は規程52条に反する。

以上

45

50

55

60

65

70

75

80

85

◁△再抗弁というキーワードを明示したい

◁△一段目の推定の経験則は正確に論述したい

◁○問題となる条文の指摘ができている

◁△誤字は避けたい。正しくは，『規程』

◁○趣旨から論じることができている

◁○法的三段論法に従って論述ができている

優秀答案における採点実感

① 全体

全体を通して，大きなミスがほとんどない。出題趣旨を的確に捉えており，減点されにくい答案である。設問5のような知識で差がつかない問題においても，問題となる条文を探し，趣旨を考察し，趣旨から規範を立てるということができているところも見習いたい答案である。

② 設問1

項目の立て方として，事実①②③と並べてしまったがためにまとめるのに四苦八苦している印象を受ける。そのためか，債権譲渡の要件事実のひとつである債権の発生原因事実が必要であることを書き漏らしてしまっている。大枠として債権譲渡の要件事実，小枠として消費貸借契約に基づく貸金返還請求権の要件事実というように展開し，それらの要件事実の具体例として事実①②③のうちの各部分に言及するというように展開すれば，まとめやすかったであろう。

本答案は，貸借型理論（FL【貸金返還請求の要件事実】⑤参照）によっている部分があるところ，本答案が作成された当時は貸借型理論が通説であり，実務において立つ立場であった。しかし，この答案作成後，『新問題研究　要件事実』が法曹会から出版され，司法研修所がもはや貸借型理論を採らないことが明らかとなった。したがって，現在の実務では貸借型理論はいちおう放棄されているため貸借型理論によった説明をしないほうが無難だろう。

債権譲渡の要件事実において，処分行為たる債権譲渡契約が要件事実とならないことを，準物権行為の独自性を否定することから導いているところは，よく書けている。

事実③について，到来ではなく経過と主張すべきであると書いているが，到来が正しい（FL【貸金返還請求の要件事実】④参照）。

③ 設問2

設問2は若干不正確であろう。甲説は時効の援用を意思表示であると考えるのに対し，乙説は時効の援用は意思表示ではないと考える。したがって，甲説は「……の時効を援用するとの意思表示」という摘示が必要であり，乙説において時効の援用に関する事実が必要であると考えるのであれば「……の時効を援用する」と事実摘示することになる。このように援用の実体法上の性質によって少なくとも事実摘示の仕方は異なることは指摘すべきであった。

④ 設問3

規範部分とあてはめ部分が混在してしまっている。しかし，両者は分けて論じたほうがよいだろう。もっとも，解答に必要なことは漏らさず書かれており，大きな減点はないと思われる。

⑤ 設問4

二段の推定の理解が若干不正確である。たとえば，「Aの意思に基づく署名押印があったかどうかを確認するため」に本設問の質問をしたというところは不正確である。すなわち，A名義の印影がAの印鑑であることについて争いがないか，証拠上認めることができる場合にはAが押印したものと事実上推定されるのである。したがって，Qがこの点につき争いがなければ，証拠から認定する必要はない。Qが，A名義の印影がAの印象と一致することを争う意思を有するかどうかを確認するために本設問の質問をしたとするのが正しい。

⑥ 設問5

この答案のなかでは，一番見習ってもらいたいところである。適切な条文および文言を探しだし，条文の趣旨から規範を定立するという法律論文の基本ができることを示せている。また，配点は低いと考えられるものの，分量を確保できており，途中答案にならないように答案戦略をもっていると考えられる。

もっとも，和解期日はまだ1か月あり，2週間の海外出張に弁護士Pがでているという事実を拾えていないのは惜しい。

なお，形式面ではあるが，1というナンバリングを付したのなら2以下のナンバリングを付す必要がある。1から更に番号が続かないのなら，1というナンバリングを付さないほうがよいだろう。

司法試験予備試験用法文及び本件末尾添付の資料を適宜参照して，以下の各設問に答えなさい。なお，以下の〔設問1〕から〔設問3〕では，甲建物の賃貸借契約に関する平成23年5月分以降の賃料及び賃料相当損害金については考慮する必要はない。

〔設問1〕
　別紙【Xの相談内容】を前提に，弁護士Pは，平成23年11月1日，Xの訴訟代理人として，Yに対し，賃貸借契約の終了に基づく目的物返還請求権としての建物明渡請求権を訴訟物として，甲建物の明渡しを求める訴え（以下「本件訴え」という。）を提起した。そして，弁護士Pは，その訴状において，請求を理由づける事実（民事訴訟規則第53条第1項）として，次の各事実を主張した（なお，これらの事実は，請求を理由づける事実として適切なものであると考えてよい。）。
　　①　Xは，Yに対し，平成20年6月25日，甲建物を次の約定で賃貸し，同年7月1日，これに基づいて甲建物を引き渡したとの事実
　　　　賃貸期間　　　　　　平成20年7月1日から5年間
　　　　賃料　　　　　　　　月額20万円
　　　　賃料支払方法　　　　毎月末日に翌月分を支払う
　　②　平成22年10月から平成23年3月の各末日は経過したとの事実
　　③　Xは，Yに対し，平成23年4月14日，平成22年11月分から平成23年4月分の賃料の支払を催告し，同月28日は経過したとの事実
　　④　Xは，Yに対し，平成23年7月1日，①の契約を解除するとの意思表示をしたとの事実
　　上記各事実が記載された訴状の副本の送達を受けたYは，弁護士Qに相談をし，同弁護士はYの訴訟代理人として本件を受任することになった。別紙【Yの相談内容】は，弁護士QがYから受けた相談の内容を記載したものである。これを前提に，以下の各問いに答えなさい。なお，別紙【Xの言い分】を考慮する必要はない。

(1)　別紙【Yの相談内容】の第3段落目の主張を前提とした場合，弁護士Qは，適切な抗弁事実として，次の各事実を主張することになると考えられる。
　　⑤　Yは，平成22年10月頃，甲建物の屋根の雨漏りを修理したとの事実
　　⑥　Yは，同月20日，⑤の費用として150万円を支出したとの事実
　　⑦　Yは，Xに対し，平成23年6月2日頃，⑤及び⑥に基づく債権と本件未払賃料債権とを相殺するとの意思表示をしたとの事実
　　　上記⑤から⑦までの各事実について，抗弁事実としてそれらの事実を主張する必要があり，かつ，これで足りると考えられる理由を，実体法の定める要件や当該要件についての主張・立証責任の所在に留意しつつ説明しなさい。
(2)　別紙【Yの相談内容】を前提とした場合，弁護士Qは，上記(1)の抗弁以外に，どのような抗弁を主張することになると考えられるか。当該抗弁の内容を端的に記載しなさい（なお，当該抗弁を構成する具体的事実を記載する必要はない。）。

〔設問2〕
　本件訴えにおいて，弁護士Qは，別紙【Yの相談内容】を前提として，〔設問1〕のとおりの各抗弁を適切に主張するとともに，甲建物の屋根修理工事に要した費用についての証拠として，次のような本件領収証（斜体部分はすべて手書きである。）を，丙川三郎作成にかかるものとして裁判所に提出した。これを受けて弁護士PがXと打合せを行ったところ，Xは，別紙

【Xの言い分】に記載したとおりの言い分を述べた。そこで，弁護士Pは，本件領収証の成立の真正について「否認する」との陳述をした。

　この場合，裁判所は，本件領収証の成立の真正についての判断を行う前提として，弁護士Pに対して，更にどのような事項を確認すべきか。結論とその理由を説明しなさい。

平成22年10月20日

領　収　証

金　150万　円

但し　屋根修理代金として

○○建装　丙川三郎

〔設問3〕

　本件訴えでは，〔設問1〕のとおりの請求を理由づける事実と各抗弁に係る抗弁事実が適切に主張されたのに加えて，Xから，別紙【Xの言い分】に記載された事実が主張された。これに対して，Yは，Xが30万円を修理費用として支払ったとの事実（⑧）を否認した。そこで，⑥から⑧の各事実の有無に関する証拠調べが行われたところ，裁判所は，⑥の事実については，Yが甲建物の屋根の修理費用として実際に150万円を支払い，その金額は相当なものである，⑦の事実については，相殺の意思表示はXによる本件契約の解除の意思表示の後に行われた，⑧の事実については，XはYに屋根の修理費用の一部として30万円を支払ったとの心証を形成するに至った。

　以上の主張及び裁判所の判断を前提とした場合，裁判所は，判決主文において，どのような内容の判断をすることになるか。結論とその理由を簡潔に記載しなさい。

　以下の設問では，〔設問1〕から〔設問3〕までの事例とは関係がないものとして解答しなさい。

〔設問4〕

　弁護士Aは，弁護士Bを含む4名の弁護士とともに共同法律事務所で執務をしているが，弁護士Bから，その顧問先であり経営状況が厳しいR株式会社について，複数の倒産手続に関する意見を求められ，その際に資金繰りの状況からR株式会社の倒産は避けられない情勢であることを知った。

　これを前提に，以下の各問いに答えなさい。

(1) 弁護士Aは，義父Sから，その経営するT株式会社がR株式会社と共同で事業を行うに当たり，R株式会社が事業資金を借り入れることについてT株式会社が保証することに関する契約書の検討を依頼された。この場合において，弁護士Aが，義父SにR株式会社の経営状況を説明して保証契約を回避するよう助言することに弁護士倫理上の問題はあるか。結論とその理由を簡潔に記載しなさい。

(2) Aは，義父Sの跡を継ぎ，会社経営に専念するため弁護士登録を取り消してT株式会社の代表取締役に就任したが，その後，R株式会社から共同事業を行うことを求められるとともに，R株式会社が事業資金を借り入れることについてT株式会社が保証することを求められた。この場合において，Aが，R株式会社の経営状況と倒産が避けられない情勢であること

をT株式会社の取締役会において発言することに弁護士倫理上の問題はあるか。結論とその理由を簡潔に記載しなさい。

（別紙）
【Xの相談内容】
　私は，平成20年6月25日，Yに対し，私所有の甲建物を，賃料月額20万円，毎月末日に翌月分払い，期間は同年7月1日から5年間の約束で賃貸し（以下「本件契約」といいます。），同日，甲建物を引き渡しました。

　Yは，平成22年10月分の賃料までは，月によっては遅れることもあったものの，一応，順調に支払っていたのですが，同年11月分以降は，お金がないなどと言って，賃料を支払わなくなりました。

　私は，Yの亡父が私の古くからの友人であったこともあって，あまり厳しく請求することは控えていたのですが，平成23年3月末日になっても支払がなかったことから，しびれを切らし，同年4月14日，Yに対し，平成22年11月分から平成23年4月分までの未払賃料合計120万円（以下「本件未払賃料」といいます。）を2週間以内に支払うよう求めましたが，Yは一向に支払おうとしません。

　そこで，私は，本件未払賃料の支払等に関してYと話し合うことを諦め，Yに対し，平成23年7月1日，賃料不払を理由に，本件契約を解除して，甲建物の明渡しを求めました。このように，本件契約は終わっているのですから，Yには，一日も早く甲建物を明け渡してほしいと思います。

　なお，Yは，甲建物を修理したので，その修理費用と本件未払賃料とを対当額で相殺したとか，甲建物の修理費用を支払うまでは甲建物を明け渡さない等と言って，明渡しを拒否しています。Yが甲建物の屋根を修理していたこと自体は認めますが，甲建物はそれほど古いものではありませんので，Yが言うほどの高額の費用が掛かったとは到底思えません。また，Yは，私に対して相殺の意思表示をしたなどと言っていますが，Yから相殺の話が出たのは，同年7月1日に私が解除の意思表示をした後のことです。

【Yの相談内容】
　X所有の甲建物に関する本件契約の内容や，賃料の未払状況及び賃料支払の催告や解除の意思表示があったことは，Xの言うとおりです。

　しかし，私は甲建物を明け渡すつもりはありませんし，そのような義務もないと思います。

　甲建物は，昭和50年代の後半に建てられたもののようですが，屋根が傷んできていたようで，平成22年8月に大雨が降った際に，かなりひどい雨漏りがありました。それ以降も，雨が降るたびに雨漏りがひどいので，Xに対して修理の依頼をしたのですが，Xは，そちらで何とかしてほしいと言うばかりで，修理をしてくれませんでした。そこで，私は，同年10月頃，仕方なく，自分で150万円の費用を負担して，業者の丙川三郎さんに修理をしてもらったのです。この費用は，同月20日に私が丙川さんに支払い，その場で丙川さんに領収証（以下「本件領収証」といいます。）を書いてもらいました。しかし，これは，本来，私が支払わなければならないものではないので，その分を回収するために，私は平成22年11月分以降の賃料の支払をしなかっただけなのです。ところが，Xは，図図しくも，平成23年4月になって未払分の賃料の支払を求めてきたものですから，しばらく無視していたものの，余りにもうるさいので，最終的には，知人のアドバイスを受けて，同年6月2日頃，Xに対し，甲建物の修理費用と本件未払賃料とを相殺すると言ってやりました。

　また，万が一相殺が認められなかったとしても，私は，Xが甲建物の修理費用を払ってくれるまでは，甲建物を明け渡すつもりはありません。

【Xの言い分】

　甲建物はそれほど老朽化しているというわけでもないのですから，雨漏りの修理に150万円も掛かったとは考えられません。Yは修理をしたと言いながら，本件訴えの提起までの間に，私に対し，修理に関する資料を見せたこともありませんでした。そこで，実際に，知り合いの業者に尋ねてみたところ，雨漏りの修理程度であれば，せいぜい，30万円くらいのものだと言っていました。そこで，私は，Yとの紛争を早く解決させたいとの思いから，平成23年8月10日，Yに対して，修理費用として30万円を支払っています。

　本件訴訟に至って初めて本件領収証の存在を知りましたが，丙川さんは評判の良い業者さんで，30万円程度の工事をして150万円もの請求をするような人ではありません。したがって，本件領収証は，Yが勝手に作成したものだと思います。

　いずれにせよ，Yの主張には理由がないと思います。

答案構成用紙

[1] 総論

　実務基礎科目の問題は一般にそうであるが，本件は特に，時系列に沿って事案を整理することが必要である。また，Xの言い分とYの言い分で，相殺の意思表示を行った時点が食い違っているので，その対立も時系列表に組み込むことが求められる。時系列の把握を間違えると，論述がまったく見当外れのものになってしまうおそれがあるため，慎重にかつ素早く時系列を把握する訓練を積んでおきたい。

[2] 設問1

1 小問(1)

　弁護士Qが相殺の抗弁を主張することにより，未払賃料が相殺適状時にさかのぼって消滅する（506条2項）ため，賃貸借契約の終了原因たる賃料の6か月分の未払がないことになる。

　問題文によれば，「上記⑤から⑦までの各事実について，抗弁事実としてそれらの事実を主張する必要があり，かつ，これで足りると考えられる理由を，実体法の定める要件や当該要件についての主張・立証責任の所在に留意しつつ説明しなさい」とあるので，まず相殺を主張するにあたって必要な抗弁事実を列挙し，次に⑤から⑦までの各事実が，どの抗弁事実にあたるのか論述すればよい。

　相殺の実体法上の成立要件は，505条1項，506条1項に規定されている。そして，この実体法上の成立要件を前提に要件事実を検討すると，自働債権に同時履行の抗弁権が付着していない本件における相殺の要件事実は，㋐自働債権の発生原因事実および㋑相殺の意思表示となる（FL【相殺の要件事実】参照）。

　そして，本件では，㋐として必要費償還請求権（608条1項）が主張されている。まず，必要費償還請求権が認められるための要件について検討する。この必要費償還請求権は，賃借人について認められるから，ⅰ賃貸借契約の締結の事実が必要である。また，必要費償還請求権を行使することができる賃借人はその目的物の占有を適法に取得したものでなければならないと解するのが相当であるから，ⅱ賃貸人が賃借人に賃貸借契約に基づいて目的物を引き渡したことも必要であると解すべきである。さらに，必要費であることを基礎づけるためにⅲ必要費の支出の原因となる行為，ⅳ必要費を支出したこと，およびその数額が必要である。もっとも，本件では，ⅰⅱの事実は，請求原因ですでに主張されている。したがって，Yとしては自働債権の発生原因事実を基礎づけるために，ⅲ必要費の支出の原因となる行為，ⅳ必要費を支出したこと，およびその数額を主張立証すれば足りる。

　以上より，本件では，ⅲを基礎づける事実として⑤が，ⅳを基礎づける事実として⑥が，㋑を基礎づける事実として⑦までが必要であり，かつ，これで足りる。

2 小問(2)

　【Yの相談内容】に，「万が一相殺が認められなかったとしても」以下の文章があるため，ここで別の抗弁の存在を読み取ることができる。そして，Yは，建物の修理代を支払うまで明渡しには応じないとしているため，これが留置権（295条1項）の主張であることがわかるだろう。

　そして，本件では，当該抗弁の内容を端的に記載すれば足り，これを構成する具体的事実の記載は不要とされているのだから，留置権の抗弁であることを端的に主張すれば足りる。

[3] 設問2

　本件は，文書の成立の真正を否認する場合の具体的な処理についての理解を問われている（FL【文書の成立の真正】参照）。

　本件領収証のような私文書については，民事訴訟法228条4項が「私文書は，本人又はその代理人の署名又は押印があるときは，真正に成立したものと推定する。」と規定している。そして，この民事訴訟法228条4項における事実上の推定の争い方として，本件では，そもそも「丙川三郎」という署名はあるが，これは本人が書いたものではないという争い方と，「丙川三郎」は本人の署名であるが，文書の成立の真正は認めないという争い方の2つがありうる。前者の場合であれば弁

護士Qは，署名は本人が書いたものであると本証する必要があり，後者の場合であれば本件領収証が真正に成立したものであると本証する必要がある。このように，弁護士Pがどちらの方法で争うのかにより，事件の争点や当事者の立証活動が大きく異なる。したがって，裁判所はこの点をPに確認する必要がある。

④ **設問3**

設問3では，裁判所の判決主文における判断内容が問われている。このような問題では，請求原因事実，それに対する抗弁事実，再抗弁事実が認められるかを順に検討していけばよい。

本件では，請求原因事実①から④まではXY間に争いがない。したがって，請求原因は認められる。

これに対して，本件では相殺の抗弁と留置権の抗弁が主張されている。まず，相殺の抗弁については，「相殺の意思表示はXによる本件契約の解除の意思表示の後に行われた」との心証が形成されている。本件契約の解除の意思表示が相殺の意思表示に先立つため，解除の効果が先に発生するので相殺の受働債権は消滅していることになる。そして，相殺の遡及効によっても解除の効果は覆らない。したがって，相殺の抗弁は成立しない。

また，留置権の抗弁事実は，留置権者が当該物に関して債権を有することと留置権を行使するとの権利主張である。そして，本件ではそれらの事実が認められるため，留置権の抗弁は成立する。

しかし，留置権の抗弁に対しては，Xから弁済による被担保債権の消滅という再抗弁が主張されている。そして，本件ではXのYに対する30万円の弁済およびYによる相殺によって被担保債権は消滅している。したがって，Xの弁済による被担保債権の消滅という再抗弁が成立する。

よって，裁判所は，判決主文において，「被告は，原告に対し，甲建物を明け渡せ。」という内容の判断をすることになる。

⑤ **設問4**

1 **小問(1)**

本設問では，弁護士Aは，共同法律事務所の弁護士Bの依頼者であるR社の経営状況について弁護士Bを通して知っている。弁護士AがSにR社の経営状況を説明することは，「他の所属弁護士」たる弁護士Bの「依頼者」であるR社について「執務上知り得た秘密」を「正当な理由」なく「他に漏ら」すことになり，弁護士職務基本規程56条，弁護士法23条に違反するのではないかが問題となる。

まず，「執務上知り得た」とは，弁護士が執務を行う過程で知り得たことをいう。共同事務所においては，事務所をともにすることによって知りうることとなる場合がすべて対象となる。そして，「秘密」とは，一般に知られていない事実であり，本人が特に秘匿しておきたい事項にかぎらず，一般人の立場からみて秘匿しておきたい事項もさす。R社の経営状況が他者に知れるとR社の信用が下がるので，R社が秘匿しておきたい事項であり，「秘密」にあたる。そして，弁護士Aは，弁護士Bを通じてR社の経営状況を知っていることから，「執務上知り得た」といえる。

次に，「正当な理由」に関して，弁護士法23条ただし書では，法律に別段の定めがある場合には秘密保持義務が解除されるという規定があることから，法律に別段の定めがある場合が「正当な理由」にあたる。これに加え，依頼者の承諾，弁護士の自己防衛の必要がある場合，公共の利益のための必要な場合が「正当な理由」にあたる。本件では，弁護士Aには，法律上許される事由やそのほかの「正当な理由」にあたる事情もないため，「正当な理由」は認められない。

そして，「漏ら」すとは，第三者に開示することをいい，第三者であれば特定・不特定，多数・少数は問わないから，弁護士AがSに説明することは，「他に漏ら」したものといえる。

よって，弁護士Aの行為は弁護士職務基本規程56条，弁護士法23条に反する点で問題がある。

2 **小問(2)**

本設問では，前問に加えてAが弁護士ではなくなった点を検討する必要がある。弁護士法23条は，弁護士であった者にも秘密保持義務を負わせている。すなわち，弁護士は，弁護士でなくなったとしても秘密保持義務を負うのである。そうであれば，Aの行為は弁護士法23条に違反するという問題がある。

答案例

第1　設問1(1)について
1(1)　実体法上，相殺が有効に成立するためには，民法（以下法名略）505条1項本文より，㋐互いに同種目的の債務を負担すること，㋑双方債務が弁済期にあることが必要である。また，506条1項本文より，㋒相殺の意思表示をしたことも必要である。

加えて，㋓相殺が禁止される事情がないこと（505条1項ただし書，2項，509条から511条まで参照）も必要である。

そして，㋐㋑について，受働債権の発生原因事実と弁済期の到来については，請求原因に現れておりYがこれを主張立証する必要はない。また，本件の自働債権は必要費償還請求権であり，必要費償還請求権は支出と同時に弁済期が到来する（608条1項）。したがって，Yとしては自働債権の発生原因事実のみを主張立証すれば足りる。次に，㋒については相殺により利益を受けるYが主張立証する必要があるが，㋓については相殺が禁止されることにより利益を受けるXが，相殺を妨げる事実の主張立証責任を負う。したがって，Yとしては，自働債権の発生原因事実と相殺の意思表示をしたことを主張立証すれば足りる。

(2)　本件では，自働債権として必要費償還請求権が主張されているところ，本件の場合，必要費償還請求権の要件事実は，ⅰ必要費の支出の原因となる行為とⅱ必要費を支出したことおよびその数額である。そして，ⅰとして⑤の事実が，ⅱとして⑥の事実が必要である。また，㋒として⑦の事実が必要である。

2　よって，Qは，⑤から⑦までの事実を主張する必要があり，かつ，これで足りる。

第2　設問1(2)について
Qは，⑥の金員の支払を受けるまで甲建物を留置する，という留置権の抗弁（295条1項本文）を主張すると考えられる。

第3　設問2について
1　文書は，成立の真正を証明する必要があり（民事訴訟法（以下「民訴」という）228条1項），成立を否認するときはその理由を明らかにする必要がある（民事訴訟規則145条）。しかし，Pは理由を述べることなく否認している。

そして，Pが本件領収証の署名が丙川の意思に基づく署名であることにつき争う場合と，これを争わないが文書の成立の真正を争う場合が考えられるが，後者の場合には民訴228条4項の推定がはたらくため，当事者の立証活動は大きく異なることになる。

2　よって，裁判所は，Pに対して，署名が丙川のものであることを争う趣旨か否かについて，本件領収証の成立を否認する理由を確認するべきである。

第4　設問3について
1　まず，請求原因②および③に含まれる，平成23年4月28日が経過したことは顕著な事実である。また，他の請求原因事実はすべてYが自白している。そのため，裁判所はすべての請求原因事実を認定することになる（民訴179条）。

右欄注記：

➡要件事実は実体法・条文から考える

➡端的に抗弁を指摘する

➡2とおりの争い方が考えられる

➡請求原因・抗弁・再抗弁という順に検討する

2　これに対し，Yは，㋐相殺の抗弁と，㋑留置権の抗弁を主張している。 45
　(1)　まず，㋐につき裁判所は，相殺の意思表示が本件契約の解除の意思
　　表示の後にされたとの心証を形成した。相殺は遡及効を有するが（506
　　条2項），これはあくまで消滅する両債務との関係であり，すでに形
　　成された法律関係の効力を覆滅することはできない。よって，㋐相殺
　　の抗弁は認められない。 50
　(2)　次に，㋑の抗弁事実のうち，Yの現占有については①の請求原因事
　　実によって現れている。また，⑤の事実に自白が成立し，⑥の事実を
　　認定できることから，占有物に関して生じた債権の発生原因事実が認
　　められる。加えて，Yは留置権を行使するとの権利主張をしている。
　　そのため，㋑留置権の抗弁は認められる。 55
3　これに対して，Xは本件修理費用は30万円が相当であり，すでにYに
　同額を弁済し債務は消滅したことから，付従性により留置権は消滅した
　との㋑に対する再抗弁を主張している。
　(1)　本件で裁判所は，Yが修理費用として150万円を支払い，その金額
　　は相当であるとの心証を形成している。そして，Yが必要費償還請求 60
　　権を自働債権として賃料債権120万円と相殺する旨の意思表示を行っ
　　たうえ，Xが30万円を弁済したことが認定できるので，Yの必要費償
　　還請求権は消滅し，付従性により留置権も消滅している。
　(2)　したがって，上記の再抗弁は認められる。
4　よって，裁判所は，判決主文において，Xの請求を認容するとの判断 65
　をすることになる。
第5　設問4(1)について

　　Aの行為は弁護士職務基本規程（以下「規程」という）56条に反すると　　➡条文を正確に摘
いう問題がある。　　　　　　　　　　　　　　　　　　　　　　　　　　示する
　　「他の所属弁護士」Bの「依頼者」たるR株式会社（以下「R社」とい 70　➡条文の文言に忠
う）の経営状況は，同社の信用に関わるものであり，R社が秘匿したいも　　実に
のであるから「秘密」にあたる。また，Aは，これをBを通じて知ったの
であるから「執務上知り得た」ものである。また，本件においてAがR社
の経営状況をSに助言する「正当な理由」もない。そして，AはR社の経
営状況をSに説明すると秘密を「他に漏ら」すことになる。 75
　　よって，Aの行為は規程56条に反するという問題がある。
第6　設問4(2)について

　　Aの行為は弁護士法23条に反するという問題がある。　　　　　　　　　➡弁護士法の問題
　　規程は，弁護士を名宛人とするものであるから，弁護士登録を取り消し　　として考える
た者については適用対象としていない。他方で，弁護士法23条は「弁護士
であった者」にも守秘義務を課している。同条における秘密保持義務違反 80
というためには，法律に別段の定めがないのに，秘密を第三者に漏らした
ことが必要である。
　　これを本件についてみると，AはT株式会社の代表取締役であるが，取
締役は一般的な経営能力を超えて守秘義務に関わる秘密の開示までは期待 85
されておらず，忠実義務（会社法355条）は，秘密保持義務を解除する
「別段の定め」（規程23条ただし書）にはあたらない。
　　よって，Aの行為は弁護士法23条に反するという問題がある。　　　以上

設問１は，Ｙの相談内容に基づき，相殺の抗弁と留置権の抗弁の検討を求めるものである。相殺の抗弁については，法律効果の発生を基礎付けるための抗弁事実について，条文を基礎とする実体法上の要件と主張立証責任の所在に留意しつつ説明することが求められる。

設問２は，作成者名義の署名がある私文書の成立の真正に関して，民事訴訟法第228条第４項の理解を問うものである。

設問３は，要件事実の整理と事実認定の結果を踏まえて，請求原因・抗弁・再抗弁がそれぞれどのように判断され，どのような主文が導かれるかの検討を求めるものである。その際には，各認定事実が設問１の各抗弁とどのように関係するのかを簡潔に説明することが求められる。

設問４は，弁護士倫理の問題であり，弁護士職務基本規程第56条と弁護士法第23条に留意して検討することが求められる。

講 評 |||

① 設問１

小問(1)では，相殺の要件事実を正確にあげられていない答案が予想外に多かった。事実⑤から⑦までが抗弁事実として必要かつ十分であることを論じなければならないのだから，相殺の実体的要件をまずあげ，そのなかで，Ｙが抗弁の段階で主張しなければならない要件事実を指摘し，事実⑤から⑦までがその要件事実として過不足がないことを指摘しなければならない。そのようなことをせず，単に事実⑤から⑦までが，相殺のうちのどの要件をみたすかのみを記載しても，答案として不十分である。

小問(2)は，ほとんどの答案が留置権を指摘することができていた。ただ，一部の答案では同時履行の抗弁をあげる答案もあった。同時履行の抗弁権は，２つの債権が１つの双務契約から発生したことが必要である。しかし，ＹがＸに対して有する必要費償還請求権は，ＸＹ間の賃貸借契約から発生したものではなく，Ｙが必要費を支出したことから発生したものである。そのため，本件でＸが主張する抗弁を同時履行の抗弁権と記載することは誤りである。

② 設問２

設問２は，答案により出来不出来が分かれた問題であった。弁護士Ｐの「否認する」という陳述は，領収証の「丙川三郎」という記載が，民事訴訟法228条４項の「本人……の署名」にあたらない，という主張なのか，それとも条文上の「本人……の署名」にはあたるが，文書の真正な成立は否定する，という主張なのかが判然としない。署名文書の成立の真正の主張に対して，以上２つの争い方があることを理解していれば，Ｐの陳述が不明確であることに気づくため，この点を明らかにするべく，裁判所は釈明権（149条１項，２項）を行使するという解答にいたるはずである。また，文書の成立を否認するときは，その理由を明らかにしなければならないという条文（民事訴訟規則145条）に触れられた答案は更に高得点であった。民事訴訟の重要な規則にも目を通しておくとよいだろう。

一方で，この２つの争い方があることを理解していない答案は低い評価にとどまった。たとえば，前者の争い方のみを念頭におき，丙川が自筆した書面であるか確認するため筆跡鑑定を行うべきとする答案や，押印文書にのみあてはまる二段の推定の法理を勝手に改変し，署名文書に適用する答案もあった。

③ 設問３

設問３も，答案により出来不出来が分かれた。本件は請求の全部認容が筋であるが，全部認容の結論を導けた答案はそれほど多くはなく，相殺の抗弁を認めて全部棄却するか，留置権の抗弁を認めて引換給付判決とした答案が多かった。

相殺の抗弁を認めた答案については，判例（最判昭和32年３月８日）は，相殺の遡及効は相殺の債権債務それ自体に対して生じるのであって，相殺の意思表示以前にすでに有効にされた契約解除

の効力には何ら影響を与えるものではないとしていることに注意する必要がある。すなわち，この判例を前提とすると，解除の意思表示がなされる前に相殺の意思表示が必要となるから，解除後に相殺の意思表示を主張しても主張自体失当となる。

また，本件では，解除に対する相殺の抗弁は認められないとしながらも，留置権に対する再抗弁において，弁済と相殺を主張し，これが認められることについては疑問をもったかもしれない。しかし，相殺の意思表示は，すでに有効にされた契約解除の効力には何ら影響を与えるものではないのみであり，それ以外の関係（本件でいえば留置権との関係）では有効である。したがって，解除に対する相殺の抗弁が認められないにもかかわらず，留置権の抗弁に対する相殺の再抗弁が認められることは何ら矛盾しない点にも注意したい。

また，相殺の主張はYがしたものであり，Xではないから，弁論主義の観点から，Xの有利にははたらかないのではないかという考慮をした答案もあったが，弁論主義は当事者と裁判所の役割分担の問題であり，当事者間では主張共通の原則がはたらくから，Xが相殺の事実を殊更に主張しなくとも，裁判所が，留置権の被担保債権の消滅を認定することに不都合はない。

④ 設問4

多くの答案は，弁護士職務基本規程56条を参照し，秘密保持義務に違反するのではないかという検討ができていた。一方で，小問(1)で一部の答案は，利益相反取引に関する規程27条，規程28条，規程57条の検討をしてしまっていた。利益相反取引は，事件の依頼を受けるか否かの問題であるが，本件は依頼を受けたことを前提に，R社の経営状況をSに説明してよいかという問題であるため，利益相反取引の問題ではなく，直接は秘密保持義務の問題である。

また，法曹倫理も条文が存在する以上，その条文の解釈を行い，具体的事実をあてはめるという，通常の法律科目と同様の書き方をすることが求められる。その点を注意して書けている答案は高評価であった。

小問(2)では，ほとんどの答案は規程56条の「その共同事務所の所属弁護士でなくなった後も，同様とする」との文言を捉え，Aが弁護士登録を抹消した後も，規程56条の義務がなくなるものではないという結論を導いていた。

しかし，規程56条は規程23条の趣旨を敷衍したものであるが，規程23条は秘密保持義務の主体を「弁護士」としている。これは，弁護士法23条本文が「弁護士又は弁護士であった者」と規定しているのと対象的である。とすると，規程23条の主体は弁護士にかぎられると考えられるのであり，規程56条の「その共同事務所の所属弁護士でなくなった後」も，共同事務所から分裂したり独立した弁護士をいうと解される。弁護士登録を抹消し一般人になった者まで，これに当然含まれるものではない。

本件において，規程のなかで解決するのであれば，まず規程23条の「弁護士」は，その趣旨から弁護士ではなくなった者にも適用があるとの解釈を導いたうえで，規程56条も同様に，弁護士でなくなった者にも適用があることを論じなければならない。

あるいは，本書の答案例のように規程から離れて弁護士法23条のなかで解決するという方法もあるだろう。

第1　設問1について
　1　(1)について
　　(1)　まず，相殺の抗弁の主張においては，自働債権の存在としてその発
　　　生原因事実が必要となる。そこで，Yが甲建物という賃貸目的物の屋
　　　根の雨漏りを修理したことで支出した必要費の償還請求権（民法608 ⟵〇自働債権の根
　　　条1項）の発生を基礎付ける事実として，⑤，⑥の主張が必要となる。　拠条文を指摘で
　　　　　　　　　　　　　　　　　　　　　　　　　　　　　　　　　　きている
　　(2)　また，相殺の効果は当事者の一方による相手方への意思表示によっ
　　　て生じるものである（506条1項前段）から，⑦の主張が必要である。⟵〇意思表示の条
　　　　　　　　　　　　　　　　　　　　　　　　　　　　　　　　　　文を指摘できて
　　(3)　相殺においては自働債権及び受働債権が同種の目的を有しているこ　いる
　　　とが必要だが，このことは⑤，⑥における自働債権の発生原因事実及
　　　び①における受働債権の発生原因事実において主張されている。また，
　　　自働債権は弁済期に達していることが必要だが（505条1項本文），必
　　　要費償還請求権は成立と同時に弁済期に達する（608条1項）から，　⟵△受働債権の弁
　　　主張する必要はない。　　　　　　　　　　　　　　　　　　　　　済期についての
　　　　　よって，これらの事実を⑤〜⑦の他に主張する必要はない。　　15　指摘がない
　　(4)　また，債務の性質が相殺を許さないものである（505条1項但書）
　　　ことや，相殺禁止特約の存在（505条2項）は当事者の負担の公平の
　　　観点から，原告による，相殺の抗弁に対する再抗弁となる。よって，
　　　これらの事実をYが⑤〜⑦の他に主張する必要はない。
　　(5)　したがって，Yは⑤〜⑦の事実の主張が必要であり，かつこれで足　20
　　　りる。
　2　(2)について
　　(1)　YはXの所有物である甲建物を占有しているので，「他人の物の占有
　　　者」にあたる。また，YのXに対する必要費償還請求権は，甲建物の
　　　屋根の雨漏りの修理から発生したものなので，「その物に関して生じ　25
　　　た債権」である。また，かかる債権は弁済期にある。
　　(2)　よって，Yはかかる必要費150万円の支払いをうけるまでは甲建物
　　　を明け渡さないという，留置権（295条1項）の抗弁を主張すること　⟵〇留置権の条文
　　　になる。　　　　　　　　　　　　　　　　　　　　　　　　　　　を指摘できてい
第2　設問2について　　　　　　　　　　　　　　　　　　　　　　30　る
　　丙川三郎による署名が本人の筆跡によるものであるなら，丙川三郎の意
　思に基づく署名であることが事実上推定され，丙川三郎の意思に基づく署
　名であるならば，本件領収証の成立の真正が法律上推定される。（民訴法　⟵×228条4項の
　228条4項）　　　　　　　　　　　　　　　　　　　　　　　　　　　推定は事実上の
　　そこで，裁判所は，Pに対して，①丙川三郎の署名が本人の筆跡による　35　推定を定めたも
　ものであること，②丙川三郎の署名が本人の意思に基づくこと，③本件領　のである
　収証の成立が真正であることのうち，いずれの段階について争うのかを確　⟵〇争い方がいく
　認すべきである。　　　　　　　　　　　　　　　　　　　　　　　　つか考えられる
第3　設問3について　　　　　　　　　　　　　　　　　　　　　　ことを理解して
　1　裁判所は，⑥，⑦の事実が存在し，かつ相殺の意思表示はXによる解　40　いる
　　除の意思表示の後になされたとの心証を得ているので，解除権は有効に
　　発生しており，それに基づく解除（民法541条）によって，既に本件契
　　約は消滅しているといえる。また，相殺によって本件未払賃料120万円
　　と必要費償還請求権150万円が120万円の限度で相殺され消滅したといえ

る。また，⑧の事実が存在するとの心証が得られているため，必要費償
還請求権の残額30万円については，弁済によって消滅している。　　　　45

　　　よって，YのXに対する必要費償還請求権は全額について消滅してい
　　るため，Yの留置権の抗弁は認められない。一方，Xの請求原因は認め
　　られる。

2　　したがって，裁判所は判決主文において，被告は，原告に対し，甲建　　50　　⇦○結論はよい
　　物を明け渡せ。という内容の判断をすることになる。

第4　設問4について
1　(1)について
　　　Aは同じ共同事務所に勤務するBから，R社の倒産が避けられないと
　　いう信用に関わる秘密を得ているところ，これは「他の所属弁護士の依　　55
　　頼者について執務上知り得た秘密」にあたる。

　　　そして，Aはかかる「秘密」を義父Sに「漏らし」ており，AはSの経　　　　　⇦△正しくは「義
　　営するT社と何ら利害関係を有さないから，「正当な理由」もない。　　　　　　　父Sに『漏らし』
　　　よって，かかるAの行為は規程56条前段に反しており，弁護士倫理上　　　　　　　た場合」である
　　問題がある。　　　　　　　　　　　　　　　　　　　　　　　　　　　60

2　(2)について
　　　Aは(1)と同様に，かかる「秘密」を共同事務所をやめた後に，T社取
　　締役会に「漏らし」ているため，規程56条後段に反するのが原則である。

　　　しかし，Aは現在T社の代表取締役に就任しており，T社に損害を生　　　　　⇦△忠実義務の条
　　じさせないように経営をする義務を負っている。とすれば，T社が倒産　　65　　　文をあげられる
　　目前のR社の保証をすることはT社に損害を生じさせるおそれがあるか　　　　　　　と更によいだろ
　　ら，これを避ける義務があり，そのためにはかかる「秘密」をT社取締　　　　　　　う
　　役会で発言する必要がある。とすれば，AがT社取締役会にかかる「秘
　　密」を漏らしたのは，「正当な理由」がある。

　　　よって，かかるAの行為は規程56条後段に反しておらず，弁護士倫理　　70
　　上問題はない。

　　　　　　　　　　　　　　　　　　　　　　　　　　　　　　　　以上

優秀答案における採点実感

① 全体

全体として，条文を大切にする姿勢が表れている。もっとも，書き方がやや冗長であり，何の話を書いているのかがわかりにくい点は，これから改善すべきであろう。知識や理解は十分だと思われるので，形式面で三段論法を意識した答案を心掛ければ，よりわかりやすい答案になるはずである。

② 設問1

この答案は，まず事実⑤から⑦までがなぜ主張する必要があるのかを記載し，その後，それ以外の事実はなぜ主張する必要がないのかを記載している。この形式だと，相殺の実体法上の要件をきちんと理解しているか，そのうえで，相殺を主張する者が主張立証しなければいけない要件事実の分配をきちんと理解しているか，という点が読んでいる者に伝わりにくい。おそらくきちんと理解しているのだろうが，それが採点者に伝わらないのはもったいない。

その典型が，受働債権の弁済期についてである。条文上は，「双方の債務が弁済期にあるとき」（505条1項本文）と書いてある。「双方の債務」とは，自働債権と受働債権をさす。もちろん一般的には，受働債権についての弁済期は不要と解されているのであり，当然採点者もそのことを熟知している。しかし，そのように考えるならば，要件としてあげたうえで，解釈上この要件は不要であることを明記しなければならない。そうでないと，単に受働債権の弁済期という要件について失念した者や，その要件をまったく理解していない者と，答案上区別がつかないからである。司法試験や予備試験は，書面審査であり，採点者は，答案に書かれたこと以外のことを勝手に推測することはできないのだから，条文上一見必要とされる要件が不要ならば，その旨を書かないと，採点者は作成者の意図を酌んでくれない。

③ 設問2

設問2は，Pの争い方が何とおりか考えられる点には気づけている。

この答案は，押印文書に適用される二段の推定を改変し署名文書にも適用している可能性があるが署名文書には二段の推定は適用されないことに注意すべきである。本人の署名であれば成立の真正が推定される（民訴228条4項）という二段目の推定しかなく「本人……の署名」とは，本人の意思に基づく署名と解釈されているだけである。この点は誤解しやすいので注意したい。

また，228条4項による推定の法的性質については争いがあるが，実務上は，228条4項の推定規定は，法律上の事実推定を定めたものではなく，法定証拠法則を定めたものであると解することでほぼ異論はない。したがって，「本件領収書の成立の真正が法律上推定される」という表現は不適切だろう。

④ 設問3

「全部認容判決を下すべき」という結論はよいだろう。

問題点としては，相殺の遡及効（民506条2項）に触れることができていない。これも条文上，遡及効が明示されているのだから，これによってもすでになされた解除の効果には影響がないことを示さなければならない。そうでないと，相殺の遡及効を失念している者や理解していない者と区別がつかないからである。

⑤ 設問4

弁護士職務基本規程56条に気づき，その要件に忠実にあてはめていくという姿勢は評価できる。

もっとも，「正当な理由」については，要件自体が抽象的なので，どういう場合に「正当な理由」が認められるかという下位規範を記載したほうがよいだろう。そうすれば，小問(2)でT社に損害を与えないために秘密を漏らすことが「正当な理由」と認められるという点について，より説得的な論述ができるだろう。

（〔設問1〕から〔設問5〕までの配点の割合は，12：5：8：17：8）

　司法試験予備試験用法文及び本問末尾添付の資料を適宜参照して，以下の各設問に答えなさい。

〔設問1〕
　弁護士Pは，Xから次のような相談を受けた。

【Xの相談内容】
　「私は，平成17年12月1日から「マンション甲」の301号室（以下「本件建物」といいます。）を所有していたAから，平成24年9月3日，本件建物を代金500万円で買い受け（以下「本件売買契約」といいます。），同日，Aに代金500万円を支払い，本件建物の所有権移転登記を具備しました。
　本件建物には現在Yが居住していますが，Aの話によれば，Yが本件建物に居住するようになった経緯は次のとおりです。
　Aは，平成23年4月1日，Bに対し，本件建物を，賃貸期間を定めずに賃料1か月5万円とする賃貸借契約（以下「本件賃貸借契約」といいます。）を締結し，これに基づき，本件建物を引き渡しました。ところが，Bは，平成24年4月2日，Bの息子であるYに対し，Aの承諾を得ずに，本件建物を，賃貸期間を定めずに賃料1か月5万円とする賃貸借契約（以下「本件転貸借契約」といいます。）を締結し，これに基づき，本件建物を引き渡しました。こうして，Yが本件建物に居住するようになりました。
　そこで，Aは，同年7月16日，Bに対し，Aに無断で本件転貸借契約を締結したことを理由に，本件賃貸借契約を解除するとの意思表示をし，数日後，Yに対し，本件建物の明渡しを求めました。しかし，Yは，本件建物の明渡しを拒否し，本件建物に居住し続けています。
　このような次第ですので，私は，Yに対し，本件建物の明渡しを求めます。」

　弁護士Pは，【Xの相談内容】を前提に，Xの訴訟代理人として，Yに対し，所有権に基づく返還請求権としての建物明渡請求権を訴訟物として，本件建物の明渡しを求める訴えを提起した。そして，弁護士Pは，その訴状において，請求を理由づける事実（民事訴訟規則第53条第1項）として，次の各事実を主張した（なお，以下では，これらの事実が請求を理由づける事実となることを前提に考えてよい。）。
①　Aは，平成23年4月1日当時，本件建物を所有していたところ，Xに対し，平成24年9月3日，本件建物を代金500万円で売ったとの事実
②　Yは，本件建物を占有しているとの事実
　上記各事実が記載された訴状の副本を受け取ったYは，弁護士Qに相談をした。Yの相談内容は次のとおりである。

【Yの相談内容】
　「Aが平成23年4月1日当時本件建物を所有していたこと，AがXに対して平成24年9月3日に本件建物を代金500万円で売ったことは，Xの主張するとおりです。
　しかし，Aは，私の父であるBとの間で，平成23年4月1日，本件建物を，賃貸期間を定めずに賃料1か月5万円で賃貸し（本件賃貸借契約），同日，Bに対し，本件賃貸借契約に基づき，本件建物を引き渡しました。そして，本件賃貸借契約を締結する際，Aは，Bに対

し，本件建物を転貸することを承諾すると約したところ（以下，この約定を「本件特約」といいます。），Bは，本件特約に基づき，私との間で，平成24年４月２日，本件建物を，賃貸期間を定めずに賃料１か月５万円で賃貸し（本件転貸借契約），同日，私に対し，本件転貸借契約に基づき，本件建物を引き渡しました。その後，私は，本件建物に居住しています。

このような次第ですので，私にはXに本件建物を明け渡す義務はないと思います。」

そこで，弁護士Qは，答弁書において，Xの主張する請求を理由づける事実を認めた上で，占有権原の抗弁の抗弁事実として次の各事実を主張した。

③ Aは，Bに対し，平成23年４月１日，本件建物を，期間の定めなく，賃料１か月５万円で賃貸したとの事実。
④ Aは，Bに対し，同日，③の賃貸借契約に基づき，本件建物を引き渡したとの事実。
⑤ Bは，Yに対し，平成24年４月２日，本件建物を，期間の定めなく，賃料１か月５万円で賃貸したとの事実。
⑥ Bは，Yに対し，同日，⑤の賃貸借契約に基づき，本件建物を引き渡したとの事実。

以上を前提に，以下の各問いに答えなさい。
(1) 本件において上記④の事実が占有権原の抗弁の抗弁事実として必要になる理由を説明しなさい。
(2) 弁護士Qが主張する必要がある占有権原の抗弁の抗弁事実は，上記③から⑥までの各事実だけで足りるか。結論とその理由を説明しなさい。ただし，本設問においては，本件転貸借契約締結の背信性の有無に関する事実を検討する必要はない。

〔設問２〕
平成24年11月１日の本件の第１回口頭弁論期日において，弁護士Qは，本件特約があった事実を立証するための証拠として，次のような賃貸借契約書（斜体部分は全て手書きである。以下「本件契約書」という。）を提出した。

賃貸借契約書

1 AはBに対し，本日から，Aが所有する「マンション甲」301号室を賃貸し，Bはこれを賃借する。
2 賃料は１か月金５万円とし，Bは，毎月末日限り翌月分をAに支払うものとする。
3 本契約書に定めがない事項は，誠意をもって協議し，解決するものとする。

4 Aは，Bが上記建物を転貸することを承諾する。

以上のとおり，契約が成立したので，本書を２通作成し，AB各１通を保有する。

平成23年４月１日

賃貸人 *A* A印

賃借人 *B* B印

本件契約書について，弁護士PがXに第1回口頭弁論期日の前に確認したところ，Xの言い分は次のとおりであった。

【Xの言い分】
　「Aに本件契約書を見せたところ，Aは次のとおり述べていました。
　『本件契約書末尾の私の署名押印は，私がしたものです。しかし，本件契約書に記載されている本件特約は，私が記載したものではありません。本件特約は，B又はYが，後で書き加えたものだと思います。』」

　そこで，弁護士Pは，第1回口頭弁論期日において，本件契約書の成立の真正を否認したが，それに加え，本件特約がなかった事実を立証するための証拠の申出をすることを考えている。次回期日までに，弁護士Pが申出を検討すべき証拠には，どのようなものが考えられるか。その内容を簡潔に説明しなさい。なお，本設問に解答するに当たっては，次の〔設問3〕の⑦の事実を前提にすること。

〔設問3〕
　本件の第1回口頭弁論期日の1週間後，弁護士Qは，Yから次の事実を聞かされた。
　⑦　本件の第1回口頭弁論期日の翌日にBが死亡し，Yの母も半年前に死亡しており，Bの相続人は息子のYだけであるとの事実
　　　これを前提に，次の各問いに答えなさい。
⑴　上記⑦の事実を踏まえると，弁護士Qが主張すべき占有権原の抗弁の内容はどのようなものになるか説明しなさい。なお，当該抗弁を構成する具体的事実を記載する必要はない。
⑵　弁護士Pは，⑴の占有権原の抗弁に対して，どのような再抗弁を主張することになるか。その再抗弁の内容を端的に記載しなさい。なお，当該再抗弁を構成する具体的事実を記載する必要はない。

〔設問4〕
　本件においては，〔設問3〕の⑴の占有権原の抗弁及び⑵の再抗弁がいずれも適切に主張されるとともに，〔設問1〕の①から⑥までの各事実及び〔設問3〕の⑦の事実は，全て当事者間に争いがなかった。そして，証拠調べの結果，裁判所は，次の事実があったとの心証を形成した。

【事実】
　本件建物は，乙市内に存在するマンションの一室で，間取りは1DKである。Aは，平成17年12月1日，本件建物を当時の所有者から賃貸目的で代金600万円で買い受け，その後，第三者に賃料1か月8万円で賃貸していたが，平成22年4月1日から本件建物は空き家になっていた。
　平成23年3月，Aは，長年の友人であるBから，転勤で乙市に単身赴任することになったとの連絡を受けた。AがBに転居先を確認したところ，まだ決まっていないとのことであったため，Aは，Bに本件建物を紹介し，本件賃貸借契約が締結された。なお，賃料は，友人としてのAの計らいで，相場より安い1か月5万円とされた。
　平成24年3月，Bの長男であるY（当時25歳）が乙市内の丙会社に就職し，乙市内に居住することになった。Yは，22歳で大学を卒業後，就職もせずに遊んでおり，平成24年3月当時，貸金業者から約150万円の借金をしていた。そこで，Bは，Yが借金を少しでも返済しやすくするため，Aから安い賃料で借りていた本件建物をYに転貸し，自分は乙市内の別のマ

ンションを借りて引っ越すことにした。こうして，本件転貸借契約が締結された。

　本件転貸借契約後も，BはAに対し，約定どおり毎月の賃料を支払ってきたが，同年7月5日，本件転貸借契約の締結を知ったAは，同月16日，Bに対し，本件転貸借契約を締結したことについて異議を述べた。これに対し，Bは，転貸借契約を締結するのに賃貸人の承諾が必要であることは知らなかった，しかし，賃料は自分がAにきちんと支払っており，Aに迷惑はかけていないのだから，いいではないかと述べた。Aは，Bの開き直った態度に腹を立て，貸金業者から借金をしているYは信用できない，Yに本件建物を無断で転貸したことを理由に本件賃貸借契約を解除すると述べた。しかし，Bは，解除は納得できない，せっかくYが就職して真面目に生活するようになったのに，解除は不当であると述べた。

　その後，Bは，無断転貸ではなかったことにするため，本件契約書に本件特約を書き加えた。

　そして，Bは，Yに対し，本件転貸借契約の締結についてはAの承諾を得ていると嘘をつき，Yは，これを信じて本件建物に居住し続けた。

　この場合，裁判所は，平成24年7月16日にAがした本件賃貸借契約の解除の効力について，どのような判断をすることになると考えられるか。結論とその理由を説明しなさい。なお，上記事実は全て当事者が口頭弁論期日において主張しているものとする。

〔設問5〕
　弁護士Pは，平成15年頃から継続的にAの法律相談を受けてきた経緯があり，本件についても，Aが本件転貸借契約の締結を知った翌日の平成24年7月6日，Aから相談を受けていた。その際，弁護士Pは，Aに対し，本件建物を売却するのであれば，無断転貸を理由に本件賃貸借契約を解除してYから本件建物の明渡しを受けた後の方が本件建物を売却しやすいとアドバイスした。

　その後，Aは，無断転貸を理由に本件賃貸借契約を解除したが，Yから本件建物の明渡しを受ける前に本件建物をXに売却した。その際，Aは，Xから，本件建物の明渡しをYに求めようと思うので弁護士を紹介してほしいと頼まれ，本件の経緯を知っている弁護士PをXに紹介した。

　弁護士Pは，Aとの関係から，Xの依頼を受けざるを得ない立場にあるが，受任するとした場合，受任するに当たってXに何を説明すべきか（弁護士報酬及び費用は除く。）について述べなさい。

答案構成用紙

思考過程

① 総論

　全体の設問数は，5問と設問数は比較的多い。このように問題数が多い場合には，時間管理を適切にしないと時間が足りなくなるので注意しなければならない。設問1は，要件事実の基本的な問題なので，正確に書くことが求められる。設問2は，現場思考的な問題なので，問題文および条文を手掛りにする必要がある。設問3は，実体法をふまえたうえでの要件事実が問われているため，まずは実体法的な関係をよく検討しなければならない。設問4は，配点割合が大きいのでここに時間を割きたい。設問5は関係条文を見つければ，対処可能だろう。

② 設問1

　小問(1)は，転貸借契約という占有権原を主張する場合の要件事実として，賃貸借契約に基づく引渡しが必要な理由が問われている。

　占有権原の抗弁とは，現在の占有を正当化することで，請求原因の法律効果の発生を障害する抗弁をいう。したがって，占有権原を主張するには占有が適法であることを示さなければならない。そのため，占有を基礎づける契約の締結に加え，これに基づく引渡しを主張する必要がある。

　ここで，転貸借は，賃貸借契約を基礎とするものであるから，転貸借契約の占有を正当化するためには，転貸借契約とこれに基づく引渡しのみならず，賃貸借契約とこれに基づく引渡しがなされたことをも主張しなければならない。そこで，④の賃貸借契約に基づく引渡しの主張も必要となる。

　更に注意しなければならないのは，本件では賃貸人たる地位が移転しているという点である。賃借人が新たな賃貸人に対して自己の賃借権を主張するためには，対抗力のある賃借権を有していなければならない。これは，新賃貸人に対する抗弁となる。そこで，対抗要件を取得したことも抗弁として主張する必要がある。そして，本件では，建物の賃貸借契約として，借地借家法の適用がある（借地借家1条）ので，31条により引渡しによって対抗力を取得することになる。したがって，引渡しの主張がこの点からも必要となる。

　小問(2)は，転貸借契約に基づく占有権原の抗弁として必要十分な要件事実を問うている。このような問題では，実体上の要件を整理し，それに主張立証責任を分配すれば，必要十分な要件事実を見出すことができる。

　転貸借契約の実体法上の要件は，まず，賃貸借契約の存在と転貸借契約の存在である。したがって，占有権原としては，賃貸借契約締結の事実とそれに基づく引渡し，転貸借契約締結の事実とそれに基づく引渡しが必要となる。それに加えて，転貸借特有の問題として，賃貸人の承諾が必要となる（民612条1項）。

　ここで，賃貸人の承諾という実体法上の要件に関して，占有権原の抗弁として賃貸人の承諾を主張する必要があるかが問題となる。

　この点については，主張立証責任の所在を法律要件分類説にのっとって考えることになる。612条1項は，「賃貸人の承諾を得なければ」転貸することができないとする。この規定からは，賃貸人の承諾を賃借人もしくは転借人に主張立証させようとする規定であることが読み取れる。また，実質的にも，賃貸人の承諾により自己の占有権原が正当化されるのであるから，主張立証により利益を得るのは転借人である。よって，承諾の主張立証責任は転借人にあり，占有権原の抗弁として主張立証が必要となる。

③ 設問2

　設問2は，提出すべき証拠を考えさせる問題である。このような問題では，当事者として何を証明すべきかを考えるのが有効である。

　本設問では，本件特約の存在を主張するために弁護士Qが証拠として提出した賃貸借契約書において4の項目が手書きで書かれている。弁護士Pが本件特約を否定するには，この手書き部分を契約締結後に記載されたものだと主張することが必要である。なぜなら，手書き部分が契約後に書かれたのなら，契約時に特約が存在しないことを推認させるためである。

　まず，契約書を見ると，契約書の原本をABで各1通所持していることがわかる。そこで，Aが

所有している契約書を提出することが考えられる。契約書に４の項目が元から存在しないのなら、Aの契約書にもないはずであり、４の項目が契約締結後に記載されたという事実を推認できる。

　次に、筆跡の対照（民訴229条１項）をすることも考えられる。契約書の４の部分が手書きであり、これがBの筆跡ならば、Bが書き足した可能性が高い。そこで、提出すべき証拠としてBの筆跡の対照の用に供すべき筆跡を備える物件（229条２項）が考えられる。

　また、契約をしたAやBの証人尋問（190条）をすることも考えられる。もっとも、⑦の事実を前提とすると、Bは死亡しているので、Aのみの証人尋問をすることになる。

４　設問３

　小問⑴は、Bの死亡により占有権原の抗弁がどうなるかを問うている。

　Bが死亡すると、YがBを相続する（民896条本文）ことになり、Bの転借人たる地位は混同によって消滅する（520条本文）。そのため、弁護士Qは転借権を根拠とする占有権原の抗弁を主張することができない。しかし、YはBの賃借権を相続するため、弁護士Qはこの賃借権を根拠とする占有権原の抗弁を主張すべきである。

　小問⑵は、上記抗弁に対する再抗弁を問うものである。上記抗弁は、Yの賃貸権を前提としている。これに対して、Pは、AがBに対して賃貸借契約の解除の意思表示をしているのであるから（612条２項）、賃貸権を根拠とする占有権原の抗弁は認められないという再抗弁を主張することになる。

５　設問４

　設問４は、本件賃貸借契約の解除の効力についての判断を求めている。

　まず、無断転貸を理由とする解除については、無断転貸が信頼関係を破壊するものであるから、原則として解除権が発生し、背信性を認めるに足りない事情がある場合に、解除権が否定される（最判昭和44年２月18日）。

　これを前提に裁判所の判断を見ると、裁判所の認定した事実は全体として転貸借の背信性についてのものであることが読み取れる。そうであれば、背信性についてこの事実をもとに認定することが求められていることに気づくだろう。

　背信性は規範的概念であるから、その主要事実は背信性を基礎づける評価根拠事実と背信性を否定する評価障害事実である。裁判所が認定した事実がどちらにあたるかを考え、その事実を的確に評価し、結論づけることでよい答案が書ける。ひとつの考え方としては、次のようになる。

　まず、本件賃貸借契約では、賃料が相場よりも安い１か月５万円であった。この事実から、AB間の個人的信頼関係に基づき、AはBに本件建物を賃貸したと推認することができる。

　それにもかかわらず、BはYに本件建物を転貸した。この点、YはBの親族であり、賃料もBが払っているのでAに損失はない。しかし、Yは就職もせずに遊び、150万円もの借金も負っている。このようなYは、信用することができず、Aにとっては賃貸したくない相手であるといえる。そうであれば、Bの転貸行為は、AB間の信頼関係を破壊するに足りるものであるといえる。

　以上の事実から信頼関係が破壊されていると評価することができる。

　なお、Bは本件契約書を改ざんするなどして、承諾を偽装していることから、Aの信頼を裏切るものということができるが、これは解除後の事情なので考慮できない。

６　設問５

　設問５は、弁護士倫理を問うものである。PがXから受任するとした場合に注意すべきことがないかを考える。AはYから明渡しを受ける前に、Xに本件建物を売却したので、かりにXがYから明渡しを受けられなかった場合には、AはXから契約不適合責任を追及される可能性がある。

　そのため、Pは受任後に利害対立が生じうることになるから、弁護士職務基本規程42条により辞任の可能性がある。そのため、事件の見通しと処理の方法について適切な説明をすることになる（29条１項）。

　なお、「利害の対立」（42条）とは、規程28条３号の「利益が相反する」と同義である。

【関連判例】
最判昭和44年２月18日民集23巻２号397頁

第1　設問1(1)について
1　Qは，BY間の転貸借契約に基づく転借権を根拠とする占有権原の抗
弁を主張している。転借権は，適法な賃借権の存在を前提とする権利で
ある。そのため，転借権に基づく占有権原の抗弁を主張する者は，転貸
借契約の基礎となる賃貸借契約の成立と，それに基づく目的物の引渡し
を主張し，賃借人が目的物を賃貸借契約に基づき適法に占有しているこ　　5
とを示す必要がある。そして，④の事実は，本件転貸借契約の基礎とな
る本件賃貸借契約に基づく目的物の引渡しにあたる。 ➡占有の適法性の説明
2　また，本件では，賃貸人たる地位がAからXに移転している。新賃貸
人Xに対してYが賃借権を対抗するには，賃借権に対抗力がなければな　　10
らない。本件では，建物賃貸借契約であり借地借家法の適用があるので
（借地借家法1条），借地借家法31条から，建物の引渡しにより賃借権
は対抗力を得る。したがって，転貸借契約の基礎となる賃借権の対抗力
を主張するために，引渡しの事実が必要となる。よって，④の事実が必
要となる。　　15 ➡賃借権の対抗力の説明
第2　設問1(2)について
1　③から⑥までの事実では足りない。
2　民法612条1項は，転貸を原則として禁止し，承諾がある場合にのみ
例外的に許容している。そうであれば，転借権を占有権原として主張す
る者が，賃貸人の承諾につき主張立証責任を負う。　　20
よって，Qは本件特約を締結した事実をも主張する必要がある。
第3　設問2について
1　まず，Aの保有する契約書を証拠として申し出ることが考えられる。 ➡契約書から確認する
Aの保有する契約書に本件特約が記載されていないのであれば，本件特
約は，後から書き足されたものと推認でき，契約時に本件特約が不存在　　25
であったことを立証できるためである。
2　次に，Bの筆跡の対照の用に供すべき筆跡を備える物件（民事訴訟法 ➡筆跡を確認する
229条2項）を証拠として申し出ることが考えられる。
本件特約の筆跡がBまたはYの筆跡によることが判明すれば，Bまた
はYが記載したということになるので，Aの保有する契約書とあわせ，　　30
本件特約の不存在を推認させるからである。
3　さらに，Aの証人尋問の申出をすることが考えられる（民事訴訟法 ➡証人尋問から確認する
190条）。
本件特約の存在については，本件賃貸借契約を締結したAが知ってい
るはずであるためである。　　35
第4　設問3(1)について
本件で，Yが有していた転借権は，Bの転貸人たる地位を相続（民法896
条本文）したことで，混同（520条本文）によって消滅する。したがって，
Qは転借権を根拠とする占有権原の抗弁を主張することができない。
もっとも，YはBが有していた賃借権を承継するため，Qはこのような　　40
賃借権を根拠とする占有権原の抗弁を主張すべきである。
第5　設問3(2)について
Pは，AがBの生前，すでにBのYに対する無断転貸を理由として本件賃
貸借契約を解除していることから（612条2項），Yは賃借権を承継せず，

賃借権を根拠とする占有権原の抗弁は認められないという再抗弁を主張することになる。

第6　設問4について

1　Aは，BのYに対する本件建物の無断転貸を理由として本件賃貸借契約を解除している。無断転貸がなされた場合，解除権が発生するのが原則である（612条2項）。

しかし，同項は，無断転貸がされた場合には，継続的契約たる賃貸借契約の基礎である信頼関係が破壊されることを根拠としている。そこで，無断転貸が賃借人の背信的行為と認めるに足りない特段の事情がある場合には，解除権は発生しないと考える。

2　これを本件についてみると，BとYは親子という親族関係にあり，Bはまったく無関係の者に転貸したわけではない。そのため，背信性が強いとはいえないと評価できる。さらに，AはBから賃料を得ており，経済的損失はなく，損害は生じていない。また，転貸料は賃料と同額であることから，Bの転貸に営利目的は認められないため，背信的行為とまでいうことはできない。さらに，Bは単に転貸につき賃貸人の承諾が必要であることを知らなかったために無断で転貸しただけであるから，Aを害する意図はなかった。そうであれば，一般論でいえば，本件において特段の事情は存在するように思える。

しかし，AがBに相場より安く本件建物を賃貸したのは，友人としてB個人を信頼したからこそである。それにもかかわらず，BはAの信頼を裏切って本件建物をYに転貸している。いくらBとYが親子であっても，AはYと人的関係があるわけではなく，Yが相手なら1か月5万円という安い賃料では貸さなかったと考えられる。また，Yは就職こそしたものの，それまでは遊んでばかりいたのであり，借金も150万円抱えていることから，信用の点でも，BとYとでは大きな差がある。賃貸人にとっては転借人の資力も重要な考慮要素である。いくらBに営利目的や害意がなくとも，多額の借金を負っているYが使用収益することはAにとって想定していないことであり，到底許しがたいものである。以上の本件の特殊性からすれば，BのYに対する本件無断転貸の背信性は強く，本件無断転貸によってAB間の信頼関係は破壊されており，特段の事情は存しないというべきである。

3　よって，Aは解除権を有しており，裁判所は本件賃貸借契約の解除は有効であると判断することになる。

第7　設問5について

Pは「事件の見通し」と「処理の方法」について適切な説明をする必要がある（弁護士職務基本規程（以下「規程」という）29条1項）。

Yが本件賃貸借契約の解除の効力を争う可能性があり，このような主張が認められればXの請求は認められないということ，Xの主張が認められなかった場合，本件建物の売買におけるAの契約不適合責任（民法565条）をめぐってAX間で利害の対立が生じるおそれがあり，その場合にはPは，辞任する可能性があること（規程42条）を説明すべきである。

以上

45

50

55

60

65

70

75

80

85

➡原則をまず明示する

➡この判例の言い回しは明示する

➡親族関係という事情

➡損害はないという事情

➡害意がないという事情

➡賃貸借をした経緯

➡総合評価

➡条文を正確に摘示する

　設問1は，転貸借に基づく占有権原の抗弁の抗弁事実について説明・検討を求めるものであり，実体法上の要件に留意して説明・検討することが求められる。

　設問2は，転貸承諾の事実を争うための立証手段を問うものであり，書証と人証の双方を検討することが求められる。

　設問3は，訴訟中に事実関係が変動した場合の影響を問うものであり，従前の抗弁を維持できるか否か，維持できない場合にはどのような抗弁とすべきかを検討した上で，その抗弁に対する再抗弁を検討することが求められる。

　設問4は，解除の有効性に関する判断を問うものである。主に，転貸借が背信行為と認めるに足りない特段の事情という規範的要件について，当事者が主張し，裁判所が認定した事実の中から，どの事実がいかなる理由から評価を根拠付けまたは障害する上で重要であるかに留意して，検討することが求められる。

　設問5は，弁護士倫理の問題であり，弁護士職務基本規程第29条に留意して，将来生じ得る状況を想定した上で，依頼者に対していかなる説明をすべきかを検討することが求められる。

講　評 ||||

1　設問1
1　小問(1)

　小問(1)は，賃貸借契約に基づく引渡しが必要な理由を問うものであった。この問題は一見簡単そうであるが，的確に解答できた答案はわずかしかなかった。

　占有権原に注目した答案は，占有権原と無関係に取得した占有では占有は正当化されないということを示しており，占有権原について理解していることが伝わる答案であった。一方で，多くの答案は，基づく引渡しを建物賃貸借契約における対抗要件の引渡し（借地借家31条）に注目してこれを書いていた。もっとも，両方を書いた答案はごくわずかしかなかった。

　両方とも引渡しの理由となるが，前者はあらゆる賃貸借契約に共通の理由であり，後者は建物賃貸借に特有の理由であることから，前者の理由のほうが基本的な理由である。そのため，前者に着目した答案のほうが出題趣旨に沿った答案となるということに注意してもらいたい。民事実務基礎科目であるから，基本的な要件事実の理解を示すということが重要である。

　ところで，「○○に基づく引渡し」は，さまざまな要件事実で必要とされる。基づく引渡しは，要件事実に応じて必要とされる理由も異なるので，いかなる理由で基づく引渡しが要求されるのかについては正確に理解しておくことが望まれる。要件事実を丸暗記しているだけでは，このような問題に太刀打ちできないので，正確に理解するよりほかない。

　なお，答案のなかには，占有権原として必要だからなどと問いに答えていないものも散見された。本設問は，なぜ占有権原として必要なのかを問うているのであるから，そのような答案は問いに答えていないので，評価されない。その点には注意してほしい。

2　小問(2)

　答案例の多くは，承諾の主張が必要である旨を述べていた。そのため，これを指摘できなかった場合は，ほかの受験生に大きく差をつけられることになるので注意したい。

　もっとも，その論述の仕方においては，根拠条文から丁寧に説明している答案のほうがより理解していることが伝わるので印象のよい答案であった。

　この問題を十分に解答できなかった受験生は，要件事実を条文や実体法，法律要件分類説といった基礎的な知識から考えるように勉強する必要がある。

2　設問2

　提出すべき証拠として多くの受験生は，AやBの筆跡鑑定の申出をあげていた。その点は，問題に即して考えられているので評価できる。しかし，Aの有している契約書をあげた答案は期待した

ほど多くなかった。手書き部分だからといって，筆跡鑑定だけではなくほかにも思い立ってほしかった。

また，設問2において，二段の推定を論述する答案も見られた。二段の推定とは無関係の問題なので，ここで書いては二段の推定を理解していないことを露呈させるだけであるので注意したい。二段の推定は，文書に押印されている場合に，その文書の成立の真正が認められるかという問題であり，署名がある場合には，二段の推定の問題とはならない（FL【文書の成立の真正】参照）。署名の場合には，意思に基づいてなされるのが通常であるから，民事訴訟法228条4項で成立の真正が推定されることになる。そして，本設問ではABの署名があるので，二段の推定は問題とならない。

③ **設問3**

多くの受験生は相続によりBの賃借権をYが相続したので，これを占有権原として主張することに気がつき論述することができていた。そして，それに対する抗弁も解除によって賃借権が消滅したと主張できていた答案も相当数あった。そのため，本設問では受験生同士の差が大してつかなかった。

本設問ができなかった受験生は，事案に寄り添って要件事実として何が必要かを見極める努力をしてもらいたい。このような問題は，丸暗記では対応できないので，事案に応じて論述する柔軟性を身につけることが重要である。

④ **設問4**

判断を求める問題では，実体法の要件の理解を示すことが何よりも重要となる。

本設問は，無断転貸をしたことを原因として解除しているものであるが，それを否定する背信性に関して理解を示さなければならない。

判例上，無断転貸借においては，賃貸人に承諾なく転貸することで信頼関係が破壊されるので，原則として解除権が発生するが，非背信性の評価根拠事実があれば，例外として解除権が発生しなくなる。このことから，非背信性の評価根拠事実については，転借人が主張立証しなければならない。

この構造を意識して答案を書くことで，正確な答案を書くことができる。多くの受験生は，この構造を示していたので，その点に関しては問題なかった。

もっとも，事実を拾って的確に評価し，結論づけるという作業においては，どの受験生も不十分なものであった。自己が導きたい結論に有利な事実のみをあげ，不利な事実に対する反論をせずに結論づけている答案が多く，説得力に欠くものであった。このような事実認定型の問題では，反対事情にも目を向け，それに対して反論するという配慮が必要となるので，今後は注意したい。

また，反論する際にも「たしかに……しかし……」でつないでいるだけの答案が多かった。有利な事実と不利な事実がある場合には，不利な事実があるにもかかわらず，なぜ有利な事実のほうが優越するのか，という点を自分なりに考えて論述してほしい。この点こそが，採点者が本当に評価の対象としている点である。

この部分に関しては配点が多いので，まずは十分な解答時間を確保し，もう少し分量を割いて説得的な答案にするほうがよいだろう。

参考までに，背信性に関する事実の視点としては，転借人の個性（賃借人の家族・親族か無関係な第三者か），転貸の営利性，転貸の動機等があげられる。

⑤ **設問5**

本設問の弁護士倫理の問題は，一見して問題点がわかりにくいものであった。

もっとも，多くの答案は，弁護士職務基本規程29条1項をあげ，事件の見通しを説明をするということを指摘していたので，この点に気づけているのはよかった。

しかし，それ以上に，AX間で利害対立が生じうる可能性について触れられた答案はわずかにしかなかった。そのため，これに気づけなくとも，大して差はつかなかった。

弁護士倫理の問題で対策をしている受験生は多くないので，標準的な答案が書ければ最低限守りの答案になる。根拠条文を見つけられるように弁護士職務基本規程をくまなく見る努力をしてほしい。

第1　設問1(1)について

1　Qは占有権原の抗弁のうちでも特にYが本件建物の転借権を有していることを主張しているものと思われる。

←△問題文から明らかなので断定してよい

2　転借権を対抗するためには賃貸人と転貸人の間で有効に賃貸借契約が成立しており，転貸人が賃借権を有効に取得していることが前提となる。　5
そこで，QはAB間で有効に本件建物の賃貸借契約が成立したことを主張するため③の事実を主張しているが，賃貸借契約の締結の事実のみならずそれに基づいて目的物の引渡しが行われたことではじめて賃借権を有効に取得できるのであるから，Qは④の事実を占有権原の抗弁の抗弁事実として必要となる。　10

←△もう少し占有に着目した説明がほしい

第2　設問1(2)について

1　結論としては，③から⑥までの各事実だけでは足りないといえる。

←○結論を先に示す点がよい

2　以下理由について述べると，前述のようにYが本件建物の転借権を有していることを対抗するためには，Bが本件建物の賃借権を有効に取得していることが必要であるので，そこで③と④の各事実の主張が必要に　15
なる。さらに，BY間で本件建物の転貸借契約が締結され，それに基づいて本件建物の引渡しを受けた事実も必要になるから，⑤と⑥の各事実の主張も必要になる。

しかし，転貸借契約が有効に成立するためには賃貸人の承諾が原則として必要であるという実体法上の規定（民法（以下，法令名省略。）612　20
条1項）と，賃貸人の承諾がなかったという消極的事実の主張・立証責任を賃貸人の側に負わせることは立証責任の公平負担という観点から妥当でないことから，転貸借契約の成立を主張する側が賃貸人の承諾があった事実を主張しなければならないと考える。そこで，Qは③〜⑥の各事実に加えて，BY間の本件転貸借契約についてAの承諾があったこと　25
を主張する必要がある。

←○要件事実を理解した説明になっている

第3　設問2について

1　AB間の本件賃貸借契約に関する契約書は2通作成されABが各1枚保有しているというのであるから，PはAが有する本件賃貸借契約に関する契約書の申出を検討すべきである（民訴法219条参照）。　30

←○有力な証拠をあげている

2　また，本件契約書に記載された本件特約がB又はYによって後で書き加えられたものであることを立証すべく，対照の用に供すべくB及びYの筆跡を備える文書その他の物件の提出（同法229条2項・223条）又は送付（同法229条2項・226条）を検討すべきである。

←○有力な証拠をあげている

第4　設問3(1)について　35

YはBの唯一の相続人としてBの有する一切の権利法律関係を包括承継したのであるから（896条本文），Qは端的に占有権限の抗弁の内容として本件建物の賃借権を主張すべきである。

←△従前の抗弁である転借権の抗弁がどうなるかを説明したい

第5　設問3(2)について

Pは無断転貸を理由に民法612条2項に基づいてXが本件賃貸借契約を解　40
除したことを再抗弁として主張することになる。本件賃貸借契約の解除によりYの主張する本件建物の賃借権取得の効果の消滅し，Xの主張する請求原因の効果が復活するから再抗弁となる。

←○適切な再抗弁を指摘している

第6　設問4について

1　結論
　　裁判所は本件賃貸借契約の解除の効力について無効と判断する。
2　理由
　⑴　Aは本件建物の無断転貸を理由に612条2項に基づいて本件賃貸借
　　契約の解除を主張しているものと考えられる。
　⑵　612条2項は賃貸人の承諾を得ることなく無断で目的物の転貸を行
　　うことで賃貸人に賃貸借契約の解除権が発生するとしており，Bは本
　　件建物をAに無断でYに転貸していることから同項に基づきAによる
　　本件賃貸借の解除は有効になるとも思える。
　　　しかし612条2項の趣旨は，賃貸借契約が信頼関係を基礎にした継
　　続的契約であるという特質に鑑みて，無断転貸が行われれば原則とし
　　て賃貸人と賃借人の間で信頼関係が破壊されたとして解除権の発生を
　　認めたことにある。かかる趣旨から，賃借人による目的物の無断転貸
　　が賃貸人に対する背信的行為に当たらない特段の事情があれば例外的
　　に同項に基づく解除権の発生は障害されると考える。
　⑶　それでは本問ではこのような特段の事情は存在したといえるか。
　　　確かに，本件賃貸借契約はBがAの友人であるという個性に着目し
　　て締結されており，賃料が相場より安く定められたことはその表れで
　　ある。するとこのようなBが本件建物をAに無断で転貸すればAB間の
　　信頼関係は破壊されており，上記特段の事情は認められないと思える。
　　　しかし，Bが本件建物を転貸した相手はBの息子であるYであり，B
　　と密接な関わりを持つ者であるし，B自身が転貸借契約を締結するの
　　に賃貸人の承諾が必要であることは知らなかったのであり，特にAを
　　困らせる目的で本件建物の転貸を行ったわけでもなかった。これらの
　　事情からは，本問ではBによるYへの本件建物の無断転貸はAに対す
　　る背信的行為に当たらない特段の事情があったといえる。
　⑷　なお，Bはその後無断転貸の事実を隠ぺいするために本件契約書に
　　本件特約を書き加えたり，Yに対し本件転貸借契約の締結については
　　Aの承諾を得ていると嘘をつきYにこれを信じ込ませ本件建物の転貸
　　を行ったりしているのであるが，これらはすべて平成24年7月16日以
　　降の事実であり，上記特段の事情の有無に影響を与えるものではない。
　⑸　以上より612条2項に基づく解除権の発生は障害されることから，
　　平成24年7月16日にAがした本件賃貸借契約の解除は無効である。
第7　設問5について
1　まず，Pは弁護士職務基本規程29条1項に基づいて，Xに事件の見通
　し，処理の方法について説明しなければならない。
2　また，PがXの依頼を受け受任したが仮にYに対する訴訟で敗訴した
　場合は，本件建物の売買契約を締結したXA間でXが本件建物を購入し
　たもののYから明渡しを受けられなかったことを理由に新たな紛争が生
　じうる。そしてPはAとも長年法律相談を受けてきた関係にあるという
　のであるから，同規程32条に基づいてXに辞任の可能性その他不利益を
　及ぼすおそれがあることを説明しなければならない。

　　　　　　　　　　　　　　　　　　　　　　　　　　　　　　以上

　45

　50

　55

　60

　65

　70

　75

　80

　85

⇦○結論を先に示す点がよい

⇦△問題文から明らかなので断定してよい

⇦△事実認定が中心なので長く書かなくともよい

⇦○反対事情に触れている

⇦△この程度の事実と評価では，背信性を否定するのは難しい

⇦△答案上でなお書は避けたい

⇦△日付のもつ意味を明示したい

⇦○条文を正しく指摘している

⇦○利害対立に着目する点はよい

⇦×受任後の事情であるから42条が正しい

① 全体

全体的に十分な量の記述がなされている。このぐらいの分量を書くことは短い試験時間のなかでは困難なので，無理にこのぐらいの分量を書くことを目標としなくてよい。必要最低限のことを書き，それにプラスして書ければ十分合格答案になるからである。

また，本答案の特徴として，断定的な記述ではなく「思われる」など断定を避ける文言が多用されている。断定できる箇所でこの表現を用いると自信のなさが伝わるため，採点者にとって内容に関しても自信がないように感じてしまうので，断定できるところは断定するほうが望ましい。

② 設問1

小問(1)については，占有権原の抗弁として引渡しが必要な理由を問われているが，この答案は，それに答えようとしているものの，的を射た解答になっていない。占有の適法性に着目すればなおよい答案になったであろう。小問(2)については，承諾の抗弁について主張が必要になる理由を転貸借の条文，要件から導きだすという点が要件事実について理解しているということをうかがわせるので大変印象のよい答案となっている。

③ 設問2

設問2は初見の問題であったと思われるが，短い時間のなかでよく考えられている。短い試験時間中にこれだけ考えられれば十分である。

④ 設問3

相続した賃借権を抗弁として主張する点はよいが，従前の転貸借契約に基づく占有権原の抗弁の帰結について説明しないと十分な答案にはならない。なぜ，この主張が必要かという点を意識しておくとよい。

⑤ 設問4

この答案は，背信性を否定した珍しい答案である。事実認定においてはいずれの結論をとろうともそれによる不利益はないので，自身の考える結論を書けばよい。しかしながら，大多数の受験生の考える結論と異なる場合には，説得的な答案でなければならない。

本設問では，一見して背信性を肯定する事情が多いのであるから，それらの事実に対して適切な反論を加え，背信性を否定する事実を拾って説得的に論述しなければ，背信性を否定するのは難しい事案である。本答案は，反対事情に目を向けているもののそれに対する反論が不十分である。特に，賃貸借契約において重要な賃借人の性質に触れる必要があるが，本答案は，Yの属性に関してはいっさい触れていない。これでは，背信性を否定する結論として説得的なものにならないので，事実認定としては不十分である。

さらに，「たしかに……しかし……」で反論をしたかのようにみえるが，これらの順番を逆にすれば，容易に結論は逆になる。これでは反論として成り立っていない。反論をするためには，背信性の肯定事情である転借人Yの個人的性質よりも，背信性の否定事情であるBに害意がない事実や，BとYが親子であるという事実が，優越するということを示さなければならない。そのためには，害意がない事実や，BとYが親子であるという事実が，どうして背信性を否定する事情となり，その強さはいかほどなのかを論述しなければならない。そのためには，そもそもどうして無断転貸だと背信性が原則として認められるのか，賃貸借契約の基礎となる信頼関係とはそもそも何か，という点に対する理解が不可欠である。

判例を読む際には，このような点に着目して読むと，更に理解が深まるだろう。

⑥ 設問5

本答案は，指摘すべき弁護士職務基本規程について一部条文が間違っているが，十分に合格水準の答案となっている。ただ，AX間で紛争の可能性を指摘するだけでなく，それが利益相反となりうることを指摘すれば，なおよい答案となっていたであろう。

第12問　平成26年予備試験論文問題

（〔設問1〕から〔設問5〕までの配点の割合は，8：16：4：14：8）

　司法試験予備試験用法文を適宜参照して，以下の各設問に答えなさい。

〔設問1〕
　弁護士Pは，Xから次のような相談を受けた。

【Xの相談内容】
　「私の父Yは，その妻である私の母が平成14年に亡くなって以来，Yが所有していた甲土地上の古い建物（以下「旧建物」といいます。）に1人で居住していました。平成15年初め頃，Yが，生活に不自由を来しているので同居してほしいと頼んできたため，私と私の妻子は，甲土地に引っ越してYと同居することにしました。Yは，これを喜び，旧建物を取り壊した上で，甲土地を私に無償で譲ってくれました。そこで，私は，甲土地上に新たに建物（以下「新建物」といいます。）を建築し，Yと同居を始めました。ちなみにYから甲土地の贈与を受けたのは，私が新建物の建築工事を始めた平成15年12月1日のことで，その日，私はYから甲土地の引渡しも受けました。
　ところが，新建物の完成後に同居してみると，Yは私や妻に対しささいなことで怒ることが多く，とりわけ，私が退職した平成25年春には，Yがひどい暴言を吐くようになり，ついには遠方にいる弟Aの所に勝手に出て行ってしまいました。
　平成25年10月頃，Aから電話があり，甲土地はAに相続させるとYが言っているとの話を聞かされました。さすがにびっくりするとともに，とても腹が立ちました。親子なので書類は作っていませんが，Yは，甲土地が既に私のものであることをよく分かっているはずです。平成16年から現在まで甲土地の固定資産税等の税金を支払っているのも私です。もちろん母がいるときのようには生活できなかったかもしれませんが，私も妻もYを十分に支えてきました。
　甲土地は，Yの名義のままになっていますので，この機会に，私は，Yに対し，所有権の移転登記を求めたいと考えています。」

　弁護士Pは，【Xの相談内容】を受けて甲土地の登記事項証明書を取り寄せたところ，昭和58年12月1日付け売買を原因とするY名義の所有権移転登記（詳細省略）があることが明らかとなった。弁護士Pは，【Xの相談内容】を前提に，Xの訴訟代理人として，Yに対し，贈与契約に基づく所有権移転登記請求権を訴訟物として，所有権移転登記を求める訴えを提起することにした。

　以上を前提に，以下の各問いに答えなさい。
(1)　弁護士Pが作成する訴状における請求の趣旨（民事訴訟法第133条第2項）を記載しなさい。
(2)　弁護士Pは，その訴状において，「Yは，Xに対し，平成15年12月1日，甲土地を贈与した。」との事実を主張したが，請求を理由づける事実（民事訴訟規則第53条第1項）は，この事実のみで足りるか。結論とその理由を述べなさい。

〔設問2〕
　上記訴状の副本を受け取ったYは，弁護士Qに相談した。贈与の事実はないとの事情をYから聴取した弁護士Qは，Yの訴訟代理人として，Xの請求を棄却する，贈与の事実は否認する

旨記載した答弁書を提出した。

　平成26年２月28日の本件の第１回口頭弁論期日において，弁護士Ｐは訴状を陳述し，弁護士Ｑは答弁書を陳述した。また，同期日において，弁護士Ｐは，次回期日までに，時効取得に基づいて所有権移転登記を求めるという内容の訴えの追加的変更を申し立てる予定であると述べた。

　弁護士Ｐは，第１回口頭弁論期日後にＸから更に事実関係を確認し，訴えの追加的変更につきＸの了解を得て，訴えの変更申立書を作成し，請求原因として次の各事実を記載した。

　　①　Ｘは，平成15年12月１日，甲土地を占有していた。
　　②　〔ア〕
　　③　無過失の評価根拠事実
　　　　平成15年11月１日，Ｙは，Ｘに対し，旧建物において，「明日からこの建物を取り壊す。取り壊したら，甲土地はお前にただでやる。いい建物を頼むぞ。」と述べ，甲土地の登記済証（権利証）を交付した。〔以下省略〕
　　④　Ｘは，Ｙに対し，本申立書をもって，甲土地の時効取得を援用する。
　　⑤　〔イ〕
　　⑥　よって，Ｘは，Ｙに対し，所有権に基づき，甲土地について，上記時効取得を原因とする所有権移転登記手続をすることを求める。

　以上を前提に，以下の各問いに答えなさい。
(1)　上記〔ア〕及び〔イ〕に入る具体的事実を，それぞれ答えなさい。
(2)　上記①から⑤までの各事実について，請求原因事実としてそれらの事実を主張する必要があり，かつ，これで足りると考えられる理由を，実体法の定める要件や当該要件についての主張・立証責任の所在に留意しつつ説明しなさい。
(3)　上記③無過失の評価根拠事実（甲土地が自己の所有に属すると信じるにつき過失はなかったとの評価を根拠付ける事実）に該当するとして，「Ｘは平成16年から現在まで甲土地の固定資産税等の税金を支払っている。」を主張することは適切か。結論とその理由を述べなさい。

〔設問３〕
　上記訴えの変更申立書の副本を受け取った弁護士Ｑは，Ｙに事実関係の確認をした。Ｙの相談内容は次のとおりである。

【Ｙの相談内容】
　「私は，長男Ｘと次男Ａの独立後しばらくたった昭和58年12月１日，甲土地及び旧建物を前所有者であるＢから代金3000万円で購入して所有権移転登記を取得し，妻と生活していました。

　その後，妻が亡くなってしまい，私も生活に不自由を来すようになりましたので，Ｘに同居してくれるよう頼みました。Ｘは，甲土地であれば通勤等が便利だと言って喜んで賛成してくれました。私とＸは，旧建物は私の方で取り壊すこと，甲土地をＸに無償で貸すこと，Ｘの方で二世帯が住める住宅を建てることを決めました。

　しかし，いざ新建物で同居してみると，だんだんと一緒に生活することが辛くなり，平成25年春，Ａに頼んでＡの所で生活をさせてもらうことにしました。

　このような次第ですので，私が甲土地上の旧建物を取り壊して甲土地をＸに引き渡したこと，Ｘに甲土地を引き渡したのが新建物の建築工事が始まった平成15年12月１日であり，それ以来Ｘが甲土地を占有していること，Ｘが新建物を所有していることは事実ですが，私は

Xに対し甲土地を無償で貸したのであって、贈与したのではありません。平成15年12月1日に私とXが会って新築工事の話をしましたが、その際に甲土地を贈与するという話は一切出ていませんし、書類も作っていません。私には所有権の移転登記をすべき義務はないと思います。」

弁護士Qは、【Yの相談内容】を踏まえて、どのような抗弁を主張することになると考えられるか。いずれの請求原因に関するものかを明らかにした上で、当該抗弁の内容を端的に記載しなさい（なお、無過失の評価障害事実については記載する必要はない。）。

〔設問4〕
　第1回弁論準備手続期日において、弁護士Pは訴えの変更申立書を陳述し、弁護士Qは前記抗弁等を記載した準備書面を陳述した。その後、弁論準備手続が終結し、第2回口頭弁論期日において、弁論準備手続の結果の陳述を経て、XとYの本人尋問が行われた。本人尋問におけるXとYの供述内容の概略は、以下のとおりであった。

【Xの供述内容】
　「私は、平成15年11月1日、旧建物に行き、Yと今後の相談をしました。その際、Yは、私に対し、『明日からこの建物を取り壊す。取り壊したら、甲土地はお前にただでやる。いい建物を頼むぞ。』と述べ、甲土地の登記済証（権利証）を交付してくれました。私は、Yと相談して、Yの要望に沿った二世帯住宅を建築することにし、Yが住みやすいような間取りにしました。
　新建物は、仮にYが亡くなった後も、私や私の妻子が末永く住めるよう私が依頼して鉄筋コンクリート造の建物としました。
　平成15年12月1日、更地になった甲土地で新建物の建築工事が始まることになり、Yと甲土地で会いました。Yは、『今日からこの土地はお前の土地だ。ただでやる。同居が楽しみだな。』と言ってくれ、私も『ありがとう。』と答えました。
　私はその日に土地の引渡しを受け、工事を開始し、新建物を建築しました。その後、私は、甲土地の登記済証（権利証）を保管し、平成16年以降、甲土地の固定資産税等の税金を支払い、Yが勝手に出て行った平成25年春までは、その生活の面倒も見てきました。
　新建物の建築費用は3000万円で、私の預貯金から出しました。移転登記については、いずれすればよいと思ってそのままにし、贈与税の申告もしていませんでした。なお、親子のことですから、贈与の書面は作っていませんが、Yが事実と異なることを言っているのは、Aと同居を始めたからに違いありません。」

【Yの供述内容】
　「私は、平成15年11月1日、旧建物で、Xと今後の相談をしましたが、その際、私は、Xに対し、『明日からこの建物を取り壊す。取り壊したら、甲土地はお前に無償で貸す。いい建物を頼むぞ。』と言ったのであって、『譲渡する』とは言っていません。Xには、生活の面倒を見てもらい、甲土地の固定資産税等の支払いをしてもらい、正直、私が死んだら、甲土地はXに相続させようと考えていたのは事実ですが、生前に贈与するつもりはありませんでしたし、贈与の書類も作っていません。なお、甲土地の登記済証（権利証）を交付しましたが、これは旧建物を取り壊す際に、Xに保管を依頼したものです。
　平成15年12月1日、更地になった甲土地で新建物の建築工事が始まることになり、Xと甲土地で会いましたが、私が言ったのは、『今日からこの土地はお前に貸してやる。お金はいらない。』ということです。その日からXが新建物の工事を始め、私の意向を踏まえた二世

帯住宅が建ち，私たちは同居を始めました。

　しかし，いざ新建物で同居してみると，Xらは私を老人扱いしてささいなことも制約しようとしましたので，だんだんと一緒に生活することが辛くなり，平成25年春，別居せざるを得なくなったのです。Xには，誰のおかげでここまで来れたのか，もう一度よく考えてほしいと思います。」

　本人尋問終了後に，弁護士Qは，次回の第3回口頭弁論期日までに，当事者双方の尋問結果に基づいて準備書面を提出する予定であると陳述した。弁護士Qは，「Yは，Xに対し，平成15年12月1日，甲土地を贈与した。」とのXの主張に関し，法廷におけるXとYの供述内容を踏まえて，Xに有利な事実への反論をし，Yに有利な事実を力説して，Yの主張の正当性を明らかにしたいと考えている。

　この点について，弁護士Qが作成すべき準備書面の概略を答案用紙1頁程度の分量で記載しなさい。

〔設問5〕

　弁護士Qは，Yから本件事件を受任するに当たり，Yに対し，事件の見通し，処理方法，弁護士報酬及び費用について一通り説明した上で，委任契約を交わした。その際，Yから「私も高齢で，難しい法律の話はよく分からない。息子のAに全て任せているから，今後の細かい打合せ等については，Aとやってくれ。」と言われ，弁護士Qは，日頃Aと懇意にしていたこともあったため，その後の訴訟の打合せ等のやりとりはAとの間で行っていた。

　第3回口頭弁論期日において裁判所から和解勧告があり，XY間において，YがXに対し甲土地の所有権移転登記手続を行うのと引換えにXがYに対し1500万円を支払うとの内容の和解が成立したが，弁護士Qは，その際の意思確認もAに行った。また，弁護士Qは，和解成立後の登記手続等についても，Aから所有権移転登記手続書類を預かり，その交付と引換えにXから1500万円の支払を受けた。さらに，弁護士Qは，受領した1500万円から本件事件の成功報酬を差し引いて，残額については，Aの指示により，A名義の銀行口座に送金して返金した。

　弁護士Qの行為は弁護士倫理上どのような問題があるか，司法試験予備試験用法文中の弁護士職務基本規程を適宜参照して答えなさい。

答案構成用紙

① 設問1

小問(1)は，請求の趣旨を問うものである。請求の趣旨は，それぞれ決まった言い方が存在し，司法修習中や実務に就いてからも必ず書くことになるため，この機会に覚えておくとよいであろう。

本件では，原告は被告に対して土地の登記を移すように求めている。まず，登記を実際に移すのはあくまで登記官であり，被告はその手続をする義務を負うにとどまる。そのため，被告に対しては所有権移転登記手続をするよう求める。

次に，登記の場合は判決文を登記所に提出して登記を移転してもらうため，登記を移転するために必要な事項が記載されていなければならない。ここで，登記には所有権登記や抵当権登記など，種々のものがあるため，単に「登記」ではなく，「所有権移転登記」と記載しなければならない。そして，移転登記の場合は登記原因が必要である。本件では，平成15年12月1日の贈与契約が原因であるから，これを記載する必要がある。最後に，対象となる土地・建物が記載されている必要がある。本件では，甲土地が目的物である。

小問(2)は，請求原因として何が必要か問うものである。本件でXはYに対し，Yから土地を贈与されたことを理由に，登記をXに移すよう求めているから，債権的登記請求権である。

債権的登記請求権とは，当事者間で一定の登記手続をするとの合意がされた場合等に発生する登記請求権である。贈与契約は当事者の一方が自己の財産を無償で相手方に与える諾成契約である（549条）ところ，この事実のみをもって登記請求権が発生する。

② 設問2

小問(1)(2)は，取得時効とそれに基づく移転登記請求権の要件事実を問うものである。要件事実の問題は実体法上の要件から導きだす必要がある。

追加された訴えは，所有権に基づく妨害排除請求権としての所有権移転登記請求なので，その請求原因は，Ⅰ甲土地をXが所有していること，Ⅱ甲土地にY名義の登記が存在することである。

まず，Ⅰについて，所有権取得原因は時効取得である。実体法上の短期取得時効の要件は，ⓘ10年間，ⓘⓘ所有の意思をもって，ⓘⓘⓘ平穏かつ公然に，ⓘⓥ他人の物を，ⓥ占有し，その占有開始時にⓥⓘ善意かつⓥⓘⓘ無過失であること（162条2項）である。次に，主張立証責任の観点から考えると，186条1項によれば，占有の事実があればⓘⓘとⓘⓘⓘとⓥⓘは推定されるため，Xが主張立証する必要はない（暫定真実）。また，前後両時点での占有が立証されれば，その間に挟まれた期間は占有が継続しているという推定がはたらく（186条2項）。そのため，占有開始時と，時効期間経過時の占有のみを立証すれば，ⓘとⓥを主張立証したことになる。時効期間の計算は，初日不算入の原則（140条本文）から，占有開始時の翌日から起算して時効期間の経過を計算する。さらに，判例上，自己物の時効取得も認められているため，ⓘⓥは要件として不要である。

加えて，ⓥⓘⓘⓘ時効は当事者の援用を必要とする（145条）ため，これを主張する必要がある。

以上が，要件Ⅰであり，これに加えて，要件Ⅱに該当する事実としてⓘⓧ相手に妨害状態として登記が存在することを主張立証する必要がある。

よって，Xが主張するべき要件事実は，ⓘⓥ平成15年12月1日時点の占有，平成25年12月1日経過時の占有，ⓥⓘⓘ無過失の評価根拠事実，ⓥⓘⓘⓘ時効の援用，ⓘⓧ甲土地についてY名義の所有権登記が存在すること，である。欠けているのは，〔ア〕平成25年12月1日経過時の占有と，〔イ〕甲土地についてY名義の所有権登記が存在すること，である。

小問(3)は，無過失の要件の理解を問うものである。無過失の判断時期は占有開始時である。本件では占有開始時である平成15年12月1日の時点での無過失を根拠づける事実を主張立証する必要があるので，平成16年以降，固定資産税を支払っていた事実は，占有開始後の事情であり関係ない。よって，これを主張立証することは適切ではない，ということがわかる。

③ 設問3

Yの言い分は，Xに対して甲土地を譲渡したのではなく，貸したにすぎない，というものである。この言い分は，贈与の事実を否定するとともに，時効取得も否定する意義を有する。Xの占有権原

が使用貸借によるものであれば，所有の意思という要件を欠くからである（他主占有権原）。

ここで，贈与契約に基づく所有権移転登記請求との関係では，贈与契約の事実は，原告が主張立証する必要がある。Yの言い分はこれと両立しないため，否認である。一方で，時効取得を原因とする所有権移転登記請求との関係では，他主占有を基礎づける事実は，186条1項により立証責任が転換されるため，時効取得の成立を阻害するYが主張立証する事実となる。そこで，Yの言い分は，Xの時効取得に対する抗弁となる。

本設問は，どのような「抗弁」を主張するかを問うているため，後者のみを解答すればよい。

4 設問4

設問4では，「Xに有利な事実への反論」と「Yに有利な事実を力説」することが求められている。すなわち，本件の争点である，XY間の契約が贈与か使用貸借か，という点について，積極消極両方の事実を拾い，Yの代理人の立場からこれらを評価することが求められている。

Xに有利な事実のひとつは，土地の権利証をYがXに交付したという点である。これに反論するためには，Yの主張する法律構成でも，当該事実を矛盾なく説明できることを示せばよい。たとえば，XY間の契約は使用貸借であったとしても，Yは高齢であるから，みずからが信頼できるXに土地の権利証の管理を任せた可能性があると考えれば説明がつく。

逆に，Yに有利な事実は，Xが主張する法律構成からは説明できないことを示せばよい。たとえば，甲土地について所有権移転登記をしていない事実がある。贈与契約であって，節税のためにあえて移転させていないということは考えられなくはない。しかし，Yが死亡してXが相続することになれば，どちらにせよ相続税や登録免許税がかかる。それなのにあえて現実の権利関係を反映させず，Yに登記を残しておく合理的な理由はない。

このように，積極消極両方の事実を拾いあげたうえで，それを自分なりに考えて評価し，Yの訴訟代理人としてYに有利な主張をすることが求められる。

5 設問5

最初にあげられる問題点は，弁護士QがもっぱらAとのみ打合せをして和解を締結した点である。

弁護士職務基本規程では，そもそも弁護士が依頼者の意思を尊重するよう義務づけ（22条），加えて事件の処理中の説明（36条），事件処理結果の説明（44条）が義務づけられている。弁護士は依頼者の代理人であるから，本人たる依頼者の意思を尊重するよう定められた規定である。

もっとも，すべての事項について依頼者に逐一確認をとることは迂遠であり現実的ではないし，Y自身も，細かい打合せを息子のAに任せている。しかし，委任事務の帰結に結びつくような決断，たとえば訴訟上の和解の可否やその条件という点は，依頼者の意思をもっとも尊重すべき場面であるから，依頼者に直接確認をとる必要がある。

本件で弁護士Qは，Yの意思確認をせず，もっぱらAとのみ協議して1500万円で和解を成立させている点で，規程22条に照らして問題がある。

次に，弁護士は，依頼者に対して，事件処理を報告する義務（36条）や結果を説明する義務（44条）を負っているが，弁護士Qは，依頼者Yに対していっさい説明していないため，規程36条，44条に違反している。

さらに，弁護士Qが和解金1500万円から勝手に報酬を差し引いている点である。報酬額は弁護士側に立証責任があると考えられるため，安易に相殺をして回収することは依頼者との紛争につながる。そのため，預り金等の返還について定める規程45条に照らして，なるべく避けるべき行動とされている。

最後に，和解金1500万円をAに送金した点である。当然のことながら，和解の当事者はYとXなのであり，和解金1500万円はYに支払われるべき金銭である。弁護士Qは事務処理上，これを一時的に預かったにすぎないのであるから，委任事務の終了にあたって依頼者にこれを返還すべきである（45条）。しかし，弁護士Qは，YではなくAに送金している。YとAは親子関係であり，事務処理を任せていたのであるからAに送金することは問題ないように思えるが，実の親子関係であってもXとYのように紛争が生じるおそれはある。無用なトラブルを避けるため，弁護士Qは直接依頼人Yへと送金するべきだった。この点で，規程45条に照らして問題がある。

第1　設問1について
1　小問(1)について
　　被告は，原告に対し，甲土地について，平成15年12月1日贈与を原因
とする所有権移転登記手続をせよ。
2　小問(2)について
　　本件において，Pは贈与契約に基づく所有権移転登記請求権を訴訟物
として所有権移転登記を求める訴えを提起しており，このような訴訟に
おける訴訟物はXY間の贈与契約を発生原因とする債権的登記請求権で
ある。そして，債権的登記請求権における請求原因事実は，登記に関す
る当事者間の債権債務関係の発生を基礎づける事実のみである。
　　ここで，本件におけるXY間の登記に関する債権債務関係の発生を基
礎づける事実は，XY間の贈与契約締結の事実である。
　　したがって，Pが請求原因事実として主張すべき事実は訴状記載の事
実のみで足りる。
第2　設問2について
1　小問(1)について
　　〔ア〕に入る具体的事実は，「Xは，平成25年12月1日経過時，甲土地
を占有していた。」という事実である。
　　〔イ〕に入る具体的事実は，「甲土地について，Y名義の所有権移転登
記が存在する。」という事実である。
2　小問(2)について
(1)　実体法上，時効取得に基づく所有権移転登記手続請求が認められる
　ための要件は，ⅰ所有の意思をもって，ⅱ平穏かつ公然と，ⅲ目的物
　を10年間占有すること，ⅳ占有開始時に善意であって，ⅴ善意であっ
　たことについて無過失であること（民法162条2項，以下法名略），ⅵ
　時効援用の意思表示があること（145条），ⅶ被告名義の所有権登記が
　存在していることである。162条2項は「他人の物」の占有を要件と
　しているが，時効取得の対象物は自己物でもよいと考えられるから，
　これは実体法上の要件とならない。
　　ここで，ⅰ，ⅱ，ⅳについては，186条1項により推定されるため
　原告側が請求原因事実として主張する必要はない。
　　また，ⅲの点について，前後両時点における占有の事実があれば，
　占有はその間継続したものと推定されるから（186条2項），ⅲに該当
　する事実としては，ある時点における目的物占有の事実と10年後にお
　ける目的物占有の事実を主張すれば足りる。ⅴの点については，ⅴは
　規範的要件であるから，その評価根拠事実を主張する必要がある。
　　したがって，Pが請求原因事実として主張すべき事実は，ⅲ，ⅴ，
　ⅵ，ⅶに該当する事実である。
(2)　これを本件についてみると，①，②の事実が上記ⅲに該当する。ま
　た，③の事実はⅴの評価根拠事実である。さらに，④，⑤の事実はそ
　れぞれⅵ，ⅶに該当する事実である。
(3)　よって，Pが請求原因事実として①から⑤までの事実を主張する必
　要があり，かつ，これで足りる。
3　小問(3)について

5

10

15

20

25

30

35

40

➡登記請求権の性
　質を指摘する

➡必要な事実を指
　摘する

➡問いに答える

➡要件事実は条文
　・実体法から考
　える

➡原告が主張する
　べき要件事実を
　指摘

162条2項の無過失の判断時期は占有の開始時であるから，占有開始後の事実は無過失の評価根拠事実とならない。

したがって，無過失の評価根拠事実として，「Xは平成16年から……支払っている」という，甲土地占有開始日である平成15年12月1日以後の事実を主張することは不適切である。

第3　設問3について

弁護士Qは，時効取得に基づいて所有権移転登記を求める訴えにおける請求原因に対する抗弁として，Xの甲土地の占有は，使用貸借契約（593条）に基づくものであるから，「所有の意思をもって」継続されたものではなく取得時効は成立しないとの，他主占有権原の抗弁を主張することになると考えられる。

第4　設問4について

1　Xは甲土地の登記済証を保管しているが，使用貸借契約であっても，旧建物を取り壊す際にYが一時的に依頼した可能性もあり，これをもって甲土地の贈与契約が締結されたということはできない。

2　Xは平成16年以降甲土地の固定資産税等の税金を支払っているが，これはXがYから無償で土地の貸与を受けた見返りとして，Xが支払った可能性もあり，贈与契約締結の事実を推認することはできない。

3　Xは，Yと同居する二世帯住宅である新建物の建築費用3000万円を全額負担しているが，甲土地を無償で借りることへの見返りだったとしても十分説明できる。そのため，上記建築費用の負担の事実をもって甲土地の贈与があったということはできない。

4　甲土地はYがBから3000万円で購入したものであるが，このような高価な不動産を贈与する際には書面を作成するのが通常である。しかし，本件において贈与の書面は存在しない。

5　高価な不動産の贈与があった場合，すみやかに所有権移転登記がなされるのが通常であるが，本件においてはこれがなされていない。また，贈与があった場合，贈与税の申告が必要となるが，本件において申告があったという事実もない。

6　以上より，Yが甲土地をXに贈与したという事実はない。

第5　設問5について

まず，依頼者たるYの利益に大きく影響する和解および和解成立後の登記手続に際し，Aにのみ意思確認を行い，Y本人に意思確認をしなかった点については，弁護士職務基本規程（以下「規程」という）22条1項に反するという問題がある。

また，弁護士は依頼者に対して事件処理の報告する義務（規程36条），結果の説明をする義務（規程44条）を負っているところ，弁護士Qは，Yにいっさい説明していないため，規程36条，44条に反する問題がある。

次に，受領した1500万円からYの同意なく成功報酬を差し引いた点については，規程45条に反するという問題がある。

さらに，受領した1500万円から成功報酬を差し引いた残額について，Y本人に返還せず，A名義の銀行口座に送金した点についても，規程45条に反するという問題がある。

以上

45　➡無過失要件の正確な理解を示す

50　➡抗弁の対象となる請求原因の指摘
➡抗弁の内容

➡Xに有利な事実に対する反論①

60　➡Xに有利な事実に対する反論②

➡Xに有利な事実に対する反論③

65

➡Yに有利な事実の強調①

70　➡Yに有利な事実の強調②

75

80

➡報酬の回収のため，勝手に相殺した点

85　➡YではなくAに送金した点

　設問1は，贈与契約に基づく所有権移転登記請求権を訴訟物とする訴訟において，原告代理人が作成すべき訴状における請求の趣旨および請求を理由付ける事実について説明を求めるものであり，債権的登記請求権の特殊性に留意して説明することが求められる。

　設問2は，所有権に基づく妨害排除請求権としての所有権移転登記請求の請求原因事実についての理解を問うものであり，短期取得時効（民法第162条2項）の法律要件を民法第186条の規定に留意して説明することが求められる。

　設問3は，使用貸借の主張が，いずれの請求原因に対し，いかなる抗弁となり得るかについて問うものである。

　設問4は，贈与契約の成否という争点に関し，被告代理人が作成すべき準備書面において，当事者尋問の結果を踏まえ各供述をどのように取り上げるべきかについての概要の説明を求めるものであり，主要事実との関係で各供述の位置付けを分析し，重要な事実を拾って，検討・説明することが求められる。

　設問5は，弁護士倫理の問題であり，弁護士職務基本規程の依頼者との関係における規律に留意しつつ，被告代理人の各行為の問題点を検討することが求められる。

講　評 ‖‖

1　設問1

　小問(1)は，正確に記載できている答案はほとんどなかった。ただ，この問いは単純な知識問題であり，配点も高くはないため，初見であればできなくても気にする必要はないだろう。もっとも，平成27年予備試験論文式問題においても出題されているので，確実にできるようにしておく必要がある。

　小問(2)は，Xの請求が債権的登記請求権であることを指摘し，債権的登記請求権ならば契約の成立のみをもって請求権が発生することを，理由を付して書けていた答案は高評価であった。一方で，債権的登記請求権ならばなぜ，契約の成立だけで十分なのか，理由を付していない答案や，そもそもこの請求権が債権的登記請求権であることを理解していないと見受けられる答案もあり，そのような答案は低評価にとどまった。

2　設問2

　小問(1)は，多くの答案がおおむね書けていたが，〔ア〕で12月1日「経過時」という文言を落としている答案が目立った。到来と経過の区別には敏感になってもらいたい。

　小問(2)は，短期取得時効の要件をまず162条2項からあげ，ついで186条から，請求原因事実として主張すべき要件を列挙し，最後に問題文記載の主張でこれらをみたすことを確認する，という流れができている答案が多かった。本設問では大きな差はつかないと思われる。

　小問(3)は，無過失が要求される時点が，占有開始時であるという点に思いがいたれば，容易に解答できる問題であった。しかし，この点に気づかずに適切であると解答したり，別の理由で適切でないとする解答したりする答案もあった。本設問は，答案により大きく差がつくものであったであろう。基準時の視点を忘れてはならない。

3　設問3

　2つあるXの請求のうち，時効取得に基づく所有権移転登記請求に対する抗弁であり，所有の意思を否定するものであるという点は，ほとんどの答案が書けていた。配点も低いため，点数に差がでる問題ではなかったであろう。

4　設問4

　まず前提として，贈与契約が締結された事実は，Xが主張立証責任を負うのだから，Yの代理人Qとしては，贈与契約が存在したか否かについて，反証として真偽不明にもち込めばよいのであって，積極的に使用貸借契約が締結されたことを主張立証する必要はない。

そうすると，Xに有利な事実（贈与契約があったと推認できる間接事実）に対する反論としては，贈与契約であっても使用貸借契約であってもその事実が発生しうる，ということを説明できればよい。積極的に，使用貸借契約だったからその事実が発生した，と説明する必要はない。

　また，Yに有利な事実（贈与契約がなかったと推認できる間接事実）を力説する際は，贈与契約であればその事実は発生しえない，矛盾する，ということを説明できればよい。そうすれば，贈与契約が存在したという認定をすることは困難になるからである。

　高評価の答案は，このような観点から本設問に答えることができている。YがXに対して土地の権利証を渡した事実や，Xが固定資産税を払っている事実は，争いのない事実であるが，これらはXY間の契約が使用貸借契約であったとしても十分に起こりうる事実であると，理由を付して記載できている。一方で，土地の登記移転をしていない事実や，書面を作成していない事実も，争いのない事実であるが，これらはXY間の契約が贈与であれば説明できない事実であると，理由を付して記載できている。

　一方で，低評価にとどまった答案は，XY間の契約が使用貸借であることを前提に，たとえば土地の権利証を渡した事実は，保管のために渡したことが明白であると強調したり，固定資産税を支払っているのは必要費（595条1項）や，使用貸借の対価であると断定したりする答案である。そのように断定できる理由があるならぜひとも記載してほしいが，そのような答案の多くは使用貸借であると思い込んでいるため，断定できる理由は記載していない。上記のように，積極的に使用貸借契約であることの立証を求められてはいないのであるから，一見Xに有利なこれらの事実があっても，贈与契約であるという推認がはたらかないことを示せば足るのであって，使用貸借から発生した事実であると断定する必要はない。

　同様に，Yに有利な事実を強調する際に，贈与税を支払っていない事実や書面を作成していない事実をあげ，真実は使用貸借契約であるとしたうえで，後からXが事実を歪曲していると非難するものや，XはYを邪険に扱ったということはYのことを嫌っているのだから，このような歪曲をしてXはYから土地を騙し取ろうとしているに違いないなどと，およそ本筋とは関係のない議論を展開する答案もあった。問題文の「力説」という指示に従ったつもりなのだろうが，そのようなことは求められていない。

⑤　設問5

　法曹倫理は，人によって理解の程度に差がある分野であるため，点数に差がつきやすい。民事実務基礎科目の出題範囲に含まれており，配点も決して低くないため，しっかりと勉強しておくことをお勧めする。

　高評価の答案は，依頼者Yの意思確認をしていない点につき，弁護士職務基本規程22条や36条をあげて，問題点を指摘できていた。特に依頼者の意思確認を必要とする趣旨までさかのぼり，YはAに細かい手続を任せていたとはいえ，和解という訴訟終了効が生じる訴訟行為をする際には，依頼者の自己決定権を重視するために，依頼者に直接問い合わせるべきと論じた優秀な答案もあった。また，和解金1500万円をAに送金した点につき，いくら親子であり細かい打合せを任されていたとはいえ，今後のトラブル防止のためにYに送金するべきではなかったのか，という問題意識をもてていた。

　一方で，YがAに手続を任せていたという点をまったく指摘せず，単にYに意思確認をしなかった点が問題であるとする答案や，和解金から成功報酬を差し引いた点のみを問題とし，これをAに送金した点に少しも触れていない答案もあった。そのような答案は低い評価にとどまった。

　また，時間がなかったからか，設問5についてほとんど触れていない答案もあった。一定の配点が明示されている設問につきほとんど触れられないと，その部分の点数は当然のことながら入らない。これを他の設問で取り返すことができなければ，合格することは困難となる。時間配分が重要であることを肝に銘じておくべきである。

優秀答案

第1　設問1(1)について（以下適用条文は民法）

　　本件での請求の趣旨は「Yは，甲土地について，Xに対し所有権移転登記手続をせよ」である。

⬅️△登記原因がない

第2　設問1(2)について

　　本件での請求は贈与契約に基づくものであるところ，贈与契約は冒頭規定たる549条より財産を付与する意思表示と相手方の受諾が必要とされている。かかる規定より贈与契約においては，当事者間の意思表示のみで契約が成立し用物性は要しない。したがって，贈与契約を示す事実主張は本件具体的事実で足りるので，かかる事実のみが請求を理由づける事実として必要かつ十分なものとなる。 5

⬅️×要物性が正しい字である

第3　設問2(1)について

　　本件でアに入る具体的事実は「Xは，平成25年12月1日，甲土地を占有していた。」である。またイに入る具体的事実は「Yは甲土地につき所有権の登記を有している」である。

⬅️△「経過時」が抜けている

第4　設問2(2)について 15

1　本件では口頭弁論が平成26年2月28日に行われていることから，Xは所有権の取得原因として162条2項の短期時効取得を主張していると考えられる。同項の要件について，まず「所有の意思」，「平穏」，「公然」，「善意」については186条1項で暫定真実とされており所有権を主張する原告は主張する必要がない。また，「他人の物」の要件は通常自己の 20 物を時効取得することはないからであり，主張する必要はない。そして，10年間の占有については186条2項より10年の時を隔てた二時点における占有を主張すればよい。過失の有無については，過失がないことを基礎づける具体的事実について主張すればよい。

⬅️×理由として不適切

　　本件では①，②，③の各事実が162条2項の要件を充足しかつ足りる 25 事実となる。

⬅️○原告が主張すべき事実について理解している

2　また時効の効果については，145条で時効の援用について定められているところ当事者意思の尊重の観点から時効の援用がなければ時効の効果は発生しないと考える。よって短期時効取得を基礎づける事実として時効の援用が必要である。 30

　　本件では④の事実がこれに該当する。

3　そして登記を求めるうえでは相手方の登記があることが前提とされるので，相手方の登記があることも主張しなければならない。もっとも登記の推定力は事実上のものにすぎず，登記保持権原の主張は抗弁としてなされることを要する。 35

　　本件では⑤の事実主張がこれにあたる。

4　以上より①〜⑤の事実の主張が必要かつ十分といえる。

第5　設問2(3)について

　　短期取得時効における過失の有無は162条2項の規定より占有開始時を基準に判断される。本件の事実は，占有開始が平成15年12月1日であると 40 ころそれより後の平成16年以降の事情を示すもので占有開始時の過失の有無を表す事実でない。よって本件事実の主張は不適切である。

⬅️○出題意図をしっかりとつかめている

第6　設問3について

　　Yは甲土地について使用貸借（593条）をした旨主張している。このこ

とはYの使用貸借を基礎づける事実となり，⑤の請求原因に対し登記保持権原の抗弁となる。

←×登記保持権原の抗弁ではない

第7　設問4について

　まずXの供述によれば，Yは「この土地はお前の土地だ。ただでやる」と述べたとされており，Xが受諾していることから両者の間で贈与契約が結ばれたとも思える。他方，Yの供述によればYは「譲渡する」とは言っていないとのところである。XとYは親子の関係にあるものの，土地の所有権を移転する際には通常何らかの契約書面を作ることが考えられるところ，本件ではそのような書面はない。また，契約から10年以上経ってから登記を行うのではなく，複雑な法律問題を回避するためにも贈与がなされていたならば契約から即座に登記を移転していたと考えられるところかかる事実もない。そして平成16年以降は固定資産税の支払いはXが行っていたとのことだが，所有権をYに残しながら家族の間柄であることからXが支払いを行うということは十分に想定できる。

←○経験則から考えている

←○自分なりに考えられている

　そして甲土地上の建物は3000万円という高額な金額についてXがすべて自らの預貯金から出したとのことであるが，建物はYの意向に沿った二世帯住宅でありYの居住を前提としている。かかる住宅を建設したことからは，XはYの土地所有を前提として建設を始めたと考えられ，贈与契約が締結されたとは推認できない。

←△やや飛躍がある。二世帯住宅の建設からなぜ土地のY所有が前提と考えられるのか

　以上の内容が準備書面の概略となる。

第8　設問5について（以下適用条文は弁護士職務基本規定）

1　まずQが和解についてAの意思確認のみ行った行為について，本件ではAとは細かい打ち合わせ等行うこととされてはいたが，和解という訴訟終結に関する事項についてまで当事者YでなくAと交渉して取り決めることは「委任の趣旨に関する依頼者の意思を尊重」して職務を行ったといえず22条1項違反となり弁護士倫理上の問題が生ずる。

2　次にQは所有権移転登記手続書類，1500万円の支払額を預かっており，前者については「善良な管理者の注意をもって保管」，後者については「預かり金であることを明確にする方法で保管し，その状況を記録」しないとそれぞれ39条，38条違反となり弁護士倫理上の問題が生じうる。

←△この点は，問題文には倫理上の問題を生じさせるような事情はない

3　また成功報酬を差し引いて，残額をA名義の銀行口座に送金して返金した行為について，当事者との取り決めもなく成功報酬を差し引いて残額を返金することは「委任契約に従った」といえず45条違反となり弁護士倫理上の問題が生ずる。

←△YではなくAに返金したことも問題になる

以上

優秀答案における採点実感 ▌▌▌

① 全体
　全体として，よく考えて書けている答案である。不正確な理解も散見されるものの，自分で考えられている答案は評価が高い傾向にある。

② 設問1について
　小問(1)は，登記原因の記載がない点が残念であるが，その他の点は書けている。完璧に書けるにこしたことはないが，優先順位は必ずしも高くはない。
　小問(2)は，債権的登記請求権という言葉自体には触れていないものの，条文から贈与契約の成立要件を検討している点が好印象である。また，なぜ贈与契約に基づく移転登記請求権であると，贈与契約の成立要件を主張すれば請求原因事実として足りるのか，という点に触れられるとよりよかったであろう。

③ 設問2について
　短期取得時効の要件と，その主張立証責任の所在について，正確に理解できている。要件事実は正誤がはっきりと分かれることが多いため，正確な理解をしている答案と不正確な答案では点数に差がつきやすいといえる。
　また，無過失要件の基準時にも正確に言及できているため，小問(3)も正確に解答できている。
　一方で，登記保持権原の抗弁に設問2で言及している点が気になった。登記保持権原の抗弁は相手の所有権は認めるものの，自分には登記を保持できる権原が存在する，という内容の抗弁である。原告が所有権に基づく移転登記請求をしている場合に，被告が原告の所有権を認めながら，同時に所有権登記の保持権原を主張する事態は通常考えられない。後にでてくるYの抗弁も，他主占有権原の抗弁であり，登記保持権原の抗弁ではない。

④ 設問3について
　Yの抗弁を登記保持権原の抗弁とするのは明確な誤りである。Yの抗弁は短期取得時効の要件たる「所有の意思をもって」占有した，という点を否定するものである。これは短期取得時効の成立を否定する側が抗弁として提出するという主張立証責任の分配になっている。そのため，他主占有権原の抗弁というべきものであって，登記保持権原の抗弁ではない。用語は正確に使うべきである。

⑤ 設問4について
　Xが主張するような贈与契約であれば当然あるはずの書面が存在しないことや，当然移転するはずの登記が移転していない点を，自分の頭で考えて強調できている。また，Xに有利と見える事実も，Yが主張するような使用貸借契約であっても同じ事実が発生しうることを，自分で考えて反論できている。
　形式面では，問いは「Xに有利な事実への反論」と，「Yに有利な事実を力説」であるから，Xに有利な事実とYに有利な事実を分けると，読みやすいだろう。

⑥ 設問5について
　YがAに細かい打合せ等を任せた点も触れつつ，よく書けている。ただ，Yの指示した「細かい打合せ」ではなかったから，Yに意思確認をしなければいけなかった，のではない。かりにYが「今後のことは全面的にAに任せる」と言っていたとしても，弁護士Qは和解という訴訟の終了，ひいては委任事務の帰結を決める事項を行うにあたっては，本人たるYに確認する必要がある。その点を誤解しないように注意したい。
　また，1500万円の和解金については，そこから報酬を差し引いた点よりも，Aに送金してしまった点のほうが問題であるため，そちらをまず書くとよいだろう。

〔設問1〕から〔設問4〕までの配点の割合は，14：10：18：8）

　司法試験予備試験用法文を適宜参照して，以下の各設問に答えなさい。

〔設問1〕
　弁護士Pは，Xから次のような相談を受けた。なお，別紙の不動産売買契約書「不動産の表示」記載の土地を以下「本件土地」といい，解答においても，「本件土地」の表記を使用してよい。

【Xの相談内容】
　「私は，平成26年9月1日，Yが所有し，占有していた本件土地を，Yから，代金250万円で買い，同月30日限り，代金の支払と引き換えに，本件土地の所有権移転登記を行うことを合意しました。
　この合意に至るまでの経緯についてお話しすると，私は，平成26年8月中旬頃，かねてからの知り合いであったAからYが所有する本件土地を買わないかと持ちかけられました。当初，私は代金額として200万円を提示し，Yの代理人であったAは350万円を希望したのですが，同年9月1日のAとの交渉の結果，代金額を250万円とする話がまとまったので，別紙のとおりの不動産売買契約書（以下「本件売買契約書」という。）を作成しました。Aは，その交渉の際に，Yの記名右横に実印を押印済みの本件売買契約書を持参していましたが，本件売買契約書の金額欄と日付欄（別紙の斜体部分）は空欄でした。Aは，その場で，交渉の結果を踏まえて，金額欄と日付欄に手書きで記入をし，その後で，私が自分の記名右横に実印を押印しました。
　平成26年9月30日の朝，Aが自宅を訪れ，登記関係書類は夕方までに交付するので，代金を先に支払ってほしいと懇願されました。私は，旧友であるAを信用して，Yの代理人であるAに対し，本件土地の売買代金額250万円全額を支払いました。ところが，Aは登記関係書類を持ってこなかったので，何度か催促をしたのですが，そのうちに連絡が取れなくなってしまいました。そこで，私は，同年10月10日，改めてYに対し，所有権移転登記を行うように求めましたが，Yはこれに応じませんでした。
　このようなことから，私は，Yに対し，本件土地の所有権移転登記と引渡しを請求したいと考えています。」

　上記【Xの相談内容】を前提に，弁護士Pは，平成27年1月20日，Xの訴訟代理人として，Yに対し，本件土地の売買契約に基づく所有権移転登記請求権及び引渡請求権を訴訟物として，本件土地の所有権移転登記及び引渡しを求める訴え（以下「本件訴訟」という。）を提起することにした。
　弁護士Pは，本件訴訟の訴状（以下「本件訴状」という。）を作成し，その請求の原因欄に，次の①から④までのとおり記載した。なお，①から③までの記載は，請求を理由づける事実（民事訴訟規則第53条第1項）として必要かつ十分であることを前提として考えてよい。
　①　Aは，平成26年9月1日，Xに対し，本件土地を代金250万円で売った（以下「本件売買契約」という。）。
　②　Aは，本件売買契約の際，Yのためにすることを示した。
　③　Yは，本件売買契約に先立って，Aに対し，本件売買契約締結に係る代理権を授与した。
　④　よって，Xは，Yに対し，本件売買契約に基づき，（以下記載省略）を求める。

以上を前提に，以下の各問いに答えなさい。

(1) 本件訴状における請求の趣旨（民事訴訟法第133条第2項第2号）を記載しなさい（付随的申立てを記載する必要はない。）。

(2) 弁護士Pが，本件訴状の請求を理由づける事実として，上記①から③までのとおり記載したのはなぜか，理由を答えなさい。

〔設問2〕

弁護士Qは，本件訴状の送達を受けたYから次のような相談を受けた。

【Yの相談内容】

Ⅰ 「私は，Aに対し，私が所有し，占有している本件土地の売買に関する交渉を任せましたが，当初希望していた代金額は350万円であり，Xの希望額である200万円とは隔たりがありました。その後，Aから交渉の経過を聞いたところ，Xは代金額を上げてくれそうだということでした。そこで，私は，Aに対し，280万円以上であれば本件土地を売却してよいと依頼しました。しかし，私が，平成26年9月1日までに，Aに対して本件土地を250万円で売却することを承諾したことはありません。ですから，Xが主張している本件売買契約は，Aの無権代理行為によるものであって，私が本件売買契約に基づく責任を負うことはないと思います。」

Ⅱ 「Xは，平成26年10月10日に本件売買契約に基づいて，代金250万円を支払ったので，所有権移転登記を行うように求めてきました。しかし，私は，Xから本件土地の売買代金の支払を受けていません。そこで，私は，念のため，Xに対し，同年11月1日到着の書面で，1週間以内にXの主張する本件売買契約の代金全額を支払うように催促した上で同月15日到着の書面で，本件売買契約を解除すると通知しました。ですから，私が本件売買契約に基づく責任を負うことはないと思います。」

上記【Yの相談内容】を前提に，弁護士Qは，本件訴訟における答弁書（以下「本件答弁書」という。）を作成した。

以上を前提に，以下の各問いに答えなさい。なお，各問いにおいて抗弁に該当する具体的事実を記載する必要はない。

(1) 弁護士Qが前記Ⅰの事実を主張した場合，裁判所は，その事実のみをもって，本件訴訟における抗弁として扱うべきか否かについて，結論と理由を述べなさい。

(2) 弁護士Qが前記Ⅱの事実を主張した場合，裁判所は，その事実のみをもって，本件訴訟における抗弁として扱うべきか否かについて，結論と理由を述べなさい。

〔設問3〕

本件訴訟の第1回口頭弁論期日において，本件訴状と本件答弁書が陳述された。また，その口頭弁論期日において，弁護士Pは，XとAが作成した文書として本件売買契約書を書証として提出し，これが取り調べられたところ，弁護士Qは，本件売買契約書の成立を認める旨を陳述し，その旨の陳述が口頭弁論調書に記載された。

そして，本件訴訟の弁論準備手続が行われた後，第2回口頭弁論期日において，本人尋問が実施され，Xは，【Xの供述内容】のとおり，Yは，【Yの供述内容】のとおり，それぞれ供述した（Aの証人尋問は実施されていない。）。

その後，弁護士Pと弁護士Qは，本件訴訟の第3回口頭弁論期日までに，準備書面を提出す

ることになった。

【Xの供述内容】

「私は，本件売買契約に関する交渉を始めた際に，Aから，Aが本件土地の売買に関するすべてをYから任されていると聞きました。また，Aから，それ以前にも，Yの土地取引の代理人となったことがあったと聞きました。ただし，Aから代理人であるという委任状を見せられたことはありません。

当初，私は代金額として200万円を提示し，Yの代理人であったAは350万円を希望しており，双方の希望額には隔たりがありました。その後，Aは，Yの希望額を300万円に引き下げると伝えてきたので，私は，250万円でないと資金繰りが困難であると返答しました。私とAは，平成26年9月1日に交渉したところ，Aは，何とか280万円にしてほしいと要求してきました。しかし，私が，それでは購入を諦めると述べたところ，最終的には，本件土地の代金額を250万円とする話がまとまりました。

Aは，その交渉の際に，Yの記名右横に実印を押印済みの本件売買契約書を持参していましたが，本件売買契約書の金額欄と日付欄（別紙の斜体部分）は空欄でした。Aは，Yが実印を押印したのは250万円で本件土地を売却することを承諾した証であると述べていたので，Aが委任状を提示していないことを気にすることはありませんでした。そして，Aは，その場で金額欄と日付欄に手書きで記入をし，その後で，私が自分の記名右横に実印を押印しました。」

【Yの供述内容】

「私は，Aに本件土地の売買に関する交渉を任せましたが，当初希望していた代金額は350万円であり，Xの希望額である200万円とは隔たりがありました。私は，それ以前に，Aを私の所有する土地取引の代理人としたことがありましたが，その際はAを代理人に選任する旨の委任状を作成していました。しかし，本件売買契約については，そのような委任状を作成したことはありません。

その後，私が希望額を300万円に値下げしたところ，Aから，Xは代金額を増額してくれそうだと聞きました。たしか，250万円を希望しており，資金繰りの関係で，それ以上の増額は難しいという話でした。

そこで，私は，Aに対し，280万円以上であれば本件土地を売却してよいと依頼しました。しかし，私が，本件土地を250万円で売却することを承諾したことは一度もありません。

Aから，平成26年9月1日よりも前に，完成前の本件売買契約書を見せられましたが，金額欄と日付欄は空欄であり，売主欄と買主欄の押印はいずれもありませんでした。本件売買契約書の売主欄には私の実印が押印されていることは認めますが，私が押印したものではありません。私は，実印を自宅の鍵付きの金庫に保管しており，Aが持ち出すことは不可能です。ただ，同年8月頃，別の取引のために実印をAに預けたことがあったので，その際に，Aが勝手に本件売買契約書に押印したに違いありません。もっとも，その別の取引は，交渉が決裂してしまったので，その取引に関する契約書を裁判所に提出することはできません。Aは，現在行方不明になっており，連絡が付きません。」

以上を前提に，以下の各問いに答えなさい。

(1) 裁判所が，本件売買契約書をAが作成したと認めることができるか否かについて，結論と理由を記載しなさい。

(2) 弁護士Pは，第3回口頭弁論期日までに提出予定の準備書面において，前記【Xの供述内容】及び【Yの供述内容】と同内容のXYの本人尋問における供述，並びに本件売買契約書

に基づいて，次の【事実】が認められると主張したいと考えている。弁護士Pが，上記準備書面に記載すべき内容を答案用紙1頁程度の分量で記載しなさい（なお，解答において，〔設問2〕の【Yの相談内容】については考慮しないこと。）。

【事実】
　「Yが，Aに対し，平成26年9月1日までに，本件土地を250万円で売却することを承諾した事実」

〔設問4〕
　弁護士Pは，訴え提起前の平成26年12月1日，Xに相談することなく，Yに対し，差出人を「弁護士P」とする要旨以下の内容の「通知書」と題する文書を，内容証明郵便により，Yが勤務するZ社に対し，送付した。

通知書

平成26年12月1日

被通知人Y

弁護士P

　当職は，X（以下「通知人」という。）の依頼を受けて，以下のとおり通知する。
　通知人は，平成26年9月1日，貴殿の代理人であるAを通じて，本件土地を代金250万円で買い受け，同月30日，Aに対し，売買代金250万円全額を支払い，同年10月10日，貴殿に対し，本件土地の所有権移転登記を求めた。
　ところが，貴殿は，「売買代金を受領していない。」などと虚偽の弁解をして，不当に移転登記を拒否している。その不遜極まりない態度は到底許されるものではなく，貴殿はAと共謀して上記代金をだまし取ったとも考えられる。
　以上より，当職は，本書面において，改めて本件土地の所有権移転登記に応ずるよう要求する。
　なお，貴殿が上記要求に応じない場合は，貴殿に対し，所有権移転登記請求訴訟を提起するとともに，刑事告訴を行う所存である。

以　上

以上を前提に，以下の問いに答えなさい。
　弁護士Pの行為は弁護士倫理上どのような問題があるか，司法試験予備試験用法文中の弁護士職務基本規程を適宜参照して答えなさい。

別紙

（注）　斜体部分は手書きである。

不動産売買契約書

　売主Yと買主Xは，後記不動産の表示記載のとおりの土地（本件土地）に関して，下記条項のとおり，売買契約を締結した。

記

第1条　　Yは本件土地をXに売り渡し，Xはこれを買い受けることとする。

第2条　　本件土地の売買代金額は　*250*　万円とする。

第3条　　Xは，平成　*26*　年　*9*　月　*30*　日限り，Yに対し，本件土地の所有権移転登記と引き換えに，売買代金全額を支払う。

第4条　　Yは，平成　*26*　年　*9*　月　*30*　日限り，Xに対し，売買代金全額の支払と引き換えに，本件土地の所有権移転登記を行う。

（以下記載省略）

　以上のとおり契約を締結したので，本契約書を弐通作成の上，後の証としてYXが各壱通を所持する。

平成　*26*　年　*9*　月　*1*　日

<table>
<tr><td>売　　主</td><td>住　　所</td><td>○○県○○市○○</td><td></td></tr>
<tr><td></td><td>氏　　名</td><td>Y</td><td>Y印</td></tr>
<tr><td>買　　主</td><td>住　　所</td><td>○○県○○市○○</td><td></td></tr>
<tr><td></td><td>氏　　名</td><td>X</td><td>X印</td></tr>
</table>

不動産の表示

　所　在　　○○市○○
　地　番　　○○番
　地　目　　宅地
　地　積　　○○○．○○m²

思考過程

① 設問1

小問(1)は請求の趣旨を答えさせるものである。請求の趣旨とは，訴訟における原告の主張の結論となる部分であり，訴えをもって審判を求める請求の表示のことを意味し，原告が勝訴した場合にされる判決の主文に対応するものである。そして，本件では，本件土地の売買契約に基づく所有権移転登記請求権および引渡請求権という2つの権利が訴訟物とされているため，請求の趣旨もそれぞれに対応し，2つ記載しなければならない。

まず，本件土地の売買契約に基づく所有権移転登記請求権に対応する請求の趣旨は，「被告は，原告に対し，本件土地について，平成26年9月1日売買を原因とする所有権移転登記手続をせよ。」となる。次に，本件土地の売買契約に基づく引渡請求権に対応する請求の趣旨は，「被告は，原告に対し，本件土地を引き渡せ。」となる。

小問(2)では，訴状の「請求を理由づける事実」（民訴規則53条1項），すなわち請求原因が設問①から③までの事実となる理由が問われている。そして，本件の場合XはYの代理人Aと本件売買契約（民555条）を締結したと主張している。したがって，Xとしては，有権代理により本件請求を理由づけることになる。有権代理に基づく請求原因を考えるに際しては，代理の冒頭規定であり代理行為の要件について規定した99条1項を参照することが必要である。99条1項は「代理人がその権限内において本人のためにすることを示してした意思表示は，本人に対して直接にその効力を生ずる。」と規定している。この規定によれば，有権代理の要件事実は，「代理人」による「本人のためにすることを示して」（顕名）した「権限内」の「意思表示」（法律行為），すなわち⑦代理人と相手方の法律行為，④代理人による顕名，⑦⑦に先立って，本人が⑦についての代理権を授与したことである。本件では，⑦の事実として①，④の事実として②，⑦の事実として③が必要となるので，弁護士Pは本件訴状の請求を理由づける事実として①から③までを記載したと考えられる。

② 設問2

1　小問(1)

設問2は，弁護士Qの主張を抗弁として扱うべきか否かを問う問題である。抗弁とは，請求原因事実と両立し，請求原因から発生する法律効果を障害，消滅，阻止する事実をいう。抗弁と間違いやすいものとして，請求原因に対する否認がある。しかし，抗弁は，請求原因事実と両立するが，否認は請求原因事実と両立しないという点で区別をつけることができるので，両者を混同しないようにしたい。本件では，Yは，Aに対して本件土地を250万円で売却することを承諾したことはなくAの行為は無権代理行為であると主張しているが，この主張はXの請求原因③と両立しない。したがって，抗弁ではなく請求原因に対する否認であるといえる。

よって，裁判所はQが主張するⅠの事実を抗弁として扱うべきではない。

2　小問(2)

Ⅱにおいて主張されている事実は，請求原因と両立する事実であるから，Ⅱでは催告による解除の抗弁（541条）が主張されているといえる。もっとも，催告による解除の抗弁を基礎づける事実として，Ⅱで主張されている事実として十分かは別途検討しなければならない。抗弁の要件事実が足りなければ，抗弁が成り立たないからである。

催告による解除の要件事実は，⑦催告，④催告後相当期間の経過，⑦催告後相当期間経過後の解除の意思表示，④催告に先立つ反対給付の履行の提供の4つである（FL【催告による解除の要件事実】参照）。そして，本件では，⑦④⑦に対応する事実は主張されている。しかし，④に対応する履行の提供の事実，すなわち所有権移転登記と本件土地の引渡しの提供の事実はⅡにおいて主張されていない。したがって，催告による解除の要件事実がすべて主張されているとはいえない。

よって，裁判所はⅡにおいて主張される事実のみをもって抗弁として扱うべきではない。

③ 設問3

1　小問(1)

小問(1)では，本件売買契約書をAが作成したと認めることができるか否かが問われている。まず，

文書の作成者とは，その文書に記載された思想の主体を意味する。そして，本件ではいわゆる署名代理（書面には代理行為であることを表さず，代理人が本人名義で署名押印または記名押印して代理行為を行うこと）の方法がとられている。では，このような署名代理の方法による場合，書面には代理人，本人いずれの思想が記載されていると考えるべきであろうか。

　たしかに，署名代理の場合には，代理人の氏名や実印等はいっさい書面上に表現されていない。しかし，代理の場合には，法律行為の主体は代理人である以上，実質的には代理人の思想が記載されていると考えるべきである。また，署名代理の場合には，代理人が本来代理人名で署名すべきところを，代理人名を省略したにすぎないと考えることもできる。したがって，署名代理の場合，その文書の作成者は代理人であると考えるべきである。

　よって，本件でも，裁判所は本件契約書を代理人であるAが作成したと認めることができる。

2　小問(2)

　準備書面に記載すべき内容を問う問題は平成26年度にも出題されていたところ，平成26年度の予備試験では，「Xに有利な事実への反論をし，Yに有利な事実を力説して」という指示が付されていた。本問はこのような出題形式ではないので，この形式に従う必要はないが，答案上では，まず相手に有利な事実への反論をし，その後，自己に有利な事実を力説すると読みやすく，また説得的なものとなるだろう。

　相手方たるYに有利な事実としては，当初の売却希望価格は350万円であり，最終的な売却価格である250万円とは大きな差がある以上，250万円での売却を承諾することはないとも思えること，売買契約書の押印については別の取引のために実印をAに預けたことがあったので，その際にYの承諾なく，Aが勝手に本件売買契約書に押印したものとも考えられることがあげられる。

　それに対する反論としては，交渉の過程で当初の売却希望価格を大きく下回ることも珍しいことではないこと，また，別の取引が本当にあったか否かは不明であるため，Yの主張は根拠を欠き，みずからが押印したことを否定する理由にはならないことをあげることができる。そして，本件では，Yは実印を自宅の鍵つきの金庫に保管しており，Aが実印を持ち出すことは不可能であった以上，本件売買契約書にはYみずからが実印を押印したものといえるところ，その売買契約書の金額欄が空欄であったことからすればYは本件土地の売却を全面的にAに任せていたといえる。さらに，過去にYはAを代理人とした経験があり，Aを全面的に信頼していたことからも売却金額の決定については包括的にAに任せていたと考えるのが自然である。このような事実をふまえれば，YはAに本件土地の売買代金の決定を包括的に任せていたといえるのだから，当然に250万円での売却についても承諾しているといえる。

　答案では，この思考過程のように事実に対して評価を加え，準備書面に記載すべき内容を論述する必要がある。

4　設問4

　弁護士職務基本規程6条では，名誉尊重義務および品位保持義務を課している。本件では，弁護士Pは，Yの「不遜極まりない態度は到底許され」ないと過激な表現を用いてYを非難し，Yは売買代金を「だまし取ったとも考えられる」と主張している。このPの主張はYの名誉を損なう行為である。また，Pは，Yが要求に応じない場合には「刑事告訴を行う所存」であると述べているが，前の文章とあいまって，Yを脅迫していると評することもできる。このようなPの行為は違法行為であり，法を遵守すべき弁護士が違法行為を行っている点で，品位を損なう行為といえる。そして，Pは，本件売買契約書の記載からYの住所を知りえたにもかかわらず，通知書をあえてYが勤務するZ社に対して送付している。これでは，通知書が送付された事実がZ社内で知られてしまうおそれがあり，Z社においてYに対する不穏な噂が立ちかねない。こうしたPの行為は，Yの名誉を損ないかねないばかりか，みずからの品位を損ないかねない行為でもあるといえる。したがって，Pの行為には規程6条に違反するという問題がある。

　本件では，弁護士PはXに相談することなく本件通知書をYに送付している。このように依頼者に無断で相手方に通知書を送る行為は，依頼者の意思尊重を定めた規程22条1項に違反しうるという問題がある。

答案例

第1　設問1について
　1　小問(1)
　　　本件の請求の趣旨は，「被告は，原告に対し，本件土地について，平成26年9月1日売買を原因とする所有権移転登記手続をせよ。」および「被告は，原告に対し，本件土地を引き渡せ。」となる。
　2　小問(2)
　　　Xは，Yの代理人であったAと本件売買契約を締結したことを理由として本件訴訟を提起している。そして，民法（以下法名略）99条1項によれば，⑦代理人と相手方との法律行為，①代理人による顕名，⑦⑦に先立って，本人が代理人に⑦についての代理権を授与したことが必要である。そして，⑦の行為は，売買契約（555条）なので，売買契約締結の事実が必要である。
　　　よって，本件では⑦を基礎づける事実として①が，①を基礎づける事実として②が，⑦を基礎づける事実として③が必要となる。

第2　設問2について
　1　小問(1)
　　　抗弁とは，請求原因事実と両立し，請求原因から発生する法律効果を障害，消滅，阻止する事実をいう。そして，YはAに対して本件土地を250万円で売却することを承諾したことはないとの主張は請求原因③と両立しないから，積極否認にすぎず，抗弁とはならない。
　　　したがって，裁判所はこの主張を抗弁として扱うべきではない。
　2　小問(2)
　　　Yは催告による解除（541条）の抗弁を主張しようとしていると考えられる。では，裁判所は本件Xの主張を抗弁として扱うべきか。
　(1)　催告による解除の抗弁の要件事実としては，541条本文が催告を要求していることから①催告が必要である。また541条本文の文言にもかかわらず，相当期間を定めた催告である必要はないが，⑪催告から解除の意思表示までに相当な期間が経過したことは解除の要件事実であると解される。また，540条1項により⑫相当期間経過後の解除の意思表示も必要である。さらに，本件ではXの請求原因①によってYの移転登記債務および本件土地の引渡債務に同時履行の抗弁権（533条本文）が付着していることが基礎づけられている。そして，同時履行の抗弁権の存在は，履行遅滞の違法性阻却事由にあたるところ，同時履行の抗弁権の存在効果を消滅させるため⑭催告に先立つ反対給付の履行の提供が必要である。
　(2)　本件では，①から⑫までの事実は主張されているが，⑭の事実として，反対給付たる本件土地の移転登記および引渡しの履行の提供の事実が主張されていない。
　(3)　したがって，裁判所は本件事実のみをもって，Yの主張を抗弁として扱うべきではない。

第3　設問3について
　1　小問(1)
　　　本件売買契約書にはAの氏名や実印が使用されず，Y，Xの氏名と実印が使用されているため，いわゆる署名代理の一種であるといえる。この

（欄外）
⇒要件事実は条文・実体法から考える

⇒抗弁の意義を正確に示す

⇒条文および実体法から考える

ような署名代理の場合，作成された文書は代理人作成の文書であると認　45
めることができるか問題となるも，代理人が本来代理人名で署名すべき
ところを代理人名を省略したにすぎないと考えれば，代理人作成の文書
であると考えることができる。

　よって，代理人Aによる代理署名がなされている本件では，裁判所は，
本件売買契約書をAが作成したと認めることができる。　　　　　　　　50

２　小問(2)

　弁護士Pは以下の内容を主張すべきである。

　たしかに，本件では当初の売却希望価格が350万円であり，最終的な
売却価格である250万円とは大きな差がある以上，250万円での売却を承
諾することはないとも思える。また，売買契約書の押印については別の　55
取引のために実印をAを預けたことがあったので，その際にAがYの承
諾なく勝手に本件売買契約書に押印したものとも考えられる。

➡️あてはめでは経験則も有効に使う

　しかし，交渉の過程で当初の売却希望価格を大きく下回ることも珍し
いことではない。また，別の取引が本当にあったか否かは不明であるた
め，Yの主張は根拠を欠き，みずからが押印したことを否定する理由に　60
はならない。そして，本件では，Yは実印を自宅の鍵つきの金庫に保管
しており，Aが実印を持ち出すことは不可能であった以上，本件売買契
約書にはYみずからが実印を押印したものといえる。これに加えて本件
売買契約書の金額欄が空欄であったことからすれば，Yは本件土地の代
金額の決定を包括的にAに任せていたことを示すといえる。さらに，本　65
件では，Yは過去にAを代理人としたことがあり，その経験からYはA
を全面的に信頼していたといえることからも，売却金額の決定について
は包括的にAに任せていたと考えるのが自然である。

　したがって，本件では売買代金額の決定はAに包括的に任されていた
ことから250万円での売却も当然承諾されていたといえる。　　　　　　70

第４　設問４

１　弁護士職務基本規程（以下「規程」という）６条は弁護士に対して名
　誉尊重および品位保持義務を定めている。本件で，弁護士Pは，Yの態
　度は「不遜極まりない態度であり到底許されるものではな」いと過剰な
　表現を用いてYを非難したうえ，Yは売買代金を「だまし取ったとも考　75
　えられる」と主張し，このような通知をZ社に送付している。この行為
　はYの名誉を損なう行為である。また，弁護士Pは「刑事告訴を行う所
　存」であると述べているが，これは前の文章とあいまってYを脅迫して
　いると評することもできる。このような弁護士Pの行為は品位を損なう
　行為である。そして，弁護士Pは，本件売買契約書の記載からYの住所　80
　を知りえたにもかかわらず，通知書をあえてYが勤務するZ社に送付し
　ており，Yの職場における名誉に対して配慮を欠いている。この行為は
　Yの名誉を損ないかねないばかりか，品位を損ないかねない行為である。
　したがって，弁護士Pの行為には規程６条に違反するという問題がある。

➡️６条違反の指摘

２　規程22条１項は弁護士に依頼者の意思の尊重を義務づける。弁護士P　85
　が依頼者Xに無断で本件通知書を送付する行為は規程22条１項に反する
　問題がある。

➡️22条１項違反の指摘

以上

　設問1は，売買契約に基づく所有権移転登記請求権及び土地引渡請求権を訴訟物とする訴訟において，原告代理人が作成すべき訴状における請求の趣旨及び請求を理由づける事実について説明を求めるものであり，債権的請求権及び代理の特殊性に留意して説明することが求められる。

　設問2は，被告本人の相談内容に基づく被告代理人の各主張に関し，裁判所が本件訴訟における抗弁として扱うべきか否かについて結論とその理由を問うものであり，無権代理の主張の位置づけや解除の主張と同時履行の抗弁権の関係に留意して説明することが求められる。

　設問3は，当事者本人尋問の結果を踏まえ，代理人が署名代理の方法により文書を作成した場合における文書の成立の真正や代理権の授与に関して準備書面に記載すべき事項について問うものである。

　設問4は，弁護士倫理の問題であり，原告代理人が依頼者に相談することなく，相手方本人の就業先に不適切な内容の文書を送付した行為の問題点について，弁護士職務基本規程の規律に留意しつつ検討することが求められる。

講　評 ⫸⫸⫸

① 設問1

1　小問(1)

　不動産登記においては，登記原因を明らかにする必要がある（不動産登記法59条3号）。したがって，移転登記を求める請求の趣旨においては，登記原因をも記載しなければならない。この点をおさえて正確に請求の趣旨を記載している答案は少数であった。細かい知識ではあるため合否に影響はなかったが，今後の出題に備えて覚えておく必要がある。

　また，移転登記請求については，いくつか注意しなければならない部分がある。まず，抹消登記手続を求める場合には請求の趣旨において，「原告に対し」と記載する必要がないのに対し，移転登記手続を求める場合には，移転登記をすべき相手方は必ずしも原告にかぎらず，第三者のこともあるので，移転登記をすべき相手方が誰であるかを明示する必要がある。次に，登記をするのは，登記官であって相手方ではなく，相手方は登記申請手続をする義務，すなわち登記申請という意思表示をする義務があるにすぎないため，請求の趣旨では「所有権移転登記をせよ。」ではなく「所有権移転登記手続をせよ。」と記載する必要がある。これらを意識して請求の趣旨を記載することができている答案は好印象であった。

　小問(1)では，本件土地の売買契約に基づく引渡請求権も訴訟物となっている。この訴訟物に関する請求の趣旨の結びについては，「引き渡せ。」と記載するものと「明け渡せ。」と記載するものに分かれた。一般に，引渡しは，目的不動産等に対する被告の占有を排除して，原告に直接支配を移転することをいい，明渡しは，引渡しのうち，目的不動産等に被告が移住し，また物品等をおいて占有している場合に，中の物品を取り除き，占有者を立ち退かせて，原告に完全な直接的な支配を移すことをいうと説明される。いずれも執行方法は民事執行法168条の直接強制による点で変わりはないので両者を区別する実益は乏しい（『〈完全講義〉民事裁判実務の基礎（上巻）[第3版]』280頁）。したがって，どちらの表現でも間違いではないが，本件では，引渡請求権が訴訟物とされているので，「引き渡せ。」という請求の趣旨のほうが無難であろう。

2　小問(2)

　小問(2)では，代理の要件事実が問われている。要件事実に関する問題が出題された際には，必ず条文および実体法の解釈から考えることが鉄則である。要件事実は，条文および実体法の解釈を前提に成り立っているものであることを忘れてはならない。本件の場合，代理の要件について規定した民法99条1項を示すことは必須である。条文から考える姿勢をおろそかにしてはならない。

1　小問(1)

　小問(1)は抗弁と否認の違いを問うものである。抗弁において主張される事実は請求原因事実と両立するが，否認の主張は請求原因事実とは両立しない。このように，両者は区別されるが，実際の答案では，ここまで理解したうえで，なお，Xの請求原因とIの主張とが両立すると判断している答案が散見された。Iでは「250万円で売却することを承諾したことはありません。」と述べているところ，この主張は明らかに請求原因③とは両立しない。日頃から抽象論のみをおさえるのではなく具体的事例にあてはめるとどうなるのかまで考える必要がある。

2　小問(2)

　小問(2)は，催告による解除の要件事実がすべて主張されているかを問うものである。催告による解除の要件事実については，540条，541条，および実体法の解釈に基づいて考えなければならないが，設問2の配点割合からすれば，ここではあっさりとした論述ですませなければならない。この小問(2)で論述を大展開してしまった場合は，配点割合に沿った論述ができていないといわざるをえないだろう。配点割合には常に注意を配ることが必要である。

③　**設問3**

1　小問(1)

　小問(1)では文書の作成者を問うものである。文書の作成者とは，その文書に記載された思想の主体を意味し，文書の作成名義人（文書上，その文書の作成者と表示されている者）とは異なることに注意したい。そのうえで，本件契約書にはいわゆる署名代理の方法がとられており，Aの氏名や実印がいっさい表示されていないことを指摘し，それにもかかわらずA作成の文書であると認めることができるかという問題の所在を示せている答案は少数であった。

　また，文書の作成者に関する議論は，二段の推定（民訴228条4項参照）が適用されるか否かの前段階の議論であるから，この小問(1)では，二段の推定は直接問題とはならない。すなわち，文書の作成者が決定された後，次の段階において，当該文書は作成者の意思に基づいて作成された文書といえるかどうかが問題となる。そして，この段階ではじめて二段の推定が適用されるか否かが検討されるのである。小問(1)で二段の推定を大展開した答案は，注意する必要がある。

　なお，本件契約書の作成者をAと考えることもYと考えることもできる。本設問とは若干離れるが，作成者をAと考えると，Aの押印はないので二段の推定ははたらかないのに対し，作成者をYと考えるとYの押印があるので二段の推定がはたらきうるという点に差異が生じる。もっとも，作成者をYであると考え，二段の推定がはたらいたとしても，一段目の推定についてYによる反証がなされる可能性がある。また，二段の推定によって文書の成立の真正は推定されるが，それによってYのAに対する代理権授与までもが推定されるわけではない。したがって，作成者をどちらで考えようとも大きな違いはないといえる。

2　小問(2)

　小問(2)では，XY本人の本人尋問における供述のみならず本件売買契約書に基づいて，Yの承諾の事実が認められることを論述しなければならない。参考にすべき事情が明示されている以上，それをふまえた論述が要求されることに注意したい。また，一般的に，自己に不利な事実が存する場合，それらの事実を無視するのではなく適切な反論を加えていくことが求められる。今回，Yの承諾があったという事実を主張するのは容易ではないが，相手方の主張に対して反論を加え，さらに積極的に自己の主張の正当性を訴えることができれば，説得的な準備書面となるだろう。

④　**設問4**

　法曹倫理に関する出題では，問題となる弁護士職務基本規程上の条文はできるかぎり広く摘示するとよいだろう。リスクを分散させる視点は試験において非常に重要である。本件の場合，名誉の尊重と品位の高揚を定めた規程6条，依頼者の意思尊重を定めた規程22条1項は最低限摘示したい。法曹倫理の問題では，弁護士職務基本規程を一読してあるだけで摘示できる条文数が変わってくるだろう。内容まで踏み込んで学習することが望ましいが，そこまでの時間がない場合には最低限弁護士職務基本規程を一度は読んでおき，問題となる条文を発見できるようにしておく必要がある。

優秀答案

第1　設問1(1)

　　被告は，原告に対し，甲土地につき平成26年9月1日売買を原因とする所有権移転登記手続をせよ。

　　被告は，原告に対し，甲土地を明渡せ。

第2　設問1(2)

　　Pが，①から③までの通り記載した理由を考える。

　　法律行為が代理の効果により，Yに帰属するといえるためには，代理の要件を満たしていることを主張する必要がある。民法99条1項の「意思表示」は，法律行為をしたことを指す。また，「本人のためにすることを示して」（顕名）法律行為をする必要がある。そして，「代理人」といえるためには，代理権の授与が必要であるが，法律行為当時代理権がなければ，無権代理となってしまい，事後的な代理権の授与は追認するか否かの問題となる。それゆえ，代理権の授与は，法律行為に先立っていることを示す必要がある。

　　したがって，法律行為をしたことを示すべく，①の記載が，顕名を示すべく，②の記載が，先立つ代理権授与を示すべく，③の記載が必要となる。

　　なお，契約の効力は民法典の典型契約の冒頭規定によって生じると考えられているところ，売買契約（555条）においては，目的物及び代金が定まっている必要があるため，「本件土地」を「代金250万円」で売ったという，①の記載がある。

第3　設問2(1)

　　抗弁とは，相手方の主張と両立し，自己が主張立証責任を負う訴訟上の争い方をいう。本件では，たしかにAが280万円以上である代理権を授与したという事実は，①と両立するとも思える。しかし，かかる発言は，あくまで，250万円で売却することについて代理権を与えていないということについての理由づけにすぎない。それゆえ，Yの相談内容は，代理権授与がなかったという，積極否認を導くものであり，裁判所は，これを抗弁として扱うべきではない。

第4　設問2(2)

　　Yの解除する旨の発言は，Xの請求原因と両立し，Yに有利な効果を発生させるものとして，Yが主張立証責任を負うものであり，抗弁になりうる。

　　しかし，催告による解除（541条）の要件事実は，(1)催告(2)相当期間の経過(3)解除の意思表示(4)目的物の現実の提供が必要である。

　　Yの相談内容の事実としては，「催促」しているから，(1)を満たし，定めた一週間を経過し(2)を見たし，「解除するとの通知」をしており(3)の事実も主張している。他方で，何ら，YはXに対し目的物の現実の提供をしたとの事実を言っておらず(4)の事実の主張がない。

　　したがって，この事実だけでは，抗弁として扱うことができない。

第5　設問3(1)

1　裁判所は，Aが作成したと認めることができる。

2　Yの供述内容によれば本件売買契約書をAはYに対して見せており，その後，交渉の場にAは売買契約書をもってきたうえ，その場でAが記入をしたことから，Aが本件売買契約書を作成したことが合理的な疑い

◁〇登記原因まで記載できている

◁「引き渡せ。」でもよい

◁〇条文の摘示ができている

◁〇実体法をふまえられている

◁△不正確である

◁〇正確に要件事実を摘示できている

◁〇配点比率に応じて論述できている

◁△問題の所在を正確に指摘したいところであった

を差し挟まない程度に証明できるからである。　　　　　　　　　45

第6　設問3(2)

1　以下の理由から，YがAに対し平成26年9月1日までに本件土地を
250万円で売却することを承諾したといえる。

2　まず，Xは，Aに対し交渉段階において250万円でないと資金繰りが
困難であり契約が難しいと言っており，Yはこれを認識している。　　　50

　にもかかわらず，Aが持ち出すことが不可能な実印によって，本件売
買契約書に押印されていることから，Aが，250万円で甲建物を売却す
ることを認めたということができ，売却の承諾をしたことを推認する。　　←△論理がつなが
っていない

3　これに対し，8月頃，YはAに実印を別の取引で預けたことからその
際押印したものであり，承諾の事実はないと言っている。しかし，その　55　←○反対事実に言
取引に関する契約書は提出できず，Aが行方不明であることから，これ　　　及したうえで反
を裏付ける事実はなく，承諾の推認を妨げない。　　　　　　　　　　　　論できている

4　金額と日付欄が空欄であったことから，250万円での売却については
承諾がなかったとも思える。しかし，これは，280万円を望むものの，　　←△空欄であれば
250万円であってもやむを得ないとして，未確定であったため，空欄だ　60　250万円につい
ったのであり，推認を妨げない。　　　　　　　　　　　　　　　　　　　て承諾があった
　　　　　　　　　　　　　　　　　　　　　　　　　　　　　　　　　と考えられるの
　　　　　　　　　　　　　　　　　　　　　　　　　　　　　　　　　が素直な筋だろ
　　　　　　　　　　　　　　　　　　　　　　　　　　　　　　　　　う

5　Aとしては，最終的に250万円で売買契約を締結しているころ，もし
280万円までの代理権しか与えられていないのであれば，250万円につい
ての売却は無権代理となり，117条に基づく責任をAが追及されるおそ
れがある。そのため，その場合には契約をしなかったと考えられること　65　←○よく気づけて
ころ，契約を締結したのは，250万円についての授権があったからとい　　　いる
え，承諾を推認する。

第7　設問4

1　まず，「虚偽の弁解をして，移転登記を拒否している。その不遜極ま
りない態度は到底許されるものではなく，貴殿はAと共謀して上記代金　70
をだまし取ったとも考えられる。」という文書をAに送り付けることは，
その内容が，悪意あり詐欺師と決めつけるようなものであるから，信義
に従ったものといえず，弁護士職務基本規程（以下規程名略）5条に反
する。また，弁護士の品位を失墜させるようなものとして，6条に反す
る。　　　　　　　　　　　　　　　　　　　　　　　　　　　　　　　75

2　また，これをXに相談せず送った点につき，依頼者の意思をないがし
ろにするものとして，22条1項，36条に違反する。

3　そして，相手の弁護士を介さずYに直接送った点につき，52条抵触の　　←×52条は問題
おそれがある。　　　　　　　　　　　　　　　　　　　　　　　　　　　とならない

4　加えて，このような内容の文書を，勤務するZ社に送った点について，80　←○広く適切な条
社内の人が見れば情報漏えいのおそれがあることから，23条に違反する　　　文を摘示できて
おそれがある。　　　　　　　　　　　　　　　　　　　　　　　　　　　いる

　　　　　　　　　　　　　　　　　　　　　　　　　　　　　　　　以上

優秀答案における採点実感

1 全体

本答案は点数のとり方が非常にうまい答案である。配点比率を参考にしながら，各設問のなかでもメリハリをつけ，自分がとれる部分でしっかりと点数を積み重ねるという姿勢を感じることができ，今まで多くの答案を作成し，論述作成に十分慣れ親しんでいる印象を受ける。法曹倫理の問題にしても，端的でありながら問題となる条文を網羅的に指摘し説明を加えている点は非常に参考になる。この答案からは，点数のとり方，メリハリのつけ方を学ぶことができるだろう。

2 設問1

請求の趣旨が正確に論述できている点はよい。また，請求を基礎づける事実の理由も，条文および実体法を考慮した論述となっており，要件事実の基礎的な考え方を十分に理解していることがうかがわれる。設問1は十分な論述である。

3 設問2

小問(1)では，抗弁の定義が不正確であった。一般的に，抗弁とは，請求原因と両立し，請求原因から発生する法律効果を障害，消滅，阻止する事実をいう。基礎的な用語の定義は正確におさえたい。

小問(2)では，催告による解除の要件事実が問われているところ，この部分の論述は冗長になりがちである。それにもかかわらず，本答案は配点割合に沿ったかたちで論述を行うことができている。この点から本答案の作成者が，答案の作成に相当程度慣れていることがわかる。このバランス感覚は見習いたい。

4 設問3

設問3では，準備書面の内容がメインであるから，本件契約書の作成者についてはあっさりとすませるというのが合理的な判断だろう。そのとおりに答案が作成されている点は好印象である。そして，準備書面の内容については，反対事実について言及したうえで，反論を加えている点は素晴らしい。民事実務基礎科目にかぎらずこの姿勢は重要である。

5 設問4

設問4では，問題となる弁護士職務基本規程上の条文を網羅的にあげることができている。法曹倫理の問題を苦手としている受験生も多いので，これだけ条文を示すことができれば十分であろう。

しかしながら，条文を指摘するだけで終了している点が残念であった。いかなる行為がいかなる規程，文言との関係で問題となるのかを示すことができれば，よりいっそうよい答案になっていたであろう。また，Pが，Yに対し，通知書を送付した時点において，QはYの代理人ではなかったため，規程52条との抵触は問題とならない。時系列には注意が必要である。

第14問　平成28年予備試験論文問題

司法試験予備試験用法文を適宜参照して，以下の各設問に答えなさい。

〔設問1〕
　弁護士Pは，Xから次のような相談を受けた。

【Xの相談内容】
　「私は，自宅を建築するために，平成27年6月1日，甲土地の所有者であったAから，売買代金1000万円で甲土地を買い受け（以下「本件第1売買契約」という。），同月30日に売買代金を支払い，売買代金の支払と引換えに私宛てに所有権移転登記をすることを合意しました。
　私は，平成27年6月30日，売買代金1000万円を持参してAと会い，Aに対して甲土地の所有権移転登記を求めましたが，Aから，登記識別情報通知書を紛失したので，もうしばらく所有権移転登記を待ってほしい，事業資金が必要で，必ず登記をするので先にお金を払ってほしいと懇願されました。Aは，大学時代の先輩で，私の結婚に際し仲人をしてくれるなど，長年お世話になっていたので，Aの言うことを信じ，登記識別情報通知書が見つかり次第，所有権移転登記をすることを確約してもらい，代金を支払いました。しかし，その後，Aからの連絡はありませんでした。
　ところが，平成27年8月上旬頃から，Yが私に無断で甲土地全体を占有し始め，現在も占有しています。
　私は，平成27年9月1日，Yが甲土地を占有していることを確認した上で，Yに対してすぐに甲土地を明け渡すよう求めました。これに対して，Yは，Aが甲土地の所有者であったこと，自分が甲土地を占有していることは認めましたが，Aから甲土地を買い受けて所有権移転登記を経由したので，自分が甲土地の所有者であるとして，甲土地の明渡しを拒否し，私に対して甲土地の買取りを求めてきました。
　甲土地の所有者は私ですので，Yに対し，甲土地について，所有権移転登記と明渡しを求めたいと考えています。」

　弁護士Pは，【Xの相談内容】を受けて甲土地の登記事項証明書を取り寄せたところ，平成27年8月1日付け売買を原因とするAからYへの所有権移転登記（詳細省略）がされていることが判明した。弁護士Pは，【Xの相談内容】を前提に，Xの訴訟代理人として，Yに対し，所有権に基づく妨害排除請求権としての所有権移転登記請求権及び所有権に基づく返還請求権としての土地明渡請求権を訴訟物として，甲土地について所有権移転登記及び甲土地の明渡しを求める訴訟（以下「本件訴訟」という。）を提起することにした。

　以上を前提に，以下の問いに答えなさい。
(1)　弁護士Pは，本件訴訟に先立って，Yに対し，甲土地の登記名義の変更，新たな権利の設定及び甲土地の占有移転などの行為に備え，事前に講じておくべき法的手段を検討することとした。弁護士Pが採るべき法的手段を2つ挙げ，そのように考えた理由について，それらの法的手段を講じない場合に生じる問題にも言及しながら説明しなさい。
(2)　弁護士Pが，本件訴訟の訴状（以下「本件訴状」という。）において記載すべき請求の趣旨（民事訴訟法第133条第2項第2号）を記載しなさい（附帯請求及び付随的申立てを考慮する必要はない。）。
(3)　弁護士Pは，本件訴状において，甲土地の明渡請求を理由づける事実（民事訴訟規則第53

条第1項）として，次の各事実を主張した。
ア　Aは，平成27年6月1日当時，甲土地を所有していた。
イ　〔　　　　　　　　　　　　　　　　　　　　　　　　　　　　　　　　　　　〕
ウ　〔　　　　　　　　　　　　　　　　　　　　　　　　　　　　　　　　　　　〕

　　上記イ及びウに入る具体的事実を，それぞれ答えなさい。

〔設問2〕
　弁護士Qは，本件訴状の送達を受けたYから次のような相談を受けた。

【Yの相談内容】
　「Aは，私の知人です。Aは，平成27年7月上旬頃，事業資金が必要なので甲土地を500万円で買わないかと私に持ちかけてきました。私は，同年8月1日，Aから甲土地を代金500万円で買い受け（以下「本件第2売買契約」という。），売買代金を支払って所有権移転登記を経由し，甲土地を資材置場として使用しています。したがって，甲土地の所有者は私です。」

　　上記【Yの相談内容】を前提に，以下の問いに答えなさい。
　　弁護士Qは，本件訴訟における答弁書（以下「本件答弁書」という。）を作成するに当たり，抗弁となり得る法的主張を検討した。弁護士QがYの訴訟代理人として主張すべき抗弁の内容（当該抗弁を構成する具体的事実を記載する必要はない。）を述べるとともに，それが抗弁となる理由について説明しなさい。

〔設問3〕
　本件答弁書を受け取った弁護士Pは，Xに事実関係を確認した。Xの相談内容は以下のとおりである。

【Xの相談内容】
　「Yは，既に甲土地について所有権移転登記を経由しており，自分が甲土地の所有者であるとして，平成27年9月1日，甲土地を2000万円で買い取るよう求めてきました。Yは，事情を知りながら，甲土地を私に高値で買い取らせる目的で，本件第2売買契約をして所有権移転登記をしたことに間違いありません。このようなYが甲土地の所有権を取得したことを認めることはできません。」

　　上記【Xの相談内容】を前提に，弁護士Pは，再抗弁として，以下の事実を記載した準備書面を作成して提出した。
　エ　〔　　　　　　　　　　　　　　　　　　　　　　　　　　　　　　　　　　〕
　オ　Yは，本件第2売買契約の際，Xに対して甲土地を高値で買い取らせる目的を有していた。

　　以上を前提に，以下の問いに答えなさい。
　　上記エに入る具体的事実を答え，そのように考えた理由を説明しなさい。

〔設問4〕
　第1回口頭弁論期日において，本件訴状と本件答弁書が陳述され，第1回弁論準備手続期

日において，弁護士P及び弁護士Qがそれぞれ作成した準備書面が提出され，弁護士Qは，〔設問3〕のエ及びオの各事実を否認し，弁護士Pは，以下の念書（斜体部分は全て手書きである。以下「本件念書」という。）を提出し，証拠として取り調べられた。なお，弁護士Qは，本件念書の成立の真正を認めた。

その後，2回の弁論準備手続期日を経た後，第2回口頭弁論期日において，本人尋問が実施され，Xは，下記【Xの供述内容】のとおり，Yは，下記【Yの供述内容】のとおり，それぞれ供述した（なお，Aの証人尋問は実施されていない。）。

念書

A殿

　　　今般，貴殿より甲土地を買い受けましたが，売却して利益が生じたときにはその3割を謝礼としてお渡しします。

　　　　　　　　　　　　　　　　　　　平成27年8月1日
　　　　　　　　　　　　　　　　　　　　　Y　　　Y印

【Xの供述内容】

　「Yは，建築業者で，今でも甲土地を占有し，資材置場として使用しているようですが，置かれている資材は大した分量ではなく，それ以外に運搬用のトラックが2台止まっているにすぎません。

　不動産業者に確認したところ，平成27年7月当時の甲土地の時価は，1000万円程度とのことでした。

　私は，平成27年9月1日，Y宅を訪れて，甲土地の明渡しを求めたところ，Yはこれを拒絶して，逆に私に2000万円で甲土地を買い取るよう求めてきましたが，私は納得できませんでしたので，その場でYの要求を拒絶しました。

　その後，私は，Aに対し，Yとのやりとりを説明して，Aが本件第2売買契約をして，甲土地をYに引き渡したことについて苦情を述べました。すると，Aは，私に対して謝罪し，『事業資金が必要だったので，やむなくYに甲土地を売却してしまった。その際，既にXに甲土地を売却していることをYに対して説明したが，Yはそれでも構わないと言っていた。Yから，代金500万円は安いが，甲土地を高く売却できたら謝礼をあげると言われたので，Yにその内容の書面を作成してもらった。』と事情を説明して，私に本件念書を渡してくれました。ただ，それ以降，Aとは連絡が取れなくなりました。」

【Yの供述内容】

　「私は，建築業者で，現在，甲土地を資材置場として使用しています。本件第2売買契約に際して不動産業者に確認したところ，当時の甲土地の時価は，1000万円程度とのことでした。

　私は，平成27年9月1日，Xが自宅を訪れた際，甲土地を2000万円で買い取るよう求めたことはありません。Xと話し合って，Xが希望する価格で買い取ってもらえればと思って話をしただけで，例えば2000万円くらいではどうかと話したことはありますが，最終的にXとの間で折り合いがつきませんでした。

　Aは，本件第2売買契約をした時，甲土地を高く転売できたときには謝礼がほしいと言うので，本件念書を作成してAに渡しました。その際，AがXに甲土地を売却していたという

話は聞いていません。」

以上を前提に，以下の問いに答えなさい。

　弁護士Pは，本件訴訟の第3回口頭弁論期日までに，準備書面を提出することを予定している。その準備書面において，弁護士Pは，前記【Xの供述内容】及び【Yの供述内容】と同内容のXYの本人尋問における供述並びに本件念書に基づいて，〔設問3〕の再抗弁について，オの事実（「Yは，本件第2売買契約の際，Xに対して甲土地を高値で買い取らせる目的を有していた。」）が認められること（Yに有利な事実に対する反論も含む。）を中心に，〔設問3〕の再抗弁についての主張を展開したいと考えている。弁護士Pにおいて，上記準備書面に記載すべき内容を答案用紙1頁程度の分量で記載しなさい。

答案構成用紙

① 総論

本設問は，不動産の二重売買事例を題材としている。そこで，民法で学習した177条の解釈を正確に表現できることを前提に，事実関係を要件事実上どう整理すべきなのか，よく考えて論述する必要がある。特に，実体法の理解を基礎とした正確な要件事実の理解がうかがえる答案が，高い評価を得られていることを意識しよう。

また，2016（平成28）年に民事保全法が，2019（平成31）年に民事執行法が出題された。これらのテキストを通読していなかった受験生であっても，FL【民事執行法】・【民事保全法】を読み，六法を開きながら説明できるようになっていたら，十分に解答できたことだろう。そのため，学習時間がない場合であっても，FLはぜひ読み込んでおこう。

② 設問1

小問(1)は，訴訟提起に先立って講じておくべき民事保全法上の手段を検討させる問題である。まず，被保全権利が何かを把握することが必要である。被保全権利は，通常の出題であれば，本案における訴訟物と一致するはずであるから，他の出題と同様に，訴訟物を把握することから検討を始めればよい。そうすると，本件は，所有権に基づく妨害排除請求権としての所有権移転登記請求権および所有権に基づく返還請求権としての土地明渡請求権が被保全権利である。そして，「採るべき法的手段を2つ挙げ」ることが求められているから，それぞれの権利に対応する保全方法があるのではないかと考えることができる。

所有権移転登記請求権を保全するため，登記請求権を保全するための処分禁止の仮処分（保全仮登記非併用型）を申し立てるべきである。かりに，本件訴訟の本案判決がなされる前に，甲土地の所有権移転登記が第三者に移転されると，本案判決の判決効は当該第三者に及ばないから（民訴115条1項参照），この本案判決を債務名義として強制執行をすることができず，改めて当該第三者を被告として訴えを提起しなおさなければならない。この仮処分によって，甲土地について処分禁止の登記がなされ（民保53条1項），その後に甲土地の所有権移転登記が第三者に移転されたとしても，違反する処分行為として仮処分の申立人であるXに対抗できず（58条1項），Xは，処分禁止の登記に後れてなされた当該第三者に対する所有権移転登記を抹消することができる（同条2項）。したがって，甲土地の登記が第三者に移転される場合に備えて，この申立てをしておくべきである。また，明渡請求権を保全するため，占有移転禁止の仮処分を申し立てるべきである。上記と同様，本件訴訟の本案判決前に第三者に甲土地の占有が移転すると，当該第三者に判決効が及ばない結果，改めて当該第三者を被告として訴えを提起しなおさなければならなくなる。この仮処分によって，本案判決前に占有の移転を受けた第三者に対しても，その本案判決を債務名義として強制執行をすることができる（当事者恒定効，62条1項）。よって，甲土地の占有が第三者に移転される場合に備えて，この申立てをしておくべきである。

小問(2)は，請求の趣旨を解答させる問題である。移転登記請求の場合には，登記原因の記載を忘れてはならない。本問では，すでにAからYに登記が移転されているところ，Xが主張する権利関係を前提とすれば，いったんAY間でなされた所有権移転登記を抹消したうえで，AからXへと所有権移転登記を具備させることも考えられる。しかし，判例（最判昭和30年7月5日等）は，「真正な登記名義の回復」を登記原因として，Yに対し，直接，所有権移転登記請求をすることを認めている。この登記原因の記載を忘れないこと。

小問(3)は，明渡請求の請求原因事実を解答させる問題である。所有権に基づく返還請求権としての土地明渡請求権の請求原因事実となるのは，①X所有，②Y占有である。Yが占有権原を有することは抗弁になる。①について，所有は法的概念であるが，所有権そのものの発生から現在のX所有までの来歴をすべて立証させるのは現実上困難であり，所有概念は日常的概念であるから，権利自白を認めてよいと解される。そして，争点を明確化するという機能にもかんがみれば，当事者に争いのない直近の時点における権利自白の成立を認めるべきである。本設問の【Xの相談内容】によれば，Yは，Aが甲土地の所有者であったことは認めており，この時点における権利自白が成立

する。したがって，①X所有を主張立証する必要があるXとしては，Aの所有であることおよびAからXの所有にいたるまでの権利変動を主張立証すればよい。アの事実はAの所有であったことを示す。イにはAからXに所有権が移転した原因となる事実を記載すればよい。Xは，Aから売買契約（民555条）によって甲土地の所有権の移転を受けたと主張することになるから，イには，AX間の売買契約の事実が入る。

ウには，②Y占有を示す事実が入る。現在のYの占有を主張立証する必要があるというのが通説であるが，争いがない場合には，端的に，「Yは，甲土地を占有している。」との記載で足りる。

③ 設問2

設問2は，被告Yの訴訟代理人として，主張すべき抗弁の内容とその理由を説明することが求められている。本問は不動産の二重売買の事例であり，177条を根拠とする抗弁に考えがいたる。177条を根拠とする抗弁には，対抗要件の抗弁と対抗要件具備による所有権喪失の抗弁がある。いずれを選択するか問題となるが，弁論主義が妥当する民事訴訟においては，当事者の言い分に従って，抗弁を構成する必要がある。そこで，【Yの相談内容】に目をとおすと，Yは「甲土地の所有者は私です。」と主張している。これにふさわしい抗弁は，対抗要件具備による所有権喪失の抗弁のほうであろう。単に，抗弁の意義（請求原因と両立し，請求原因によって生ずる法的効果を覆滅する）ということを示すだけでは足りない。二重譲渡も有効であり，対抗関係に立つ者のいずれかが登記を備えるまで両者に不確定的に所有権が帰属するが，対抗要件を備えた者が現れたときにはその者に所有権が確定的に帰属し，他方の者は所有権を失うという通説（不確定効果説）に立てば，Yが「第三者」にあたり，「登記」を備えたことでXは確定的に所有者たる地位を失うことになり，Xは所有権に基づく物権的請求ができなくなる。こうした実体法上の理解に基づき，請求原因による法律効果が覆滅するから，抗弁になることを適切に説明する必要がある。

④ 設問3

設問3では，Xの訴訟代理人弁護士として，主張すべき再抗弁を検討し，エに入る具体的事実を解答することが求められている。答弁書に記載された，対抗要件具備による所有権喪失の抗弁に対する再抗弁として思いつくのは，背信的悪意者の再抗弁であろう。また，【Xの相談内容】からも，「事情を知りながら」とか，「高値で買い取らせる目的」という言葉が並んでおり，Xは，Yが背信的悪意者であると主張したいことが読みとれる。判例・通説によれば，悪意者であり，かつ，その者に相手方の登記の欠缺を主張させることが信義に反すると評価できる場合には，「第三者」にあたらないと解されている（背信的悪意者排除論，最判昭和43年8月2日等）から，177条に基づく抗弁の主張を受けた者は，相手方が悪意であり，かつ背信性を有することを主張立証することで，その抗弁の効果を覆滅させることができる。本設問のオの事情は，背信性を根拠づける事実であるから，エには，Yが悪意者であることを示す具体的事実が必要であり，それを示す事実が入る。

⑤ 設問4

設問4は，Xの訴訟代理人弁護士として，記載すべき準備書面の内容を解答させる問題である。この問題形式は，平成26年度から連続して出題されているところ，どのような争点であるかを把握したうえで，みずからの主張だけではなく，相手方の主張内容として何が考えられるか，それに対する反論も考えることで，説得的な解答ができているのかが評価のポイントであると思われる。したがって，普段から自己に有利な事情だけではなく，不利な事情にも目を配り，それに対してどのような評価を加えられるのか，多角的に分析する癖を身につけておこう。そうした姿勢は，予備試験のみならず，司法試験でも高い評価を得るポイントになるし，司法修習においても，心掛けることが求められる。また，主張の中心はオの事実についてであるが，準備書面の内容は，設問3で検討した再抗弁についての主張であるから，端的にエの事実が認められることも記載する必要がある。着目すべき事実としてどのような事実があるかは，解答例を確認してほしい。

【関連判例】
最判昭和30年7月5日民集9巻9号1002頁
最判昭和43年8月2日民集22巻8号1571頁

答案例

第1　設問1
　1　小問(1)
　　(1)　まず，甲土地の所有権移転登記請求権を被保全権利として，登記請
　　　求権を保全するための処分禁止の仮処分（民事保全法23条1項，53条
　　　1項）の申立てをすべきである。
　　　　この仮処分がされなかった場合に，本件訴訟の本案判決前に登記が
　　　第三者に移転されれば，その者には判決効が及ばない（民訴115条1
　　　項各号参照）。したがって，それが確定した後，この確定判決を債務
　　　名義として，その第三者に対し，強制執行することができない。その
　　　ため，その第三者を被告として別訴の提起が必要となり，手続が煩雑
　　　になるという問題が生じる。これに対して，この仮処分をしておけば，
　　　登記が第三者に移転されても，違反する処分行為として債権者に対抗
　　　できない（民保58条1項）。そこで，甲土地の登記が第三者に移転さ
　　　れる場合に備えて上記申立てをすべきである。
　　(2)　次に，甲土地の明渡請求権を被保全権利として，占有移転禁止の仮
　　　処分（23条1項，25条の2第1項参照）の申立てをすべきである。
　　　　占有移転禁止の仮処分がされなかった場合，本案判決前に甲土地の
　　　占有が第三者に移転すると，その者には判決の効力は及ばず，この判
　　　決が確定した後，この確定判決を債務名義として，その第三者に対し
　　　て，強制執行することができない。そのため，手続が煩雑になるとい
　　　う問題が生じる。これに対して，この仮処分をしておけば，その第三
　　　者に対しても，当初の占有者に対する本案の債務名義に基づき目的物
　　　の明渡しの強制執行が可能となる（当事者恒定効，62条1項）。そこ
　　　で，甲土地の占有が第三者に移転される場合に備えて上記申立てをす
　　　べきである。
　2　小問(2)
　　(1)　被告は，原告に対し，甲土地について，真正な登記名義の回復を原
　　　因とする所有権移転登記手続をせよ。
　　(2)　被告は，原告に対し，甲土地を明け渡せ。
　3　小問(3)
　　(1)　イに入る事実は，「Aは，Xに対し，平成27年6月1日，甲土地を
　　　代金1000万円で売った。」である。
　　(2)　ウに入る事実は，「Yは，甲土地を占有している。」である。
第2　設問2
　1　主張すべき抗弁の内容
　　　対抗要件具備による所有権喪失の抗弁を主張すべきである。
　2　抗弁となる理由
　　　甲土地が本件第1売買契約と本件第2売買契約により，それぞれXY
　　に二重に譲渡されると，XとYは対抗関係（民法177条）に立つ。そして，
　　Yが本件第2売買契約に基づいて甲土地の所有権移転登記を備えると，
　　Yは確定的に甲土地の所有権を取得し，これによりXが所有者であるよ
　　うにみえていた地位は失われる。したがって，対抗要件具備による所有
　　権喪失の主張は，本件第1売買契約に関する請求原因と両立し，それに
　　よる法律効果の発生を障害するため，抗弁となる。

欄外注記:
- ➡採るべき法的手段の1つ目
- ➡法的手段を講じない場合に生じる問題への言及
- ➡採るべき法的手段の2つ目
- ➡法的手段を講じない場合に生じる問題への言及
- ➡登記原因の明示
- ➡抗弁の定義にあてはめる

第3　設問3　　　　　　　　　　　　　　　　　　　　　　　　　　　　45
　1　エに入る事実
　　　Yは，本件第2売買契約の際，本件第1売買契約が締結されていたこ
　　とを知っていた。
　2　そのように考えた理由
　　　実体法上の物権変動があった事実を知る者において，当該物権変動に　50　　⇨背信的悪意者の
　　ついての登記の欠缺を主張することが信義に反すると認められる事情が　　　　　理解を示す
　　ある場合に，背信的悪意者にあたるとされる。そのため，Yの背信性だ
　　けでなく，本件第2売買契約締結の時点で，Yが本件第1売買契約締結
　　について知っていたことが必要であるからである。
第4　設問4　　　　　　　　　　　　　　　　　　　　　　　　　　　　55
　1　Yの悪意について
　（1）　Aは，本件第2売買契約の際に，Yに対して，すでにXに甲土地を　　⇨Xに有利な事実
　　　売却していることを説明し，Yはそれでもかまわないと答えている。　　　　　①
　（2）　これに対して，Yは，Aからそのような話は聞いていないと主張す　　⇨Yに有利な事実
　　　るが，特段の事情なく相場の半額という極端に低い価格が設定される　60　　に対する反論①
　　　ことは通常考えられず，本件第2売買契約が二重譲渡であることが前
　　　提になっていたといえる。
　（3）　したがって，Yは，本件第2売買契約の際，本件第1売買契約が締
　　　結されていたことを知っていた。
　2　Yの背信性について　　　　　　　　　　　　　　　　　　　　　　65
　（1）　Yは，本件第2売買契約の際，甲土地の転売代金の3割をAに渡す　　⇨Xに有利な事実
　　　旨を約する本件念書を作成しており，甲土地を高値で転売する目的で　　　　　②
　　　本件第2売買契約を締結している。そして，Yがこのような念書を作
　　　成できたのは，本件第2売買契約当時，転売先としてXを見込んでい
　　　たからである。　　　　　　　　　　　　　　　　　　　　　　　70
　（2）　これに対して，Yは，甲土地を資材置場として使用している旨主張　　⇨Yに有利な事実
　　　するが，少量の資材と運搬用のトラックが2台置かれているだけであ　　　　　に対する反論②
　　　り，転売が決定するまでの一時的な使用にすぎないと考えられる。ま
　　　た，Yは，Aに謝礼を求められて本件念書を作成したと説明するが，　　⇨Yに有利な事実
　　　Y自身に高値で転売する目的がなければこのような念書を作成するこ　75　　に対する反論③
　　　とはありえず，Yの説明には合理性がない。
　（3）　したがって，Yは，本件第2売買契約の際，Xに対して甲土地を高
　　　値で買い取らせる目的を有していた。
　3　よって，Xの再抗弁は認められるべきである。
　　　　　　　　　　　　　　　　　　　　　　　　　　　　　　　以上　80

　設問1は，不動産に係る登記請求及び明渡請求が問題となる訴訟において，原告代理人があらかじめ講ずべき法的手段とともに，訴状における請求の趣旨及び請求を理由付ける事実について説明を求めるものであり，民事保全の基本的理解に加えて所有権に基づく物権的請求権の法律要件に留意して説明することが求められる。

　設問2は，不動産の二重譲渡事案における実体法上の権利関係に留意しつつ，被告本人の主張を適切に法律構成した上で，抗弁となる理由を説明することが求められる。

　設問3は，再抗弁の事実について問うものである。判例で示された当該再抗弁に係る要件事実に即して，原告の主張内容から必要な事実を選択し，他の主張事実との関係にも留意することが求められる。

　設問4は，上記の再抗弁の主張について，書証と人証の双方を検討し，必要な事実を抽出した上で，どの事実がいかなる理由から再抗弁に係る評価を根拠付ける際に重要であるかに留意して，準備書面に記載すべき事項を問うものである。

講 評 ▐▐▐

① 設問1

　小問(1)では，登記請求権を保全するための処分禁止の仮処分と占有移転禁止の仮処分を申し立てるべきとの結論を書けていた答案は比較的多かったが，いずれかしか解答できていなかった答案もあった。また，設問で「講じない場合に生じる問題にも言及しながら」と記載があるのに，申し立てなかった場合に生じる不都合な事態について言及しない答案が相当数見られた。そして，これらの仮処分によって，申し立てていなかった場合に生じる不都合な事態をどのように回避できるのか，条文を引用しながら端的に説明できている答案は，更に少なかった。

　さらに，民事保全法上の手続を検討する際は，被保全権利が何かというところが出発点なのであるから，それぞれの仮処分が，どの権利を被保全権利として申し立てるのかも明記されるべきであろうが，被保全権利を記載した答案は少なかった。忘れずに記載するようにしてほしい。

　小問(2)は，やはり登記原因を記載していない答案が相当数見られた。抹消登記請求の事案と対比しながら，学習を進めていってほしい。また，本件は所有権移転登記と明渡しという2つの作為を求める訴訟であるが，主文として1つの文でまとめて記載した答案もあった。

　小問(3)は，多くの答案が正確に記載することができていた。しかし，「明渡請求を理由づける事実」の解答が求められているにもかかわらず，甲土地についてY名義の所有権移転登記があるという，登記請求を基礎づける事実を解答している答案も一部において見られた。正確に設問を把握する必要がある。

② 設問2

　設問2は，対抗要件具備による所有権喪失の抗弁という結論を正確に記載できていた答案が多かった。ただし，一部の答案において，対抗要件の抗弁を記載したものがあった。出題趣旨にも記載があるように，被告本人の主張内容を適切に把握して，法律構成を考える必要がある。

　抗弁となる理由については，単に，請求原因と両立し，そこから生じる法律効果を覆滅するという抗弁の意義を述べるにとどまった答案が相当数見られた。要件事実は，実体法上の理解を示しながら，解答をすることが必要であり，そうでなければ高い評価を得ることができない。

③ 設問3

　設問3も，Yは，本件第2売買契約の際，本件第1売買契約が締結されていたことを知っていたという結論を正確に記載できていた答案が多かった。ただし，一部の答案においては，主語が抜けている答案もみられ，だれの認識を問題としているのか不明確であると評価せざるをえなかった。また，理由については，判例の示した背信的悪意者排除論に基づき，①悪意であること，②背信性を基礎づける具体的事実（評価根拠事実）が要件となることを指摘できている答案が多かったが，

そもそも，そのような背信的悪意者が民法177条の「第三者」にあたらないとされるべき根拠は何か，177条の趣旨に言及しつつ端的に述べることができていない答案は相当数見られた。繰り返しになるが，実体法上の理解も適切に示しながら，請求原因，抗弁以下の主張になる理由を示すことが，高い評価を得るために必須であることは強く意識しておこう。

④ 設問4

準備書面の内容を解答させる問題であり，前述した①悪意と②背信性という要件ごとに項目を立てて解答する答案もあれば，着目すべきポイントとなる事実について項目を立てて解答する答案も見られた。いずれも，よく整理できているものは高く評価されており，いずれでもよいと思われる。整理された主張を記載するためには，少ない解答用紙の紙面上困難な場合もあるが，項目を立てて記載するのが好ましいであろう。実際，弁護士が作成する準備書面も，項目を立てて記載している。答案例では，要件ごとに項目を立てて解答している。

相手方の主張に対する反論の内容として，その事実があったのか，なかったのか，形式的な対立を述べるだけである水掛け論的な答案が一定数見られた。そのような事実はないと否定する相手方がいる場合に，その事実はあったはずだと応じても，判断権者である裁判官は，立証責任を負うのが事実の存在を主張する側にあることが多いこともあって，認定してくれないことが多い。相手方を，ひいては判断権者である裁判官を説得するためには，たとえば，ほかの事実を指摘しつつ，それに対する評価として，相手方の否定する事実が存在しなければ，本件の事実関係の経過として不自然ではないかと指摘するなど，広く事実関係に目を向けることが重要である。後掲の優秀答案は，こうした手法を用い，説得的な論述をすることができていると評価できるので，ぜひ参考にしてもらいたい。

第1　設問1
　1　小問(1)について
　　(1)　事前に採るべき手続として，処分禁止の仮処分（民事保全法（以下
　　　「民保」とする）23条1項），占有移転禁止の仮処分が考えられる。
　　(2)　上記手続を行わなかった場合，本件訴訟中に，Yが甲土地を第三者　　5
　　　に売却等した場合，本件訴訟の既判力が及ばなくなるため（民事訴訟
　　　法115条1項），甲土地の占有や登記を得ることができなくなるから
　　　である。上記手続を採った場合，処分禁止の仮処分により，甲土地の
　　　所有権登記の移転が禁止され，占有移転禁止の仮処分により甲土地の
　　　占有の移転が禁止される。そしてこれに反した行為の効果は「債権者　　10
　　　に対抗することができな」くなるため，（民保58条1項），Xは本件訴
　　　訟に勝訴した場合，甲土地の所有権登記と占有を得ることができるか
　　　らである。
　2　小問(2)について
　　　被告は，原告に対し，甲土地について，真正な登記名義の回復を原因　　15
　　とする所有権移転登記手続をせよ。
　　　被告は，原告に対し，甲土地を明け渡せ。
　3　小問(3)について
　　(1)　イについて
　　　　Aは，Xに対して，平成27年6月1日，甲土地を代金1000万円で売　　20
　　　った。
　　(2)　ウについて
　　　　YはY土地を占有している。
第2　設問2
　1　Yは対抗要件具備による所有権喪失の抗弁を主張する。　　25
　2　抗弁とは，請求原因事実と両立し，請求原因から発生する法律効果を
　　障害，消滅，阻止する事実をいう。
　　　Yの上記主張は，AがXに甲土地を売ったという事実と，AがYに甲土
　　地を売り，Yが先に対抗要件を備えたという事実は両立するため，請求
　　原因事実と両立するといえる。また，上記主張はXの所有権に基づく請　　30
　　求原因の法律効果の発生を障害するものになる。したがって，上記主張
　　は抗弁となる。
第3　設問3
　1　エについて
　　　Yは，本件第2売買契約の際，本件第1売買契約を知っていた。　　35
　2　理由
　　　対抗要件の抗弁はYが民法（以下略）177条の「第三者」にあたるこ
　　とが前提になる。177条の趣旨が自由競争社会において，登記による画
　　一的な処理を図ることで，不動産取引の安全を図る点にある。そうだと
　　すれば，177条の「第三者」とは当事者及び包括承継人以外の者であっ　　40
　　て登記の欠缺を主張する正当な利益を有する者をいう。そして単なる悪
　　意の者は自由競争の範囲内といえるため，「第三者」に含まれるが，背
　　信的悪意者は自由競争の範囲外といえるため，「第三者」あたらない。
　　そのため，Xは悪意と背信性を基礎づける評価根拠事実を主張する必要

△条文を指摘し
たい

△問題の所在と
なる当事者恒定
力（民保62条1
項）を指摘する

○登記原因を明
示している

○抗弁の定義を
示している

△説明がほしい

○背信的悪意者
の理解を適切に
示せている

がある。オで後者を主張しているため，エでYの悪意を主張する。

第4　設問4
1　Xが，平成27年9月1日にYに本件土地の明け渡しを求めた際，YはXに甲土地を代金2000万円で買い取ることを請求した。これに対し，Yは代金2000万円で買い取ることを請求したのではなく，ただ価格を提示しただけであってXが希望する価格で買ってくれればよいと反論している。たしかに価格の交渉において，希望する価格よりもやや高めの価格を始めに提示することはあり得る。しかし，甲土地の時価が1000万円であることから考えれば代金2000万円という価格は時価の約2倍と異常に高額である。さらに，Yは本件第二売買の際に，Aに本件念書を提出している。念書の内容が売却利益が生じた場合はその3割を謝礼として支払う旨であることから考えれば，Yが本件土地をXに売却して利益を得るにはそれ以上の価格で販売する意図があったといえる。加えて，Aは第二売買の際，Yから代金500万円は安いが，甲土地を高く売却できたら謝礼をあげると言われたと述べている。このYの提案にAが納得している。XがAから1000万円で甲土地を購入していることこれに対しYの購入価格が500万円であることを考えれば，Yが本件土地をAに500万円以上の利益がでるようにするために，AY間の黙示の合意として1600万円以上でYが甲土地を転売できることが見込まれている。通常，第三者が時価1000万円の土地を時価の1.6倍以上の1600万円という価格で購入することは考えられない。そうだとすれば，Yは購入時にXに高額で買いとらせる目的を有していたといえる。

　　加えて，実際Yは本件土地を資材置き場として使用してはいるが，資材は大した分量ではなく，それ以外に運搬用のトラック2台が止まっているにすぎない。資材やトラックは容易に移動可能であることからも，本件土地をXに売り，土地を明渡す予定だったと推認される。

　　以上より，本件第2売買の際，Xに対して甲土地を高値で買い取らせる目的を有していたといえる。
2　また，AがYに本件第2売買の際，既にXに甲土地を売却していることを説明しているということから，Yは件第2売買契約の際，本件第1売買契約を知っていたといえる。
3　よって，Yは背信的悪意者といえ，Yの抗弁は認められない。

以上

⬅○非常に説得的である

⬅○自分なりに考えられている

⬅○悪意についての主張も端的に述べている

優秀答案における採点実感

1 全体

全体として，民事実務科目において備えておくべき最低限の知識が身についており，それが，設問全体を通して適切な結論を記載することができていることに結びついていることがうかがえる。さらに，設問4では，着目すべき事実と，それに対して想定されるYの反論を，適切に指摘したうえで，それに対する再反論をするのに必要な事実を的確に抽出し，十分な評価を加えて，Xの再抗弁が認められるべきことを力説することができている。答案例と対比しつつ，ぜひ参考にしてほしい。

2 設問1

小問(1)について，この答案は，処分禁止の仮処分と占有移転禁止の仮処分という2つの保全方法を適切に指摘できている。また，この手続を行わなかった場合に生じる不都合性についても，基本的には，2つとも同じであり（判決効が及ばなくなるため，再訴が必要になる），この答案のように，まとめて記載することも許されよう。しかし，これらの仮処分は，それぞれ別個のものであり，それぞれの手続も異なる。そのため，処分禁止の仮処分が行われた場合と，占有移転禁止の仮処分が行われた場合とで，不都合性を回避できることを説明する際に引用されるべき条文は異なるのであるが，残念ながら，この答案はそれに気がついていない。FL【民事保全法】をよく読み，条文と基本的な理解をよく対応させておいてほしい。

小問(2)，(3)についてはよく解答できている。

3 設問2

この答案は，抗弁の意義を冒頭に示し，抗弁になる理由を説明しようとしている。まずは，問題となる法概念の定義を示し，そこから考えようとする姿勢は，合格答案となるために必須であり，抗弁の意義を正確に記載できていることは，とても好印象である。しかし，Xの所有権に基づく請求原因の法律効果の発生を障害するといえるのはなぜか，そのことについて，民法177条に関する実体法上の理解を端的かつ適切に示しながら理由づけることができていない。そもそも物権の二重譲渡は可能であるのか等，177条の制度趣旨に関する基本的理解を示しながら，請求原因により生ずる法律効果を障害する理由を記載できるとより高い評価を得られたであろう。

4 設問3

設問3に関しては，この答案は，よく書けている。177条の趣旨から，背信的悪意者は除かれるべきことを示すことができており，そこから，この再抗弁が悪意と背信性からなることを導くことができている。

5 設問4

非常に説得的に，Yの背信性を基礎づける，オの事実に記載されている目的があることを論じることができている。試験場において自身の頭でとてもよく考え抜いたものであって，その出来は答案例以上であり，高く評価されていると思われる。

司法試験予備試験用法文を適宜参照して，以下の各設問に答えなさい。

〔設問1〕
　弁護士Pは，Xから次のような相談を受けた。

【Xの相談内容】
　「私は，骨董品を収集することが趣味なのですが，親友からBという人を紹介してもらい，平成28年5月1日，B宅に壺（以下「本件壺」という。）を見に行きました。Bに会ったところ，Aから平成27年3月5日に，代金100万円で本件壺を買って，同日引き渡してもらったということで，本件壺を見せてもらったのですが，ちょうど私が欲しかった壺であったことから，是非とも譲ってほしいとBにお願いしたところ，代金150万円なら譲ってくれるということで，当日，本件壺を代金150万円で購入しました。そして，他の人には売ってほしくなかったので，親友の紹介でもあったことから信用できると思い，当日，代金150万円をBに支払い，領収書をもらいました。当日は，電車で来ていたので，途中で落としたりしたら大変だと思っていたところ，Bが，あなた（X）のために占有しておきますということでしたので，これを了解し，後日，本件壺を引き取りに行くことにしました。
　平成28年6月1日，Bのところに本件壺を取りに行ったところ，Bから，本件壺は，Aから預かっていただけで，自分のものではない，あなた（X）から150万円を受け取ったこともない，また，本件壺は，既に，Yに引き渡したので，自分のところにはないと言われました。
　すぐに，Yのところに行き，本件壺を引き渡してくれるようにお願いしたのですが，Yは，本件壺は，平成28年5月15日にAから代金150万円で購入したものであり，渡す必要はないと言って渡してくれません。
　本件壺の所有者は，私ですので，何の権利もないのに本件壺を占有しているYに本件壺の引渡しを求めたいと考えています」。

　弁護士Pは【Xの相談内容】を前提に，Xの訴訟代理人として，Yに対し，本件壺の引渡しを求める訴訟（以下「本件訴訟」という。）を提起することを検討することとした。

　以上を前提に，以下の各問いに答えなさい。
(1)　弁護士Pは，本件訴訟に先立って，Yに対して，本件壺の占有がY以外の者に移転されることに備え，事前に講じておくべき法的手段を検討することとした。弁護士Pが採り得る法的手段を一つ挙げ，そのような手段を講じなかった場合に生じる問題についても併せて説明しなさい。
(2)　弁護士Pが，本件訴訟において，選択すると考えられる訴訟物を記載しなさい。なお，代償請求については，考慮する必要はない。
(3)　弁護士Pは，本件訴訟の訴状（以下「本件訴状」という。）において，本件壺の引渡請求を理由づける事実（民事訴訟規則第53条第1項）として，次の各事実を主張した。
　ア　Aは，〔①〕
　イ　Aは，平成27年3月5日，Bに対し，本件壺を代金100万円で売った。
　ウ　〔②〕
　エ　〔③〕
　上記①から③までに入る具体的事実を，それぞれ答えなさい。

(4) 弁護士Pは，Yが，AB間の売買契約を否認すると予想されたことから，上記(3)の法的構成とは別に，仮に，Bが本件壺の所有権を有していないとしても，本件壺の引渡請求を理由づける事実（民事訴訟規則第53条第1項）の主張をできないか検討した。しかし，弁護士Pは，このような主張は，判例を踏まえると認められない可能性が高いとして断念した。弁護士Pが検討したと考えられる主張の内容（当該主張を構成する具体的事実を記載する必要はない。）と，その主張を断念した理由を簡潔に説明しなさい。

〔設問2〕
　弁護士Qは，本件訴状の送達を受けたYから次のような相談を受けた。

【Yの相談内容】
　「私は，Aから，本件壺を買わないかと言われました。壺に興味があることから，Aに見せてほしいと言ったところ，Aは，Bに預かってもらっているということでした。そこで，平成28年5月15日，B宅に見に行ったところ，一目で気に入り，Aに電話で150万円での購入を申し込み，Aが承諾してくれました。私は，すぐに近くの銀行で150万円を引き出しA宅に向かい，Aに現金を交付したところ，Aが私と一緒にB宅に行ってくれて，Aから本件壺を受け取りました。したがって，本件壺の所有者は私ですから，Xに引き渡す必要はないと思います」。

　弁護士Qは，【Yの相談内容】を前提に，Yの訴訟代理人として，本件訴訟における答弁書を作成するに当たり，主張することが考えられる二つの抗弁を検討したところ，抗弁に対して考えられる再抗弁を想定すると，そのうちの一方の抗弁については，自己に有利な結論を得られる見込みは高くないと考え，もう一方の抗弁のみを主張することとした。

　以上を前提に，以下の各問いに答えなさい。
(1) 弁護士Qとして主張することを検討した二つの抗弁の内容（当該抗弁を構成する具体的事実を記載する必要はない。）を挙げなさい。
(2) 上記(1)の二つの抗弁のうち弁護士Qが主張しないこととした抗弁を挙げるとともに，その抗弁を主張しないこととした理由を，想定される再抗弁の内容にも言及した上で説明しなさい。

〔設問3〕
　Yに対する訴訟は，審理の結果，AB間の売買契約が認められないという理由で，Xが敗訴した。そこで，弁護士Pは，Xの訴訟代理人として，Bに対して，BX間の売買契約の債務不履行を理由とする解除に基づく原状回復請求としての150万円の返還請求訴訟（以下「本件第2訴訟」という。）を提起した。
　第1回口頭弁論期日で，Bは，Xから本件壺の引渡しを催告され，相当期間が経過した後，Xから解除の意思表示をされたことは認めたが，BがXに対して本件壺を売ったことと，BX間の売買契約に基づいてXからBに対し150万円が支払われたことについては否認した。弁護士Pは，当該期日において，以下の領収書（押印以外，全てプリンターで打ち出されたものである。以下「本件領収書」という。）を提出し，証拠として取り調べられた。これに対し，Bの弁護士Rは，本件領収書の成立の真正を否認し，押印についてもBの印章によるものではないと主張している。
　その後，第1回弁論準備手続期日で，弁護士Pは，平成28年5月1日に150万円を引き出したことが記載されたX名義の預金通帳を提出し，それが取り調べられ，弁護士Rは預金通帳の

成立の真正を認めた。

第2回口頭弁論期日において、XとBの本人尋問が実施され、Xは、下記【Xの供述内容】のとおり、Bは、下記【Bの供述内容】のとおり、それぞれ供述した。

領　収　書

X　様

　　　下記金員を確かに受領しました。

　　　金１５０万円

　　　ただし、壺の代金として

　　　平成28年５月１日

　　　　　　　　　　　　B　　Ⓑ

【Xの供述内容】

「私は、平成28年５月１日に、親友の紹介でB宅を訪問し、本件壺を見せてもらいました。Bとは、そのときが初対面でしたが、Bは、現金150万円なら売ってもいいと言ってくれたので、私は、すぐに近くの銀行に行き、150万円を引き出して用意しました。Bは、私が銀行に行っている間に、パソコンとプリンターを使って、領収書を打ち出し、三文判ではありますが、判子も押して用意してくれていたので、引き出した現金150万円をB宅で交付し、Bから領収書を受け取りました。当日は、電車で来ていたので、取りあえず、壺を預かっておいてもらったのですが、同年６月１日に壺を受け取りに行った際には、Bから急に、本件壺は、Aから預かっているもので、あなたに売ったことはないと言われました。

また、Yに対する訴訟で証人として証言したAが供述していたように、Aは同年５月２日にBから200万円を借金の返済として受け取っているようですが、この200万円には私が交付した150万円が含まれていることは間違いないと思います。」

【Bの供述内容】

「確かに、平成28年５月１日、Xは、私の家を訪ねてきて、本件壺を見せてほしいと言ってきました。私はXとは面識はありませんでしたが、知人からXを紹介されたこともあり、本件壺を見せてはあげましたが、Xから150万円は受け取っていません。Xは、私に150万円を現金で渡したと言っているようですが、そんな大金を現金でもらうはずはありませんし、領収書についても、私の名前の判子は押してありますが、こんな判子はどこでも買えるもので、Xがパソコンで作って、私の名前の判子を勝手に買ってきて押印したものに違いありません。

私は、同月２日に、Aから借りていた200万円を返済したことは間違いありませんが、これは、自分の父親からお金を借りて返済したもので、Xからもらったお金で工面したものではありません。父親は、自宅にあった現金を私に貸してくれたようです。また、父親とのやり取りだったので、貸し借りに当たって書面も作りませんでした。その後、同年６月１日にもXが私の家に来て、本件壺を売ってくれと言ってきましたが、断っています。」

以上を前提に、以下の各問いに答えなさい。

(1)　本件第2訴訟の審理をする裁判所は、本件領収書の形式的証拠力を判断するに当たり、Bの記名及びB名下の印影が存在することについて、どのように考えることになるか論じなさい。

(2) 弁護士Pは，本件第2訴訟の第3回口頭弁論期日までに，準備書面を提出することを予定している。その準備書面において，弁護士Pは，前記【Xの供述内容】及び【Bの供述内容】と同内容のX及びBの本人尋問における供述並びに前記の提出された書証に基づいて，Bが否認した事実についての主張を展開したいと考えている。弁護士Pにおいて準備書面に記載すべき内容を，提出された書証や両者の供述から認定することができる事実を踏まえて，答案用紙1頁程度の分量で記載しなさい。

答案構成用紙

1 設問1

　小問(1)は，訴訟提起に先立ち講じておくべき民事保全法上の手段を検討させる問題である。FL【民事保全法】であげられた内容を説明できれば十分である。まず，被保全権利が何かを把握することが必要である。被保全権利は，通常，本案における訴訟物と一致するはずなので，訴訟物を把握することから検討を始めればよい。そうすると，本件の被保全権利は，所有権に基づく返還請求権としての動産引渡請求権となる。引渡請求権を保全するためには，占有移転禁止の仮処分（民保23条1項）を申し立てるべきである。本件訴訟の本案判決前に第三者に甲土地の占有が移転したことが判明した場合，原告Xは，当該第三者に対して訴訟引受けの申立て（民訴50条1項）をしなければならず，訴訟引受けの手続を経ず，被告がYのままで請求認容判決がなされて確定すると，判決効はYにのみ及び（民訴115条1項参照），当該第三者には判決の執行力が及ばず，当該第三者に対し強制執行ができなくなる（民執23条1項3号括弧書参照）。この仮処分を講じておけば，占有の移転を受けた第三者に対しても執行力が拡張され（当事者恒定効，民保62条1項），強制執行が可能になる。よって，本件壺の占有がY以外の者に移転されることに備え，この申立てをしておくべきである。

　小問(2)は，訴訟物を解答させる問題である。処分権主義（民訴246条）が妥当する民事訴訟においては，民事訴訟の対象となる訴訟物は，原告の意思に基づき選択され，裁判所に上程される。【Xの相談内容】を見るに，Xは，「本件壺の所有者は，私ですので」本件壺の引渡しを求める旨主張しており，所有権に基づき，本件壺の引渡しを求めていることがわかる。そこで，選択すべき訴訟物は，所有権に基づく返還請求権としての動産引渡請求権である。

　小問(3)は，動産引渡請求の請求原因事実を解答させる問題である。請求原因事実となるのは，①X所有，②Y占有である。Yが占有権原を有することは抗弁になる。①について，所有は法的概念であるが，所有権の発生から現在のX所有までの来歴をすべて立証するのは現実上困難であり，所有概念は日常的概念であるから，権利自白を認めてよいと解される。そして，争点を明確化するという機能にもかんがみれば，当事者に争いのない直近の時点における権利自白の成立を認めるべきである。【Xの相談内容】によれば，Yは，平成28年5月15日にAから本件壺を代金150万円で購入した旨述べており，同日におけるA所有は認めている。したがって，この時点における権利自白が成立する。よって，①X所有を主張立証する必要があるXとしては，Aの所有であることおよびAからXの所有にいたるまでの権利変動を主張立証すればよい。

　アには，Aの所有であったことを示す事実が入る。イには，AからBに所有権が移転した原因たる事実，ウには，BからXに所有権が移転した原因たる事実が入る。Xは，Bから売買契約（民555条）によって甲土地の所有権の移転を受けたと主張するため，ウには，AX間の売買契約の事実が入る。エには，②Y占有を示す事実が入る。現在のYの占有を主張立証する必要があるというのが通説であるが，争いがない場合には，端的に，「Yは，本件壺を占有している。」との記載で足りる。

　小問(4)は，小問(3)とは異なる請求原因事実の主張と，その主張が本問では認められない理由たる判例理論を解答させる問題である。Bが本件壺の所有権を有していない，すなわち，前主が無権利の場合でも，本件壺所有権の原始取得がXに認められれば，本件壺の引渡請求を理由づけることが可能である。この主張として思いつくのは，即時取得（192条）であろう。

　即時取得の成立には，「占有を始めた」ことが必要であるが，判例（最判昭和35年2月11日）は，占有改定（183条）という引渡し（178条）の一形式では「占有を始めた」にあたらないとする。これは，192条が譲受人を保護するに値する強い物的支配確立を要件とするところ，占有改定は譲渡により権利を失い不利益を受ける譲受人の占有を通じて譲渡が公示される点で公示の信頼性が低く，保護に値する強い物的支配を確立しているといえないからである。本設問でXは本件壺の引渡しを占有改定の方法で受けており「占有を始めた」とはいえず，即時取得の主張は認められないであろう。このことを，即時取得の主張を断念した理由として簡潔に示せばよい。

2 設問2

小問(1)は，原告の所有権喪失原因たる抗弁を検討させる問題である。ここでは，動産二重譲渡における実体法上の権利関係の意識が大切である。まず，動産二重譲渡事案では，引渡しを受けた譲受人が確定的に所有権を取得し，同時に引渡しを受けていない譲受人は不完全な所有者としての地位を失うことになる。このことから，二重譲渡における対抗要件具備の主張は，所有権に基づく請求原因の発生を障害するものとして，抗弁に位置づけられる。Yの相談内容を前提とすると，XYは二重譲渡の対抗関係にあるといえ，抗弁のひとつとして，対抗要件具備による所有権喪失の抗弁が考えられる。次に，設問1小問(3)で検討した請求原因事実に対する抗弁としては，Yが本件壺を即時取得することで，Xが本件壺の所有権を喪失するとの主張が考えられる。よって，もうひとつの抗弁として，即時取得による所有権喪失の抗弁が考えられる。

小問(2)は，上記2つの抗弁のうちQが主張しないこととした抗弁の解答を通じて抗弁に対する再抗弁の有無を検討させる問題である。抗弁に対し再抗弁が主張され，これが認められると抗弁の効果が阻害されるため，再抗弁主張が予想される抗弁は通常主張しない。そこで本件の事実関係のもとでPからの再抗弁主張の有無を検討する。すると，Yが本件壺の引渡しを受けた平成28年5月15日より前の平成28年5月1日にXが本件壺につき占有改定による引渡しを受けており，二重譲渡における対抗要件具備はXがYより先立っている。占有改定による引渡しでも対抗要件具備は可能であることには注意しよう。このことから，対抗要件具備による所有権喪失の抗弁に対し，先立つ対抗要件具備の再抗弁主張がPからなされると予想される。動産二重譲渡では，対抗要件具備が原則として公示性の強い登記によりなされる不動産二重譲渡事例とは異なり，引渡しが対抗要件となるため，先立つ対抗要件具備という再抗弁が成立することがポイントとなる。

3 設問3

小問(1)は，二段の推定の基本的理解を問うものである。Bの記名とB名下の印影について問われており，これらを順に検討していく。まず，形式的証拠力の判断といえば二段の推定が頻出であるが，これがはたらくのは本人の印影が存在するときなので，Bの記名が存在することは二段の推定との関係では当然意義をもたない。また，民事訴訟法228条4項は「本人……の署名……があるときは，真正に成立したものと推定する」としており，Bの記名は「署名」ではなく，形式的証拠力の判断に特別の意味はないといえる。署名とは，みずから手書きした氏名のことであり，記名とは，署名以外の手段で書かれた氏名のことをいう。両者は異なることをおさえておこう。次に，B名下の印影の存在により二段の推定がはたらき本件領収書の成立の真正が推定されうる。もっとも，Bの「こんな判子はどこでも買える」との主張によれば，上記印影は，B本人が所有し自己を表すものとして使用している印章によるものでない可能性がある。このような場合も二段の推定がはたらくか，一段目の推定の意義に立ち返り検討する必要がある。同推定は，わが国において印章が自己を表すものとして重用されるため，理由もなく他人に利用させることは通常ないという経験則に基づくものである。よって，本設問のようにBが重用しているといいがたい三文判の印影では，Xが印影につきBが重用する印章によるものであると立証しないかぎり，二段の推定をはたらかせることは難しいといえる。

小問(2)は，準備書面作成を求める問題である。本設問では，証拠により認定できる事実を摘示したうえ，自己が代理人となる側の主張を根拠づけるために，いかなる推論・評価が可能かを丁寧に説明する必要がある。Bが否認した事実としては，XのBへの150万円の支払と，BがXに対して本件壺を売ったことがあげられる。前者については，現金150万円の引出しについてX名義の預金通帳が提出されており，その成立の真正に争いがないこと，BのAに対する200万円の返済がXから現金を受け取ったとされる翌日になされていること，後者については，BとXが150万円の授受前に面識がなかったこと等の事実を指摘し，これらの事実を原告側の主張に沿うように評価する。

【関連判例】

最判昭和35年2月11日民集14巻2号168頁（判例シリーズ23事件・民法百選Ⅰ68事件）

答案例

第1　設問1
　1　小問(1)
　　(1)　事前に講じておくべき法的手段
　　　　占有移転禁止の仮処分（民事保全法23条1項）の申立て
　　(2)　手段を講じなかった場合に生じる問題点
　　　　口頭弁論終結前にYが本件壺の占有を他人に移転させた場合に，Y
　　　が当該事実を主張しなければ，Xは訴訟引受けの申立て（民事訴訟法
　　　50条1項）をする機会を失い，請求認容判決の債務名義としての執行
　　　力は，本件壺の占有者に及ばず（民事執行法23条1項3号括弧書参
　　　照），強制執行することができない。また，Yが上記事実を主張した
　　　場合，Xが訴訟引受けの申立てをしないかぎり，請求が棄却されてし
　　　まうことになる。
　　　　これに対し，上記手段を講じれば，本案段階でYが仮処分に違反す
　　　る占有移転を主張することは仮処分の当事者恒定力に基づき許されな
　　　くなり，執行段階においても勝訴判決の執行力が本件壺の占有者に拡
　　　張される（民事保全法62条1項）ため，強制執行が可能となる。
　2　小問(2)
　　　所有権に基づく返還請求権としての動産引渡請求権
　3　小問(3)
　　(1)　①平成27年3月5日当時，本件壺を所有していた。
　　(2)　②Bは，平成28年5月1日，Xに対し，本件壺を代金150万円で売っ
　　　た。
　　(3)　③Yは，本件壺を占有している。
　4　小問(4)
　　(1)　Pとしては，BX間の売買に基づく引渡しによる本件壺の即時取得
　　　（民法192条，以下法名略）の主張を検討したと考えられる。
　　(2)　たしかに，Xは，Bから，占有改定（183条）により本件壺の引渡し
　　　を受けている。しかし，Bの占有を通して譲渡が公示されるものの，
　　　Bは譲渡によって不利益を受ける者であり，その公示の信頼性は低く，
　　　保護に値する強い物的支配を確立しているとはいえないため，「占有
　　　を始めた」（192条）にあたらない。判例も同趣旨である。
　　　　これによれば，Xの即時取得は認められないので，Pは，このよう
　　　な主張を断念したと考えられる。
第2　設問2
　1　小問(1)
　　　①対抗要件具備による所有権喪失の抗弁と②即時取得による所有権喪
　　失の抗弁を主張することを検討したと考えられる。
　2　小問(2)
　　　Qは，①の抗弁を主張しないこととしている。たしかに，Yは，平成
　　28年5月15日に，Aから本件壺の引渡しを受け，対抗要件を具備してい
　　るので（178条），Xに所有権取得を対抗することができるとも思える。
　　　しかし，Xが，Yへの引渡しに先立って，AがAB間の売買契約に基づ
　　いて本件壺をBに引き渡した事実を主張して，先立つ対抗要件具備の再
　　抗弁を提出することが想定され，Yに有利な結論を得られる見込みは高

欄外注記：
- 条文を正確に摘示する（5行目付近）
- 強制執行ができなくなる理由を端的に説明（10行目付近）
- 強制執行が可能となる理由説明のキーワード（15行目付近）
- （20行目付近）
- （25行目付近）
- 実体法の理解を活かした説明（30行目付近）
- 判例の立場を摘示
- （35行目付近）
- （40行目付近）
- 先立つ対抗要件の抗弁という抗弁を摘示

くないからである。　　　　　　　　　　　　　　　　　　　　　　　45

第3　設問3
1　小問(1)
　(1)　まず，Bの記名は，プリンターで打ちだされたものであり，みずか　　　　→結論の理由を端的に明示
　　ら書いたものではないため，民事訴訟法228条4項の「署名」にはあ
　　たらない。それゆえ，本件領収書の形式的証拠力の判断に際して特別　　50
　　の意義はない。
　(2)　次に，B名下の印影の存在によって，二段の推定に基づき本件領収
　　書の成立の真正が推定されるか検討する。
　　　　二段の推定とは，文書中の印影が，作成名義人が所有し自己を表す　　　　→二段の推定の説明
　　ものとして使用している印章によって顕出されたものである場合，作　　55
　　成名義人の意思に基づく押印が事実上推定され，この推定によって
　　「本人……の……押印があるとき」という同項の適用のための要件を
　　みたすことになるため，同項の推定がはたらくというものである。
　　　　本件でのB名下の印影は三文判によるものであり，これをもってた　　　　→摘示した事実を評価
　　だちに二段の推定がはたらかないということはできないものの，Bが　　60
　　所有し自己を表すものとして使用している印章から顕出される印影で
　　あることをXは立証していない。したがって，かかる印影の存在のみ
　　から二段の推定ははたらかず，本件領収書の成立の真正は推定されな
　　い。
2　小問(2)　　　　　　　　　　　　　　　　　　　　　　　　　　　65
　(1)　XのBへの150万円の支払について
　　　　Pは，現金150万円の引出しについて，X名義の預金通帳を提出して
　　おり，その成立の真正に争いはないところ，Xが150万円を本件壺の
　　購入以外で費消したとの事情はない。また，Bは，Aに対する200万円　　　　→事実を評価
　　の返済は，父親から借りた金で工面したと主張しているが，一般家庭　　70
　　であれば大金である200万円もの金銭の授受について契約書等が作成
　　されていない点は不自然である。当該契約が親族間での契約であるこ
　　とにかんがみても，その金額の多さからすれば，依然として不自然で
　　ある。そうだとすれば，BはXから受け取った150万円をAへの弁済資
　　金としたと考えるのが合理的であり，XのBへの150万円の支払が推認　　75
　　できる。
　(2)　BがXに対して本件壺を売ったことについて
　　　　上述のとおり，Bが本件壺をXに見せた後，Xから150万円を受け取
　　っていることが推認できる。BとXがそれまで面識がなかったことを
　　ふまえれば，かかるBの行為は本件壺の売買契約を前提としていると　　80　　　　→事実を評価
　　考えるのが合理的であり，BがXに対して本件壺を売ったことが推認
　　できる。

　　　　　　　　　　　　　　　　　　　　　　　　　　　　　以上

設問1は，動産の引渡請求が問題となる訴訟において，原告代理人があらかじめ講ずべき法的手段とともに，引渡請求の訴訟物や当該請求を理由付ける事実について説明を求めるものである。民事保全の基本的理解に加えて，所有権に基づく物権的請求権の法律要件について，民事実体法及び判例で示された規律や動産取引の特殊性に留意して検討することが求められる。

設問2は，動産の二重譲渡事案における実体法上の権利関係及びそれに係る要件事実の理解を前提に，原告の所有権喪失原因について幅広く検討した上，本件の時系列の下で予想される再抗弁の内容を念頭に，適切な抗弁を選択し，その理由を説明することが求められる。

設問3は，二段の推定についての基本的理解と当てはめを問うとともに，原告代理人の立場から，準備書面に記載すべき事項を問うものである。争点に関する書証及び当事者尋問の結果を検討し，証拠により認定することができる事実を摘示した上で，原告の主張を根拠付けるために，各認定事実に基づき，いかなる推論・評価が可能か，その過程を検討・説明することが求められる。

講　評

① 設問1

小問(1)では，多くの答案が事前に講じておくべき法的手段として占有移転禁止の仮処分の申立てをあげることができていた。条文については民事保全法23条1項をあげていないものもみられたが，条文をあげることは法律答案作成の基本であり，他方で誤った条文をあげることは出だしから読み手の心証を悪くするので，根拠条文が存在する場合は正確な条文引用を心掛けるようにしたい。手段を講じなかった場合に生じる問題点としては，被告から目的物の占有の移転を受けた第三者が目的物を即時取得してしまうとする答案が多くみられたが，あくまでも本件訴訟を提起した場合に生じる問題という観点から考えたかった。具体的には，勝訴を得ても強制執行をすることができないのではないか等の問題をあげてほしい。民事実務基礎科目では最初の問題で民事執行・民事保全の知識が問われることが多いが，その多くは基本的な内容を問うものであり，また過去に問われた内容が繰り返し問われている。そのため，基礎的な事項，頻出事項をひととおりさらって対策することで確実に評価を得ることができよう。

小問(2)は，頻出の訴訟物を問う問題であるが，正確に記載できている答案はごくわずかであった。「返還請求権としての」という文言が抜けているもの，「妨害排除請求権としての」としているもの，「動産」部分を「本件壺の」としてしまっているものなどさまざまな答案がみられた。頻出問題である訴訟物は，基本的な類型をしっかりとおさえれば，本番でも正確な記述が可能となる。また，問題の最初のほうで問われることが多く，間違いが多いなかでここを正確に記述できているだけで，読み手に最初から安心感を与えることができる。正確な記載を心掛けたい。

小問(3)は，多くの答案が正確に記載することができていた。しかし，①と②の年月日の記載を誤っており，権利自白の成立時期の理解が危ぶまれる答案も散見された。本設問のような要件事実の穴埋め問題も基本事項かつ頻出事項であり，正確な記載が求められる。

② 設問2

小問(1)は，即時取得による所有権喪失の抗弁については多くの答案でその内容が記載できていた。もっとも，抗弁名を「即時取得の抗弁」と記載するものが多かった。被告の即時取得の主張により原告が所有権を喪失する点で抗弁といえるので，「即時取得による所有権喪失」と正確に記載したい。他方，対抗要件具備による所有権喪失の抗弁は，抗弁名を正確に記載できていないものから，まったく異なる抗弁について記載している答案まで，さまざまなものがみられた。即時取得の効果は原始取得であり，即時取得による被告の対抗要件具備による所有権取得は，原告との関係で二重譲渡の関係に立つことはないため，二重譲渡関係を前提とする対抗要件具備による所有権喪失の抗弁を思いつきづらかったかもしれない。もっとも，これらの抗弁はそれぞれ独自に定まる選択的なものである。また，動産物権変動事例では，対抗要件具備による所有権喪失の抗弁とこれに対する

先立つ対抗要件具備の再抗弁は頻出であり，すぐに想起できるようにしておきたい。

　小問(2)は，主張しないこととした抗弁を正確にあげ，その理由を先立つ対抗要件具備の再抗弁という再抗弁名を正確に記載した答案が一定数見られた。全体として動産物権変動において先立つ対抗要件具備の再抗弁が成立する点への理解の差が顕著に記述に表れていた。

③ 設問3

　小問(1)は，まず形式面として「Bの記名」，「B名下の印影」の存在という各々の内容について区別して記載できている答案は少なかった。私文書の形式的証拠力に関しては民事訴訟法228条4項に推定規定がおかれているため，この条文の引用は必須であった。そして，本設問では条文の文言どおりの内容ではなく，同項の適用に問題があることから，「Bの記名」に関しては同項「署名」の文言，「B名下の印影」に関しては「本人……の……押印」の文言との関係で区別して丁寧に論じる必要がある。また，印影の存在に関しては二段の推定が問題となるが，本設問の印影は通常二段の推定が適用される実印とは異なり，どこでも購入できる三文判によりなされているという特殊性にどこまで着目できたかという点も答案に差がつくポイントであった。問題文の特殊性を拾い，二段の推定の適用に関して趣旨にかえって自分なりの解釈を示し，事情を評価してあてはめをすることは，現場思考問題においてもっとも差がつく点であることを強く意識しておこう。この点，後掲の優秀答案をぜひ参考にしてもらいたい。

　小問(2)は，準備書面の内容を解答させる問題であり，「答案用紙1頁程度の分量で記載しなさい」との問題文の指示どおり，最後の問題であったが一定の分量を割いた記載ができている答案が多かった。そのなかでも，着目すべきポイントとなる事実を正確に拾い，弁護士Pという原告側の立場からこれらの事実に適切な評価を加えられている答案は高く評価された。また，答案例では，認定することができる事実ごとに項目を立てて解答しており，同様に項目立てをして作成された答案は読みやすいうえに，内容がよく整理できているものが多かった。

第1　設問1について
　1　(1)について
　　　Pとしては，本件壺の引渡請求権を被保全債権として，本件壺の占有移転禁止の仮処分（民事保全法23条1項）を申し立てることが考えられる。

　　△○適切な条文摘示ができている

　　　かかる手段を講じなかった場合，仮に訴訟継続中に第三者に本件壺の占有が移転した場合，本案の債務名義で強制執行することができない。その結果，訴訟承継の申し立てや別訴提起という手段をとる必要が生じ，手続きが煩雑になる。これに対し，占有移転禁止の仮処分を申し立てていれば，本案の債務名義でかかる第三者に対して強制執行できる。かかるメリットが生じることから，上記手段を講じるべきである。

　　△更にこれらの手段を採る機会を逸するおそれを指摘できるとよい

　2　(2)について
　　　XのYに対する，本件壺の所有権に基づく返還請求権としての本件壺引渡請求権

　　△「XのYに対する」の部分は不要である

　3　(3)について
　　　①平成27年3月5日本件壺を所有していた
　　　②Bは，平成28年5月1日，Xに対し，本件壺を代金150万円で売った
　　　③Yは本件壺を占有している

　4　(4)について
　　　Pは即時取得の抗弁を主張しようと考えた。しかし，即時取得における「引渡し」は占有改定を含まない。本件でXは占有改定による引渡しを受けるにとどまっているので，主張は認められない。かかる理由で主張を断念した。

　　△占有改定を含まない理由を即時取得の趣旨に立ち返り示すべきである

第2　設問2について
　1　(1)について
　　　売買契約に基づく所有権喪失の抗弁，対抗要件の抗弁

　　△対抗要件具備による所有権喪失の抗弁である

　2　(2)について
　　　Qは対抗要件の抗弁は主張しないことにした。なぜならかかる場合，Xから先立つ対抗要件具備による所有権喪失の再抗弁が主張されると考えられるからである。

　　○想定される再抗弁について適切に指摘できている

第3　設問3について
　1　(1)について
　　　文書の成立の真正は民訴法228条4項により推定される。同項の「署名又は押印」は作成者の意思に基づく署名押印を指す。
　　　Bの記名は単にプリンターにより打ち出されたものにすぎず，Bの意思に基づく署名とはいえない。B名下の印影も，実印などではなく，単なる三文判によるものにすぎない。したがって，意思に基づく押印とはいえない。

　　○署名と押印それぞれについて検討できている

　2　(2)について
　(1)　150万円をうけとってはいないという事実について
　　　Bは150万円もの大金を現金で受け取るはずはないとして，受け取りの事実を否定している。しかし，本件では三文判とはいえ，B名下の押印が付された領収書が存在する。通常，何ら金銭の授受がなされていないのにもかかわらず，領収書が存在するのは不自然である。し

　　○見出しをつけていてわかりやすい

　　○説得的である

たがって，かかる領収書の存在から，Bが150万円を受け取った事実　45
が推認される。

(2) BがAに交付した200万円の中にXが交付した150万円が含まれてい
るという事実について

　Bは返済した200万円はすべて父親から借りたものであると主張し
ている。しかし，いくら親子関係があるとはいっても，200万円もの　50　⇦○説得的である
大金の貸し借りの際に何ら書面を作成しないのは不自然である。また，
借金が返済されたのは，XがBに150万円を交付したとされる日の翌日
たる5月2日である。かかる事情に鑑みれば，Xから交付をうけた
150万円を借金返済にあてたと考えるのが合理的である。

　したがって，BがAに交付した200万円の中にXが交付した150万円　55
が含まれていることが推認される。

以上

1 全体

　本答案は基本事項に関しておおよそ簡潔に摘示できており，記述分量も各設問の点数配分に応じて適切に割り振られている印象を受ける。特に，民事実務基礎では前半の設問で訴訟物や要件事実，抗弁名といった基本的な事項を簡潔に記すことが求められるという特徴があるが，この答案は出だし部分で簡潔かつミスのない記述ができており，答案の読み始めの段階から安心感がもてる。理由づけがやや不十分な箇所が見られるが，問われていることに最低限の記述で簡潔に答える点に，民事実務基礎科目独自の点数の取り方を学ぶことができる答案といえる。

2 設問1

　小問(1)について，この答案は，占有移転禁止の仮処分の申立てを条文とともに指摘することができている。加えて，この申立てを行わない場合の危険に関しても第三者に強制執行できないことのみならず，訴訟引受けの申立てや別訴提起の必要性という点にも言及できている。これらの手段を逸するおそれについて言及できればなおよかったが，相対的にみて他の答案よりも問題点について適切に指摘できていた。

　小問(2)については，「返還請求権としての」という文言の欠落が多い答案が大多数のなか，この点を落とさず書けている。もっとも，本設問は当事者がXYのみであり，他の請求権との混同のおそれもないため，「XのYに対する」という記載は不要であり，この点で印象を悪くしてしまっている。

　小問(3)についてもよく解答できている。

　小問(4)については，判例が占有改定を即時取得の「占有を始めた」の文言にあたらないとした理由について，判例が示した結論に沿った説明ができている。もっとも，判例が示した理論にも言及し，即時取得制度の趣旨から説明できていた答案も一定数見られたため，趣旨から出発した説明ができるとなおよかった。

3 設問2

　小問(1)については，所有権喪失の抗弁について，「売買契約に基づく」としているが，正しくは「対抗要件具備による」である。(2)では先立つ対抗要件具備の再抗弁を適切にあげることができているが，この再抗弁の前提となる抗弁こそが対抗要件具備による所有権喪失の抗弁であり，要件事実への理解に疑義を生じかねない。もっとも，他の多くの答案が適切な抗弁をあげることができずにいるなか，即時取得の抗弁をあげ，更に所有権喪失の抗弁という点にも言及し，最低限の守りができている点で相対的に一定の評価は得ることができる答案といえる。

　小問(2)については，適切な再抗弁について触れることができていない答案が目立つなか，先立つ対抗要件具備の再抗弁に言及できている点がよい。

4 設問3

　小問(1)については，民事訴訟法228条4項という条文を正確に示し，かつ，問題文で問われている署名と押印それぞれについて項目立てをして，検討を加えることができている点が評価できる。これに加えて同条の趣旨にも触れつつ，自分なりに検討を展開できているとなお説得的でよかった。

　小問(2)についても時間配分の関係で，問題文中の事情を拾いきれていない答案も散見されたなか，この答案は問題文の事情について十分に触れ，それを自分なりに評価できている。分量としてはより紙面を割いた答案も見られたが，この答案は設問1からの全体の分量配分のバランスが適切であり，参考になろう。

司法試験予備試験用法文を適宜参照して，以下の各設問に答えなさい。

〔設問1〕
　弁護士Pは，Xから次のような相談を受けた。

【Xの相談内容】
　「私（X）とYは，かつて同じ大学に通っており，それ以来の知り合いです。私は，平成27年8月頃，Yから，『配偶者が病気のため，急に入院したりして，お金に困っている。他に頼める人もおらず，悪いが100万円程度を貸してくれないか。』と頼まれました。私は，会社勤めで，さほど余裕があるわけでもないので，迷いましたが，困っているYの姿を見て放っておくわけにはいかず，友人のよしみで，1年後くらいには返してもらうという前提で，Yに100万円を貸してもよいと考えました。私とYは，平成27年9月15日に会いましたが，その際，Yは，『100万円借り受けました。平成28年9月30日までに必ず返済します。』と書いた借用証書を準備しており，これを私に渡し，私も，その内容を了解して，Yに現金100万円を渡しました。なお，友人同士でもあり，利息を支払ってもらう話は出ませんでした。
　ところが，返済期限が過ぎても，Yは，一向に返済しません。私は，直ちに100万円を返してほしいですし，返済が遅れたことについての損害金も全て支払ってほしいです。
　なお，Yは，平成29年7月末頃までは会社勤めでしたが，同年8月頃から現在まで，個人で自営業をしています。Yは，現在，顧客であるAに対して80万円の売買代金債権を持っているものの，それ以外にめぼしい資産はないようです。」

　弁護士Pは，【Xの相談内容】を前提に，Xの訴訟代理人として，Yに対し，Xの希望する金員の支払を求める訴訟（以下「本件訴訟」という。）を提起することを検討することとした。

　以上を前提に，以下の各問いに答えなさい。
(1)　弁護士Pは，勝訴判決を得た場合の強制執行を確実に行うために，本件訴訟に先立ってXが事前に講じておくべき法的手段を検討した。Xが採り得る法的手段を一つ挙げなさい。また，その手段を講じなかった場合に生じる問題について，その手段の有する効力に言及した上で説明しなさい。
(2)　弁護士Pが，本件訴訟において，Xの希望を実現するために選択すると考えられる訴訟物を記載しなさい。
(3)　弁護士Pが，本件訴訟の訴状（以下「本件訴状」という。）において記載すべき請求の趣旨（民事訴訟法第133条第2項第2号）を記載しなさい。なお，付随的申立てについては，考慮する必要はない。
(4)　弁護士Pが，本件訴状において，請求を理由づける事実（民事訴訟規則第53条第1項）として主張すると考えられる具体的事実を記載しなさい。

〔設問2〕
　弁護士Qは，本件訴状の送達を受けたYから次のような相談を受けた。

【Yの相談内容】
　「確かに，私（Y）は，Xが主張する時期に，借用証書を作成した上で，Xから100万円を借りたことはあります。しかし，私は，返済期限の平成28年9月30日に，全額をXに返済し

ました。

　平成29年に入って，私とXは，大学の同窓会の幹事を担当するようになったのですが，同年9月半ば頃に，私の発言をきっかけにXが幹事を辞任しなければならなくなり，関係が悪化してしまったのです。そのようなこともあって，Xは，突然，返したものを返していないなどと言い出したのだと思います。

　また，今回，Xから請求を受けて思い返してみたのですが，私とXが大学を卒業した直後である平成24年10月1日，私は，Xから懇願されて，気に入っていたカメラ（以下「本件カメラ」という。）を8万円で売って，同日，Xに本件カメラを渡したことがありました。その後，忙しくて，Xに催促しそびれて，お金を受け取らないまま現在に至っています。100万円を返す必要は全くないと考えていますが，万一，その主張が認められなかったとしても，少なくとも前記8万円分を支払う必要はないと思います。」

　弁護士Qは，【Yの相談内容】を前提に，Yの訴訟代理人として，弁済の抗弁と相殺の抗弁を主張することとし，これらが記載された本件訴訟における答弁書（以下「本件答弁書」という。）を作成した。弁護士Qは，本件答弁書の提出に先立ち，Xに対し，Xの請求を全面的に争うとともに，8万円分の相殺の抗弁を主張する旨を詳しく記載した内容証明郵便を発送し，Xは，平成30年2月2日，弁護士Pを経由して，同内容証明郵便を受領した。

　以上を前提に，以下の各問いに答えなさい。なお，〔設問2〕以下においては，遅延損害金の請求やこれについての主張を考慮する必要はない。

(1)　弁護士Qは，本件答弁書に記載した弁済の抗弁につき，次の事実を主張した。
　　　Yは，Xに対し，〔①〕。
　　上記〔①〕に入る具体的事実を記載しなさい。
(2)　弁護士Qは，本件答弁書に記載した相殺の抗弁につき，次の各事実を主張することを検討した。
　　ア　Yは，Xに対し，平成24年10月1日，本件カメラを代金8万円で売った。
　　イ　Yは，Xに対し，平成30年2月2日，〔②〕。
（i）　上記〔②〕に入る具体的事実を記載しなさい。
（ii）　弁護士Qとして，上記ア及びイの各事実に加えて，「Yは，Xに対し，平成19年10月1日，アの売買契約に基づき，本件カメラを引き渡した。」との事実を主張することが必要か否か。結論とその理由を述べなさい。

〔設問3〕

　弁護士Pは，相殺の抗弁に対して，下記の主張をできないか検討したが，下記の主張は認められない可能性が高いとして断念した。弁護士Pが断念した理由を説明しなさい。
記
　YのXに対する本件カメラの売買代金債権につき，消滅時効が成立しているところ，Xは同時効を援用する。

〔設問4〕

　第1回口頭弁論期日において，本件訴状と本件答弁書が陳述され，弁護士Pは，弁済の抗弁に係る事実を否認した。第1回弁論準備手続期日において，弁護士Qは，書証として下記①及び②を提出し，いずれも取り調べられ，弁護士Pはいずれも成立の真正を認めた。

記

① 銀行預金口座（Y名義）から，平成28年9月28日に現金50万円，同月29日に現金50万円が
それぞれ引き出された旨が記載された預金通帳（本件通帳）
② 現在のYの住所につき，「住所を定めた日　平成29年8月31日転入」との記載がある住民
票写し（本件住民票）

　その後，2回の弁論準備手続期日を経た後，第2回口頭弁論期日において，本人尋問が実
施され，Xは，下記【Xの供述内容】のとおり，Yは，下記【Yの供述内容】のとおり，それぞ
れ供述した。

【Xの供述内容】

　「今回，Yから，Yの配偶者が急な病気のため入院して，お金に困っていると泣き付かれ
ました。私には小さい子供が2人おり，家計のやりくりは楽ではないのですが，困ってい
るYを見捨てるわけにもいかず，お金を貸しました。

　Yから食事をおごられた記憶はあります。Yのいうとおり，平成28年9月30日だったかも
しれません。ただし，その際にお金を返してもらったということは絶対にありません。

　私も色々と忙しかったので，私が初めてYにお金の返済を求めたのは，平成29年10月だっ
たと思います。確かに，同年9月半ば頃，私は，同窓会の経理につき，他の幹事たちの面
前で，Yから指摘を受けたことはありますが，私が同窓会の幹事を辞任したのは，それとは
無関係の理由ですので，私がYを恨みに思っているということはありません。

　時期までは聞いていませんが，Yが引っ越しをしたことは聞いています。でも，だからと
いって，Yがいうように領収書を処分してしまうということは普通は考えられません。そも
そも，Yは私に返済していないのですから，Yのいうような領収書が存在するわけもないの
です。」

【Yの供述内容】

　「私は，配偶者が急に病気になり，入院するなどしたため，一時期，お金に困り，Xに相
談しました。Xは快くお金を貸してくれて，本当に助かりました。

　幸い，私の配偶者は，一時期の入院を経て元気になり，私たちは生活を立て直すことが
できました。

　私は，返済期限である平成28年9月30日に，Xと会って，レストランで食事をおごるとと
もに，前々日と前日に銀行預金口座から引き出しておいた合計100万円をXに渡しました。

　Xも私もあらかじめ書面は用意していなかったのですが，Xが，その場で自分の手帳から
紙を1枚切り取って，そこに，『領収書　確かに100万円を受け取りました。』との文言と，日
付と，Xの氏名を記載して，私に渡してくれました。私は，平成29年8月31日に現在の住所
に引っ越したのですが，返済して1年近く経っていたこともあり，その引っ越しの際に，他
の不要な書類とともに先ほど述べた領収書を処分してしまったので，今回の訴訟にこの領
収書を証拠として提出していません。

　平成29年に入って，私とXは，大学の同窓会の幹事を担当するようになったのですが，同
年9月半ば頃，Xが同窓会費を使い込んでいたことが判明したため，私が，他の幹事たちの
面前で，その点をXに指摘し，それをきっかけにXが幹事を辞任したことがあったため，Xは，
私を恨みに思っているようでした。そのようなこともあって，同年10月に，返したものを
返していないなどと言い出し，請求し始めたのだと思います。」

以上を前提に，以下の問いに答えなさい。

弁護士Qは，本件訴訟の第3回口頭弁論期日までに，準備書面を提出することを予定している。その準備書面において，弁護士Qは，前記の提出された各書証並びに前記【Xの供述内容】及び【Yの供述内容】と同内容のX及びYの本人尋問における供述に基づいて，弁済の抗弁が認められることにつき主張を展開したいと考えている。弁護士Qにおいて，上記準備書面に記載すべき内容を答案用紙1頁程度の分量で記載しなさい。

答案構成用紙

思考過程

1 設問1

　小問(1)は，訴訟提起に先立ち講じておくべき民事保全法上の手段を検討させる問題である。民事保全手続を問われた際は，まず被保全権利を考える。民事保全の類型は，仮差押え，係争物仮処分，仮地位仮処分の３つであり，被保全権利の種類によりどの類型をとるかが変化するからである。本件の被保全権利は，消費貸借契約に基づく貸金返還請求権という金銭債権である。そして，金銭債権を対象とし，強制執行を保全するため，債務者の特定の財産をかりに差し押さえる制度は，仮差押え（民保20条１項）である。仮差押えの申立て（２条１項）をとらない場合，第三債務者に対する弁済禁止効や債務者に対する処分禁止効が生じない。そうすると，本設問ではYが債権を譲渡し，またはAがYに弁済することで，強制執行の対象たる財産が消滅してしまう。このように，勝訴判決を得たとしても強制執行を実現することができなくなるという問題点が生じる。

　小問(2)は，訴訟物を解答させる問題である。処分権主義（民訴246条）が妥当する民事訴訟においては，民事訴訟の対象となる訴訟物は，原告の意思に基づき選択され，裁判所に上程される。【Xの相談内容】を見るに，Xは，Yに貸した100万円の返還と，返済が遅れたことについての損害金の支払を求めている。遅延損害金は，支払を遅滞したことによる損害賠償を求めるものなので，選択すべき訴訟物は，消費貸借契約に基づく貸金返還請求権および履行遅滞に基づく損害賠償請求権となる。

　小問(3)は，請求の趣旨を解答させる問題である。上記のようにXは100万円の返還に加えて遅延損害金支払も求めている。金銭債務の債務不履行の場合，特約がなくとも，法定利率の割合による遅延損害金を請求することができる（民404条，419条１項本文）。そのため，請求の趣旨には，債務の履行期限たる平成28年９月30日を経過した「平成28年10月１日から支払済みまで年３分の割合による金員を支払え」との文言が入る。なお，【Xの相談内容】では「利息を支払ってもらう話は出ませんでした」とされ，Xが支払を求めている内容としても利息の支払は言及されていないため，利息の請求を盛り込まないように注意したい。

　小問(4)は，請求原因事実を解答させる問題である。消費貸借契約に基づく貸金返還請求権の請求原因事実は，本件のように弁済期の定めがある場合，①金銭の返還合意をしたこと，②金銭の交付をしたこと，③弁済期の合意，④弁済期の到来である。①と②の事実は，まとめて「貸し付けた」という表現が用いられる。他方，遅延損害金の請求原因は㋐元本債権の発生原因事実，㋑弁済期の経過，㋒損害の発生とその数額である。㋐に関しては①の主張により主張されたこととなる。また㋒に関しては，先述のように法定利率による遅延損害金を請求できるため（404条，419条１項本文），法定利率の割合による損害金を請求する場合には，特段の事実摘示は不要となる。そして，時間軸でみると，㋑の弁済期の経過は④の弁済期の到来を包摂するため，事実摘示としては④は必要なく，㋑弁済期の経過を指摘すればよいことになる。これらをまとめると，解答例のような事実摘示となる。

2 設問2

　小問(1)は，被告側主張の弁済の抗弁の要件事実を解答させる問題である。弁済については473条が規定しており，債務の本旨に従った給付をしたことの主張が必要となる。また，具体的な債務との結びつきを離れた抽象的な弁済を観念することは通常ないと考えられるので，要件事実としても，この結びつきを必要とするのが妥当である。そのため，「XY間の消費貸借契約に基づく貸金返還債務の履行として」という給付と債権の結びつきを示す文言も必要となる。

　小問(2)は，被告側主張の相殺の抗弁の要件事実の理解を問う問題である。相殺の主張にあたっては，505条１項で，①相対立する債権の存在，②両債権が同種目的であること，③両債権が弁済期にあること，④債務の性質が相殺を許さないものでないこと，という要件が要求される。①につき，受働債権の発生原因事実はすでに請求原因事実で現れているため，自働債権の発生原因事実のみ主張すればよい。②につき，両債権の発生原因事実の主張により，同種目的であることは現れるため，自働債権の発生原因事実の主張で足りる。③につき，自働債権が売買契約であるときは，期限の定

めは附款にすぎず，原則として契約と同時に履行期が到来するため，自働債権の発生原因事実の主張により，自働債権が弁済期にあることも現れる。④につき，505条１項がただし書により規定しているという例外形式であること等から，④に関しては，これにより利益を受ける相手方が主張立証すべき再抗弁となる。以上より，自働債権の発生原因事実を主張すればよいといえる。また，これに加え，相殺は意思表示により効力を生じるため（506条１項前段），相殺の意思表示をしたことを主張する必要がある。本件では，アの事実により自働債権の発生原因事実が主張されている。したがって，イの事実は相殺の意思表示を主張するものである。（ⅰ）の解答例のように，自働債権と受動債権の特定と，「対当額について」（505条１項）の文言を忘れないように注意したい。

次に，相殺の主張において自働債権に抗弁権が付着している場合，相殺を認めると相手方の利益を一方的に奪ってしまうことになるため，相殺は許されない。自働債権として相殺に供するためには，その抗弁権の発生障害又は消滅原因となる事実をあわせて主張しなければ，相殺の抗弁は主張自体失当となってしまうのである。たとえば，自動債権が売買契約等双務契約の場合には，その発生原因を主張することで同時履行の抗弁権の存在が基礎づけられ，その効果が生じてしまう（存在効果説）。本問の自働債権は本件カメラの売掛債権であり，双務契約に基づき発生したものである。そして（ⅱ）の事実は同時履行の抗弁権の消滅原因であり，この事実を主張しなければ，本問の自働債権による相殺は許されず，この事実を主張することが必要となる。

③　設問３

設問３は，原告側の訴訟活動上の選択についての理由説明をとおして相殺と消滅時効に関する実体法上の規律の理解を問う問題である。弁護士Pの主張は自働債権が時効消滅したことで，相殺の要件たる相対立する債権の存在を欠き，相殺の効果発生が障害され，請求原因事実が認められることによる法律効果発生が復活するという再抗弁の主張であると思われる。もっとも，508条は，「時効によって消滅」した自働債権による相殺が可能であると定めており，この規定により，上記主張が認められない可能性がある。判例（最判平成25年２月28日）は，当事者の相殺に対する期待を保護するという同条の趣旨より，同条の「消滅」とは，時効期間満了時を意味するとしている。

④　設問４

設問４は，準備書面作成の問題である。この問題は民事実務基礎科目において頻出であり，いかに論理的で説得的な記述ができるかがポイントとなる。まずは，書証および当事者尋問の結果を検討し，いかなる証拠による事実を認定することができるかを示す。次に，各認定事実に基づく推認の過程を，本文の具体的事実に即して論じる。

なお，2017（平成29）年民法改正により，債権消滅時効については10年から166条１項１号により５年とされた。出題年当時の問題文のままでは設問３に影響があるため，履行期を変更した。

【関連判例】
最判平成25年２月28日民集67巻２号343頁（民法百選Ⅱ38事件）

答案例

第1　設問1
1　小問(1)
(1)　Xが採りうる法的手段
　　　Yに対する貸金返還請求権を被保全権利とする，YのAに対する売
　　買代金債権の仮差押命令の申立て（民事保全法2条1項，13条1項，　　5　➡条文の摘示
　　20条1項）
(2)　手段を講じなかった場合に生じる問題点
　　　仮差押命令が発せられ，これが第三債務者に送達された場合，第三
　　債務者に対し債務者への弁済を禁止する効力（民事保全法50条1項，　　　　➡弁済禁止効
　　5項・民事執行法145条4項，民法（以下法名略）481条1項）および　　10　➡処分禁止効
　　債務者に対し当該債権の処分を禁止する効力が生じる。かりに，上記
　　手段を講じなかった場合，Yが債権譲渡し，またはAがYに弁済する
　　ことで，強制執行の対象財産が消滅し，勝訴判決を得たとしても，強
　　制執行を実現することができなくなるという問題が生じる。
2　小問(2)　　　　　　　　　　　　　　　　　　　　　　　　　　　　　15
　　消費貸借契約に基づく貸金返還請求権および履行遅滞に基づく損害賠
　償請求権
3　小問(3)
　　被告は，原告に対し，100万円およびこれに対する平成28年10月1日
　から支払済みまで年3分の割合による金員を支払え。　　　　　　　　　20
4　小問(4)
(1)　Xは，Yに対し，平成27年9月15日，100万円を貸し付けた。
(2)　XとYは，(1)に際し，返還時期を平成28年9月30日と定めた。
(3)　平成28年9月30日は経過した。
第2　設問2　　　　　　　　　　　　　　　　　　　　　　　　　　　　　25
1　小問(1)
　　平成28年9月30日，XY間の消費貸借契約に基づく貸金返還債務の履
　行として100万円を支払った。
2　小問(2)
(1)　小問(i)　　　　　　　　　　　　　　　　　　　　　　　　　　30
　　　アの契約に基づく売買代金債権をもって，Xの本訴請求債権とその
　　対当額において相殺するとの意思表示をした。　　　　　　　　　　　　➡対等額としない
　　　　　　　　　　　　　　　　　　　　　　　　　　　　　　　　　　　　ように注意
(2)　小問(ii)
　　　弁護士Qは，「Yは……本件カメラを引き渡した。」との事実を主張　　　　➡結論の明示
　　する必要がある。　　　　　　　　　　　　　　　　　　　　　　　35
　　　Yが，相殺の自働債権として売買代金債権を主張する場合，売買契
　　約（555条）は双務契約であるため，売買契約締結の事実を主張する　　　　➡同時履行の抗弁
　　ことで本件カメラの引渡債務の存在が明らかになる。そのため，Xの　　　　権の存在効果説
　　同時履行の抗弁権（533条）の存在が基礎づけられ，同時履行の抗弁
　　権の存在効果をあらかじめ否定しておかないと，Yの相殺の抗弁が主　　40
　　張自体失当となってしまう。したがって，Yは，同時履行の抗弁権の　　　　➡せり上がり
　　消滅原因となる上記事実を主張することで，同時履行の抗弁権の存在
　　効果を否定する必要がある。
第3　設問3

本件において，自働債権たるYのXに対する売買代金債権の弁済期は，　45
平成24年10月１日であり，受働債権たるXのYに対する貸金返還請求権の
弁済期は，平成28年９月30日であるため，同日に相殺適状が生じたといえ
る（505条１項本文）。そして，508条の「時効によって消滅した」とは，
時効期間満了時が基準となると解されるところ，相殺適状が生じた同日に
遅れる平成29年10月１日の経過により，自働債権たる売買代金債権の時効　50
期間は満了したといえる（166条１項１号）。したがって，「時効によって
消滅した債権がその消滅以前に相殺に適するようになっていた」といえ，
508条により，Yの相殺の抗弁は認められる。

➡「時効によって
消滅した」(508
条) の解釈

　　よって，弁護士Ｐの本問の主張は，同条により主張自体失当となるため，
弁護士Ｐは，本問の主張を断念した。　55

第４　設問４
１　本件通帳によると，平成28年９月28日と同月29日に，Yが50万円ずつ，
合計100万円を引き出したということがわかる。Yが現金を引き出した
のが，借金の弁済期の前々日と前日であり，その合計額も借りた額と一　60
致し，また，100万円という大金の使途につき両当事者が借金の返済以
外に主張していないことから，YはXに弁済するために100万円を引き出
したと推認できる。そして，実際に，Yは弁済期にXと会っている。こ
のことから，Yは，Xに100万円を弁済したと推認できる。

➡引き出した合計
額の評価

➡摘示した事実か
ら推認できる事
情

２　本件では，弁済の際に一般に授受される領収書が存在していない。し
かし，本件住民票によると，Yは，弁済期後の平成29年８月31日に転入　65
しており，このことから，Yが同日付近に引っ越しをしたことが推認さ
れる。そして，１年近く前に交付された領収書を不要だと感じ，引っ越
しの機会に処分してしまうことは不自然でないことからすれば，Yが引
っ越しの際に，Xから授受された領収書を捨ててしまったと推認できる。
したがって，領収書が現存しないことをもってXへの弁済の事実がなか　70
ったとはいえない。

➡摘示した事実か
ら推認できる事
情

３　また，同年９月半ば頃，Yは，同窓会の幹事であったXが同窓会費を
使い込んでいた事実を他の幹事の面前で指摘した。その後，Xは幹事を
辞任しているが，これはYに不正を指摘されたためであると考えられ，
これをきっかけにYに対して恨みを抱くようになったと推認できる。そ　75
して，その直後の同年10月，弁済期から約１年も経過して突然，XはY
に弁済を求めているが，その動機は，Yに対する上記恨みであると推認
できる。したがって，Xの請求は，Yによる弁済がなされていないこと
を理由とするものではないといえる。

➡摘示した事実か
ら推認できる事
情

➡結論の明示

４　よって，Xに対し，弁済はなされていたといえる。　80
　　　　　　　　　　　　　　　　　　　　　　　　　　　　　　　　以上

設問1は，消費貸借契約に基づく貸金返還請求等が問題となる訴訟において，原告代理人があらかじめ講ずべき法的手段とともに，原告の求める各請求に対応した訴訟物や請求の趣旨，請求を理由付ける事実について説明を求めるものである。債権を対象とする民事保全の効力について検討を行うほか，消費貸借契約に基づく貸金返還請求の法律要件につき，附帯請求に係るものを含め，正確な理解が問われる。

設問2は，金銭請求に対する典型的な抗弁事実に関し，民事実体法及び要件事実の理解を問うものである。相殺の抗弁については，自働債権が双務契約に基づいて発生したことを踏まえ，本件の事案に即して，自説を的確に論ずることが求められる。

設問3は，原告代理人の訴訟活動上の選択につき，理由を説明するものである。相殺と消滅時効に関する実体法上の規律を前提に，本件の事案に適切に当てはめて論ずることが求められる。

設問4は，被告代理人の立場から，弁済の抗弁について準備書面に記載すべき事項を問うものである。書証及び当事者尋問の結果を検討し，いかなる証拠によりいかなる事実を認定することができるかを示すとともに，各認定事実に基づく推認の過程を，本件の具体的な事案に応じて，説得的に論述することが求められる。

講 評 ▐▐▐

1 設問1

小問(1)では，多くの答案が事前に講じておくべき法的手段として仮差押命令の申立てをあげることができていた。条文については民事保全法20条1項をあげていないものも見られたが，条文をあげることは法律答案作成の基本であり，他方で誤った条文をあげることは出だしから読み手の心証を悪くするので，根拠条文が存在する場合は正確な条文引用を心掛けるようにしたい。手段を講じなかった場合に生じる問題点も多くの答案が強制執行の実現ができなくなるという点を指摘できていた。ここでは，手段を講じた場合に第三債務者に対し弁済禁止効が，また，債務者に対し処分禁止効が生じる点について言及したうえで，手段を講じなかった場合にこれらの効力が生じない結果どうなるかという点を説明したものは，民事保全に対する基本的な理解を答案から読み取ることができ，相対的に心証がよいものとなっていた。

小問(2)は，頻出の訴訟物を問う問題であるが，正確に記載できている答案は多くなかった。まず，「XY間の」という文言や「XのYに対する」という文言を書いている答案が多かった。訴訟物とは，原告が主張する一定の権利または法律関係のことであり，たとえば消費貸借契約に基づき貸金の返還を請求する場合，その訴訟物は「消費貸借契約に基づく貸金返還請求権」である。上記のような契約の当事者や契約の締結日等の記載は，訴訟物の特定に際し必要となりうるものである。原告は訴え提起にあたっては訴訟物を特定しなければならないが，本設問で単に訴訟物を問うのみであるから，特定に必要な記載は不要である。次に，「履行遅滞に基づく」という点を「債務不履行に基づく」としている答案が多かった。履行遅滞は債務不履行の一類型であるから，大きく的を外した解答ではないものの，正確な記述を心掛けたい。

小問(3)は，正確な解答ができていた答案はごくわずかであった。全体として，「被告は，原告に対し，」との文言や，「100万円」の支払を求めることに関しては触れることができており，最低限の請求の趣旨の書き方をおさえていることはうかがえた。もっとも，遅延損害金に関して，いつの時期からの支払を求めるのか，どれほどの金額を求めるのか，という点に関しての記述の正確性を欠くものが多かった。履行遅滞に陥るのは，弁済期が到来した時点ではなく，弁済期を経過した時点である。そのため，遅延損害金支払を請求できる時期は，弁済期たる平成28年9月30日を経過した，「平成28年10月1日から」となる。また，請求金額に関して，100万円という元本と法定利率をもとに具体的な金額を示す答案が見られたが，Yはいまだ返済をしておらず履行遅滞の状況が継続しており，将来の支払がすむまで遅延損害金は生じるため，「支払済みまで年3分の割合による金

員を支払え」という記載をすることになる。

小問(4)は，正確な記載ができている答案が一定数見られた。もっとも，消費貸借契約に基づく貸金返還請求権の要件事実である弁済期の到来と，履行遅滞に基づく損害賠償請求権の要件事実である弁済期の経過は，先述のように包摂関係にあるため，請求原因事実記載の際はこれらをまとめて弁済期の経過のみを示せばよい。この点に対する理解が弱い答案が多く見られ，弁済期の「到来」とのみ示している答案が多かった。これを機にもう一度，請求原因事実として要件事実をまとめて表現するという点にも意識を向けてほしい。

② 設問2

小問(1)は，多くの答案でその内容が正確に記載できていた。なかには，問題文中にすでに記載がある「Yは，Xに対し，」の部分も記載しているものもあったが，このようなミスは防ぎたい。

小問(2)は，（ⅰ）で具体的事実を正確に示し，（ⅱ）に関して同時履行の抗弁権の存在効果を説明したうえで，これを否定する必要があることを論理的に説明できているものが多かった。全体として，同時履行の存在効果への理解の差が顕著に記述に現れており，理由の説明が的を外したものはそうでない答案と比べて大きく評価に差がついた問題であったと思われる。

③ 設問3

設問3は，民法508条という問題となりうる条文をあげることができているか，「時効によって消滅した」という文言解釈が本設問との関係で問題となる点に言及できているかという点で答案の評価に大きく差がついた問題であった。相殺と消滅時効に関する問題は難しい論点が多いが，条文をしっかりと示して，文言にあたるかどうか，本設問の事情を利用しながら自分なりに検討している答案もあった。難しい論点が絡むものや，わからない論点が問われたときでも，このように条文という法律論文の基本をあげて，三段論法を守るという姿勢は崩さないようにしたい。

④ 設問4

設問4は，多くの答案が，弁済の抗弁について主張する準備書面への記載として有用な問題文中の事実を書きだし，それを自分なりに評価して，そこからどのような事実が導きだせるかについて記述することができていた。このような準備書面作成問題も最後に問われる問題として頻出であり，多くの受験生が一定の分量の記述をすることができるものなので，時間配分に注意して，記述の時間を確保したい。また，事実を抜きだし，それを評価し，どのような事実が推論できるかを示すことができるだけで評価が与えられ，法的知識は不要な問題なので，できるだけ多くの事実を示して，点を稼ぐようにしたい。本設問で評価に差をつけたポイントは何よりも記述の文量であった。

第1　設問1
1　小問(1)
　　YのAに対する80万円の売買代金債権につき，仮差押え命令（民事保全法20条1項）をするという手段をとり得る。
　　この手段は売買代金債権の処分を禁止し，Yの下に維持する効力を有するところ，この手段を採らないと債権譲渡等により上記債権が譲渡され，Aの強制執行ができなくなるという問題点がある。債権譲渡の対抗要件が備えられた場合，Yは，上記債権につき強制執行は不可能となる。
2　小問(2)
　　「消費貸借契約に基づく貸金返還請求権」と「履行遅滞に基づく損害賠償請求権」
3　小問(3)
　　被告は，原告に対し，平成28年10月1日から支払済みまで年3分の割合による金員を支払え
4　小問(4)
　　「Yは，平成27年9月15日「100万円借り受けました。平成28年9月30日までに必ず返済します。」と書いた借用証書をXに渡し，Xが100万円をYに渡すことをもって，消費貸借契約を締結した。」と「平成28年9月30日は経過した。」
第2　設問2
1　小問(1)
　　①には，「平成28年9月30日，XのYに対する100万円の貸金債務の履行として，100万円を支払った」が入る。
2　小問(2)
(1)　小問(ⅰ)
　　②には，「XのYに対する100万円の貸金債権につき，YのXに対する8万円の売買代金債権をもって，その対当額を相殺するとの意思表示をした。」が入る。
(2)　小問(ⅱ)
ア　結論
　　必要である。
イ　理由
　　相殺の目的である売買代金債権には，本件カメラの引き渡しとの同時履行の抗弁権が付着しており，相殺の妨げになっている。そのため，相殺の抗弁を主張するためには，同時履行の抗弁権を排斥するための反対債務の履行の提供を主張する必要があるからである。
第3　設問3
　　YのXに対する8万円の売買代金債権は平成29年10月1日に時効消滅しているといえるが，反対債権たるXのYに対する貸金債権の弁済期は平成28年9月30日であるため，売買代金債権の時効消滅前に貸金債権と相殺適状にあったといえ民法508条に基づき，相殺することができる。そのため，売買代金の時効消滅の主張で，相殺の抗弁を排斥できないからである。
第4　設問4
1　まず，XはYと貸金債権の弁済期である平成28年9月30日，レストラ

5

10

15

20

25

30

35

40

←○適切な条文の摘示ができている

←△民事保全法50条など条文摘示をして説明できると説得的である

←△穴埋めの番号を明記し，問題への対応を示したい

←△自働債権，受働債権の対応を示したい

←○結論と理由を分けて見出しを立てており，わかりやすい

←△もう少し具体的な説明がほしい

←○弁済期を具体的に指摘して一定の結論を導くことができている

←△508条を当然に適用しているが，解釈が必要な論点である

ンで会っている。加えて，同日の前々日，前日に銀行から50万円ずつ引き出しているところ，その合計額は貸金債権と同額の100万円であり，そのような大金は通常引き出さないから，かかる引き出しは，弁済のために引き出した可能性が高い。

45

◁○金額に着目して一定の評価を加えることができている

したがって，「平成28年9月30日に100万円の弁済があった可能性が高い。

50

2　次に，確かに，弁済についての領収書は証拠上存在しない。しかし，Yは平成29年8月31日に引っ越しをしており，その際，不要な書類とともに領収書を処分してしまった。引っ越しの際に領収書を処分するのは不自然ではない。また，XとYは大学からの知り合いだから信頼関係があり領収書を処分することは不自然ではない。

◁○事実を自分なりに評価できている

55

3　さらに，XがYに返済を求めたのは平成29年10月であるがその直前にXが同窓会費を使い込んでいたことが判明したため，Yが他の幹事たちの面前で使い込みにつきXに指摘し，それをきっかけに幹事を辞任したという出来事があった。そのため，XはYに恨みを持っており，そのために，Xは弁済の事実があったのになかったこととして，Yに100万円を請求した可能性が高い。Xは，Yの指摘と辞任は無関係と述べているが，他の幹事の面前で使い込みを指摘された場合，恥をかくから，Xに恨みを持つのは不自然ではない。

60

◁○反対事情への言及ができている

4　したがって，Yは，100万円の弁済をした可能性が高く，一方で，これを否定するほどの事情はないから，弁済の抗弁は認められる。

以上

65

優秀答案における採点実感 |||

1 全体

　本答案は問題前半部分で問われている民事実務基礎科目で頻出の民事執行・民事保全，訴訟物や請求の趣旨，要件事実といった基本的な頻出問題をほぼ正確に記載していることに加え，記述に一定の分量が求められた問題後半部分の設問3と設問4でも論理的な記述を十分な分量で展開できている。本答案は基本事項を確実におさえ，また現場思考的問題にも論理的に記述を展開できている点が素晴らしい優秀答案といえる。

2 設問1

　小問(1)について，この答案は，仮差押命令の申立てを，正確な条文引用とともに指摘することができている。また，この事前手段が採られた場合の効果に関しての言及を条文の引用とともにできているとなおよかった。

　小問(2)については，余分な記載が多い答案が目立つなか，2つの訴訟物について正確な記載ができており，読み手に好印象を与える答案である。

　小問(3)についても正確な記載ができている。

　小問(4)についても，講評で述べた「経過した」という答案の注意点を含めて，おおむね正確な請求原因の記載ができている。設問1は例年基本的な要件事実が問われており，このような基本をいかに正確に示すことができるかが高評価を得るポイントとなる。また，読み手への配慮として穴埋めの番号を示すと更によかった。

3 設問2

　小問(1)については，具体的な債務との結びつきを示したうえで，正確な記載ができている。

　小問(2)についても，(ⅰ)では自働債権と受働債権に対応する債権の明示ができているが，いずれが自働債権または受働債権にあたるのか具体的に特定できる記載にするべきである。「対当額において」との表記は忘れずに記載できており，評価できる(ⅱ)では主張が必要であることについて，同時履行の抗弁の存在が基礎づけられてしまうことを示して，端的で正確な理由説明が展開されている。

4 設問3

　本設問については，民法508条をあげることができているものの，「消滅」という文言につき問題となることに着目し，理由を示したうえで一定の解釈を展開するべきであった。この点に関して完璧な答案はほとんど見られず，論点を示すことができるだけでも相対的に高い評価を得られたと考えられる。

5 設問4

　本問は，多くの答案がある程度の記述をしており，しっかりと記述の時間をとることがポイントであるが，この答案は本設問に多くの行数を割き答案作成ができている。また，自分で摘示した本設問中の事実に関して丁寧な評価を加えており，高評価に結びつくものといえる。このように，事実の摘示とその評価をしっかりと行う姿勢は大変参考になるものである。

司法試験予備試験用法文を適宜参照して，以下の各設問に答えなさい。

〔設問１〕
　弁護士Pは，Xから次のような相談を受けた。

【Xの相談内容】
　「Aは，知人のBに対し，平成29年９月１日，弁済期を平成30年６月15日，無利息で損害金を年10％として，200万円を貸し渡しました。AとBは，平成29年９月１日，上記の内容があらかじめ記載されている「金銭借用証書」との題の書面に，それぞれ署名・押印をしたとのことです（以下，この書面を「本件借用証書」という。）。加えて，本件借用証書には，「Yが，BのAからの上記の借入れにつき，Aに対し，Bと連帯して保証する。」旨の文言が記載されていました。AがBから聞いたところによれば，Yは，あらかじめ，本件借用証書の「連帯保証人」欄に署名・押印をして，Bに渡しており，平成29年９月１日に上記の借入れにつき，Bと連帯して保証したとのことです。なお，YはBのいとこであると聞いています。
　ところが，弁済期である平成30年６月15日を過ぎても，BもYも，Aに何ら支払をしませんでした。
　私（X）は，Aから懇願されて，平成31年１月９日，この200万円の貸金債権とこれに関する遅延損害金債権を，代金200万円で，Aから買い受けました。Aは，Bに対し，私にこれらの債権を売ったことを記載した内容証明郵便（平成31年１月11日付け）を送り，同郵便は同月15日にBに届いたとのことです。
　ところが，その後も，BもYも，一向に支払をせず，Yは行方不明になってしまいました。私は，まずは自分で，Bに対する訴訟を提起し，既に勝訴判決を得ましたが，全く回収することができていません。今般，Yの住所が分かりましたので，Yに対しても訴訟を提起して，貸金の元金だけでなく，その返済が遅れたことについての損害金全てにつき，Yから回収したいと考えています。」

　弁護士Pは，【Xの相談内容】を前提に，Xの訴訟代理人として，Yに対し，Xの希望する金員の支払を求める訴訟（以下「本件訴訟」という。）を提起することを検討することとした。

　以上を前提に，以下の各問いに答えなさい。
(1)　弁護士Pが，本件訴訟において，Xの希望を実現するために選択すると考えられる訴訟物を記載しなさい。
(2)　弁護士Pが，本件訴訟の訴状（以下「本件訴状」という。）において記載すべき請求の趣旨（民事訴訟法第133条第２項第２号）を記載しなさい。なお，付随的申立てについては，考慮する必要はない。
(3)　弁護士Pは，本件訴状において，請求を理由づける事実（民事訴訟規則第53条第１項）として，以下の各事実を主張した。
　(あ)　Aは，Bに対し，平成29年９月１日，弁済期を平成30年６月15日，損害金の割合を年10
　　　　％として，200万円を貸し付けた（以下「本件貸付」という。）。
　(い)　Yは，Aとの間で，平成29年９月１日，〔①〕。
　(う)　(い)の〔②〕は，〔③〕による。
　(え)　平成30年６月15日は経過した。
　(お)　平成31年１月〔④〕。

上記①から④までに入る具体的事実を，それぞれ記載しなさい。
(4)　仮に，Xが，本件訴訟において，その請求を全部認容する判決を得て，その判決は確定したが，Yは任意に支払わず，かつ，Yは甲土地を所有しているが，それ以外のめぼしい財産はないとする。Xの代理人である弁護士Pは，この確定判決を用いてYから回収するために，どのような手続を経て，どのような申立てをすべきか，それぞれ簡潔に記載しなさい。

〔設問2〕
　弁護士Qは，本件訴状の送達を受けたYから次のような相談を受けた。

【Yの相談内容】
　　「(a)　私（Y）はBのいとこに当たります。
　　　　　確かに，Bからは，Bが，Xの主張する時期に，Aから200万円を借りたことはあると聞いています。また，Bは，Xの主張するような内容証明郵便を受け取ったと言っていました。しかし，私が，Bの債務を保証したことは決してありません。私は，本件借用証書の「連帯保証人」欄に氏名を書いていませんし，誰かに指示して書かせたこともありません。同欄に押されている印は，私が持っている実印とよく似ていますが，私が押したり，また，誰かに指示して押させたりしたこともありません。
　　(b)　Bによれば，この200万円の借入れの際，AとBは，AのBに対する債権をAは他の者には譲渡しないと約束し，Xも，債権譲受時には，そのような約束があったことを知っていたとのことです。
　　(c)　また，仮に，(b)のような約束がなかったとしても，Bは，既に全ての責任を果たしているはずです。
　　　　　Bは，乙絵画を所有していたのですが，平成31年3月1日，乙絵画をXの自宅に持っていって，Xに譲り渡したとのことです。Bは，乙絵画をとても気に入っていたところ，何の理由もなくこれを手放すことはあり得ないので，この200万円の借入れとその損害金の支払に代えて，乙絵画を譲り渡したに違いありません。」

　以上を前提に，以下の各問いに答えなさい。
(1)　①弁護士Qは，【Yの相談内容】(b)を踏まえて，Yの訴訟代理人として，答弁書（以下「本件答弁書」という。）において，どのような抗弁を記載するか，記載しなさい（当該抗弁を構成する具体的事実を記載する必要はない。）。②それが抗弁となる理由を説明しなさい。
(2)　弁護士Qは，【Yの相談内容】(c)を踏まえて，本件答弁書において，以下のとおり，記載した。
（ア）　Bは，Xとの間で，平成31年3月1日，本件貸付の貸金元金及びこれに対する同日までの遅延損害金の弁済に代えて，乙絵画の所有権を移転するとの合意をした。
（イ）　（ア）の当時，〔　　　　〕。
　　上記〔　　　〕に入る事実を記載しなさい。
(3)　①弁護士Qは，本件答弁書において，【Yの相談内容】(c)に関する抗弁を主張するために，(2)の（ア）及び（イ）に加えて，Bが，Xに対し，本件絵画を引き渡したことに係る事実を主張することが必要か不要か，記載しなさい。②その理由を簡潔に説明しなさい。

〔設問3〕
　Yが，下記のように述べているとする。①弁護士Qは，本件答弁書において，その言い分を抗弁として主張すべきか否か，その結論を記載しなさい。②その結論を導いた理由を，その言い分が抗弁を構成するかどうかに言及しながら，説明しなさい。

記

　Aが本件の貸金債権や損害金をXに譲渡したのだとしても，私は，譲渡を承諾していませんし，Aからそのような通知を受けたことはありません。確かに，Bからは，「Bは，Aから，AはXに対して債権を売ったなどと記載された内容証明郵便を受け取った。」旨を聞いていますが，私に対する通知がない以上，Xが債権者であると認めることはできません。

〔設問4〕

　第1回口頭弁論期日において，本件訴状と本件答弁書が陳述された。同期日において，弁護士Pは，本件借用証書を書証として提出し，それが取り調べられ，弁護士Qは，本件借用証書のY作成部分につき，成立の真正を否認し，「Y名下の印影がYの印章によることは認めるが，Bが盗用した。」と主張した。

　その後，2回の弁論準備手続期日を経た後，第2回口頭弁論期日において，本人尋問が実施され，Y名義の保証につき，Yは，下記【Yの供述内容】のとおり，Xは，下記【Xの供述内容】のとおり，それぞれ供述した（なお，それ以外の者の尋問は実施されていない。）。

【Yの供述内容】

　「私とBは，1歳違いのいとこです。私とBは，幼少時から近所に住んでおり，家族のように仲良くしていました。Bは，よく私の自宅（今も私はその家に住んでいます。）に遊びに来ていました。

　Bは，大学進学と同時に，他の県に引っ越し，大学卒業後も，その県で就職したので，行き来は少なくなりましたが，気が合うので，近所に来た際には会うなどしていました。

　平成29年8月中旬だったと思いますが，Bが急に私の自宅に泊まりに来て，2日間，滞在していきました。今から思えば，その際に，本件借用証書をあらかじめ準備して，連帯保証人欄に私の印鑑を勝手に押したのだと思います。私が小さい頃から，私の自宅では，印鑑を含む大事なものを寝室にあるタンスの一番上の引き出しにしまっていましたし，私の印鑑はフルネームのものなので，Bは，私の印鑑を容易に見つけられたと思います。この印鑑は，印鑑登録をしている実印です。Bが滞在した2日間，私が買物などで出かけて，B一人になったことがあったので，その際にBが私の印鑑を探し出したのだと思います。

　私は，出版関係の会社に正社員として勤務しています。会社の業績は余り芳しくなく，最近はボーナスの額も減ってしまいました。私には，さしたる貯蓄はなく，保証をするはずもありません。

　私は，平成29年当時，Bから，保証の件につき相談を受けたことすらなく，また，Aから，保証人となることでよいかなどの連絡を受けたこともありませんでした。

　なお，本件訴訟が提起されて少し経った頃から，Bと連絡が取れなくなってしまい，今に至っています。」

【Xの供述内容】

　「YとBがいとこ同士であるとは聞いています。YとBとの付き合いの程度などは，詳しくは知りません。

　Bが，平成29年8月中旬頃，Yの自宅に泊まりに来て，2日間滞在したかは分かりませんが，仮に，滞在したとしても，そんなに簡単に印鑑を見つけ出せるとは思いません。

　なお，Aに確認しましたら，Aは，Yの保証意思を確認するため，平成29年8月下旬，Yの自宅に確認のための電話をしたところ，Y本人とは話をすることができませんでしたが，電話に出たYの母親に保証の件について説明したら，『Yからそのような話を聞いている。』と言われたとのことです。」

以上を前提に，以下の問いに答えなさい。

弁護士Pは，本件訴訟の第3回口頭弁論期日までに，準備書面を提出することを予定している。その準備書面において，弁護士Pは，前記の提出された書証並びに前記【Yの供述内容】及び【Xの供述内容】と同内容のY及びXの本人尋問における供述に基づいて，Yが保証契約を締結した事実が認められることにつき，主張を展開したいと考えている。弁護士Pにおいて，上記準備書面に記載すべき内容を，提出された書証や両者の供述から認定することができる事実を踏まえて，答案用紙1頁程度の分量で記載しなさい。なお，記載に際しては，本件借用証書のY作成部分の成立の真正に関する争いについても言及すること。

① 総論

本問は，保証債務の主債務が債権譲渡された事例を題材としている。本問の特徴としては，登場人物がXとY以外にも複数人おり，また，小問数が多いことがあげられる。落ち着いて，関係図を作成し，正確に法律関係を把握しなければならない。また，ポイントをおさえた解答を心掛けるようにしよう。FL【民事実務基礎科目への取り組み方】を熟読してほしい。

また，2019（令和元）年は，民事執行法の出題があった。本書のFL【民事執行法】を活用し，条文を用いて説明できるようになっておいてもらいたい。

② 設問1

小問(1)は，訴訟物を解答させる問題である。処分権主義（民訴246条）が妥当する民事訴訟においては，民事訴訟の対象となる訴訟物は，原告の意思に基づき選択され，裁判所に上程される。そこで，【Xの相談内容】を見るに，Xは，AからAB間の貸金債権を買い受けたこと，その保証人であるYに対して貸金の元金および損害金を回収したい旨を述べている。そこで，選択すべき訴訟物は，AY間の保証債務に基づく保証債務履行請求権である。債権譲渡は，債権の同一性を保ちつつ，その帰属主体の変更を伴うにすぎないから，権利の主体・客体を特定する必要がある。なお，Yは連帯保証人であるが，通説によれば，「連帯して」との部分は，保証契約の特約であり，訴訟物を特定するうえで，連帯保証であることを示す必要はない。また，元金だけではなく，損害金についても請求しようとしているが，保証債務は，主たる債務に関する利息，違約金，損害賠償等の従たる債務もすべて対象とするので（民447条1項），保証債務履行請求権以外に，別途，訴訟物を立てる必要はない。

小問(2)は，請求の趣旨を解答させる問題である。本設問は，返済が遅れたことについての損害金（遅延損害金）についても請求しているので，それに対応する請求の趣旨の記載を忘れてはならない。附帯請求（民訴9条参照）と，付随的申立ての違いは確認しておくこと。

小問(3)は，請求原因事実を解答させる問題である。まず，債権譲渡の事例であるから，請求原因事実は，①債権の発生原因事実および②①の債権の取得原因となる。そして，本件の①債権の発生原因事実としては，㋐主債務の発生原因事実，㋑保証契約の締結，㋒Yの㋑の意思表示が書面でなされたことが，それぞれあげられる。㋐として，本件の主債務は消費貸借契約に基づく貸金返還債務であり，消費貸借契約の冒頭規定である民法587条によれば，金銭授受と返還合意がその成立要件であり，さらに，返還要件として弁済期の合意とその到来を主張立証する必要がある。もっとも，本件は，遅延損害金の発生を基礎づける必要もあるので，弁済期の到来ではなく，経過を主張立証しなければならず，法定利率を超える損害金の支払を合意しているのであれば，その合意もあわせて主張立証する必要がある。これらのうち，消費貸借の成立要件，弁済期の合意および損害金の合意を特定しているのが，（あ）の事実であり，弁済期の到来の事実は，（え）で記載されている。次に，㋑の事実を主張立証する必要があり，これが（い）にあてはめるべき事実である。そして，㋒の事実は，（う）で当てはめるべき事実となる。ここで，446条2項の趣旨は，保証を慎重ならしめるため，その成立には保証意思が外部的にも明らかになっている場合にかぎり契約としての拘束力を認める点にあると解されるから，同項の書面には，保証人の保証意思が書面上に示されていれば足りると解すべきである。そうすると，（う）指摘すべき事実は，Yの意思表示は書面によると記載すれば足りる。②①の債権の取得原因として，本件では，XがAから主債務である貸金債権等を売買契約により譲り受けたことが記載できる。本件のXは，保証債務履行請求権そのものを譲り受けたわけではない。しかし，保証債務には付従性（随伴性）があり，主債務が移転すれば保証債務も随伴して移転する。したがって，Xは上記の事実を主張立証すればよく，これが最後の（お）にあてはめるべき事実となる。

小問(4)は，強制執行手続を解答させる問題である。まず，債権者は，債務名義（民執22条）を入手し，申立てをして執行文を付与してもらい（26条1項），執行機関に強制執行を申し立てる必要がある（2条）。そして，強制執行を開始するためには，債権者からの執行力ある債務名義の正本

に基づく申立てのほか，債務名義の正本等の送達（29条）が必要となる。また，本設問は，「どのような申立てをすべきか」についても問うている。ここで，Pとしては，Yに対する貸金債権および遅延損害金債権を実現するために強制執行を申し立てようとしているわけであるから，選択すべき強制執行は金銭執行である。そして，金銭執行は，執行対象となる財産の種類によって分かれるところ，Yには甲土地以外のめぼしい財産がないので，不動産を執行対象財産とする不動産強制競売（43条1項）の申立て（2条）を行うことになる。

③ 設問2

小問(1)は，【Yの相談内容】(b)をふまえて，Yの訴訟代理人として，本件答弁書に記載すべき抗弁と，それが抗弁となる理由を解答させる問題である。そこで【Yの相談内容】(b)を見てみると，問題となる抗弁が譲渡制限特約に基づく履行拒絶の抗弁であることがわかる。本設問では，それが抗弁となる理由も問われているので，抗弁の定義をあげて説明する必要がある。ここで，抗弁とは，請求原因事実と両立し，請求原因から発生する法律効果を障害，消滅，阻止する事実をいう。そして，債権は自由に譲渡することができるのが原則であり（民466条1項），当事者が譲渡制限の意思表示をしたときであっても，債権譲渡の効力は妨げられない（466条2項）。ただし，譲渡制限特約につき悪意または重過失のある譲受人に対しては，債務者は，その債務の履行を拒むことができる（466条3項）。このように，譲渡制限特約に基づく履行拒絶の事実は請求原因事実と両立し，この主張が認められると債務者は譲受人からの請求を拒むことができるため，この主張は，請求原因から発生する法律効果を阻止する事実にあたり，抗弁となる。

小問(2)は，本件答弁書の〔　　　〕に入る事実を解答させる問題である。そこで，本件答弁書の（ア）の記載を見てみると，これが代物弁済（482条）の合意であることが読み取れる。また，本件答弁書は【Yの相談内容】(c)をふまえて記載されているところ，Yとしては，代物弁済によりXの譲り受けた債権が消滅していることを主張していることが読み取れる。このように，Qは，本件答弁書において，債務の消滅原因として代物弁済を主張していることがわかる。この場合の代物弁済の要件事実は，①弁済に代えて動産の所有権を移転するとの合意がされたこと，②債務者が①の当時，その動産を所有していたこと，③①の合意に基づき，その動産の引渡しがされたこと，である。（ア）の記載は①にあたることから，本件答弁書の〔　　　〕に入る事実は②にあたる事実ということになる。

小問(3)は，【Yの相談内容】(c)に関する抗弁を主張するために，本件絵画を引き渡したことにかかる事実を主張することが必要か不要か，その理由もあわせて解答させる問題である。債務の消滅原因として代物弁済を主張する場合には，本来給付と異なる給付の完了として対抗要件の具備まで主張立証を要すると解されており，動産であれば，対抗要件である「引渡し」（178条）が要件事実となる。したがって，本件絵画を引き渡したことにかかる事実の主張は必要となる。

④ 設問3

設問3は，Yの言い分を抗弁として主張すべきか否かに関して，Yの言い分が抗弁を構成するかどうかに言及しながら，その結論と理由を解答させる問題である。したがって，本設問においても抗弁の定義をあげて説明する必要があろう。

まず，Yの言い分は，みずからに対する債権譲渡通知がない以上，Xを債権者と認めることができない，というものである。一方で，Yの言い分によれば，主債務者であるBについては債務者対抗要件が具備されている。そこで，本設問の問題の所在は，保証債権の移転について，保証人に対しても独立の債務者対抗要件の具備を必要とするか否かであることに気づきたい。

この点について，保証債権の移転につき，独立の債務者対抗要件の具備は問題とならないとする判例が存在する。もっとも，この判例を知らなくとも，保証債務の性質である付従性（随伴性）から考えることができれば，判例と同様の結論を導くことは十分に可能である。

⑤ 設問4

設問4は，Xの訴訟代理人弁護士として，記載すべき準備書面の内容を解答させる問題である。記載すべき準備書面の内容は「Yが保証契約を締結した事実が認められること」についてであるところ，かかる要証事実を直接に証明することのできる証拠（直接証拠）の有無をまず検討する。こ

こで，本件借用証書は，「Yが，BのAからの上記の借入れにつき，Aに対し，Bと連帯して保証する。」旨の文言が記載されており，意思表示その他の法律行為が記載された文書といえ，処分証書にあたる。そうであれば，本件借用証書のY作成部分に形式的証拠力が認められれば，特段の事情がないかぎり，要証事実である「Yが保証契約を締結した事実が認められること」が直接認定されることになるから，本件借用証書は直接証拠にあたる。

　そして，本件借用証書のY作成部分の成立の真正に関しては争いがあり，Yは，「Y名下の印影がYの印章によることは認めるが，Bが盗用した。」と主張している。このように，本件借用証書は押印文書であり，かつ，私文書であるから，二段の推定がはたらくところ，このYの主張は，一段目の推定について争っていることがわかる。そのため，Pとしては，相手方の反証が成功していないことを主張することで，Y作成部分の成立の真正が認められ，特段の事情もないことから，上記要証事実が認定される，との主張を展開することになろう。相手方の反証が成功していないことは，XおよびYの供述内容から認定できる事実を丁寧に拾い，説得的に論じる必要がある。

答案例

第1　設問1
　1　小問1
　　　AY間の保証契約に基づく保証債務履行請求権
　2　小問2
　　　被告は，原告に対し，200万円およびこれに対する平成30年6月16日　5
　　から支払済みまでの年1割の割合による金員を支払え。
　3　小問3
　　　①(あ)の借入金債務を保証する旨を合意した　②意思表示　③書面
　　④9日，Aは，Xに対し，(あ)の貸金債権と遅延損害金債権を代金200
　　万円で売った　10
　4　小問4
　　　Pは，甲土地の所在地を管轄する地方裁判所（民事執行法44条1項）
　　に対し，不動産競売の申立て（2条）を行うべきである。強制執行は，　　　➡結論の明示
　　執行文の付された債務名義の正本に基づいて実施するため（25条本文），
　　事前に，申立てにより，執行文の付与を受けておく必要がある（26条1　15
　　項）。また，強制執行を開始するには，債務者に債務名義の正本等が送
　　達されている必要があるので（29条），事前に債務名義の送達証明申請
　　を行う必要がある。
第2　設問2
　1　小問1　20
　　　①譲渡制限特約による履行拒絶の抗弁
　　　②そもそも，抗弁とは，請求原因事実と両立し，請求原因から発生す　　➡抗弁の定義
　　る法律効果を障害，消滅，阻止する事実をいう。そして，債権は自由に　　➡抗弁該当性の検
　　譲渡することができるのが原則であり（民法466条1項，以下法名略），　　　討
　　当事者が譲渡制限の意思表示をしたときであっても，債権譲渡の効力は　25
　　妨げられない（466条2項）。ただし，譲渡制限特約につき悪意または重
　　過失のある譲受人に対しては，債務者は，その債務の履行を拒むことが
　　できる（466条3項）。したがって，譲渡制限特約に基づく履行拒絶の主
　　張は，請求原因事実と両立し，請求原因から発生する法律効果を阻止す
　　るから，抗弁にあたる。　30
　2　小問2
　　　Bは乙絵画を所有していた
　3　小問3
　　　①必要である
　　　②債務の消滅原因として代物弁済を主張する場合には，本来の給付と　35　➡代物弁済の性質
　　異なる給付の完了として対抗要件の具備まで必要となる。したがって，　　　を明示
　　動産であれば，対抗要件である「引渡し」（178条）の事実を主張する必
　　要がある。
第3　設問3
　　　①Yの言い分を抗弁として主張すべきではない　40
　　　②Yの言い分は，自己に債権譲渡通知がなされるまで，Xを債権者とし
　　て認めないというものである。たしかに，債権譲渡は，譲渡人が債務者に
　　通知をし，または債務者が承諾をしなければ，債務者その他の第三者に対
　　抗することができない（467条1項）。しかし，保証債務の随伴性から主債

務について対抗要件が具備されれば足り，保証人に対して独立の対抗要件 45
具備は不要であると考える。したがって，主債務者Bに対する債権譲渡通
知がなされている以上，Yの言い分は，請求原因から発生する法的効果を
阻止せず，抗弁を構成しない。

第4　設問4
1　本件借用証書は，「Yが，BのAからの上記の借入れにつき，Aに対し，50
　　Bと連帯して保証する。」旨の文言が記載されており，意思表示その他
　　の法律行為が記載された文書といえ，処分証書にあたる。そうであれば，
　　本件借用証書のY作成部分に形式的証拠力が認められれば，特段の事情
　　がないかぎり，Yが保証契約を締結した事実が認められる。ここで，私
　　文書は，「本人……の……押印があるときは」真正に成立したものと推 55
　　定され（民事訴訟法228条4項），「押印」は本人の意思に基づいてされ
　　たことを要する。そして，本人の印章を他人が勝手に使用することは，
　　通常ありえないという経験則に基づき，作成名義人の印影が当人の印章
　　によって顕出されたものであるときは，反証のないかぎり，当該印影は
　　本人の意思に基づいて顕出されたものと事実上推定される。その結果，60
　　当該文書は「本人……の……押印があるとき」にあたるとして，その全
　　体が真正に成立したものと推定されることになる（二段の推定）。
2　本件において，被告は，Bが印鑑を盗用した事実を主張して，一段目
　　の推定を覆す反証を行っている。しかし，以下のとおり被告の反証は一
　　段目の推定を覆すに足りるものとはいえない。65
　　　まず，被告は，Bが被告の自宅に滞在した2日間，被告が買物などに
　　出掛けて，Bが1人になった隙に，Bが被告の印鑑を盗用した旨主張す
　　る。しかし，被告の自宅では，印鑑を寝室にあるタンスの一番上の引き
　　出しにしまっていた。このように，被告の印鑑は他人が見つけにくい場
　　所に保管されており，被告が出掛けている短時分の間に，Bが被告の印 70
　　鑑を探しだすことは非常に困難である。たしかに，Bは幼少時から頻繁
　　に被告の自宅に遊びに行っていたことから，被告の印鑑の保管場所につ
　　いて知っていた可能性がある。しかし，被告の印鑑はタンスの一番上の
　　引き出しにしまわれていたのであるから，幼少で手の届かないBが見つ
　　けだすことは不可能である。75
　　　次に，被告は，さしたる貯蓄がなく，保証をする動機がない旨主張す
　　る。しかし，被告とBは，1歳違いのいとこで，家族のように仲良くし
　　ていたことから，情で保証をすることも当然考えられる。
　　　そして，被告は，Bから保証の相談を受けたこともなければ，Aから
　　保証の連絡を受けたこともない旨主張する。しかし，上記のように，被 80
　　告とBは家族のように仲良くしていたのであるから，Bが被告に相談も
　　することなく，被告の印鑑を盗用したとは考え難い。また，AはYの保
　　証意思を確認するためにYの自宅に電話をしている。その際，電話にで
　　たYの母親はYから保証の話を聞いていると発言しており，身内である
　　母親がYにとって不利となる発言をするとは考えにくい。85
3　以上より，本件借用証書のY作成部分に形式的証拠力が認められ，特
　　段の事情もないので，Yが保証契約を締結した事実が認められる。

以上

設問1は，保証契約に基づく保証債務履行請求権が問題となる訴訟において，原告の求めに応じた訴訟物，請求の趣旨及び請求原因事実の説明を求めるとともに，確定判決に基づく民事執行手続の基本を問うものである。保証契約や債権譲渡に関する法律要件について，正確な理解を確認するものである。

設問2は，2つの抗弁主張に関し，譲渡禁止特約（譲受人が悪意である場合），代物弁済等についての民事実体法の要件・効果を踏まえ，抗弁事実の内容やその理由について，自説の立場から丁寧に論ずることが求められる。

設問3は，被告代理人の訴訟活動上の選択に関し，債権譲渡における債務者対抗要件や，保証契約の性質を踏まえながら、本件への当てはめを適切に検討することが求められる。

設問4は，まず，文書に作成名義人の印章により顕出された印影があることを踏まえ，いわゆる二段の推定が働くことや相手方の主張の位置付けについて，事案に即して適切な説明を加える必要がある。その上で，認定根拠に言及しながら，原告に有利・不利な複数の事実を適切に分析・評価して，いわゆる二段の推定が働くこととの関係を意識しつつ，原告代理人の立場から説得的に論述することが求められる。

講　評 ‖‖‖

① 設問1

1　小問(1)

小問(1)では，保証債務履行請求権と履行遅滞に基づく損害賠償請求権の2個が訴訟物であるとの解答が多かった。利息や遅延損害金も保証債務に含まれている（民447条1項）ことから，利息をあわせて請求したとしても，訴訟物は1個である。このことは，保証債務履行請求の要件事実に関する基本的な知識であるから，ここで他の受験生と差をつけられてしまってはならない。また，連帯の特約が訴訟物の特定として必要であるかについて，ほとんどの答案はこれを不要とする立場に立っていた。これも，保証債務履行請求の要件事実に関する基本的な知識であるから，正確に理解しておく必要がある。詳しくは，FL【**保証債務履行請求の要件事実**】の①訴訟物を参照してほしい。

そして，上記の点をクリアした者でも，債権譲渡の事実を失念してのことであるのか，訴訟物の特定として主体の記載をしていない者が多かった。しっかりと落ち着いて問題文を分析・整理する必要があろう。

2　小問(2)

小問(2)は，「損害金を年10％として」と問題文に記載があるにもかかわらず，これを見落として解答していた答案が一定数あった。まずは，しっかりと問題文を読むことが重要である。また，要件事実の記載に必要な情報は，関係図を作成して整理しておくことをお勧めする。また，それ以上に多かったのは，「Bと連帯して」支払え，と記載している答案である。本件で，Bは被告となっておらず，この記載は不要である。

3　小問(3)

小問(3)のうち②③は，保証契約の書面性（446条2項）に関する理解が問われている。この点について，保証人保護の観点から保証人の保証意思が書面上に現れていることを要求する立場であれば，②には意思表示（保証意思）が入るが，そのような立場でなければ，②は合意が入ることになろう。このように，保証契約の要件事実について，みずからの立場をはっきりとさせて整理しておく必要がある。

また，④には，XがAから債権を取得した事実を記載する必要があり，ほとんどの答案は正答することができていた。もっとも，④の欄外に「平成31年1月」と書かれているのにこれを記載するなど，ケアレスミスが目立っていた。このようなつまらないところでミスしないように，落ち着いて解答することを心掛けてほしい。

4 小問(4)

　小問(4)は，今まで出題のなかった民事執行法からの出題であり，無回答の答案も相当数見られた。民事執行は，債権の満足を受けるため，相手方の財産にかかっていく制度であるから，満足を受けようとする債権の内容と，相手方の財産の内容に着目して，どのような執行方法が考えられているのか，よく整理しておいてもらいたい。FL【民事執行法】の④強制執行の分類は，熟読しておいてほしい。

　また，「この確定判決を用いてYから回収するために」と問題文にあるのであるから，民事保全の手続について論述をすることは蛇足である。このような答案は問題文を読んでいないと評価されかねず，あまり印象がよくない。問いで聞かれていないことを書かないように注意してほしい。

② 設問2

1 小問(1)

　小問(1)は，Yが主張する抗弁を問う問題である。抗弁を尋ねられているので，保証契約成立の主張に対する否認を記載してはならない。

　(b)の記載から，Yは466条3項に基づき譲渡制限特約による履行拒絶の抗弁を主張することが考えられる。なお，債権法改正により，譲渡制限特約に反する債権譲渡も有効であって（466条2項），あくまで悪意または善意重過失の譲受人に対して履行を拒絶できるにすぎないこととなった。したがって，「譲渡制限特約違反による無効の抗弁」などの記載は誤りとなる。

　抗弁となる理由は，まず抗弁の定義を明らかにし，その定義にあてはまることを説明していくことになる。この形式はしっかりと身につけておこう。

2 小問(2)

　(c)の記載から，Yは482条に基づき代物弁済の抗弁を主張すると考えられる。

　代物弁済は所有権の移転によって債務を消滅させるものであることから，所有権移転の前提として，弁済者が代物弁済契約締結当時に物を所有していたことの指摘が必要となる。(イ)は，「(ア)の当時」から始まる文であるから，Bが乙絵画を所有していたことを示すものである。

3 小問(3)

　代物弁済を債務の消滅原因として主張する場合，代物弁済契約に基づく「当該他の給付をした」ことの指摘が必要となる（482条）。この給付の完了は，対抗要件の具備まで必要と解されており，動産であれば「引渡し」（178条）が必要となる。

③ 設問3

　設問3は，「言い分が抗弁を構成するかどうかに言及しながら」解答することが求められているのに，Yの言い分が抗弁となるのかどうか，慎重に検討しながら理由を説明していた答案はかなり少なかった。また，多かった解答は，すでにBには内容証明郵便で通知がなされており，債務者対抗要件の抗弁を主張しても，再抗弁が成立するから，主張すべきではないというものであった。この解答は，Bについて債務者対抗要件が具備されたことと，Yの言い分を抗弁として主張すべきでないこととの論理的なつながりを説明できておらず，問いに答えることができていない。そのため，このような答案は低評価にとどまったであろう。

④ 設問4

　設問4では，ほとんどの答案が二段の推定について触れることができていたが，その理解の差は答案に如実に現れていた。予備試験において二段の推定は頻出事項であるから，理解が曖昧である者は，FL【文書の成立の真正】を今一度しっかりと確認しておいてほしい。

　まず，Yが保証契約を締結した事実が認められることを主張するうえで，本件借用証書がどのような意味をもつのかということについて指摘がほしいところであったが，そのような指摘がなされている答案は少なかった。また，弁護士Pとしては，相手方の反証が成功していないことを示せば足りるのであって，そのような点を意識して論述することができている答案も少なかった。そのため，これらの点をクリアできた答案は高評価を受けたであろう。

優秀答案

第1　設問1
1　小問1
　AY間の保証契約に基づく保証債務履行請求権

←○訴訟物の特定ができている

2　小問2
　被告は，原告に対し，200万円これに対する平成30年6月16日から支払い済みまでの年1割の割合による金員を支払え。 5

3　小問3
① 　(あ)の貸付金返還債務を保証することを合意した
② 　合意
③ 　書面
④ 　9日，XはBから(あ)の貸金返還請求権とこれに関する遅延損害金債権を200万円で買った 10

←×正しくはAから

4　小問4
　執行文付与の申し立て（民事執行法26条1項）をしてその付与を受け，強制競売の申し立て（同法2条，43条1項）をすべきである。 15

←△「強制競売（43条1項）の申立て（2条）」のほうが正確である

第2　設問2
1　小問1
① 　譲渡制限特約による履行拒絶の抗弁
② 　抗弁とは，請求原因と両立し，請求原因から発生する法律効果を障害，消滅，阻止する事実をいう。債権は自由に譲渡することができ（466条1項），これを制限する特約も債権譲渡の効力を妨げない（466条2項）が，譲渡制限につき譲受人が悪意または善意重過失である場合，債務者は履行を拒絶することができる（466条3項）。したがって，譲渡制限特約による履行拒絶の主張は，請求原因と両立し，請求原因から発生する法律効果を阻止するため，抗弁にあたる。 25

2　小問2
　Bは乙絵画を所有していた

3　小問3
① 　必要である。
② 　代物弁済によって債務を消滅させるためには，「給付をした」（民法482条）こと，すなわち相手方に対抗要件を具備させることが必要である。したがって，「引き渡し」たこと（同法178条）の主張も必要になる。 30

←△条文上は「引渡し」である

第3　設問3
① 　主張すべきではない。 35
② 　Yは，自己が債権譲渡の承諾をしていないこと及びAから通知を受けていないこと，すなわち対抗要件（民法467条1項）を具備していないことを主張している。もっとも，主債務にかかる債権について対抗要件が具備されれば，付従性から保証人は主債務にかかる債権の譲渡を否定することはできない。そうだとすれば，保証人に対する対抗要件は不要であって，主債務者への対抗要件を具備すれば債権の譲受人は保証人に対しても保証債務履行請求権の取得を対抗することができると解される。したがって，Yの承諾及びYへの通知を欠くことを主張しても，請求原因の法的効果を覆滅させることはできないから， 40

抗弁として主張すべきではない。　　　　　　　　　　　　　　　45

第4　設問4
　1　まず，民事訴訟法228条4項は，「押印」があるときに文書の成立の真
　　正を推定している。また，「押印」が「署名」と並んで要件とされてい
　　ることから，「押印」とは本人の意思に基づくものを要すると解する。
　　そして，我が国では印章は通常慎重に管理され，他人が容易に用いるこ　50
　　とができない。そのため，文書から検出された印影が本人の印章による
　　ものと認められる場合には，本人の意思に基づく押印が事実上推定され，
　　これと同項の推定を合わせれば，文書の成立の真正が推認される。本件
　　では，本件借用証書のY名下の印影がYの印章によることはY側も認め
　　ており，本件借用証書の成立の真正が推認される。これに対して，Yは，　55
　　印鑑を寝室のタンスの一番上の引き出しにしまっており，この印鑑はフ
　　ルネームのものであったことから，Bはこれを容易に見つけることがで
　　き，BがY宅に泊まりに来た際に盗用したと主張する。しかし，印鑑を
　　寝室のタンスの一番上の引き出しにしまっていることをBが知っていた
　　という事情はないし，印鑑登録をしている実印をピンポイントで探し出　60
　　すことは容易ではない。そのため，Yの主張によって反証されたとはい
　　えず，上記推定は覆らない。そして，本件借用証書は，これによってY
　　の保証意思が表示されている処分証書であって，実質的証拠力が高く，
　　本件借用証書自体からYが保証契約を締結した事実を認めることができ
　　る。　　　　　　　　　　　　　　　　　　　　　　　　　　　　　　65
　2　次に，Yはさしたる貯蓄はなく，保証契約を締結するような財産状況
　　ではなかった。もっとも，BはYのいとこで，小さい頃から仲良くして
　　いたことを考慮すれば，YがBのために保証契約を締結することも不自
　　然ではない。
　3　また，BがYの母に保証の件について説明したところ，Yの母は「そ　70
　　のような話を聞いている」と発言している。そして，かかる発言は，Y
　　が保証契約を締結していなければ不自然である。
　4　よって，Yが保証契約を締結した事実は認められる。
　　　　　　　　　　　　　　　　　　　　　　　　　　　　　　　　以上

（欄外）
⇦△説明が足りない

⇦△もう少し自分の言葉で説明できるとよい

⇦△処分証書をどう定義するかについて触れてほしい
⇦○説得的である

⇦○説得的である

優秀答案における採点実感

① 全体
　全体として，大きなミスがなく，コンパクトにまとまっていて読みやすい答案である。もっとも，コンパクトにまとまっている分，記述が単調になっている部分も見受けられる。問いに答える姿勢は申し分ないので，当たり前のことも丁寧に説明することを心掛ければ，メリハリのある答案になるであろう。

② 設問1
　小問(1)，(2)について，この答案は，訴訟物および請求の趣旨を正確に指摘できている。ここでつまずいている受験生が多くみられたので，大変印象がよかった。訴訟物の特定がおろそかであると問題文の理解が疑われてしまうし，請求の趣旨も正確に記載することができない。この答案のように，いずれも正確に解答できるように準備しておこう。

　小問(3)についてもよく書けていたが，④でXが債権を買ったのはBからではなくAからである。少しもったいないミスであった。

　小問(4)について，非常に端的ではあるが，問いに答えるうえで必要最低限の記述がなされている。本設問は民事執行法からの出題であったため，そもそも記述がままならない受験生も多くみられた。そのようななかで，しっかりと条文を引きながら説明する姿勢は素晴らしかった。

③ 設問2
　小問(1)，(2)について，条文を正確に指摘しつつ端的に解答できている。債権法改正後の条文も正確に指摘できており，日頃の丁寧な勉強の成果が見てとれる。

　小問(3)も端的な解答ができている。条文の引用が若干不正確になってしまった点は残念であった。

④ 設問3
　設問3について，この答案は，保証債務の付従性（随伴性）から，債権譲渡の対抗要件である通知・承諾（民467条）は主たる債務者との間で行えば足りることを導くことができており，よく書けている。また，そのような結論を導いたうえで，Yの言い分が抗弁を構成しないことを抗弁の定義にあてはめて示している。このように，しっかりと問いに答えきる姿勢はよく参考にしてもらいたい。

⑤ 設問4
　設問4について，この答案は，他の答案と比べると淡白な印象を受けたので，もう少し厚く論じてもよかった。もっとも，二段の推定の説明，本件では一段目の推定が争われていること，そして本件借用証書が処分証書にあたることなど，指摘すべき点を落とさずに正確に記述できていたため，印象はよかった。

平成16年11月10日
会規第70号

　弁護士は、基本的人権の擁護と社会正義の実現を使命とする。
　その使命達成のために、弁護士には職務の自由と独立が要請され、高度の自治が保障されている。
　弁護士は、その使命を自覚し、自らの行動を規律する社会的責任を負う。
　よって、ここに弁護士の職務に関する倫理と行為規範を明らかにするため、弁護士職務基本規程を制定する。

第1章　基本倫理

（使命の自覚）
第1条　弁護士は、その使命が基本的人権の擁護と社会正義の実現にあることを自覚し、その使命の達成に努める。
（自由と独立）
第2条　弁護士は、職務の自由と独立を重んじる。
（弁護士自治）
第3条　弁護士は、弁護士自治の意義を自覚し、その維持発展に努める。
（司法独立の擁護）
第4条　弁護士は、司法の独立を擁護し、司法制度の健全な発展に寄与するように努める。
（信義誠実）
第5条　弁護士は、真実を尊重し、信義に従い、誠実かつ公正に職務を行うものとする。
（名誉と信用）
第6条　弁護士は、名誉を重んじ、信用を維持するとともに、廉潔を保持し、常に品位を高めるように努める。
（研鑽）
第7条　弁護士は、教養を深め、法令及び法律事務に精通するため、研鑽に努める。
（公益活動の実践）
第8条　弁護士は、その使命にふさわしい公益活動に参加し、実践するように努める。

第2章　一般規律

（広告及び宣伝）
第9条　弁護士は、広告又は宣伝をするときは、虚偽又は誤導にわたる情報を提供してはならない。
2　弁護士は、品位を損なう広告又は宣伝をしてはならない。
（依頼の勧誘等）
第10条　弁護士は、不当な目的のため、又は品位を損なう方法により、事件の依頼を勧誘し、又は事件を誘発してはならない。
（非弁護士との提携）
第11条　弁護士は、弁護士法第72条から第74条までの規定に違反する者又はこれらの規定に違反すると疑うに足りる相当な理由のある者から依頼者の紹介を受け、これらの者を利用し、又はこれらの者に自己の名義を利用させてはならない。
（報酬分配の制限）
第12条　弁護士は、その職務に関する報酬を弁護士又は弁護士法人でない者との間で分配してはならない。ただし、法令又は本会若しくは所属弁護士会の定める会則に別段の定めがある場合その他正当な理由がある場合は、この限りでない。
（依頼者紹介の対価）
第13条　弁護士は、依頼者の紹介を受けたことに対する謝礼その他の対価を支払ってはならない。
2　弁護士は、依頼者の紹介をしたことに対する謝礼その他の対価を受け取ってはならない。
（違法行為の助長）
第14条　弁護士は、詐欺的取引、暴力その他違法若しくは不正な行為を助長し、又はこれらの行為を利用してはならない。
（品位を損なう事業への参加）
第15条　弁護士は、公序良俗に反する事業その他品位を損なう事業を営み、若しくはこれに加わり、又はこれらの事業に自己の名義を利用させてはならない。
（営利業務従事における品位保持）
第16条　弁護士は、自ら営利を目的とする業務を営むとき、又は営利を目的とする業務を営む者の取締役、執行役その他業務を執行する役員若しくは使用人となったときは、営利を求めることにとらわれて、品位を損なう行為をしてはならない。
（係争目的物の譲受け）
第17条　弁護士は、係争の目的物を譲り受けてはならない。
（事件記録の保管等）

第18条　弁護士は、事件記録を保管又は廃棄するに際しては、秘密及びプライバシーに関する情報が漏れないように注意しなければならない。

（事務職員等の指導監督）

第19条　弁護士は、事務職員、司法修習生その他の自らの職務に関与させた者が、その者の業務に関し違法若しくは不当な行為に及び、又はその法律事務所の業務に関して知り得た秘密を漏らし、若しくは利用することのないように指導及び監督をしなければならない。

第3章　依頼者との関係における規律
第1節　通則

（依頼者との関係における自由と独立）

第20条　弁護士は、事件の受任及び処理に当たり、自由かつ独立の立場を保持するように努める。

（正当な利益の実現）

第21条　弁護士は、良心に従い、依頼者の権利及び正当な利益を実現するように努める。

（依頼者の意思の尊重）

第22条　弁護士は、委任の趣旨に関する依頼者の意思を尊重して職務を行うものとする。

2　弁護士は、依頼者が疾病その他の事情のためその意思を十分に表明できないときは、適切な方法を講じて依頼者の意思の確認に努める。

（秘密の保持）

第23条　弁護士は、正当な理由なく、依頼者について職務上知り得た秘密を他に漏らし、又は利用してはならない。

（弁護士報酬）

第24条　弁護士は、経済的利益、事案の難易、時間及び労力その他の事情に照らして、適正かつ妥当な弁護士報酬を提示しなければならない。

（依頼者との金銭貸借等）

第25条　弁護士は、特別の事情がない限り、依頼者と金銭の貸借をし、又は自己の債務について依頼者に保証を依頼し、若しくは依頼者の債務について保証をしてはならない。

（依頼者との紛議）

第26条　弁護士は、依頼者との信頼関係を保持し紛議が生じないように努め、紛議が生じたときは、所属弁護士会の紛議調停で解決するように努める。

第2節　職務を行い得ない事件の規律

（職務を行い得ない事件）

第27条　弁護士は、次の各号のいずれかに該当する事件については、その職務を行ってはならない。ただし、第3号に掲げる事件については、受任している事件の依頼者が同意した場合は、この限りでない。

一　相手方の協議を受けて賛助し、又はその依頼を承諾した事件

二　相手方の協議を受けた事件で、その協議の程度及び方法が信頼関係に基づくと認められるもの

三　受任している事件の相手方からの依頼による他の事件

四　公務員として職務上取り扱った事件

五　仲裁、調停、和解斡旋その他の裁判外紛争解決手続機関の手続実施者として取り扱った事件

（同前）

第28条　弁護士は、前条に規定するもののほか、次の各号のいずれかに該当する事件については、その職務を行ってはならない。ただし、第1号及び第4号に掲げる事件についてその依頼者が同意した場合、第2号に掲げる事件についてその依頼者及び相手方が同意した場合並びに第3号に掲げる事件についてその依頼者及び他の依頼者のいずれもが同意した場合は、この限りでない。

一　相手方が配偶者、直系血族、兄弟姉妹又は同居の親族である事件

二　受任している他の事件の依頼者又は継続的な法律事務の提供を約している者を相手方とする事件

三　依頼者の利益と他の依頼者の利益が相反する事件

四　依頼者の利益と自己の経済的利益が相反する事件

第3節　事件の受任時における規律

（受任の際の説明等）

第29条　弁護士は、事件を受任するに当たり、依頼者から得た情報に基づき、事件の見通し、処理の方法並びに弁護士報酬及び費用について、適切な説明をしなければならない。

2　弁護士は、事件について、依頼者に有利な結果となることを請け合い、又は保証してはならない。

3　弁護士は、依頼者の期待する結果が得られる見込みがないにもかかわらず、その見込みがあるように装って事件を受任してはならない。

（委任契約書の作成）

第30条　弁護士は、事件を受任するに当たり、弁護士報酬に関する事項を含む委任契約書を作成しなければならない。ただし、委任契約書を作成することに困難な事由があるときは、その事由が止んだ後、これを作成する。

2　前項の規定にかかわらず、受任する事件が、法律相談、簡易な書面の作成又は顧問契約その他継続的な契約に基づくものであるときその他合理的な理由があるときは、委任契約書の作成を要しない。

（不当な事件の受任）

第31条　弁護士は、依頼の目的又は事件処理の方法が明らかに不当な事件を受任してはならない。

（不利益事項の説明）

第32条　弁護士は、同一の事件について複数の依頼者があってその相互間に利害の対立が生じるおそれがあるときは、事件を受任するに当たり、依頼者それぞれに対し、辞任の可能性その他の不利益を及ぼすおそれのあることを説明しなければならない。

（法律扶助制度等の説明）

第33条　弁護士は、依頼者に対し、事案に応じ、法律扶助制度、訴訟救助制度その他の資力の乏しい者の権利保護のための制度を説明し、裁判を受ける権利が保障されるように努める。

（受任の諾否の通知）

第34条　弁護士は、事件の依頼があったときは、速やかに、その諾否を依頼者に通知しなければならない。

第4節　事件の処理における規律

（事件の処理）

第35条　弁護士は、事件を受任したときは、速やかに着手し、遅滞なく処理しなければならない。

（事件処理の報告及び協議）

第36条　弁護士は、必要に応じ、依頼者に対して、事件

の経過及び事件の帰趨に影響を及ぼす事項を報告し、依頼者と協議しながら事件の処理を進めなければならない。

（法令等の調査）

第37条　弁護士は、事件の処理に当たり、必要な法令の調査を怠ってはならない。

2　弁護士は、事件の処理に当たり、必要かつ可能な事実関係の調査を行うように努める。

（預り金の保管）

第38条　弁護士は、事件に関して依頼者、相手方その他利害関係人から金員を預かったときは、自己の金員と区別し、預り金であることを明確にする方法で保管し、その状況を記録しなければならない。

（預り品の保管）

第39条　弁護士は、事件に関して依頼者、相手方その他利害関係人から書類その他の物品を預かったときは、善良な管理者の注意をもって保管しなければならない。

（他の弁護士の参加）

第40条　弁護士は、受任している事件について、依頼者が他の弁護士又は弁護士法人に依頼をしようとするときは、正当な理由なく、これを妨げてはならない。

（受任弁護士間の意見不一致）

第41条　弁護士は、同一の事件を受任している他の弁護士又は弁護士法人との間に事件の処理について意見が一致せず、これにより、依頼者に不利益を及ぼすおそれがあるときは、依頼者に対し、その事情を説明しなければならない。

（受任後の利害対立）

第42条　弁護士は、複数の依頼者があって、その相互間に利害の対立が生じるおそれのある事件を受任した後、依頼者相互間に現実に利害の対立が生じたときは、依頼者それぞれに対し、速やかに、その事情を告げて、辞任その他の事案に応じた適切な措置をとらなければならない。

（信頼関係の喪失）

第43条　弁護士は、受任した事件について、依頼者との間に信頼関係が失われ、かつ、その回復が困難なときは、その旨を説明し、辞任その他の事案に応じた適切な措置をとらなければならない。

第5節　事件の終了時における規律

（処理結果の説明）

第44条　弁護士は、委任の終了に当たり、事件処理の状況又はその結果に関し、必要に応じ法的助言を付して、依頼者に説明しなければならない。

（預り金等の返還）

第45条　弁護士は、委任の終了に当たり、委任契約に従い、金銭を清算したうえ、預り金及び預り品を遅滞なく返還しなければならない。

第4章　刑事弁護における規律

（刑事弁護の心構え）

第46条　弁護士は、被疑者及び被告人の防御権が保障されていることにかんがみ、その権利及び利益を擁護するため、最善の弁護活動に努める。

（接見の確保と身体拘束からの解放）

第47条　弁護士は、身体の拘束を受けている被疑者及び被告人について、必要な接見の機会の確保及び身体拘束からの解放に努める。

（防御権の説明等）

第48条　弁護士は、被疑者及び被告人に対し、黙秘権その他の防御権について適切な説明及び助言を行い、防御権及び弁護権に対する違法又は不当な制限に対し、必要な対抗措置をとるように努める。

（国選弁護における対価受領等）

第49条　弁護士は、国選弁護人に選任された事件について、名目のいかんを問わず、被告人その他の関係者から報酬その他の対価を受領してはならない。

2　弁護士は、前項の事件について、被告人その他の関係者に対し、その事件の私選弁護人に選任するように働きかけてはならない。ただし、本会又は所属弁護士会の定める会則に別段の定めがある場合は、この限りでない。

第5章　組織内弁護士における規律

（自由と独立）

第50条　官公署又は公私の団体（弁護士法人を除く。以下これらを合わせて「組織」という。）において職員若しくは使用人となり、又は取締役、理事その他の役員となっている弁護士（以下「組織内弁護士」という。）は、弁護士の使命及び弁護士の本質である自由と独立を自覚し、良心に従って職務を行うように努める。

（違法行為に対する措置）

第51条　組織内弁護士は、その担当する職務に関し、その組織に属する者が業務上法令に違反する行為を行い、又は行おうとしていることを知ったときは、その者、自らが所属する部署の長又はその組織の長、取締役会若しくは理事会その他の上級機関に対する説明又は勧告その他のその組織内における適切な措置をとらなければならない。

第6章　事件の相手方との関係における規律

（相手方本人との直接交渉）

第52条　弁護士は、相手方に法令上の資格を有する代理人が選任されたときは、正当な理由なく、その代理人の承諾を得ないで直接相手方と交渉してはならない。

（相手方からの利益の供与）

第53条　弁護士は、受任している事件に関し、相手方から利益の供与若しくは供応を受け、又はこれを要求し、若しくは約束をしてはならない。

（相手方に対する利益の供与）

第54条　弁護士は、受任している事件に関し、相手方に対し、利益の供与若しくは供応をし、又は申込みをしてはならない。

第7章　共同事務所における規律

（遵守のための措置）

第55条　複数の弁護士が法律事務所（弁護士法人の法律事務所である場合を除く。）を共にする場合（以下この法律事務所を「共同事務所」という。）において、その共同事務所に所属する弁護士（以下「所属弁護士」という。）を監督する権限のある弁護士は、所属弁護士がこの規程を遵守するための必要な措置をとるように努める。

（秘密の保持）

第56条　所属弁護士は、他の所属弁護士の依頼者について執務上知り得た秘密を正当な理由なく他に漏らし、

又は利用してはならない。その共同事務所の所属弁護士でなくなった後も、同様とする。

（職務を行い得ない事件）

第57条 所属弁護士は、他の所属弁護士（所属弁護士であった場合を含む。）が、第27条又は第28条の規定により職務を行い得ない事件については、職務を行ってはならない。ただし、職務の公正を保ち得る事由があるときは、この限りでない。

（同前―受任後）

第58条 所属弁護士は、事件を受任した後に前条に該当する事由があることを知ったときは、速やかに、依頼者にその事情を告げて、辞任その他の事案に応じた適切な措置をとらなければならない。

（事件情報の記録等）

第59条 所属弁護士は、職務を行い得ない事件の受任を防止するため、他の所属弁護士と共同して、取扱い事件の依頼者、相手方及び事件名の記録その他の措置をとるように努める。

（準用）

第60条 この章の規定は、弁護士が外国法事務弁護士と事務所を共にする場合に準用する。この場合において、第55条中「複数の弁護士が」とあるのは「弁護士及び外国法事務弁護士が」と、「共同事務所に所属する弁護士（以下「所属弁護士」という。）」とあるのは「共同事務所に所属する外国法事務弁護士（以下「所属外国法事務弁護士」という。）」と、「所属弁護士が」とあるのは「所属外国法事務弁護士が」と、第56条から第59条までの規定中「他の所属弁護士」とあるのは「所属外国法事務弁護士」と、第57条中「第27条又は第28条」とあるのは「外国特別会員基本規程第30条の2において準用する第27条又は第28条」と読み替えるものとする。

第8章　弁護士法人における規律

（遵守のための措置）

第61条 弁護士法人の社員である弁護士は、その弁護士法人の社員又は使用人である弁護士（以下「社員等」という。）及び使用人である外国法事務弁護士がこの規程を遵守するための必要な措置をとるように努める。

（秘密の保持）

第62条 社員等は、その弁護士法人、他の社員等又は使用人である外国法事務弁護士の依頼者について執務上知り得た秘密を正当な理由なく他に漏らし、又は利用してはならない。社員等でなくなった後も、同様とする。

（職務を行い得ない事件）

第63条 社員等（第1号及び第2号の場合においては、社員等であった者を含む。）は、次に掲げる事件については、職務を行ってはならない。ただし、第4号に掲げる事件については、その弁護士法人が受任している事件の依頼者の同意がある場合は、この限りでない。

　一　社員等であった期間内に、その弁護士法人が相手方の協議を受けて賛助し、又はその依頼を承諾した事件であって、自らこれに関与したもの

　二　社員等であった期間内に、その弁護士法人が相手方の協議を受けた事件で、その協議の程度及び方法が信頼関係に基づくと認められるものであって、自らこれに関与したもの

　三　その弁護士法人が相手方から受任している事件

　四　その弁護士法人が受任している事件（当該社員等が自ら関与しているものに限る。）の相手方からの依頼による他の事件

（他の社員等との関係で職務を行い得ない事件）

第64条 社員等は、他の社員等が第27条、第28条又は第63条第1号若しくは第2号のいずれかの規定により職務を行い得ない事件については、職務を行ってはならない。ただし、職務の公正を保ち得る事由があるときは、この限りでない。

2　社員等は、使用人である外国法事務弁護士が外国特別会員基本規程第30条の2において準用する第27条、第28条又は第63条第1号若しくは第2号のいずれかの規定により職務を行い得ない事件については、職務を行ってはならない。ただし、職務の公正を保ち得る事由があるときは、この限りでない。

（業務を行い得ない事件）

第65条 弁護士法人は、次の各号のいずれかに該当する事件については、その業務を行ってはならない。ただし、第3号に規定する事件については受任している事件の依頼者の同意がある場合及び第5号に規定する事件についてはその職務を行い得ない社員がその弁護士法人の社員の総数の半数未満であり、かつ、その弁護士法人に業務の公正を保ち得る事由がある場合は、この限りでない。

　一　相手方の協議を受けて賛助し、又はその依頼を承諾した事件

　二　相手方の協議を受けた事件で、その協議の程度及び方法が信頼関係に基づくと認められるもの

　三　受任している事件の相手方からの依頼による他の事件

　四　社員等又は使用人である外国法事務弁護士が相手方から受任している事件

　五　社員が第27条、第28条又は第63条第1号若しくは第2号のいずれかの規定により職務を行い得ない事件

（同前）

第66条 弁護士法人は、前条に規定するもののほか、次の各号のいずれかに該当する事件については、その業務を行ってはならない。ただし、第1号に掲げる事件についてその依頼者及び相手方が同意した場合、第2号に掲げる事件についてその依頼者及び他の依頼者のいずれもが同意した場合並びに第3号に掲げる事件についてその依頼者が同意した場合は、この限りでない。

　一　受任している他の事件の依頼者又は継続的な法律事務の提供を約している者を相手方とする事件

　二　依頼者の利益と他の依頼者の利益が相反する事件

　三　依頼者の利益とその弁護士法人の経済的利益が相反する事件

（同前―受任後）

第67条 社員等は、事件を受任した後に第63条第3号の規定に該当する事由があることを知ったときは、速やかに、依頼者にその事情を告げ、辞任その他の事案に応じた適切な措置をとらなければならない。

2　弁護士法人は、事件を受任した後に第65条第4号又は第5号の規定に該当する事由があることを知ったときは、速やかに、依頼者にその事情を告げ、辞任その他の事案に応じた適切な措置をとらなければならない。

（事件情報の記録等）

第68条 弁護士法人は、その業務が制限されている事件

を受任すること及びその社員等若しくは使用人である
外国法事務弁護士が職務を行い得ない事件を受任する
ことを防止するため、その弁護士法人、社員等及び使
用人である外国法事務弁護士の取扱い事件の依頼者、
相手方及び事件名の記録その他の措置をとるように努
める。

(準用)
第69条　第1章から第3章まで（第16条、第19条、第23
　条及び第3章中第2節を除く。）、第6章及び第9章か
　ら第12章までの規定は、弁護士法人に準用する。

第9章　他の弁護士との関係における規律

(名誉の尊重)
第70条　弁護士は、他の弁護士、弁護士法人及び外国法
　事務弁護士（以下「弁護士等」という。）との関係に
　おいて、相互に名誉と信義を重んじる。

(弁護士に対する不利益行為)
第71条　弁護士は、信義に反して他の弁護士等を不利益
　に陥れてはならない。

(他の事件への不当介入)
第72条　弁護士は、他の弁護士等が受任している事件に
　不当に介入してはならない。

(弁護士間の紛議)
第73条　弁護士は、他の弁護士等との間の紛議について
　は、協議又は弁護士会の紛議調停による円満な解決に
　努める。

第10章　裁判の関係における規律

(裁判の公正と適正手続)
第74条　弁護士は、裁判の公正及び適正手続の実現に努
　める。

(偽証のそそのかし)
第75条　弁護士は、偽証若しくは虚偽の陳述をそそのか
　し、又は虚偽と知りながらその証拠を提出してはなら
　ない。

(裁判手続の遅延)
第76条　弁護士は、怠慢により又は不当な目的のため、
　裁判手続を遅延させてはならない。

(裁判官等との私的関係の不当利用)
第77条　弁護士は、その職務を行うに当たり、裁判官、
　検察官その他裁判手続に関わる公職にある者との縁故
　その他の私的関係があることを不当に利用してはなら
　ない。

第11章　弁護士会との関係における規律

(弁護士法等の遵守)
第78条　弁護士は、弁護士法並びに本会及び所属弁護士
　会の会則を遵守しなければならない。

(委嘱事項の不当拒絶)
第79条　弁護士は、正当な理由なく、会則の定めるとこ
　ろにより、本会、所属弁護士会及び所属弁護士会が弁
　護士法第44条の規定により設けた弁護士会連合会から
　委嘱された事項を行うことを拒絶してはならない。

第12章　官公署との関係における規律

(委嘱事項の不当拒絶)
第80条　弁護士は、正当な理由なく、法令により官公署
　から委嘱された事項を行うことを拒絶してはならない。

(受託の制限)

第81条　弁護士は、法令により官公署から委嘱された事
　項について、職務の公正を保ち得ない事由があるとき
　は、その委嘱を受けてはならない。

第13章　解釈適用指針

(解釈適用指針)
第82条　この規程は、弁護士の職務の多様性と個別性に
　かんがみ、その自由と独立を不当に侵すことのないよ
　う、実質的に解釈し適用しなければならない。第5条
　の解釈適用に当たって、刑事弁護においては、被疑者
　及び被告人の防御権並びに弁護人の弁護権を侵害する
　ことのないように留意しなければならない。
2　第1章並びに第20条から第22条まで、第26条、第33
　条、第37条第2項、第46条から第48条まで、第50条、
　第55条、第59条、第61条、第68条、第70条、第73条及
　び第74条の規定は、弁護士の職務の行動指針又は努力
　目標を定めたものとして解釈し適用しなければならな
　い。

附則
この規程は、平成17年4月1日から施行する。

第 3 部

Festina lente

民事実務基礎科目への取り組み方

⓪　はじめに

　実務基礎科目の問題は難しい，と思っている受験生も多いことだろう。

　その原因のひとつは，問題文の長さである。予備試験の法律科目の問題文はせいぜい２頁程度であるにもかかわらず，実務基礎科目の問題は，資料を含めると８頁にも及ぶものがある。この長い問題文から，法律関係を正確に把握し，要件事実や証拠構造を整理するというのは，実務経験のない受験生にとっては至難の業だと思うのも無理はない。

　しかし，安心してほしい。長文問題でも，それを読み解く作法やコツを体得すれば，読み慣れてきて，問題文の長さへの抵抗はなくなる。それどころか，問題文の読み方を身につけるだけで，法律関係を迅速かつ正確に把握することができ，問題に取り組みやすくなる。これは，後々の司法試験，司法修習，実務においても役立つものであるから，時間のある今のうちに身につけておくべきである。

　前置きが長くなったが，これから民事実務基礎科目の問題文の読み方を案内しよう。

①　設問から先に目をとおす

　民事実務基礎科目において，長い問題文をむやみやたらに読んでいては，重要な事実や問題点を見落としたまま読むことになってしまう。

　これでは，貴重な時間を浪費してしまうことになるので，お勧めできない。

　そこで，問題文の設問から先に目をとおし，何を問われているのかを確認してから，目的意識をもって問題文を読む，という作業が非常に重要となる。また，設問の数から時間配分の目安にもなる。

　たとえば，

> (1)　弁護士Qが前記Ⅰの事実を主張した場合，裁判所は，その事実のみをもって，本件訴訟における抗弁として扱うべきか否かについて，結論と理由を述べなさい。

このような設問を見た場合，次のような目的意識をもって問題文を読むことになる。

> 　「結論」と「理由」を求められているから，第１項で結論を述べて，第２項で理由を述べることにしよう。
> 　「裁判所は」と書いてあるから，裁判所の立場からの検討が必要だな。
> 　「抗弁として扱うべきか否か」について尋ねられているから，まずは「抗弁」の定義を示して，それに該当するか，という流れで書くのがいいな。
> 　「その事実のみをもって」とはどういう意味だろう。抗弁として主張するために必要な主要事実が欠けていて，主張自体失当になっているかを尋ねているのかもしれないな。そうであれば，ブロック・ダイアグラム（内容については後述）を作成して要件事実を確認しながら問題文を読んでいくことにしよう。

　この設問では「結論と理由」を求められていることがわかるため，答案の項目立てを意識しながら問題文を読むことができる。

　民事実務基礎科目の問題では，設問によって，原告側，被告側，裁判所側というさまざまな立場から検討を求められることがある。原告側から解答すべき設問を，誤って被告側から解答してしまったのでは，たとえ内容がよくても点数を得られない。その設問がどのような立場から検討を求めるものであるかを最初に確認しておくと，スムーズに問題文を読むことができる。

　この設問では要件事実を尋ねられていることがわかるため，ブロック・ダイアグラムを作成して攻撃防御方法の構造を確認しながら問題文を読むという心構えをすることができる。

　このように，設問文に先に目をとおしておくことで，効率的に問題文を読むことができる。

② 問題文を読み始める

1 訴訟物を意識して問題文を読む

　民事実務基礎科目の問題検討の出発点は，訴訟物を正確に把握することである。

　訴訟物を正確に把握することができれば，問題文中の事実を摘示して要件事実を整理することができ，各主要事実について証拠構造を整理することもできる。逆にいえば，訴訟物を誤ると要件事実を間違えてしまうこととなり，ひいては証拠構造の整理もできなくなってしまう。

　たとえば，甲土地の所有者兼賃貸人であるAが賃借人であるBに対して甲土地の明渡しを求める，という事案を考えてみよう。

　訴訟物が甲土地所有権に基づく返還請求権としての土地明渡請求権であれば，甲土地賃貸借契約の成立は，Bが占有権原の抗弁として主張立証すべきこととなる。Aは，再抗弁として，甲土地賃貸借契約の終了を主張立証していくこととなるだろう。

　これに対して，訴訟物が賃貸借契約終了に基づく目的物返還請求権としての土地明渡請求権であれば，甲土地賃貸借契約の成立と終了を，いずれもAが主張立証すべきこととなる。また，この場合，Aが甲土地の所有者であることは主要事実とならない。

　このように，Aの得たい結論は同一であっても，訴訟物が異なれば要件事実は大きく異なってくる。訴訟物を間違えることのないよう，気をつけて問題文を読み進めることが重要である。

2 関係図や時系列表を作成して事案を把握する

　多くの受験生が，民事系の問題を検討する際に関係図を作成していると思われる。民事実務基礎科目の問題を検討する際も，関係図を作成すると法律関係を整理しやすくなって有用である。

　また，民事実務基礎科目の問題では，時系列を意識することも重要である。たとえば，代理権授与行為は代理行為に先立って行われていなければならないし，時効の問題であれば期間の計算が必須となる。当事者間の交渉経緯から，善意・悪意や過失の有無について主張すべき事実が見つかることもある。そのため，問題文を読む際は，時系列表を作成することを勧める。

3 ブロック・ダイアグラムを作成して要件事実を整理する

　民事実務基礎科目の問題では，要件事実を尋ねる設問が多数出題されている。

　要件事実を整理する際は，ブロック・ダイアグラムを作成することを強く勧める。ブロック・ダイアグラムとは，訴訟における攻撃防御の構造や相互関係を図式化したものをいう。たとえば，貸主Aが借主Bに対して貸金100万円の支払を請求したところ，Bが弁済した旨反論してきたという事案のブロック・ダイアグラムを作成すると，次のようになる。

	請求原因		抗弁
あ	A・B 平成30年4月1日 100万円返還合意	カ	B→A 平成31年3月31日 100万円交付
い	A→B 平成30年4月1日 100万円交付	キ	（カ）は（あ）の債務の 履行としてされた
う	A・B （あ）の際，弁済期を平成31 年3月31日とする合意		
え	平成31年3月31日到来		

　このように，ブロック・ダイアグラムを作成しておくと，問題文中の当事者の主張が積極否認なのか抗弁なのか，当事者の主張する主要事実が足りているのか不足しているのかなどを一目で判断することができる。

4 ブロック・ダイアグラムに証拠構造を書き加えていく

民事実務基礎科目の問題では，事実認定を尋ねる設問が出題されることがある。たとえば，当事者の一方の立場から，自己に有利な事実を裁判所に認定してもらうため，尋問結果をふまえた準備書面の骨子を作成する問題である。

このような問題では，証拠構造を正確に把握することが重要である。すなわち，自己に有利な事実の認定に結びつく証拠や間接事実としてどのようなものがあるか，逆に，自己に有利な事実の認定の障害となる証拠や間接事実としてどのようなものがあるかを整理することが重要である。

証拠構造を把握する場面でも，ブロック・ダイアグラムが活用できる。事実認定の設問で認定すべき事実とは，争いのある主要事実にほかならないからである。ブロック・ダイアグラムのなかで当事者間に争いのない主要事実には「○」，当事者間に争いのある主要事実には相手方が否認しているならば「×」（なお，相手方が知らないのであれば「△」とすればよいであろう），顕著な事実（民訴179条）には「顕」と書き加えておくと，争いのある主要事実がわかりやすくなる。

また，争いのある主要事実から線を引き，その事実の認定に結びつく証拠や間接事実と，その事実の認定の障害となる証拠や間接事実の対照表を書いておくと，問題文中の事実を適切な位置づけで，かつ，漏らすことなく，答案で指摘しやすくなる。

先ほどの金銭消費貸借の事案において，Bによる弁済の存否が争点となった場合の証拠構造を整理すると，次のようになる。

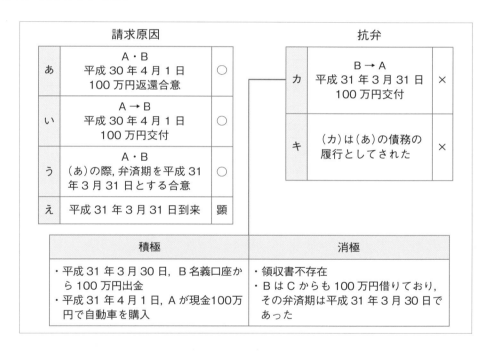

③ 常に条文を意識する

受験生のなかには，要件事実を暗記科目と考えてしまっている人がいるかもしれない。

たしかに，要件事実を理解するためには，覚えておかなければならない基本的事項がいくつもある。しかし，だからといって要件事実を暗記科目と割り切ってしまうのは適切でない。数学や物理でも覚えておかなければならない公式がいくつもあるが，だからといって数学や物理を暗記科目とはいわないであろう。

要件事実とは，請求原因，抗弁等の攻撃防御方法による法律効果が生じるのに必要最小限の事実のことである。そのため，どのような事実が要件事実となるかは，当該法律効果を得るために必要な法律要件から導かれることとなる。そして，法律要件の内容は，条文とその解釈によって定めら

れる。

　したがって，要件事実の勉強では，実体法の勉強と同様に，常に条文を意識することが重要である。かりに，試験で問われた要件事実について，知識として頭に入っていなかったとしても，焦る必要はない。落ち着いて条文を引き，法律要件を拾いだしていけばよいのである。

　また，受験生のなかには，実体法では要件として学習したものが，要件事実では請求原因，抗弁，再抗弁と振り分けられることに戸惑いを覚える人もいるかもしれない。たとえば，所有権の短期取得時効において，所有の意思，平穏，公然，善意は実体法上の要件である（民162条）が，要件事実の側面から考えると，暫定真実（186条１項）であるからこれらの不存在が抗弁にまわることとなる。

　しかし，これは実体法における法律要件を，訴訟における攻撃防御方法の構造に則して整理し直したにすぎない。見る角度が少し変わっただけであり，実体法の理解が基礎となっていることに変わりはないのである。要件事実を難しいと感じる初学者は，要件事実の勉強の前に実体法の勉強を進めたほうが，理解が早まるだろう。

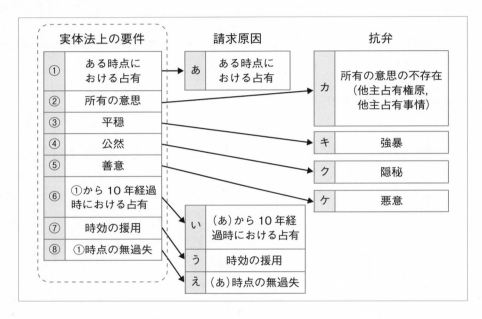

即時取得の要件事実

設例

XはAから甲動産を買い，甲動産の引渡しを受けたが，甲動産の所有者はAではなくYであった。その後，甲動産はYに奪われ，現在Yが占有しているため，Xは，Yに対して甲動産の引渡しを求めたい。Xが即時取得により甲動産の所有権を取得したと主張する場合，XYはいかなる攻撃防御方法を展開すべきか。

この設例において，Xは，所有権に基づく返還請求権としての動産引渡請求権を訴訟物として動産の引渡しを請求することが考えられる。この場合の請求原因事実は，原告所有，被告占有である。そして，本件では，原告の所有を基礎づけるために，192条に基づく即時取得が主張されている。このように，要件事実を考える際には，大きな枠組みから小さな枠組みへと考えていくことが必要である。

では，Xは，原告所有を基礎づける即時取得を主張するためには，いかなる事実を主張立証する必要があるか。以下検討する。

① 実体法上の成立要件

192条は，「取引行為によって，平穏に，かつ，公然と動産の占有を始めた者は，善意であり，かつ，過失がないときは，即時にその動産について行使する権利を取得する」と規定している。この規定から，即時取得の実体法上の要件は，以下のとおりであることがわかる。

即時取得の実体法上の成立要件
① 「取引行為」
② 「占有を始めた」こと（基づく引渡し）
③ 「平穏」・「公然」
④ 「善意」
⑤ 「過失がないとき」（無過失）

② 即時取得の要件事実

即時取得の実体法上の成立要件が以上となることを前提に，即時取得の要件事実を検討する。

まず，186条1項は，「占有者は，所有の意思をもって，善意で，平穏に，かつ，公然と占有をするものと推定する」と規定している。この規定は，いわゆる暫定真実（条文の表現上はある法律効果の発生要件であるようにみえるものであっても，実は，その不存在が法律効果の発生障害要件となることを示すひとつの立法技術であり，ただし書に読み替えることができるもの）を規定したものである。この規定により，③「平穏」・「公然」および④「善意」の主張立証責任が転換されることになる。したがって，即時取得を主張する者は，これらに該当する具体的事実を主張立証する必要はなく，相手方が抗弁としてそれぞれの反対事実である強暴，隠秘または悪意に該当する具体的事実を主張立証すべきことになる。

また，188条は，「占有者が占有物について行使する権利は，適法に有するものと推定する」と規

定している。この規定により，処分権があると称して取引をする動産の占有者には，その処分権があるものと推定される（法律上の権利推定）。その結果，動産の占有取得者は，前占有者に所有権があると信ずることについて過失がないものと推定されることになる。したがって，即時取得を主張する者は，⑤無過失についても主張立証する必要はなく，相手方が占有取得者に過失のあることを主張立証すべきことになる。

以上から，即時取得の要件事実は，上記条文上の要件のうち，①「取引行為」と②「占有を始めたこと」（事実を摘示する際に「基づく引渡し」と覚えるとよい）のみとなる。

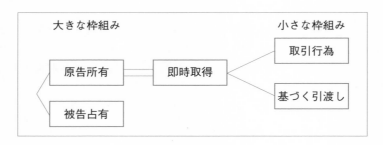

③ 悪意の抗弁

前述のように，186条により善意の主張立証責任が原告から被告に転換された。これにより，請求原因における即時取得の主張に対して，被告は悪意の抗弁を主張立証することができる。

一般に，善意とは，知らなかったことをいうと考えられる。しかし，即時取得における「善意」（192条）とは，動産の占有を始めた者において，取引の相手方がその動産につき権利者であると誤信したことをいうとされている（最判昭和41年6月9日民集20巻5号1011頁，最判昭和26年11月27日民集5巻13号775頁）。したがって，即時取得における悪意の抗弁における悪意とは，前主が権利者でないことを知っていたことまたは権利者であることを疑っていたことをいうと考えられる。

一般の善意		一般の悪意
無権利者であることを知らなかった		無権利者であることを知っていた
即時取得の善意	即時取得の悪意	
権利者であると信じていた	権利者であることを疑っていた（半信半疑を含む）	権利者であることを知っていた

また，悪意は占有取得時のものでなければならず，占有取得後の悪意を主張立証しても即時取得の効果は否定されない。この基準時（時的要素）は，注意して覚えておきたい。

以上より，即時取得に対しては，悪意の抗弁として，Xが占有取得時に前主Aの無権利について悪意であったことを主張立証することができる。

④ 過失の抗弁

前述のように，188条により動産の占有取得者は，前占有者に所有権があると信ずることについて過失がないものと推定される。その結果，請求原因における即時取得の主張に対して，被告は過失の抗弁を主張立証することができる。

即時取得における無過失とは，動産の占有を始めた者において，取引の相手方がその動産につき権利者であると信ずるにつき，過失のなかったことをいう。そして，過失の有無は，具体的な事実をあてはめて得られる法的判断であるから，過失という規範的な評価（規範的要件）そのものが主要事実になるのではなく，これを基礎づける具体的事実が主要事実となるというべきである（主要事実説）。したがって，Yとしては，Aが権利者であると信じたことにつき，Xに過失があると評価するに足りる具体的事実を主張立証することになる。

この場合の過失の基準時も，占有取得時であることに注意したい。

以上から，即時取得に対しては，過失の抗弁として，Xが占有取得時に前主Aが無権利者であると信じたことにつき，過失があったことの評価根拠事実を主張立証することができる。

　さらに，この抗弁に対して，Xは再抗弁として，Xに過失があったことの評価障害事実を主張立証することができる。

⑤　まとめ

　以上をまとめると，即時取得の攻撃防御方法は，以下のようになる。

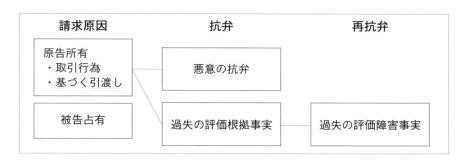

保証債務履行請求の要件事実

設例

　貸主Xは借主Aから300万円の借金の申込みを受けたが，Aの資力に不安があったため，連帯保証人を要求した。Aは親戚のYに保証人になるように頼み，Yはそれに応じた。これによりXA間で300万円の金銭消費貸借契約が成立し，XY間で，前記契約の連帯保証契約が成立した。しかし，Aは弁済期を過ぎても払う気配がない。そこで，XはYに対して300万円を支払うよう請求した。Xはいかなる事実を主張する必要があるか。

　XはYに対して保証契約に基づいて保証債務の履行を請求する。この場合において，XとYの攻撃防御方法を検討する。

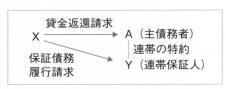

① 訴訟物

　XはYに対して保証契約に基づいて貸金の支払を求めている。そのため，訴訟物は，「保証契約に基づく保証債務履行請求権」である。ここで，連帯の特約が訴訟物の特定として必要かが問題となる。連帯の約定というのは，保証債務の「補充性」を奪うためのものであるから，保証契約の特約にすぎない。そのため，保証契約と連帯保証契約は別個の契約類型ではないので，連帯の特約は訴訟物の特定に必要なものではない。したがって，連帯保証契約においても，訴訟物は，保証契約に基づく保証債務履行請求権となる。

　訴訟物の個数は，契約の場合には，契約の個数によって定まるため，本件では訴訟物は1個となる。なお，Xが利息をあわせて請求したとしても，訴訟物は1個となる。利息や遅延損害金も保証債務に含まれている（447条1項）ため，1個の保証契約に基づく請求となるためである。

② 実体法上の成立要件

　要件事実を考える際には，実体法上の成立要件から要件事実（主張立証責任の分配）へという流れを意識することが重要である。そこで，まずは保証契約の実体法上の成立要件を検討する。

　保証契約が成立するには，債権者と保証人との間で保証契約が締結されなければならない。それだけでなく，保証契約は書面でしなければ，効力を生じないものとされている（446条2項）。保証契約の成立要件としては，これらが必要となる。

　さらに，保証契約では成立における付従性があり，主たる債務が成立していなければ保証債務も成立しない。したがって，主たる債務の成立も保証契約の成立要件となる。

③ 保証契約の要件事実

　以上の実体法上の要件を基に主張立証責任を考えると，いずれも保証契約の発生原因事実であるから，その成立を主張する債権者が主張立証責任を負う。

　したがって，保証債務履行請求の要件事実は，次のようになる。

> ①主債務の発生原因事実
> ②保証契約を締結したこと
> ③保証契約が書面でなされたこと

　連帯保証の場合，上記①で述べたとおり，連帯の約定は請求原因となるかを検討する必要がある。

連帯の約定を保証契約に付された特約と考えれば，連帯の約定は保証契約の本質的な要素ではないことになるため，原則として，連帯の約定は，保証債務履行請求の請求原因とはならない。

4 抗弁以下

1 催告の抗弁，検索の抗弁，連帯の特約の再抗弁

保証債務履行請求に対しては，保証契約に特有の抗弁がいくつかある。

まず，保証において代表的な抗弁として，催告の抗弁（452条）と検索の抗弁（453条）がある。催告の抗弁とは，保証人はまず主たる債務者に催告すべき旨を主張し，履行を拒むことができる抗弁である。検索の抗弁は，主債務者が弁済する資力があり，かつ執行が容易であることを証明することによって履行を拒める抗弁である。

この抗弁に対しては，連帯の特約が再抗弁となる。454条により，催告の抗弁と検索の抗弁が否定され，それにより利益を受ける債権者が主張立証責任を負う。

2 主債務についての抗弁

保証債務には，付従性という特徴がある。その付従性により，主債務に付着する抗弁は，保証人も主張することができる。

3 弁済拒絶の抗弁

457条2項は，保証人は主たる債務者が主張できる抗弁をもって債権者に対抗することができる旨を定めている。この「対抗することができる」について，たとえば，主たる債務者が，債権者に対し，主債務と相殺適状にある債権を有する場合に，保証人が両債権債務をもって相殺できるのか（処分権説），それとも相殺によって消滅する限度において弁済を拒絶することができることを認めたにすぎないのか（抗弁権説），従来争いがあった。

しかし，2017（平成29）年民法改正により，457条3項が新設され，主たる債務者が債権者に対して相殺権を有する場合には，これによって主債務を免れるべき限度において，「保証人は，債権者に対して債務の履行を拒むことができる」ことが明示され，抗弁権説が採用された。この抗弁は，権利主張が必要な権利抗弁である。

具体的な主張としては，相殺の抗弁事実のほかに，保証人の権利主張が必要となる。具体的には，自働債権の限度で支払を拒絶するとの権利主張をすることになる。

他の弁済拒絶の抗弁として，457条3項は，主債務者のもつ解除権，取消権をあげている。保証人は，解除権者・取消権者ではないからそれらを行使することはできないものの，保証債務の付従性から，保証人は権利抗弁として主債務者の解除権，取消権の存在によって主債務の存否が不確定である間は，保証債務の履行を拒絶することができる。

具体的な主張としては，解除または取消原因の発生原因事実，保証債務の支払を拒絶する旨の権利主張となる。

これらは，保証債務履行請求を阻止するので，権利阻止の抗弁となる。

5 まとめ

以上をまとめると，次のようになる。

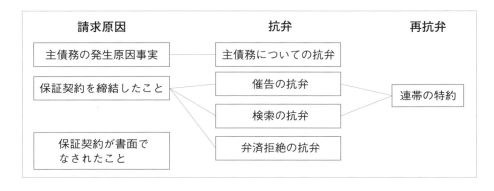

債権譲渡の要件事実

Festina lente

設例

債権者Aは債務者Yに対する30万円の売買代金債権αを譲受人Xに対して20万円で売った。XがYに対して30万円の支払を求める場合，Xはいかなる事実を主張する必要があるか。

債権譲渡（466条1項）の要件事実は，これまでの要件事実の応用である。応用といっても，要件事実の基本は変わらないので，実体法上の要件から考えていくことになる。

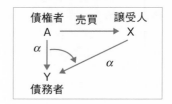

① 訴訟物

Xは，Aから譲り受けた売買代金支払請求権に基づいて30万円の支払を請求している。この場合における訴訟物を，「売買契約に基づく代金支払請求権」としてはいけない。債権譲渡では，債権の同一性を保ったまま，帰属主体が変更するので，債権譲渡がある場合に譲受債権を請求する場合の訴訟物は，譲渡前の債権者と債務者との間での債権の発生原因によって決まる。また，債権譲渡の場合，訴訟物がXY間で発生した権利ではないので訴訟物の特定として主体まで記載する必要がある。そのため，AY間の売買契約に基づく代金支払請求という特定が必要になる。

そして，請求するのはXなので，「XのYに対するAY間の売買契約に基づく代金支払請求権」が訴訟物となる。訴訟物の個数は，債権的請求の場合，契約の個数によるので，1個となる。

② 実体法上の要件

訴訟物が，譲渡人の債務者に対する債権であるので，その債権が有効に成立していなければならない。また，債権譲渡であるから，債権を有効に取得していなければならない。したがって，債権譲渡の実体法上の要件は，①譲受債権の発生原因事実，②①の債権の取得原因事実となる。

③ 要件事実

上記要件は，いずれも請求するための要件であり，その主張によって，譲受人が利益を得るので，主張立証責任は，譲受人にあると考える。したがって，①，②に該当する事実を主張する必要がある。

よって，要件事実は，次のようになる。

> ① 譲受債権の発生原因事実
> ② ①の債権の取得原因事実

本件の例でいうと，①は，AY間の売買契約締結の事実となり，②は，AX間のα債権の売買契約締結の事実となる。

④ 抗弁以下

債権譲渡において特有の抗弁は非常に多い。それぞれの抗弁をここで整理する。以下，抗弁の検討に入るがその検討項目をここで明記しておく。

譲渡制限特約の抗弁，譲渡人に生じた事由に基づく抗弁，債務者対抗要件，第三者対抗要件，債権喪失の抗弁の順に検討していく。

1 譲渡制限特約による履行拒絶の抗弁，債務消滅の抗弁

⑴ 抗弁

2017（平成29）年改正前民法においては，当事者が債権譲渡を制限する旨の特約（譲渡制限特

約）を合意すれば，それに違反して債権が譲渡された場合，悪意または重大な過失のある譲受人との関係では，債権譲渡は無効と解されてきた（改正前466条2項参照，物権的無効説）。しかし，改正後においては，そのような特約を合意していたとしても債権譲渡は「その効力を妨げられない」と規定され（466条2項），ただ，譲渡制限特約の存在を知り，または重大な過失がある譲受人に対しては，譲受債権の債務者は履行を拒むことができ，かつ，弁済等により債務を消滅させた場合にはそれを譲受人に対抗できるにすぎない旨が規定された（同条3項）。

したがって，譲受債権が譲渡制限特約付きであることを主張しても，債権譲渡は有効であって，譲受人は債権者として，債務者に対し，履行を請求できるのが原則である。しかし，466条3項によって，譲受人が悪意または重過失の場合には，債務者に履行拒絶権が与えられることになり（譲渡制限特約による履行拒絶の抗弁），また，この場合には債務者は，譲渡人を債権者と認めて弁済等をすることができ，これによる債務の消滅を譲受人に対抗できる（譲渡制限特約による債務消滅の抗弁）。なお，履行拒絶の抗弁は，権利抗弁であり，権利阻止の抗弁と解される。

以上から，譲渡制限特約による履行拒絶の抗弁の要件事実としては，次のようになる。

> ① 譲渡制限特約の合意
> ② 譲受人が債権を譲り受けた際に，①の事実を知っていたこと
> 　　　または
> ②′譲受人が債権を譲り受けた際，①の事実を知らないことにつき，重大な過失があったことを基礎づける評価根拠事実
> ③ 債務者の，譲受人に対して債務の履行を拒絶する旨の権利主張

また，この場合に譲渡人に対して弁済等をして債務の消滅を主張する場合の，譲渡制限特約による債務消滅の抗弁の要件事実は次のとおりになる。

> ① 譲渡制限特約の合意
> ② 譲受人が債権を譲り受けた際に，①の事実を知っていたこと
> 　　　または
> ②′譲受人が債権を譲り受けた際，①の事実を知らないことにつき，重大な過失があったことを基礎づける評価根拠事実
> ③ 弁済等の譲受債権の消滅原因

ただし，預貯金債権に譲渡制限特約が付された場合に，これに反して債権譲渡されたときには，その効力は改正前466条2項と同じく譲渡制限特約を「対抗することができる」と規定されており（466条の5第1項），この場合の債権譲渡の効力は，従来の物権的無効説が採用され，無効であると解される。したがって，譲受債権が預貯金債権である場合には，以下の事実を主張立証することにより譲渡の効力を否定することができ，債務者は譲受人からの請求を拒むことができる（譲渡制限特約の抗弁）。なお，譲受債権が預貯金債権であることは請求原因で表れており，抗弁において摘示することは不要であろう。

> ① 譲渡制限特約の合意
> ② 譲受人が債権を譲り受けた際に，①の事実を知っていたこと
> 　　　または
> ②′譲受人が債権を譲り受けた際，①の事実を知らないことにつき，重大な過失があったことを基礎づける評価根拠事実

(2) 再抗弁

譲渡制限特約による履行拒絶の抗弁に対する，再抗弁も検討する。

ア　まず，②′の抗弁事実に対しては，重過失についての評価障害事実が再抗弁となる。

イ　また，債権譲渡に対する債務者の承諾も再抗弁となる。

譲渡制限特約の趣旨は，債務者保護にあるので，債務者が債権譲渡を承諾したときは，後に履行拒絶権や譲渡人に対する弁済等による債権消滅の抗弁を認める必要はない。また，譲受債

権が預貯金債権である場合，債権譲渡は原則として無効であるが，債務者の承諾によって，譲渡時にさかのぼって譲渡の効力が認められる（最判昭和52年3月17日民集31巻2号308頁）。

　　そして，承諾の主張によって，譲渡制限特約による履行拒絶の抗弁，債務消滅の抗弁が認められず，あるいは預貯金債権の譲渡が有効になるので，債務者の承諾の事実は，これらの抗弁に対する再抗弁となる。

ウ　さらに，履行拒絶の抗弁特有の再抗弁として，履行の催告の再抗弁がある。

　　466条4項は，債務者が債務を履行しない場合において，譲受人が相当期間を定めて譲渡人への債務の履行を催告し，その期間内に履行がないときには，その債務者について466条3項を適用しないと定めている。すなわち，このような場合には債務者が履行拒絶権を有するために，譲受人も譲渡人も債務の履行を請求できない状態になりかねず，このような状態を解消するため，履行拒絶権を奪うための規定が設けられた。

　　債務者が履行をしない場合において，とは，債務者が履行遅滞に陥っていることを意味するところ，債務者の不履行が違法であることを示す必要がある。すなわち，双務契約の場合には，同時履行の抗弁権の存在効果を消滅させるため，譲渡人による反対債務の弁済の提供の事実を摘示する必要がある。他方で，履行遅滞解除における催告に関する従来の通説・判例を前提とすれば，相当期間を定めた催告でなくとも催告としては有効であり，催告をした時から相当期間が経過すれば足りると解されている。これと別異に解すべき理由はない。また，消極的事実の立証は困難であることなどを考慮すれば，通常の弁済と同様に，履行がないことの主張立証責任は，債務者側が譲渡人に履行したことを主張立証する責任を負うべきである。

　　したがって，履行の再抗弁の要件事実としては，⑦反対債務の弁済の提供，④催告，⑦相当期間の経過を主張立証すればよい。

　　よって，再抗弁の要件事実は，次のようになる。

[②′の事実に対して]
　重過失についての評価障害事実
[①の事実に対して]
　債務者が債権譲渡につき譲渡人または譲受人に対して承諾の意思表示をしたこと
[③の事実に対して]
　譲渡人が債務者に対して反対債務の弁済の提供をしたこと
　譲受人が譲渡人に対して履行の催告をしたこと
　相当期間の末日の経過

---

(3)　以上の検討を図にすると次のようになる。

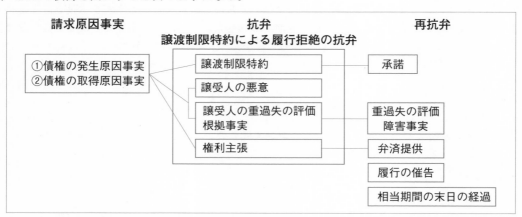

2　譲渡人について生じた事由に基づく抗弁

(1)　抗弁

　債権譲渡は，債権の同一性を保ったまま債権の帰属主体が変更するものであるため，債権に付着

していた抗弁は承継されるのが原則である。そして，468条1項は，債務者保護の観点から債務者は債権譲渡から譲渡の通知の到達時までに譲渡人について生じた事由をも譲受人に対抗することができるとする。

したがって，債務者は，債権を譲り受けた債権者に対して，譲渡人に対して有していた弁済や取消し，解除などの抗弁を主張することができる。

よって，抗弁としては，次のようなものを主張する。

> ・弁済の事実
> ・取消権の行使
> ・解除権の行使　等

(2)　再抗弁

これに対する再抗弁も検討する。

ア　先立つ通知または承諾の再抗弁

譲渡人に対して生じた抗弁事由は，当該事由に先立って債権譲渡の債務者対抗要件が備わっていた場合には，譲受人に対抗することができなくなる（468条1項参照）。したがって，上記抗弁の主張に対して，先立つ対抗要件具備の抗弁を主張することができる。この主張は，抗弁の法律効果の発生を障害し，請求原因に基づく法律効果を復活させるものであるため，再抗弁となる。

よって，要件事実は，次のようになる。

> 当該事由に先立ち，債権譲渡につき，譲渡人が債務者に対して譲渡の通知をしたこと（または，債務者が譲渡人または譲受人に対して承諾をしたこと）

イ　抗弁放棄の再抗弁

また，2017（平成29）年改正前民法において，債務者は，債権譲渡を異議をとどめずに承諾した場合，すなわち，債務者が譲渡人に対して対抗できる事由があったとしてもこれを譲受人に対抗する場合があると留保しないで債権譲渡を承諾したときには，その対抗できる事由は譲受人に対してはもはや対抗できなくなる旨規定されていた（改正前468条1項，抗弁の切断）。しかし，単に異議をとどめずに承諾したにすぎない場合に抗弁の切断という重い効果を認めることはやりすぎであるとの批判が強く，この改正により，上記内容の部分は削除された。

もっとも，債務者が，その意思表示により抗弁の切断を認めることは，私的自治の観点から自由であると解される。したがって，改正後においても，積極的に債務者において譲渡人に対して主張できた抗弁を放棄する意思表示がなされれば，抗弁の切断の効力を認めることができる（抗弁放棄の再抗弁）。

よって，要件事実は次のようになる。

> 譲受人について生じた当該事由の後に，債務者が，譲受債権の抗弁を放棄する意思表示をしたこと。

(3)　以上をまとめると次の図のようになる。

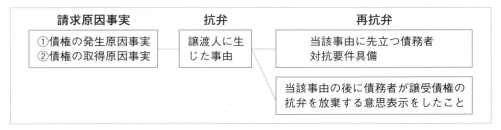

3　債務者対抗要件の抗弁

(1)　抗弁

　　債権譲渡は譲渡人が債務者に対して通知をし，または債務者が承諾をしなければ，債務者その他の第三者に対抗することができなくなる（467条1項）。これは債務者対抗要件を定めている。

　　債務者対抗要件の主張は，請求原因に基づく譲受債権の請求について，譲受人が債務者対抗要件を備えるまで，その権利行使を阻止する主張であるから，譲受債権に基づく請求に対する抗弁となる。そして，対抗要件であることから，権利抗弁と解することになる。

　　対抗要件の抗弁の要件事実は，①相手方の対抗要件の欠缺を主張する正当な利益を有する第三者であることを基礎づける事実，②対抗要件の有無を問題とし，これを争うとの権利主張である。そして，①の点について，譲受債権の発生原因事実は請求原因で現れており，譲受債権の債務者は，対抗要件の欠缺を主張する正当な利益を有する第三者であることが明らかなので，この点を改めて主張立証する必要はない。

　　よって，要件事実は，次のようになる。

> 　　譲渡人が譲渡の通知をし，または，債務者が承諾しないかぎり，譲受人を債権者と認めないとの権利主張

(2)　再抗弁

　　これに対する再抗弁は，債務者対抗要件の具備である。これは，抗弁の法律効果の発生を障害するものであり，請求原因を復活させるものであるから，再抗弁にあたる。注意すべきなのは，譲渡前の通知では対抗要件とは認められないので，債権譲渡後の通知であるということを示さなければならない点である。したがって，債権譲渡以後という点が時的要素となる。一方，承諾については，事前の承諾も有効である。したがって，債権譲渡の通知による対抗要件具備については，時的要素は問題とならない。

　　よって，要件事実は次のようになる。

> 　　債権譲渡後に譲渡人が，債務者に対して譲渡の通知をしたこと（または，債権譲渡につき，債務者が譲渡人または譲受人に対して承諾したこと）

(3)　以上をまとめると次の図のようになる。

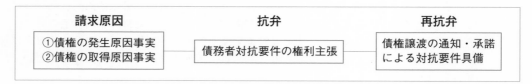

4　第三者対抗要件の抗弁

(1)　抗弁

　　同一の債権が二重に譲渡された場合，467条2項の第三者対抗要件が問題となる。債権が二重に譲渡された場合に，譲受人が第三者対抗要件を具備していない場合は，その譲受人は債務者に対し，自己が優先する債権者であることを主張できない。そのため債務者は，二重譲渡の場合には，譲受人が第三者対抗要件を具備するまで，請求を拒絶するとの主張が可能である。

　　また，「債務者」が「第三者」の対抗要件の抗弁を主張できるかという問題点があるが，債権が二重に譲渡され，いずれの譲渡についても単なる通知・承諾にとどまる場合には，いずれの譲受人も互いに優先することができない結果，債務者はいずれの譲受人に対しても弁済を拒絶することができる。そのため，「債務者」も「第三者」対抗要件を具備するまで債務の履行を拒絶するとの主張が可能である。

　　また，債権の二重譲渡により譲受人相互間の優先関係が問題となるのは，双方の譲受人に債務者対抗要件が具備された場合である。債務者対抗要件が具備されていなければ，その対抗要件を具備

していない者を債権者として扱う必要はないので，そもそも優先関係が問題とならない。したがって，債務者対抗要件の具備を主張立証する必要がある。

　よって，第三者対抗要件の抗弁の要件事実は，次のようになる。

> ①譲渡人から第三者への当該債権の移転原因事実
> ②上記債権譲渡について債務者対抗要件が具備されたこと
> ③譲渡人から譲受人への債権譲渡につき，譲渡人が債務者に確定日付ある証書による譲渡の通知をし，または，債務者が確定日付ある証書による承諾をしないかぎり譲受人を債権者と認めないとの権利主張

⑵　再抗弁

　これに対する再抗弁は，第三者対抗要件具備の再抗弁となる。

　よって，要件事実は次のようになる。

> 譲渡人が譲受人への債権譲渡につき，それ以後譲渡人が債務者に対し，確定日付ある証書による譲渡の通知をしたこと（または，債務者が譲渡人もしくは譲受人に対し，確定日付ある証書による承諾をしたこと）

⑶　以上をまとめると次の図のようになる。

請求原因	抗弁	再抗弁
①債権の発生原因事実 ②譲渡人・第一譲受人間の債権の取得原因事実	①譲渡人・第三者間の債権の移転原因事実 ②譲渡人の第三者への譲渡についての通知・承諾 ③対抗要件を争う権利主張	譲渡人・第一譲受人間の債権譲渡についての確定日付での通知・承諾による第三者対抗要件具備

5　債権喪失の抗弁

⑴　抗弁

　債権の二重譲渡の場合において，第二譲受人が第三者対抗要件を具備した場合には，債務者は債権の第一譲受人の請求を拒むことができる。その理由は，第二譲受人が第一譲受人との関係で，確定的に優先する結果，請求原因において基礎づけられたXに対する債権移転の効力を否定し，第一譲受人に移転した債権を喪失させるものであるためである。したがって，この主張は，請求原因に基づく法律効果の発生を障害するものであり，譲受債権に基づく請求に対する抗弁にあたる。この抗弁を，債権喪失の抗弁という。

　よって，要件事実は次のようになる。

> ①譲渡人から第二譲受人への当該債権の移転原因事実
> ②当該第二譲受人への債権譲渡につき，確定日付のある証書による通知または承諾がされたこと

⑵　再抗弁，再々抗弁

　これに対する再抗弁以下を検討する。

　債権の二重譲渡の譲受人相互間の優劣は，確定日付のある証書による通知または承諾の到達時の先後関係で決せられる（到達時説）。到達時説においては，同時到達の場合（先後関係不明な場合も含む）においては，譲受相互間に優劣はない。したがって，各債権者は，譲受債権の全額を債務者に対して請求することができる。

　そう考えると，第一譲受人も第三者対抗要件を取得すれば，債権者として全額の請求をすることができるのであるから，第三者対抗要件の具備が債権喪失の抗弁に対する再抗弁となる。到達時の先後関係は，債務者が知っているのであるから，第一譲受人が第二譲受人に劣後することの主張立証責任は債務者が負う。そして，到達時の点で第二譲受人の第三者対抗要件の具備が第一譲受人の

それに先立つことを主張すれば，上記再抗弁の法律効果を障害し，債権喪失の抗弁の法律効果を復活させるのであるから，この主張は再々抗弁となる。

　以上から，再抗弁の要件事実は，次のようになる。

> 　　譲渡人から第一譲受人の債権譲渡につき，確定日付のある証書による通知または承諾がなされたこと

　そして，再々抗弁は次のようになる。

> 　　第二譲受人の第三者対抗要件の具備が，第一譲受人の第三者対抗要件の具備に先立つこと

(3)　以上をまとめると次の図のようになる。

請求原因	抗弁	再抗弁	再々抗弁
①債権の発生原因事実 ②譲渡人・第一譲受人間の債権の取得原因事実	①譲渡人・第二譲受人間の債権の移転原因事実 ②上記譲渡につき確定日付での通知・承諾による第三者対抗要件具備	譲渡人・第一譲受人間の債権譲渡についての確定日付での通知・承諾による第三者対抗要件具備	第二譲受人の第三者対抗要件具備に先立つ，第一譲受人の第三者対抗要件具備

Festina lente

相殺の要件事実

> **設例**
> 　貸主Xが借主Yに対して貸金返還請求をしたところ，借主Yは同額の売買代金債権と相殺する旨の意思表示をした。この場合，Yはいかなる事実を主張する必要があるか。

　この設例においては，Xの貸金返還請求に対して，Yは相殺の抗弁を主張している。設例をわかりやすくするために図示すると次のようになる。

　Yが，相殺の抗弁の要件事実としていかなる事実を主張する必要があるか。以下，検討する。

① 実体法上の成立要件

　要件事実を考える際には，実体法上の要件から要件事実（主張立証責任の分配）へという流れを意識することが重要である。相殺の実体法上の要件は，505条1項，506条1項に規定されている。505条1項本文から，①「2人が互いに同種の目的を有する債務を負担する場合において」，②「双方の債務が弁済期にあるとき」の2つの要件が，また，同項ただし書から，③「債務の性質がこれを許さない」ものでないことという要件が導きだされる。そして，506条1項から，④「相殺は，当事者の一方から相手方に対する意思表示によってする」という要件も導きだされる。さらに，⑤自働債権に同時履行の抗弁権が付着している場合においては，相手方の弁済が強制されることになるので，同時履行の抗弁権の存在効果として相殺が許されないため，その存在効果が否定されていなければならない。

　以上をまとめると，相殺の要件は次のようになる。

相殺の実体法上の要件
①相対立する同種目的の債権の存在
②双方の債権が弁済期にあること
③債務の性質が相殺を許さないものでないこと
④相殺の意思表示
⑤自働債権に同時履行の抗弁権の存在効果がないこと

② 相殺の要件事実

　相殺の実体法上の要件が上記のものとなることを前提に相殺の要件事実を検討する。

　まず，要件①について，相殺を主張するには，自働債権と受働債権が同種の目的で相対立して存在していなければならない。そして，両債権の存在は，自働債権の発生原因事実，受働債権の発生原因事実を主張すれば足りる。同種の目的についても，両債権の発生原因事実が主張されれば，同種目的であることは通常明らかになる。そのため，要件①に該当する事実として，両債権の発生原因事実を主張するということになりそうである。

　もっとも，相殺は抗弁であるから，受働債権は，請求原因で現れているので，受働債権の主張立証は不要となる。したがって，自働債権の発生原因事実を主張

請求原因事実	相殺の抗弁
受働債権の発生原因事実	自働債権の発生原因事実
金銭授受 返還約束	売買契約締結の事実

すれば足りる。

次に，要件②について，受働債権では，通常は弁済期にあることが請求原因で現れている。

一方，自働債権については，契約の性質に応じて考える必要がある。自働債権が，売買契約のように契約の成立と同時に履行すべきものである場合には，自働債権の発生原因事実を主張立証することで，弁済期にあることも現れる。自働債権に期限の合意などの附款がある場合には，相手方が再抗弁として主張すべきことになるので，抗弁としてはそれを主張する必要はない。

自働債権が金銭消費貸借のような貸借型の場合には，一定期間，借主が利用することが予定されており，契約の成立と同時に弁済期が到来するのではない。自働債権の発生原因事実を主張立証することで，貸借型の契約であることが判明するので，この場合には，自働債権の発生原因事実に加え，弁済期の定めとその到来の主張立証も必要となる。

| 売買型の自働債権 ━━━━▶ 弁済期の到来は明らかなので，その主張立証は不要 |
| 貸借型の自働債権 ━━━━▶ 弁済期の定めとその到来の主張立証が必要 |

要件③について，ただし書という実体法上の規定形式に加え，相殺適状にある債権は，その性質上相殺を許されるのが原則であるので，債務の性質上相殺が許されないことによって利益を受ける相殺の相手方が要件③の主張立証責任を負う。そのため，この要件については，相殺の抗弁として主張立証する必要はない。

要件④について，相殺をするには，意思表示によってしなければならないので，相殺の抗弁を主張する者が相殺の意思表示をしたことを主張立証しなければならない。なお，506条1項後段は，相殺の意思表示に条件または期限を付すことができないとするが，当事者間の主張立証責任の公平な分配から，これによって利益を受ける相殺の相手方が主張立証責任を負う。そのため，これは相殺の抗弁に対する再抗弁であり，相殺の抗弁として主張立証する必要はない。

要件⑤について，自働債権が双務契約である場合に問題となる。自働債権が双務契約である場合には，自働債権の発生原因事実が主張立証されることで，同時履行の抗弁権の存在が基礎づけられてしまう。

そのため，同時履行の抗弁権の発生障害または消滅原因となる事実を主張立証することで，同時履行の抗弁権の存在効果を否定しておかなければならない。そうでなければ，相殺の効果が認められず，主張自体失当となってしまう。

このように，ある攻撃防御方法の主張が同時にその主張に対して抗弁的にはたらく主張も含んでしまうような場合に，本来的には再々抗弁にあたる要件事実までも，当該攻撃防御方法の内容として主張せざるをえなくなることを「せり上がり」という。

たとえば，自働債権が売買契約に基づく代金債権である場合には，双務契約たる売買契約の発生原因事実を主張立証すると，本来であれば，相殺の抗弁に対する再抗弁になりうる同時履行の抗弁権の存在効果によって，相殺が主張自体失当となってしまう。そのため，やむをえずに，弁済の事実といった同時履行の抗弁権の存在効果を否定する再々抗弁にあたる事実を抗弁として主張立証しなければならない。

以上をまとめると，相殺の要件事実は次のようになる。

| ①自働債権の発生原因事実 |
| ②自働債権が双務契約である場合には，同時履行の抗弁権の発生障害または消滅原因となる事実 |
| ③自働債権が貸借型契約である場合には，弁済期の定めとその到来 |
| ④相殺の意思表示 |

3 まとめ

以上の一連の流れを図に示すと次のようになる。

請求原因	抗弁	再抗弁
金銭授受 返還約束	①自働債権の発生原因事実 ②自働債権の双務契約である場合には，同時履行の抗弁権の発生障害または消滅原因となる事実 ③自働債権が貸借型契約である場合には，弁済期の定めとその到来 ④相殺の意思表示	債務の性質が相殺を許さないものであること 相殺の意思表示に条件または期限が付されていること

催告による解除の要件事実

設例
　売主Xが，買主Yに対して売買契約に基づき代金の支払を求めたところ，買主Yは，当該売買契約は売主Xの履行遅滞を理由に解除した旨を主張した。この場合，買主Yは履行遅滞解除の要件事実としていかなる事実を主張する必要があるか。

　売主Xは，売買契約に基づく代金請求権を訴訟物として買主Yに代金の支払を請求すると考えられる。この場合，売主Xは，請求原因において，XY売買を主張することになる。

　これに対して，本設例では，Yは履行遅滞解除を主張している。この主張が認められれば，売買契約は遡及的に無効（直接効果説）となり，その結果，売買契約に基づく代金支払請求は認められないことになる。したがって，この解除の主張は，請求原因により発生した法律効果を消滅させるものとして抗弁に位置づけられる。

　ところで，要件事実を考える際には，実体法上の成立要件から要件事実（主張立証責任の分配）を論じるという流れを意識することが重要である。そこで，まずは，催告による解除（541条）の実体法上の成立要件を検討する。

① 実体法上の成立要件

　催告による解除（541条）の実体法上の要件は，①履行遅滞であること，②解除の手続的な要件，③不履行が軽微でないことの2つから構成される。このうち，①の履行遅滞の要件は以下のようになる。

```
㋐債務の発生原因事実
㋑履行が可能であること
㋒債務の履行期が経過したこと
㋓債務者が履行期に履行しないこと
㋔遅滞の違法性
```

　次に，②の解除の手続的な要件は以下のようになる。

```
㋕催告をしたこと
㋖催告後相当期間の経過
㋗相当期間経過後の解除の意思表示
```

② 解除の要件事実

　以上の実体法上の成立要件を前提に，催告による解除の要件事実を検討する。

1　①履行遅滞であること

(1)　㋐債務の発生原因事実

　債務の発生原因については，請求原因ですでに現れているのが通常である。したがって，催告による解除の抗弁においてこれを主張立証する必要はない。

(2)　㋑履行が可能であること

　債務は通常履行が可能であるため，履行が不可能であれば，それは解除の抗弁に対する再抗弁として主張立証されるべきである。したがって，履行が可能であることは，催告による解除の抗弁において主張立証する必要はない。

(3)　㋒債務の履行期が経過したこと

　履行期については，412条各項に定めがある。そして，期限の定めのない債務については412条3項により「債務の履行について期限を定めなかったときは，債務者は，履行の請求を受けた時から遅滞の責任を負う。」と規定されている。この規定によれば，催告により遅滞が基礎づけられるの

で，履行期の経過を基礎づけるためには「催告」で足りるということになる。

(4) ⓔ債務者が履行期に履行しないこと

履行しないことという要件については，債務の履行をしないことが解除権の発生原因事実となるのではなく，解除権の発生障害事実として相手方に主張立証責任があると解すべきである。したがって，履行しないことは，催告による解除の抗弁において主張立証する必要はない。

(5) ⓕ遅滞の違法性

債務が存在すれば履行されるのが通常であるから，履行遅滞があれば，原則として違法性が肯定される。したがって，遅滞の違法性は，遅滞に陥った債務の債務者が積極的に違法性のないことを主張立証すべきとも考えられる。

しかし，本件のように，売買契約に基づく目的物引渡債務の履行遅滞を理由に解除を主張する場合にはさらに一考を要する。すなわち，533条本文は「双務契約の当事者の一方は，相手方がその債務の履行を提供するまでは，自己の債務の履行を拒むことができる」と規定しているところ，請求原因において売買契約の成立が主張立証されると，売買契約は双務契約であるから，目的物引渡債務に同時履行の抗弁権（533条）が付着していることが基礎づけられることになる。そして，双務契約においては，履行期を経過しているのに自己の債務を履行していない場合であっても，相手方も履行していなければ違法ではなく，履行遅滞を理由として解除がなされることはないと解されている。このように，同時履行の抗弁権の存在は，履行遅滞の違法性阻却事由にあたると考えられている（存在効果説）。

したがって，請求原因において双務契約である売買契約が主張された時点で，目的物引渡債務に同時履行の抗弁権が付着していることが基礎づけられ，このような同時履行の抗弁権の存在効果によって履行遅滞の違法性が阻却されてしまっている。そこで，解除を主張するYとしては，目的物引渡債務に付着している同時履行の抗弁権の存在効果を消滅させるために，目的物引渡債務が代金支払債務より先履行であることや，催告に先立って売買代金の提供をしたことを主張立証しなければならない。

(6) 債務者の帰責事由要件について

2017（平成29）年改正前民法においては，履行遅滞解除の実体法上の要件として債務者の帰責事由が必要と解されていた（改正前543条ただし書参照）。しかし，解除の制度趣旨は，本来の履行を受けられなかった債権者を契約関係から解放する点にあり，債務者の帰責事由を要件とする必要はない。そこで，改正により，債務者の帰責事由は実体法上の要件から外され，これを不要とすることにしている。

2 ②解除の手続的な要件

(1) ⓖ催告をしたこと

541条本文は「履行の催告をし」た場合に解除することができると規定している。したがって，この催告は催告による解除の要件事実となる。

なお，期限の定めのない債務の場合，412条3項は「債務の履行について期限を定めなかったときは，債務者は，履行の請求を受けた時から遅滞の責任を負う」と規定しているので，履行期の経過を基礎づけるために催告が必要となる。したがって，この場合，履行遅滞を理由として契約を解除するためには，履行期が経過したことを基礎づける催告（412条3項）のほか，541条の規定による催告が必要であるが，1つの催告で付遅滞のための催告と契約解除のための催告とを兼ねることができる（大判大正6年6月27日民録23輯1153頁）。

(2) ⓗ催告後相当期間の経過

541条本文は，「相当の期間を定めてその履行の催告」をすることを要求している。しかし，催告に期間を定めなかった場合でも，催告から相当期間を経過すれば解除することができ（最判昭和29年12月21日民集8巻12号2211頁），また，催告から相当期間を経過した後にした解除の意思表示は，催告期間が相当であったかどうかに関わりなく有効である（最判昭和31年12月6日民集10巻12号1527頁）。したがって，541条の規定にもかかわらず，催告に相当な期間を定めたことは要件事実ではない。

(3) ㋐相当期間経過後の解除の意思表示

540条1項は,「契約又は法律の規定により当事者の一方が解除権を有するときは,その解除は,相手方に対する意思表示によってする。」と定めている。この規定から,当事者の解除権を行使するためには,解除の意思表示が要求される。

3 ③不履行が軽微であるとはいえないこと

541条ただし書は,催告後相当期間が経過した時点での債務の不履行が契約および取引上の社会通念に照らして軽微であるときは,解除権が発生しない旨を規定している。

債務が履行遅滞にあるときには解除権が発生するのが原則であり,それが軽微であると評価されることにより例外的に解除権が発生しないという建前であることは,③の要件がただし書に規定されていることにより明らかである。また,解除権が発生しないという法律効果は,解除の効力を争う側にとって有利な効果である。そのため,③の要件については,催告による解除が抗弁として主張されている場合に,それを争う者が,再抗弁として不履行が軽微であることを主張立証すればよいと考えることになる。

「軽微」という概念は規範的評価を内包するものであり,規範的要件であると解することができる。したがって,解除を争う側が,再抗弁として不履行の軽微性を基礎づける評価根拠事実を主張立証すべきである。

これに対して,不履行の軽微性についての評価障害事実が再々抗弁に位置づけられることになる。

③ まとめ

さまざまな要件を検討してきたが,以上をまとめると催告による解除の要件事実は,次のようになる。

> ①催告
> ②催告後相当期間の経過
> ③相当期間経過後の解除の意思表示
> ④催告に先立つ反対給付の履行の提供

貸金返還請求の要件事実

設例

　貸主Xは借主Yに対して，500万円を貸した。翌年同日に返す約束であったのに，YはXに弁済期を過ぎてもいまだに弁済をしていない。XはYに対して500万円の返還を求めたい。XYはいかなる事実を主張をする必要があるか。

　この設例では，XはYに対して貸した金を返せという訴訟を提起する。この場合に，何を主張すべきかを検討する。

　なお，2017（平成29）年民法改正により，書面でする消費貸借の規定が新設された（587条の2）。書面でする消費貸借の場合には諾成契約となること等が規定されているが，以下では，書面でする消費貸借契約ではなく，要物契約としての消費貸借契約が締結されたことを前提とする。

① 訴訟物

　本件における訴訟物は，「消費貸借契約に基づく貸金返還請求権」である。訴訟物の個数は，契約に基づく場合には契約の個数で定まるから，訴訟物の個数は1個である。

② 実体法上の要件

　要件事実を考える際には，実体法上の成立要件から要件事実（主張立証責任の分配）という流れを意識することが重要である。そこで，まずは消費貸借契約（587条）の実体法上の成立要件を検討する。

　587条は，消費貸借は，当事者の一方が種類，品質および数量の同じ物をもって「返還をすることを約して」相手方から「金銭その他の物を受け取ること」によって，効力が生じるとする。このことから導かれる金銭消費貸借契約の実体法上の要件は，次のとおりである。

①金銭の返還約束
②金銭の交付

　消費貸借契約は，要物契約であることから，②の交付の事実が必要となる。

　以上が，契約の成立要件であるが，返還請求をするための要件も必要となる。

　消費貸借契約は，貸主が交付した金銭その他の物を借主に利用させることを目的とする契約であるため，契約成立からその返還をするまでの間に，一定の期間があることが必要になる。その理由は，消費貸借契約を締結するのと同時に返還をしなければならないと考えると，当事者が消費貸借契約を締結する目的をまったく達成することができなくなるためである。

　このような，貸借型の契約の特質を考慮すると，このような類型の契約においては，契約関係が終了したときにはじめて，貸主は借主に対して目的物の返還を請求することができることになる。よって，返還請求の要件として契約の終了が必要となる。そうであるから，返還時期の約定の有無およびその内容に応じて，次の各時期に返還請求権が発生することになる。なお，返還請求権の発生について，返還請求権自体は消費貸借契約の成立により発生するという見解も存在する。これは，利息合意がある場合には契約成立時から利息が発生することや，弁済期前でも債権譲渡が可能であることを根拠とする。この見解では，弁済期の到来は返還請求権の発生要件ではなく，権利行使の要件と考えることになる。

　当事者間に貸金の返還時期についての合意がある場合には，その期限が到来したときに貸金返還請求権が発生する。したがって，貸金返還請求権の発生のためには，返還時期の合意の内容が確定期限の合意であれば，その確定期限の定めとその到来を，不確定期限の合意であれば，その不確定期限の定めとその期限の到来を，消費貸借契約の終了の要件に該当する事実として主張することになる。よって，この場合の終了の要件は，次のようになる。

> ③返還時期の合意
> ④③の返還時期の到来

　もっとも，消費貸借契約においては，返還時期の合意が契約成立の要件ではないから必ずしも返還時期の合意をするとはかぎらない。当事者間において返還時期の合意がない場合には，貸主は相当の期間を定めて返還の催告をすることができる（591条1項）。文言上，「相当の期間を定めて」とあるが，相当の期間を定めて催告したことは要件ではなく，期間を定めずに催告をしても，催告後相当期間が経過すれば，返還請求をすることができるとするのが，判例・通説である。これにより，貸主が借主に返還の催告をし，その後相当期間が経過することによって，貸金返還請求権が発生することになる。よって，この場合の終了の要件は次のようになる。

> ③′催告
> ④′催告後相当期間の末日の到来

　以上が，消費貸借契約に基づく貸金返還請求権の実体法上の要件である。

③　要件事実

　要件事実を考えるにあたっては，実体法上の要件を整理してから，主張立証責任に基づいて事実を振り分けることになる。ここで，主張立証責任を考えると，いずれの要件も権利の発生要件であるから，返還請求をする貸主がその要件の主張立証責任を負う。
　したがって，消費貸借契約に基づく貸金返還請求の要件事実は次のようになる。

> ①XはYに500万円を貸し付けたという事実
>
> 【返還時期の合意がある場合】　　　　　【返還時期の合意のない場合】
> ②返還時期の合意の事実　　　　　　　②′催告の事実
> ③返還時期の到来の事実　　　　　　　③′催告後相当期間の末日の到来の事実

　①が「貸し付けた」とするのは，返還約束と金銭の交付の事実をあわせて表現するためである。

④　到来と経過の区別

　消費貸借契約に基づく貸金返還請求の要件事実の検討において，「到来」という用語がでてきた。到来のほかにも「経過」という用語があるが，これは必ず区別して用いなければならない。
　具体的な事例で考えてみよう。A月B日の「到来」の場合には，B日の午前零時（0時）になれば，B日が到来したということになる。一方，B日の「経過」の場合には，B日午後12時（24時）を過ぎた時点でB日が経過したということになる。
　この区別がなぜ重要となるかについては，次の例を見ればわかるだろう。
　たとえば，消費貸借契約に基づく貸金返還請求権の場合で，返還期日の合意があるときには，返還期日が到来したときに，はじめて権利行使をすることができる。このときに，経過の主張をしても，到来の事実を含んでいるので，主張することに意味はない。一方，代金を支払わない相手方が履行遅滞に陥る場合においては，弁済期の経過の事実を主張しなければならない。弁済期が経過するまでに履行すれば，履行遅滞とはいえないからである。そのため，弁済期の到来の事実では足りず，経過の事実を主張しなければならない。

⑤　貸借型理論

　返還時期の合意が貸借型契約の成立要件として必要か否かに関し，理論的な対立がある。
　第1説は，次のように貸借型契約を理解する。貸借型の契約は，ある期間借主に利用させることに特色があり，契約目的物を受け取るや否やただちに返還すべき貸借は，およそ無意味であるから，貸借型の契約にあっては，返還時期の合意は単なる法律行為の附款ではなく，その契約の不可欠の要素である。そのため，貸借型契約の成立要件として返還時期の合意が必要となる。
　これに対して，第2説は，次のように貸借型契約を理解する。貸借型契約の成立要件は，冒頭規

定（587条，593条，601条）に規定された事実のみであり，弁済期の合意は成立要件ではない。消費貸借契約の終了原因として弁済期の合意の主張立証が必要となる。

　第1説は，必ず返還時期の合意を主張する必要があるとするが，その必要性がないうえに，弁済期の合意のない場合には，無理な解釈をしなければならない点で問題がある。そのため，第1説を採るのは妥当でない。

　そこで，第2説を採るのが実務の実態にも合致し，相当である。そのため，本書は第2説を採用した。

6　附帯請求

1　総説

　消費貸借契約においては，利息請求や遅延損害金の請求をあわせてすることが通常である。そのため，附帯請求も含めておさえておきたい。

2　訴訟物

　利息請求は，利息の合意を根拠とするものである（589条1項参照）。したがって，利息請求の訴訟物は，利息契約に基づく利息請求権である。

　遅延損害金の法的性質は，履行遅滞に基づく損害賠償請求（415条1項）である。したがって，遅延損害金請求の訴訟物は，履行遅滞に基づく損害賠償請求権である。

　訴訟物の個数は，いずれも1個となり，主たる請求たる消費貸借契約に基づく貸金返還請求とは単純併合の関係にある。

3　要件事実

(1)　利息請求の場合

　利息は元本を前提に発生する。そのため，元本債権に対して付従性を有する。したがって，利息請求権の発生原因事実として元本債権の発生原因事実の主張立証が必要となる。もっとも，これは，主たる請求で主張されていることが通常であるので，改めて主張することはないだろう。

　消費貸借契約は，無利息が原則であることから（589条1項），利息請求権の発生原因事実として利息の約定が必要となる。なお，商事債権については，商法の適用があることに注意を要する（商513条1項）。

　利息の性質上，一定期間の経過がなくてはならない。したがって，一定期間の経過が利息請求の要件事実となる。その期間は，特約のないかぎり，消費貸借契約成立の日から元本の返還をすべき日までの元本使用期間と考えられている。

　以上から，主張すべき要件事実は，次のようになる。

> ①元本債権の発生原因事実（通常は，主たる請求で現れるので主張不要となる）
> ②利息の約定
> ③利息を生じるべき一定期間の経過

(2)　遅延損害金の場合

　遅延損害金の法的性質は，履行遅滞に基づく損害賠償請求権（民415条1項）である。

　その実体法上の要件は，①債務の発生原因事実，②履行可能であること，③債務の履行期が経過したこと，④債務者が履行期に履行しないこと，⑤債務者の帰責性，⑥遅滞の違法性，⑦損害の発生，⑧履行遅滞と損害との因果関係である。

　これらの要件に主張立証責任を振り分けるが，それについては，FL【催告による解除の要件事実】を参照してほしい。⑦損害と⑧因果関係については，債権者が主張立証責任を負うので，請求原因となるが，金銭債権の場合の特則に注意しておこう（419条）。

　以上から，要件事実は次のようになる。

> ①元本債権の発生原因事実（通常は，主たる請求で現れるので主張不要となる）
> ②履行期の経過の事実
> ③損害および因果関係

請負の要件事実

> **設例**
>
> 　請負人Xは注文者Yから工芸品甲の作成を30万円で請け負い，甲を作成した。完成した甲をYに納入した。XはYに対し，請負報酬の支払を求めるとき，Xはいかなる事実を主張する必要があるか。

　ここでは，XY間の請負契約に基づく報酬支払請求の攻撃防御方法を検討する。まずは，訴訟物から確認し，要件事実の検討をしよう。要件事実を考える際には，実体法上の成立要件から要件事実（主張立証責任の分配）という流れを意識することが重要である。

1　訴訟物

　本件の訴訟物は，請負契約により発生した請負人の報酬支払請求であるから，「請負契約に基づく報酬請求権」である。訴訟物の個数は契約の個数であるから1個となる。

2　実体法上の要件

　632条は，「請負は，当事者の一方がある仕事を完成することを約し，相手方がその仕事の結果に対してその報酬を支払うことを約することによって，その効力を生ずる」と規定する。そのため，請負契約の締結によって，報酬請求権が発生する。したがって，実体法上の請負契約の成立要件は請負契約の締結である。

　しかし，これだけでは，報酬請求権を行使することができない。請負契約においては，報酬の支払と仕事の目的物の引渡しが同時履行の関係に立っている（633条）。同時履行の関係が，「報酬」の支払と「目的物の引渡し」であるから，目的物を作成するという「仕事の完成」が先履行になるのが原則である。したがって，権利行使の要件として，仕事の完成が必要となる。

　以上から，原則として請負契約に基づく報酬支払請求をするための要件は，①請負契約締結（報酬の発生要件），②仕事の完成（権利行使要件）の2つである。

　もっとも，当事者間で，報酬の前払いなどの「支払期限に関する特約」を結ぶことができる。この場合には，仕事の完成ではなく，支払期限の到来が報酬請求権の行使の要件となる。この特約が存在する場合における要件は，①請負契約締結（報酬の発生要件），②´前払い特約の合意，③´特約に該当する事実の発生（権利行使要件）となる。

3　要件事実

　以上が，請負契約に基づく報酬請求権の行使要件であり，これを基に主張立証責任を考慮し，要件事実を考える。

　いずれの要件も権利の発生原因と権利行使要件なので，それを主張し利益を得る請負人が主張立証責任を負う。そのため，それぞれに該当する事実を主張しなければならない。

　まず，①の請負契約締結の事実としては，具体的にどのような要素を主張立証する必要があるだろうか。

　請負契約は，「仕事を完成することを約し」，その結果に対して「報酬を支払うことを約する」ことによって成立するから，完成すべき仕事の内容と報酬が請負契約の本質的要素となる。

　したがって，報酬請求権を主張する者は，仕事の内容と報酬金額を具体的に特定して主張立証する必要がある。なお，報酬の事実摘示としては，「代金○○円で請け負った」というように代金という用語を用いることが多い。

　ここで，報酬の定めがない場合についてはどのように考えるか。

　「報酬」が請負契約の本質的要素である以上，報酬の合意自体はされていなければならない。したがって，報酬の具体的金額が定まっていない場合には，報酬の合意の方法を主張立証する必要が

ある。具体的な報酬金額を明確に決めなかった場合は，相当の報酬を支払う旨の合意が成立したものと考え，それを主張する。

以上から，請求原因事実は，次のようになる。

> ①請負契約締結の事実
> 　（Xは，Yとの間で，工芸品甲の製作を代金30万円で請け負った。）
> ②仕事の完成の事実
> 　（Xは，①の製作を完成させた。）

売買の節に規定されている契約不適合責任（562条以下）は，請負契約が有償契約であることから，請負契約においても準用される。そのため，注文者は，請負人が完成させた仕事の目的物が，その請負契約の内容に適合しないものであるときには，契約不適合責任に基づき，追完請求権（559条・562条1項），報酬減額請求権（559条・563条1項），損害賠償請求権・解除権（559条・564条・415条，541条，542条）をそれぞれ行使することができる。そして，この契約不適合責任に基づく追完請求権または損害賠償請求権と，請負人の注文者に対する報酬支払請求権は同時履行の関係に立つと解される（533条括弧書参照）。

したがって，注文者は，請負人が完成させた仕事の内容に契約不適合があることを主張立証したうえで，請負人が追完するまで報酬を支払わないとの権利主張をすることができ，あるいは，契約不適合の主張立証に加えて，それによる損害およびその額を主張立証したうえ，請負人が損害賠償を支払うまで報酬を支払わないとの権利主張をすることができる。

以上から，この抗弁の要件事実は次のようになる。

> ①引き渡された仕事の内容に契約不適合があること（ならびに，それによって注文者に損害が発生したことおよびその額）
> ②請負人が追完するまで（または損害賠償がされるまで）報酬の支払を拒絶するとの権利行使

なお，損害賠償の場合，同時履行の関係にあるのは，必ずしも対当額とはかぎらない。

④ 抗弁以下

ここでは，請負契約に特有の抗弁を検討しよう。

1 同時履行の抗弁権

判例によれば，請負契約の目的物に不適合がある場合，注文者は，信義則に反する場合を除き，請負人から追完に代わる損害の賠償を受けるまでは，報酬全額の支払を拒むことができ，これについて履行遅滞の責任を負わないとされている（最判平成9年2月14日民集51巻2号337頁）。したがって，損害額が報酬額にみたない場合であっても，信義則に反する場合を除いて，報酬請求全額の支払を拒絶できることになる。

信義則に反する場合の主張立証責任は，請負人と注文者のどちらにあるか。信義則に反する場合には，報酬全額の支払を拒むことができなくなるのであるから，注文者の同時履行の抗弁の法律効果の発生を障害し，請求原因に基づく報酬請求権を復活させるものであるから，請負人が主張することにより利益を得る。また，判例も信義則を例外事情としていることから，そのように考えるのが妥当である。したがって，信義則に反するとの主張は，同時履行の抗弁に対する再抗弁になる。信義則は，規範的要件であるから，その評価根拠事実，評価障害事実が主要事実となる。

以上をまとめると，信義則に反するという再抗弁の要件事実は次のようになる。

> 信義則に反することの評価根拠事実

そして，再々抗弁は次のようになる。

> 信義則に反することの評価障害事実

2　相殺の抗弁

　上記損害賠償請求権と，報酬請求権は相対立する金銭債権であることから，相殺の抗弁を主張することが考えられる。

　もっとも，同時履行の抗弁権が付着しているので，相殺が禁止されるのが通常であり，この抗弁は認められないということになりそうである。

　しかし，判例（最判昭和53年9月21日集民125号85頁）は，目的物の追完に代わる損害賠償債権と報酬債権は，同一の原因に基づく債権であって，清算的調整を図ることが当事者双方の便宜と公平にかない，法律関係を簡明にするとの理由から，両債権の相殺を認めている。

　したがって，相殺の抗弁を主張することも可能である。

　その抗弁事実はFL【相殺の要件事実】を確認してほしい。

5　まとめ

　以上をまとめると次のようになる。

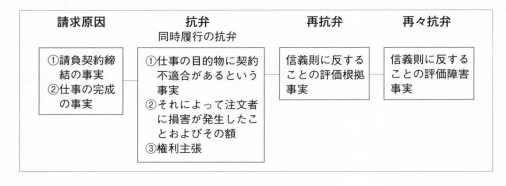

証明と推定

1 証明と疎明

1 証明

　証明とは，裁判官が要証事実の存在につき，確信を抱いた状態，あるいは，確信を得させるために証拠を提出する当事者の行為をいう。もっとも，いかなる程度の心証をもって確信とよぶかについては必ずしも明確ではない。この点について，判例（最判昭和50年10月24日民集29巻9号1417頁）は「一点の疑義も許されない自然科学的証明ではなく，経験則に照らして全証拠を総合検討し，特定の事実が特定の結果発生を招来した関係を是認しうる高度の蓋然性を証明することであり，その判定は，通常人が疑を差し挟まない程度に真実性の確信を持ちうるものであることを必要とし，かつ，それで足りる」とする。

　この判例によれば，証明ありとすべき「確信」の状態とは，経験則に照らして全証拠を総合検討して，通常人が合理的な疑いを容れない程度の心証をもって足りるものである。これをあえて数字でいえば80パーセント以上の蓋然性が必要であるとイメージすればよいであろう。

2 疎明

　疎明とは，事実の存在がいちおう確からしいといった確信よりも近い心証で足りる場合，あるいはそれを得させるために証拠を提出する当事者の行為をいう。迅速性が要求される場合，手続上の派生的な問題について判断する場合や暫定的に判断する場合に，疎明を要し，かつ，それで足りるとすることが規定されている。これを数字でいえば60パーセント以上の蓋然性で足りるとイメージすればよいと思われる。

2 本証と反証

　本証とは，客観的証明責任を負うものの提出すべき証拠または証明活動をいい，立証責任を負っているので，高度の蓋然性をもって確かであるといえる程度まで立証しなければならない。前述のように，80パーセント以上の蓋然性がある場合を確信の状態（証明ありとされる状態）であるとすると，80パーセント未満の状態から80パーセント以上の状態にするための証拠を提出する活動を本証という。

　これに対し，反証とは，客観的証明責任を負わない者の提出すべき証拠または証明活動をいい，主要事実につき真偽不明の状態にすれば足りる。「反証で足りる」というのは真偽不明の状態にすればそれで十分であるという意味である。先ほどの例を用いれば，80パーセント以上の蓋然性の状態から，80パーセント未満の状態にするために証拠を提出活動が反証ということになる。

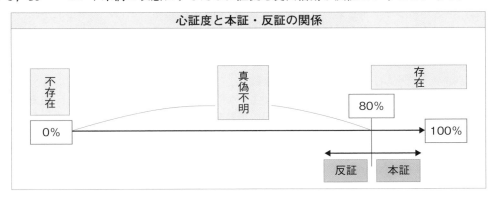

　本証の場合には，裁判官の心証を積極的に確信にいたらせなければならないのに対し，反証の場合には，確信にいたるのを妨げれば足りるのであるから，本証よりも反証のほうが努力は軽くてすむ。このように本証か反証かという違いは当事者の立証活動に大きな影響を与えることになる。

③ 推定

　推定は，法律に規定があるか否かによって法律上の推定と事実上の推定に分けられ，推定される対象が権利か事実かによって権利推定と事実推定に分けられる。また，ここでは便宜上，暫定真実，解釈規定，法定証拠法則についても説明する。

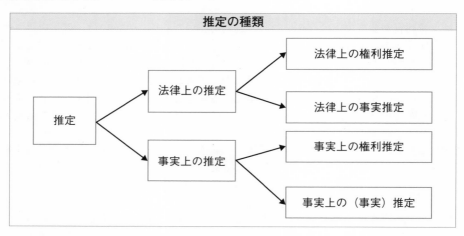

1　法律上の権利推定

　法律上の権利推定とは，甲事実があるときは，A権利があると法律で規定されている場合である。この場合，推定であるから，甲事実が存在してもA権利が存在しないこともありうる。しかし，A権利が存在しないことについては，相手方が主張立証責任を負う。推定規定が適用されるとき，裁判所は前提事実が認められるかぎり，当該権利関係の存在を判決の基礎としなければならないことから，法律上の推定では立証責任が転換される。したがって，相手方の証明は本証である（すなわち，高度の蓋然性の証明を要する）。

　たとえば，188条が法律上の権利推定の例であり，188条は「占有者が占有物について行使する権利は，適法に有するものと推定する」と規定している。この場合，占有（甲事実）を立証すれば，適法な権利者であること（A権利）が推定される。この推定により，相手方は，A権利が存在しないことを立証しなければならないことになる。

　なお，甲事実のように，推定の前提となる事実を前提事実という。

2　法律上の事実推定

　法律上の事実推定とは，乙事実がある法律効果の要件事実とされている場合，法が，甲事実があるときは乙事実があると推定している場合である。この場合，推定であるから甲事実が認められても乙事実がないこともありうる。しかし，乙事実が存在しないことについては，相手方が立証責任を負う。そして，法律上の推定であるから，相手方の証明は本証である。

　たとえば，186条2項が法律上の事実推定の例であり，186条2項は，「前後の両時点において占有をした証拠があるときは，占有は，その間継続したものと推定する」と規定している。これは，継続した占有（乙事実）によって時効取得の効果が生じる（ある法律効果）ところ，前後両時点における占有（甲事実）がある場合には，その間の継続した占有（乙事実）があるものと推定されることを意味する。

　この推定に対する相手方の防御活動としては，前提事実たる甲事実の存在について真偽不明にするか（反証），推定事実たる乙事実の不存在を証明しなければならない（本証）。

　なお，乙事実のように推定される事実を推定事実という。

3　事実上の権利推定

　事実上の権利推定とは，甲事実があるときに，A権利があると推定する場合である。事実上の推定は，法律上の推定と異なって立証責任を転換させるわけではない。したがって，相手方において反証（真偽不明にすれば足りる）によって覆すことができる。

たとえば，登記についての登記名義人は事実上権利者であると推定される（通説）ことなどがある。もっとも，事実上の権利推定の例はかなり限定されているため，事実上の推定という場合には，一般的には次の事実上の事実推定を意味する。

4　事実上の（事実）推定

　事実上の（事実）推定とは，自由心証に基づいて事実認定を行う裁判所が甲事実から経験則によって乙事実を推認することを意味する。事実上の推定は，法律上の推定と異なって立証責任を転換させるわけではない。したがって，相手方において反証（真偽不明にすれば足りる）によって覆すことができる。

　たとえば，Yがある日を境に資金繰りがよくなったという事実（甲事実）から，XがYに対して金銭を授受したという事実（乙事実）を推認するという場合である。ほかにも二段の推定のうち一段目の推定も事実上の（事実）推定の例である。一段目の推定では，文書上の印影が本人の印章によって顕出されたものであるとき（甲事実）は，反証のないかぎり，その印影は本人の意思に基づいて顕出されたもの（乙事実）と事実上推定される。

5　暫定真実

　暫定真実とは，前提事実の証明を要せず，無条件に一定事実を推定することによって，ある規定の要件事実の証明責任を相手方に転換する法技術である。

　これは，すなわち，甲事実および乙事実によってある法律効果が発生する場合に，甲事実があれば乙事実があることを推認するというものである。本来ならば甲事実と乙事実とを立証しなければならないが，甲事実を立証すれば乙事実が推定される結果，相手方において乙事実の不存在を立証しなければならないことになる。この点で乙事実の立証責任は転換されており，ただし書に読み換えることができる。

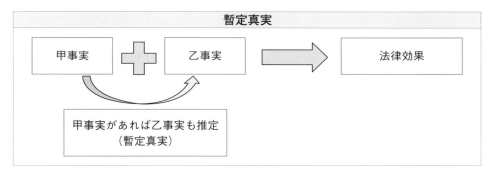

　たとえば，162条１項は，「20年間，所有の意思をもって，平穏に，かつ，公然と他人の物を占有した者は，その所有権を取得する」と規定している。この規定から，所有権の取得時効の要件は20年間の占有継続と，「所有の意思」，「平穏」，「公然」が必要である。そして，186条１項は「占有者は，所有の意思をもって，善意で，平穏に，かつ，公然と占有をするものと推定する」と規定している。この規定によって，占有の事実（甲事実）を立証すれば，所有の意思，善意，平穏，公然（乙事実）が推定されるので，相手方において，所有の意思がないこと，占有が強暴や隠秘であることを立証しなければならない。なお，暫定真実は，ただし書に読み替えることができるので，たとえば，162条１項および186条１項をあわせて読むと，「不動産を20年間占有した者は，その不動産の所有権を取得する。ただし，所有の意思がなかったとき，強暴もしくは隠秘により占有したものであるときは，このかぎりではない」と読み替えることができる。

6　解釈規定（意思推定）

　解釈規定（意思推定）とは，法が意思表示について一定の内容を推定している場合である。これは意思表示の解釈規定であり，ある事実から別の事実を推認する場合ではない。法に解釈規定がおかれていると，それと異なる意思解釈を主張する場合，その主張する者が立証責任を負うことになる。

　たとえば，420条３項は，「違約金は，賠償額の予定と推定する」と規定している。これは解釈規

定であるから，違約金は制裁金であってそれとは別に実損害を請求できる合意があるなど法とは異なる合意があったことを主張するのであれば，そのような合意があったことを主張立証しなければならないことになる。

7 法定証拠法則

　裁判所が一定の事実を認定する際に，その根拠とすべき事実が法定されることがある。これは自由心証主義の例外をなすものであり，法定証拠法則とよばれる。

　たとえば，民事訴訟法228条4項は法定証拠法則を定めた規定であることに実務上争いはない（FL【文書の成立の真正】参照）。228条4項は「私文書は，本人又はその代理人の署名又は押印があるときは，真正に成立したものと推定する」と規定している。このように法では推定という用語が用いられているにもかかわらず，法律上の推定とは次の2点で区別される。第1は，推定される事実が，実体法の法律要件事実ではない点である。第2は，推定される事実が実体法の法律要件事実ではないため，推定事実についての立証責任およびその転換を考える余地がなく，相手方は，推定を覆すための本証の必要がなく，反証で足りる点である。

文書の成立の真正

1 総論

文書とは，人の思想内容（意思，認識，判断，報告，感想等）が文字その他のこれに代わる可読的符号により記載されている有体物のことをいう。そして，文書は，文書それ自体ではなく，そこに記載されている意味内容が証拠に用いられる。すなわち，裁判官は，文書の証拠調べによって，文書に記載された文字その他の記号から，これが表現する人の思想（意思・意見等）を感得し，この感得した人の思想から要証事実を推認するという過程を経て，事実認定を行っているのである。このような推認過程からすれば，文書による事実認定は，当該文書が特定の者の思想を表現している場合にはじめて可能ということになる。

したがって，文書が意味をもつのは，その文書の記載内容が作成者の思想を表現したものといえる場合であり，その文書の記載内容が作成者の思想を表現したものであることを文書の形式的証拠力がある，あるいは文書が真正に成立したという。

なお，用語の使い方であるが，「X作成の文書」と「X作成名義の文書」とは使い分けがなされている。すなわち，「X作成の文書」とは，Xが作成した文書という意味であり，Xが作成したことが認められる場合（真正に成立した場合）である。これに対し，「X作成名義の文書」というのは，Xが作成したかはさておき，Xの名前でその文書が作成されているという意味である。

2 押印文書

1 文書の成立の真正の推定

民事訴訟法228条1項は，「文書は，その成立が真正であることを証明しなければならない」と定める。これは，文書を提出した者において，当該文書の成立の真正を証明しなければならないという規定である。

この点について，「文書は，その方式及び趣旨により公務員が職務上作成したものと認めるべきときは，真正に成立した公文書と推定する」（228条2項）ので，公文書の成立の真正は法律上推定されている。したがって，公文書の成立の真正が問題とされることはほとんどない。

文書の成立の真正においてもっぱら問題となるのは，私文書についてである。私文書の成立の真正を証明するにあたっては，228条4項が重要な意味をもつ。

2 228条4項の推定

(1) 228条4項の推定の根拠

228条4項は，「私文書は，本人又はその代理人の署名又は押印があるときは，真正に成立したものと推定する」と規定している。この規定は，本人または代理人が文書にその意思に基づいて署名または押印をしている場合には，その文書全体が同人の意思に基づいて作成されているのが通常であるという経験則を基礎としている。228条4項がこのような経験則を基礎としていることからすれば，「本人又はその代理人の署名又は押印」というのは，単に文書上に署名または押印が存在することではなく，本人または代理人の意思に基づく署名または押印がされていることを意味することになる。

(2) 228条4項の推定の法的性質

228条4項の推定の法的性質については争いがある。反対説もあるが，実務上は，228条4項が上記のような経験則に基づいていることに照らして，この推定は法定証拠法則を定めたものであると解している。すなわち，本来，ある事実が認められるかについては，裁判所が自由な心証によって決めることができるが，本人または代理人がその意思に基づいて署名または押印している場合には，その文書が真正に成立したものと事実上推定すべきことを規定したものであり，自由心証主義の例外であると解されている。

この推定は，経験則を基礎とする事実上の推定にすぎないため，立証責任を転換するものではない。したがって，この推定を破るには，文書の成立の真正について疑いを抱かせる程度の反証をす

れば足りることになる。

3 二段の推定

(1) 一段目の推定

228条4項の「本人又はその代理人の署名又は押印」というのは，単に文書上に署名または押印が存在することではなく，本人または代理人の意思に基づく署名または押印されていることを意味することについては前述した。したがって，文書に，単なる印影があっても，それが本人の意思に基づいて押印されたといえないかぎり，228条4項の推認ははたらかない。

もっとも，わが国では，自己の印章は厳重に保管・管理し，理由もなく他人に使用させることはないという経験則がある。したがって，文書に本人の印章によって顕出された印影があるときは，その印影の顕出は本人自身がしたか，その意思決定のもとにされたと考えるのが妥当である。そのため，判例（最判昭和39年5月12日民集18巻4号597頁）も，私文書の作成名義人の印影が，当該名義人の印章によって顕出された事実が確定された場合には，反証なきかぎり，当該印影は本人の意思に基づいて押印されたものと事実上推定することができると判示している。この推定を一段目の推定という。

この一段目の推定は，上記のようにわが国においては自己の印章は厳重に保管・管理し，理由もなく他人に使用させることはないという経験則があることを基礎とする事実上の推定であるから，立証責任を転換するものではない。相手方においてこの推定を破るには，上記経験則が適用できない事案であるとの疑いを抱かせる程度に反証をすれば足りることになる。

(2) 二段目の推定

そして，この一段目の推定によって，「本人又はその代理人の」意思に基づく「押印があるとき」という228条4項の適用のための要件がみたされることになるため，文書全体について同項の推定がはたらくことになる。この228条4項による推定を二段目の推定という。前述のように，この推定を破るには，文書の成立の真正について疑いを抱かせる程度の反証をすれば足りることになる。

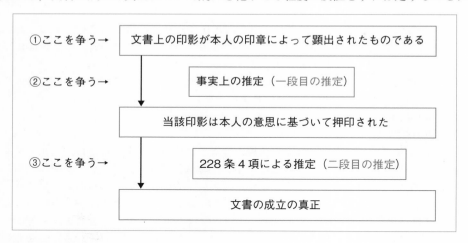

4 文書の成立の真正の争い方

①一段目の推定の前提事実の争い方としてはまず，書面に押された印影は，本人または代理人の印章によって顕出されていないという主張が考えられる。もっとも，この点は，印影の対照（229条1項）や印鑑証明書と照合して確認できるので，実務上あまり問題とはならない。

次に，②一段目の推定について争うことが考えられる。前述のように，一段目の推定の根拠は，わが国では，自己の印章は厳重に保管・管理し，理由もなく他人に使用させることはないという経験則に基づくため，推定を破るには，この経験則があてはまらない事案であるとの疑いを生じさせる程度に反証すればよい。たとえば，㋐印章を他の者と共有していること，㋑印章の紛失，盗難，盗用があったこと，㋒別の目的で預けた印章が悪用されたこと，㋓本人による押印が考えにくいことなどを立証することが考えられる。

最後に、③二段目の推定に対する争い方として、本人または代理人の意思に基づく押印であることは認めるが、当該文書全体は本人または代理人の意思に基づいて作成されたものではないという主張が考えられる。たとえば、㋐白紙に押印したものを他人が悪用して文書を完成させたこと、㋑文書作成後に変造がされていること、㋒他の書類と思い込まされて押印させられたことなどを立証することが考えられる。

③ 署名文書

1 署名文書における228条4項の推定

次に、署名文書について検討する。署名とは、筆記具を用いて自己の名前をサインすることである。なお、記名は印刷された文字で名前が記されていることであるから、両者を混同しないように注意したい。

署名文書の場合には、228条4項により、文書の成立の真正が推定される。一方、記名文書の場合では、記名だけでは、同項の推定がはたらかない。このように効果が異なるので、両者を明確に区別しておかなければならない。

署名	記名
伊藤真	伊藤　真

署名文書の場合、通常、その署名は本人または代理人の意思に基づくものと認められるため、228条4項の推定のみがはたらき、一段目の推定は問題にならない。

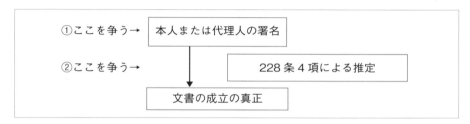

2 文書の成立の真正の争い方

文書の成立の真正を争う場合には、①そもそも本人またはその代理人の署名ではない、という争い方がまず考えられる。たとえば、別人による名義の冒用がなされたとの主張は、①の典型例である。このような主張に対しては、筆跡の対照（229条1項）や筆跡鑑定により確認することが考えられる。

次に、②本人または代理人が自己の意思に基づき署名をしたことは認めるが、当該文書全体は、本人または代理人の意思に基づき作成されたものではないという争い方が考えられる。たとえば、㋐白紙に署名したものを他人が悪用して文書を完成させたこと、㋑文書作成後に変造がされていること、㋒他の書類と思い込ませて署名させられたことなどを立証することが考えられる。

民事執行法

① 民事執行法総論

　民事執行とは，強制執行，担保権の実行としての競売および民法，商法その他の法律の規定による換価のための競売（形式的競売）ならびに債務者の財産開示をいう（民執１条）。このように，民事執行には４分野存在する。

　民事執行は，予備試験の論文式試験において2018（平成30）年まで出題されず，口述試験で出題される程度である。しかも，口述試験で問われるその内容自体は，掘り下げたものではないため，民事執行法の全体像をおさえておけば十分対応可能である。2019（平成31）年論文式試験の設問１では，民事執行手続の基本が問われたことから，今後も掘り下げた内容がでることはないと考えられる。したがって，試験対策としては，民事執行法の全体像を把握しておくことが肝要となる。そこで，本稿では，民事執行法の全体像をおさえてもらうことを目的とする。

　先に民事執行は４つの分野があるとしたが，このうち，もっとも重要なのは強制執行手続であり，試験に出題されるのもこの分野であるから，以下では強制執行について説明をする。

② 強制執行の概要

　強制執行は，債権者の債務者に対する私法上の請求権を，国家権力をもって強制的に実現する手続である。そして，わが国では，債権者が債務者に対して有する給付請求権の存否を判断する機関と，債権者が有する給付請求権を実現する機関が分離されている。前者は言わずと知れた裁判所であり，後者は，執行裁判所や執行官とよばれる機関である。これらを分離することにより，前者は請求権の存否を判断することに集中し，後者は請求権を迅速に実現することに集中できるのである。なお，執行を申し立てる者を「執行債権者」，執行を受ける者を「執行債務者」とよぶ。

③ 強制執行の開始

　強制執行を始めるためには，まず①債務名義が存在し，②執行文の付与を受け，③執行開始要件がそろうことが必要である。以下，それぞれについて説明する。

$$\boxed{① \text{債務名義の存在}} + \boxed{② \text{執行文の付与}} + \boxed{③ \text{執行開始要件}} \Rightarrow \boxed{\text{強制執行の開始}}$$

1　債務名義

　債権名義とは，執行力を有する判決やそれと同視される文書（執行証書など）をいうが，どのような文書が債務名義となるかは，22条に法定されている。このなかで実務上よく使われるのは，確定判決（22条１号），仮執行の宣言を付した判決（22条２号）である。また，確定判決と同一の効力を有するもの（22条７号）として，和解調書（民訴267条）が用いられることもある。

2　執行文

　民事執行法25条本文によれば，「強制執行は，執行文の付された債務名義の正本に基づいて実施する」とある。ここから，強制執行を行うためには，債務名義とともに執行文を付すことが必要である。

　執行文とは，債務名義の執行力の現存を公的に証明する文書である。債務名義が執行開始を求め

るための切符だとすると，執行文の付与は，その切符が有効期間内のものかどうか確認する改札のようなものといえる。

26条1項によれば，「執行文は，申立てにより，執行証書以外の債務名義については事件の記録の存する裁判所の裁判所書記官が，執行証書についてはその原本を保存する公証人が付与する」とある。執行文の種類としては，以下の3種類を覚えておけばよいだろう。

①単純執行文…………給付命令等の内容が単純に給付を命じるだけで，債権者が証明すべき条件や期限がつかず，当事者の変動もない場合に，債権者の申立てによって付与されるもっとも基本的な執行文のことをいう。

②条件成就執行文……27条1項によれば，「請求が債権者の証明すべき事実の到来に係る場合においては，執行文は，債権者がその事実の到来したことを証する文書を提出したときに限り，付与することができる」とある。このときに付される執行文が，条件成就執行文とよばれるものである。たとえば，債権者が債務者に対して先給付するという条件が成就した時に執行ができるとする場合が典型例である。なお，債務名義が引換給付判決の場合は，どちらかの給付が先履行なわけではなく，双方が同時履行の関係に立つので，条件成就執行文ではなく，単純執行文による。この点は間違えやすいので注意してほしい。引換え給付判決の場合における強制執行については，③3で説明する。

③承継執行文…………27条2項によれば，「債務名義に表示された当事者以外の者を債権者又は債務者とする執行文は，その者に対し，又はその者のために強制執行をすることができることが裁判所書記官若しくは公証人に明白であるとき，又は債権者がそのことを証する文書を提出したときに限り，付与することができる」とある。このときに付される執行文が，承継執行文とよばれるものである。たとえば，口頭弁論終結後に債権者や債務者が死亡し，相続が起きた場合等が典型例である。

3 執行開始要件

執行文の付与を受けた債務名義に基づく申立て（2条）をすれば執行は開始されるが，29条によれば，「強制執行は，債務名義又は確定により債務名義となるべき裁判の正本又は謄本が，あらかじめ，又は同時に，債務者に送達されたときに限り，開始することができる」とある。すなわち，強制執行の開始にあたっては，債務名義の正本等を債務者に送達する必要がある。これは，執行債務者にいかなる債務名義に基づいて強制執行が行われるかを知らせ，執行債務者に防御の機会を与えるためである。

また，債務名義に期限や条件が付されている場合でも，執行機関が期限の到来や条件の成就を容易に判断できる場合は，わざわざ条件成就執行文の付与を受けるのではなく，単純執行文の付与を受けたうえで，執行開始段階で執行機関の判断により執行を開始することができる。たとえば，30条1項によれば，「請求が確定期限の到来に係る場合においては，強制執行は，その期限の到来後に限り，開始することができる」とあるから，確定期限のある請求権の強制執行では，期限到来前に単純執行文の付与を受け，期限到来後に執行開始申立てをすればよい。

また，引換給付判決の場合もこの方法が使える。31条1項によれば，「債務者の給付が反対給付と引換えにすべきものである場合においては，強制執行は，債権者が反対給付又はその提供のあったことを証明したときに限り，開始することができる」とある。これは，引換給付判決の場合に，条件成就執行文を付与するとした場合，執行文付与の段階で反対給付の先履行が要求されることになり，同時履行の趣旨に反することとなるためである。すなわち，事前に単純執行文の付与を受けたうえで，強制執行を申立て，執行官に同行し，執行官の面前で反対給付を提供する等の方法をとることができる。

4 強制執行の分類

　強制執行のなかで，更に請求権の種類によって，「金銭執行」と「非金銭執行」に分けられる。金銭執行とは，金銭の支払を目的とする請求権を実現するための強制執行である。非金銭執行とは，金銭の支払を目的としない請求権についての強制執行をさす。

　次に，金銭執行は，執行対象となる財産の種類によって，「不動産執行」「準不動産（船舶，自動車，建設機械，航空機）執行」「動産執行」「債権執行」に分かれる。

　一方，非金銭執行は，「物の引渡・明渡請求権の執行」「作為・不作為請求権の執行」「意思表示請求権の執行」に分かれる。

　強制執行の分類図としては以下のようになる。なお，各項目の冒頭に付したナンバーは以下の項目と対応している。

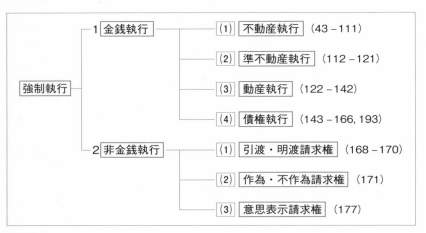

1　金銭執行

　金銭執行は，金銭の支払を目的とする請求権を実現する強制執行である。執行債権者は，金銭を得ることが目的である。もっとも，債務者が任意に債務を履行しないのに，債務者から直接金銭を取り上げることは困難である。そこで，債務者が有する財産を差し押さえ，換価し，その換価代金から満足を得るという方法をとる。当然差し押さえる財産は，価値の高い物であるほど満足が得られる可能性が高いので，金銭執行のなかでも不動産執行がよく用いられる。もっとも，不動産執行は手続費用も多額に上ることから，安価で容易に実施できる債権執行がもっともよく用いられる。動産執行は，動産自体が価値の高くない物が多いことと，動産は隠匿が容易であるため，あまり用いられない。

　以下では，それぞれについての概略を説明する。予備試験において各執行の詳細を問われることは想定しがたいので，概略をおさえておく程度で足りるためである。

(1)　不動産執行

　執行対象財産が不動産の場合である。不動産強制競売は，執行裁判所が債務者の不動産を売却し，その代金をもって債務者の債務の弁済にあてる執行手続である。その手続は以下の流れをたどる。

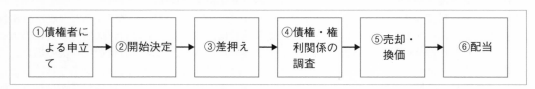

　③の差押えについて，46条では，「差押えの効力は，強制競売の開始決定が債務者に送達された時に生ずる。ただし，差押えの登記がその開始決定の送達前にされたときは，登記がされた時に生ずる」とされている。実務上は，債務者が差押不動産の登記名義を第三者に移転することを防ぐため，債務者への送達よりも差押え登記の登記嘱託（48条）を優先させている。

⑵　**準不動産執行**

　準不動産執行は特殊な執行であり，試験にでることはほとんど想定できないため，説明は割愛する。

⑶　**動産執行**

　執行対象財産が動産の場合である。動産競売も，債務者の動産を売却し，その代金をもって債務者の債務の弁済にあてる。その手続は以下の流れをたどる。

　②の差押えについて，123条1項によれば，「債務者の占有する動産の差押えは，執行官がその動産を占有して行う」とある。執行官が占有を取り上げる方法で行われる。ただし実務では，貴金属や有価証券等のような，価値の消耗や隠匿による執行潜脱のおそれがあるものを除き，差押物を債務者の保管に委ねる場合も多い。

⑷　**債権執行**

　執行対象財産が債権の場合である。債権執行は，債務者の第三債務者に対する債権を差し押さえ，これを換価して債務者の債務の弁済にあてる執行手続である。その手続は以下の流れをたどる。

　②の差押命令について，145条1項によれば，「執行裁判所は，差押命令において，債務者に対し債権の取立てその他の処分を禁止し，かつ，第三債務者に対し債務者への弁済を禁止しなければならない」とある。債権は不動産のように登記があるわけではなく，動産のように占有を移転する方法もとれない。そのため，債務者に対しては債権譲渡等の処分を禁止するとともに，第三債務者に対して弁済を禁止する方法をとる。なお，同条4項によれば，「差押えの効力は，差押命令が第三債務者に送達された時に生ずる」とあるため，この時点で効力が生じる。

2　非金銭執行

　非金銭執行は，債権者が金銭の満足を得ることが目的ではなく，目的物たる財産の占有を返還することや，特定の義務の履行を行わせることが目的である。

⑴　**不動産等の引渡し・明渡しの強制執行**

　これは，たとえば建物の明渡請求権を認容する判決がだされたにもかかわらず，債務者が任意に明渡しを行わない場合に行われる。168条1項によれば，「不動産等……の引渡し又は明渡しの強制執行は，執行官が債務者の不動産等に対する占有を解いて債権者にその占有を取得させる方法により行う」とある。その手続は，以下の流れをたどる。

　②の明渡しの催告（168条の2第1項）は，債務者が任意に明渡しを行う最後のチャンスを与えるものである。

　③では，執行をする際に，債務者が占有する不動産等に立ち入ることができるのはもちろん，施錠を解くなどの必要な処分をすることができる（168条4項）。また，債務者や同居の家族等の抵抗があるときは，威力を用い，または警察上の援助を求めることができる（6条1項）。実務でも，明渡しの強制執行はかなりの確率で債務者の有形無形の抵抗が行われる。暴力に訴える者もあれば，建物中にワニを放ち執行妨害を画策する者までもが存在する。

⑵　**作為・不作為の強制執行**

　債務者に対して一定の作為・不作為を求める強制執行である。作為・不作為を内容とするいわゆ

る「なす債務」については，その性質上，直接強制によることはできない。そのため，代替執行（171条1項）または間接強制（172条1項）の方法がとられる。とりうる方法は，義務の内容が代替的作為義務である場合と，そうでない場合に分かれる。

　ア　代替的作為義務の場合

　　(ア)　代替執行

　　　代替的作為義務とは，債務者が負う債務の内容が代替性を有する場合，すなわち，債務者自身によって行われようと，第三者によって履行されようと，結果に差異が生じない場合である。たとえば建物収去請求権などがこれにあたる。この場合は債務者が行わなくとも解体業者に依頼して行うことができる代替的作為義務なので代替執行の手続によることができる。代替執行の手続は以下の流れをたどる。

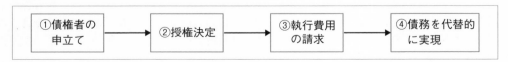

　　　①②は，171条1項が根拠条文である。また，③は171条4項に明文があるが，必ずしも④の義務の実現に先立つ必要はなく，④でかかった費用を後に債務者に対して請求することも可能である（42条4項）。

　　(イ)　間接強制

　　　間接強制とは，債務を履行しない債務者に対し，債務の履行を確保するために相当と認められる一定の金銭を債務者に支払うべきことを命じ，債務者に心理的な強制を加えて，債務者自身の手により請求権の内容を実現させる方法をいう。

　　　172条1項では，「作為又は不作為を目的とする債務で前条第1項の強制執行ができないものについての強制執行は……」とあるため，間接強制は代替執行（171条1項）ができない場合にかぎられる，と誤解する人が多い。しかし，173条1項では，「第171条第1項に規定する強制執行は，それぞれ……第171条までの規定により行うほか，債権者の申立てがあるときは，執行裁判所が前条第1項に規定する方法により行う」とある。そのため，代替執行が可能な場合であっても，間接強制の方法によることは可能である。

　　　間接強制の手続は以下の流れをたどる。

　　　172条1項には，間接強制の方法として，「執行裁判所が，債務者に対し，遅延の期間に応じ，又は相当と認める一定の期間内に履行しないときは直ちに，債務の履行を確保するために相当と認める一定の額の金銭を債権者に支払うべき旨を命ずる」とある。②の決定として一定の額の決定を行う。

　イ　不代替的作為義務の強制執行

　　　不代替的作為義務とは，債務者の作為義務を第三者が代わってすることができない性質の義務である。たとえば，債務者の所持する文書の提出を行う義務があげられる。この場合には，間接強制の手段を採る以外に方法はない。間接強制の手続は，上に述べたとおりである。

　　　以上の分類に従うと，採りうる手段は次のようになる。

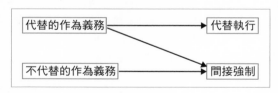

⑶　意思表示義務の強制執行

　債務者が意思表示をする義務（たとえば，登記官に対する登記申請の意思表示義務。不動産登記法16条1項）は，不代替的作為義務の一種である。しかし，債権者が求めているものは，意思表示そのものより，その結果であるから，意思表示がなされたのと同様の効果が生じれば債権者の目的は達成される。そこで，民事執行法177条1項本文は，「意思表示をすべきことを債務者に命ずる判決……が確定し，又は和解，認諾，調停……に係る債務名義が成立したときは，債務者は，その確定又は成立の時に意思表示をしたものとみなす」こととした。

　したがって，意思表示義務については原則として，債務名義の確定または成立で足り，執行文の付与や執行手続は不要である。たとえば「被告は，原告に対し，別紙物件目録記載の土地について所有権移転登記手続きをせよ」という判決が確定すれば，そのときに意思表示がなされたものとみなされ，債権者は単独で登記申請ができる（不動産登記法63条1項）。ただし，例外として，意思表示が，債権者が証明すべき事実の到来にかかるときは，条件成就執行文が付与されたときに，債権者の反対給付と同時履行の関係に立つ場合は，債権者が先に反対給付またはその提供をし，そのことを証する文書を提出して執行文が付与されたときに，意思表示がなされたものとみなされる（民執174条1項ただし書，2項）。

⑤　強制執行における救済

　強制執行の違法・不当は，手続の各段階において問題となりうる。違法執行とは，執行機関の作為・不作為が執行法という手続法上違法な場合である。不当執行とは，執行法という手続法上は適法であるが，実体的な請求権がないなどの理由で，実体法上の根拠を欠く場合である。違法執行に対しては，執行抗告（10条），執行異議（11条）という不服申立手段がある。不当執行に対しては，請求異議の訴え（35条），第三者異議の訴え（38条）がある。

　また，これらとは別に執行文の付与に関する不服申立手段が用意されている（32条から34条まで）。

不服申立て	違法対象	手　　段	
違法執行	手続全般	執行抗告（10）	
		執行異議（11）	
不当執行	実体面	請求異議の訴え（35）	
		第三者異議の訴え（38）	
執行文付与に対する不服申し立て	執行文付与に関する処分	債権者の救済	執行文付与の拒絶に対する異議（32）
			執行文付与の訴え（33）
		債務者の救済	執行文付与に対する異議（32）
			執行文付与に対する異議の訴え（34）

1　違法執行

　違法執行に対する救済手段としては，執行抗告と執行異議がある。10条1項によれば，「民事執行の手続に関する裁判に対しては，特別の定めがある場合に限り，執行抗告をすることができる」とある。そして，11条1項によれば，「執行裁判所の執行処分で執行抗告をすることができないものに対しては，執行裁判所に執行異議を申し立てることができる。執行官の執行処分及びその遅怠に対しても，同様とする」とある。ここから，執行裁判所の執行処分であれば，法に明文がある場合には執行抗告，そうでない場合は執行異議が不服申立手段であり，執行官の執行処分であれば，

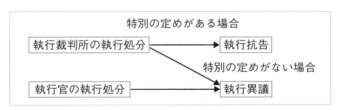

執行異議が不服申立手段であることがわかる。

2　不当執行

　不当執行に対する救済手段としては，請求異議の訴えと第三者異議の訴えがある。請求異議の訴えは，「債務名義……に係る請求権の存在又は内容について異議のある」場合に，提起することができる（35条1項）。たとえば，貸金返還請求権が債務名義に表示されているが，債務名義の成立後に債務者が任意に弁済したため，貸金返還請求権はすでに消滅しているような場合である。なお，請求異議の訴えにおける異議事由は，口頭弁論終結後に生じたものにかぎられる（35条2項）。ここから，かりに口頭弁論終結前に任意に弁済したとしても，その後に債務名義が成立した以上，そのような主張は既判力により封じられるという原則が導かれる。

　第三者異議の訴えは，「強制執行の目的物について所有権その他目的物の譲渡又は引渡しを妨げる権利を有する第三者」が提起することができる（38条1項）。たとえば執行目的物が実は第三者の所有物であったような場合である。

3　執行文付与に対する不服申立て

　執行文付与に関する違法がある場合とは，執行文を付与すべきであるのに付与を受けられなかった債権者を救済する場合と，執行文を付与してはならないのに付与がなされた場合に債務者を救済する場合がある。いずれの場合も，簡易迅速な手続である異議（32条）と，必要的口頭弁論である訴え（33条，34条）が用意されている。

　なお，執行文付与に関する異議や訴えのなかで，請求異議の事由（弁済や免除の事実）が主張できるかどうかについては，積極・消極の両説ある。一般的には，執行文付与に関する不服申立てでの，実体面の審理の対象は，条件成就の有無（条件成就執行文。27条1項）または承継の存否（承継執行文。27条2項）のみにかぎられるとし，弁済や免除といった請求異議の事由は主張できないとされている。

民事保全法

1 序論

　民事執行法についてはすでに説明したが，民事保全法の説明に入る前に，民事執行法，民事保全法および民事訴訟法という三者の関係について確認する。

　多くの場合には，私法上の権利は，①権利の保全，②権利の確定，③権利の実現という過程を経て実現されることになる。そして，①権利の保全の段階で適用されるのが民事保全法であり，②権利の確定の段階で適用されるのが民事訴訟法であり，③権利の実現の段階で適用されるのが民事執行法である。

　①の段階では，債権者が裁判所に対して保全命令の申立てを行い，保全命令がだされることで，債権者の権利が保全される。②の段階では，債権者が訴えを提起し，裁判所が権利の有無について審理判断することによって，債権者の権利が確定される。③の段階では，債権者が執行の申立てをし，執行裁判所が債権の執行をすることで，債権者の権利が実現される。

　民事執行法，民事保全法を学習する際には，上記のプロセスを意識することが有用である。以上

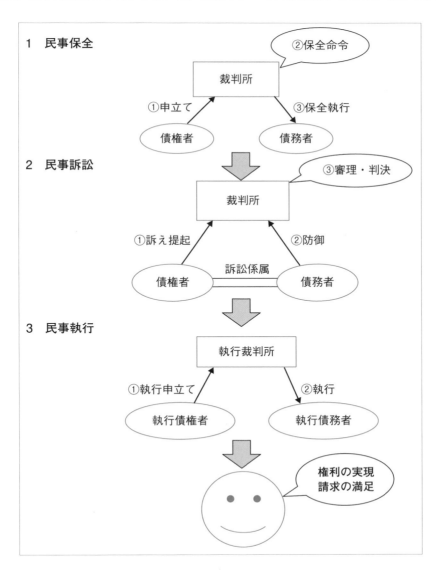

を図にすれば前頁の図のようになる。

② 民事保全法の学習

　民事保全法は，論文式試験および口述試験にて出題範囲に含まれているため一定の対策を講じる必要がある。もっとも，民事保全法はポイントさえおさえてしまえば難しいものではない。そのポイントは，①どのような場合にその手段を使うのか，②その手段の要件は何か，③その手段の効力は何か，ということをおさえることである。出題可能性が高い部分はこの３点に絞られる。したがって，以下ではこの３点に注意しながら読み進めてもらいたい。

　また，民事保全に関しては学習が十分に進んでいない受験生も多い。そこで，以下ではできるかぎり条文を丁寧に引用し，かつ重要な知識については重複をいとわず記述した。本項をうまく利用し，効率よく民事保全法を学習してもらいたい。

1　民事保全の種類

　民事保全法１条は，「民事訴訟の本案の権利の実現を保全するための仮差押え及び係争物に関する仮処分並びに民事訴訟の本案の権利関係につき仮の地位を定めるための仮処分（以下「民事保全」と総称する）については，他の法令に定めるもののほか，この法律の定めるところによる」と規定している。この規定から，民事保全には，①仮差押え，②係争物に関する仮処分，③仮の地位を定めるための仮処分の３種類があることがわかる。

---

① 仮差押え
② 係争物に関する仮処分
③ 仮の地位を定めるための仮処分

　民事保全法では，この３種類についてそれぞれ異なる手続を規定していることもある。混乱しないためにも，この段階で①から③までの名称は覚えてしまうとよいだろう。

2　各保全手続について

　上記の①から③までのいずれの保全手続によるかは，被保全権利（民事保全手続により保全すべき権利または権利関係）により異なる。被保全権利が何かを知るためには，民事保全手続に引き続く訴訟手続で，原告が何を請求の趣旨とするかを考えればわかる。以下の各論では，被保全債権が何かということに注意しなければならない。

　また，①から③までの民事保全が認められるための実体的な要件は，被保全権利の存在および保全の必要性の２つである。したがって，被保全権利が存在し，かつ，保全の必要性が認められる場合に，保全命令がだされることになる。保全の必要性は，論文式試験・口述試験を通じて出題可能性は高いため，以下では保全の必要性についても注意しなければならない。

⑴　仮差押え

ア　意義

　仮差押えは，貸金債権のような金銭債権保全のための制度である。

イ　被保全権利

　20条１項は，「仮差押命令は，金銭の支払を目的とする債権について……発することができる」と規定している。したがって，仮差押えの被保全権利は，貸金債権のような金銭債権である。

　たとえば，ＸがＹに対して貸金返還請求の訴えを提起した場合，Ｘが勝訴するまでの間に，敗訴をおそれたＹが唯一の不動産を第三者に譲渡し移転登記も済ませてしまうことがありうる。そのような場合には，Ｘは貸金返還請求権を保全するために，仮差押命令を得ることができる。

ウ　保全の必要性

　20条１項は，「仮差押命令は，金銭の支払を目的とする債権について，強制執行をすることができなくなるおそれがあるとき，又は強制執行をするのに著しい困難を生ずるおそれがあるときに発することができる」と規定している。したがって，仮差押命令における保全の必要性は，「強制執行をすることができなくなるおそれがあるとき，又は強制執行をするのに著しい困難を生ずるおそれがあるとき」に認められる。

⑵　係争物に関する仮処分

　　ア　意義

　　　係争物に関する仮処分は，不動産の登記請求権や明渡請求権のように，特定物（これと同視できる場合を含む）に対する給付請求権の保全のための制度である。

　　イ　被保全権利

　　　係争物に関する仮処分における被保全権利は，不動産の登記請求権や明渡請求権のように，特定物に対する給付請求権である。

　　ウ　保全の必要性

　　　23条1項は，「係争物に関する仮処分命令は，その現状の変更により，債権者が権利を実行することができなくなるおそれがあるとき，又は権利を実行するのに著しい困難を生ずるおそれがあるときに発することができる」と規定している。したがって，係争物に関する仮処分の保全の必要性は，「その現状の変更により，債権者が権利を実行することができなくなるおそれがあるとき，又は権利を実行するのに著しい困難を生ずるおそれがあるとき」に認められる。

　　エ　係争物に関する仮処分の種類

　　　24条は，「裁判所は，仮処分命令の申立ての目的を達するため，債務者に対し一定の行為を命じ，若しくは禁止し，若しくは給付を命じ，又は保管人に目的物を保管させる処分その他の必要な処分をすることができる」と規定している。このように，仮処分命令の申立ての目的を実現するための手段にはさまざまなものがありうるため，仮処分には必要に応じて無数の種類があることになる。

　　　それらのなかでも，民事保全法がその執行や効力について規定する，不動産の登記請求権を保全するための処分禁止の仮処分（53条，58条），建物収去土地明渡請求権を保全するための建物の処分禁止の仮処分（55条，64条），および占有移転禁止の仮処分（62条）については出題可能性が高い。この3つの仮処分の執行方法などについては，後述する。現段階では，係争物に関する仮処分には，上記3つの典型例があったことを覚えておけば十分である。

⑶　仮の地位を定めるための仮処分

　　ア　意義

　　　「仮の地位を定める仮処分」は，権利関係の確定の遅延による現在の著しい損害または急迫の危険を避けるための制度である。

　　イ　被保全権利

　　　23条2項は「仮の地位を定める仮処分命令は，争いがある権利関係について……発することができる」と規定している。したがって，「仮の地位を定める仮処分」の被保全権利は，「争いがある権利関係」である。この「権利関係」は，金銭債権または物に関する権利のように財産法（債権的関係，物権的関係）上のもののみならず，身分法上のものであってもよい。

　　　たとえば，プライバシー侵害のおそれがある出版物の出版差止めの仮処分や，抵当権実行禁止の仮処分などが考えられる。

　　ウ　保全の必要性

　　　23条2項は「仮の地位を定める仮処分命令は，争いがある権利関係について債権者に生ずる著しい損害又は急迫の危険を避けるためこれを必要とするときに発することができる」と規定している。したがって，保全の必要性は，「債権者に生ずる著しい損害又は急迫の危険を避けるためこれを必要」と認められることである。

被保全権利	保全の種類
金銭債権	仮差押え
特定物に対する給付請求権	係争物に関する仮処分
争いある権利関係	仮の地位を定める仮処分

3 民事保全の手続

　一般に民事保全手続の特質として，①暫定性（仮定性），②付随性，③迅速性（緊急性），④密行性があげられることが多い。①暫定性と②付随性は，本案訴訟（その保全手続が本来予定している訴訟）との関係のことで，民事保全手続が，本案訴訟で決着がつくまでの暫定的なもので，本案訴訟に対して従たる関係にある，ということである。③迅速性と④密行性は，手続の進め方の問題で，本案訴訟での決着まで待てないほどの保全の必要性がある以上，手続を迅速に進めなければ保全の意味がなくなるおそれがあり，また債務者による妨害を防止するために債務者に知られないように手続を進める必要がある，ということである。民事保全の各手続は上記①から④までと関係していることが多い。この視点は覚えておくとよいだろう。

　また，民事保全手続では，簡易な手続で，かつ，債権者の一方的主張や立証（疎明）によって手続が進行するので，ときとして請求権の完全な確認に欠けることが生じうる。そしていったん保全手続が進行すると，債務者にとって決定的打撃となる場合もありうる。そのため民事保全手続では，裁判所が債権者の主張のみを聞いて判断をすることの不利益を是正するため，債務者が被るおそれのある損害の担保を立てさせるほか，債権者・債務者双方の平等が損なわれないよう種々の対策を講じている。この点も覚えておこう。

　民事保全の手続は2つの段階からなる。1つは，保全命令手続であり，民事保全をするか否かを審理・判断する段階である。もう1つは，保全執行手続であり，保全命令手続でだされた命令を執行する段階である。以下では，大きくこの2つの手続に分けて説明をする。

(1) 保全命令手続

　保全命令手続は，申立て→審理→決定→不服申立てという段階を経る。まずはこの構造をおさえておこう。以下では，それぞれの手続について概要を説明する。

　ア　申立て

　　2条1項は「民事保全の命令（以下「保全命令」という。）は，申立てにより，裁判所が行う」と規定している。したがって，保全命令手続の開始には，申立てが必要である。

　　そして，13条1項は「保全命令の申立ては，その趣旨並びに保全すべき権利又は権利関係及び保全の必要性を明らかにして，これをしなければならない」と規定している。この規定により，保全命令の申立てでは，①申立ての趣旨，②保全すべき権利または権利関係，③保全の必要性の3つを明らかにする必要があることになる。

　　①の申立ての趣旨は，どのような主文の保全命令を求めるかということである。民事訴訟における請求の趣旨に対応する。

　　②の保全すべき権利または法律関係については，当該権利・法律関係を理由あらしめる事実を記載しなければならない。また，実務では，保全すべき権利または法律関係を理由あらしめる事実にかぎらず，予想される抗弁の不存在事由や再抗弁事実をも主張している。

　　③の保全の必要性は，各民事保全により異なることは前述した。念のため確認すれば，保全の必要性は，仮差押えであれば，金銭債権について「強制執行をすることができなくなるおそれがあるとき，又は強制執行をするのに著しい困難を生ずるおそれがあるとき」（20条1項）であり，係争物に関する仮処分であれば係争物の「現状の変更により，債権者が権利を実行することができなくなるおそれがあるとき，又は権利を実行するのに著しい困難を生ずるおそれがあるとき」（23条1項）である。また，仮の地位を定める仮処分命令であれば「争いがある権利関係について債権者に生ずる著しい損害又は急迫の危険を避けるためこれを必要とするとき」（23条2項）に保全の必要性が認められる。

　イ　審理

　(ア)　疎明

　　　民事保全が暫定的な決定手続であることを理由に，13条2項は「保全すべき権利又は権利関係及び保全の必要性は，疎明しなければならない」と規定している。この規定により，被保全権利と保全の必要性については証明ではなく疎明で足りることになる。

(イ)　任意的口頭弁論

　後述するように，保全命令は，決定手続であるから，3条は「民事保全の手続に関する裁判は，口頭弁論を経ないですることができる」と規定している。

　もっとも，仮の地位を定める仮処分命令については，23条4項が「第2項の仮処分命令は，口頭弁論又は債務者が立ち会うことができる審尋の期日を経なければ，これを発することができない。ただし，その期日を経ることにより仮処分命令の申立ての目的を達することができない事情があるときは，この限りでない」と規定している。これは，仮の地位を定める仮処分命令は債務者への打撃が大きく，密行性の必要性がない場合が多いから，原則的に債務者に十分な手続保障を与える必要があることに配慮した規定である。

ウ　決定

　3条は，「民事保全の手続に関する裁判は，口頭弁論を経ないですることができる」と規定し，保全命令手続も保全執行手続もすべて決定手続により行われる。これをオール決定主義という。保全命令は，「命令」といいつつ「決定」であることに注意が必要である。

エ　不服申立て

　保全命令の申立てに対する決定に対しては，①即時抗告，②保全異議，③保全取消し，④保全抗告という4つの不服申立てがある。これ以後の説明で混乱しないために，ここで種類が4つあることと名称については覚えてしまおう。論文式試験や口述試験では，問題文で示された具体的な場合に，どのような不服申立てを行うことができるのかというかたちで問われることが予想される。したがって，以下では，どのような場合に，①から④までの不服申立てを行うのかということを意識して覚えなければならない。

(ア)　即時抗告

　19条1項は，「保全命令の申立てを却下する裁判に対しては，債権者は，告知を受けた日から2週間の不変期間内に，即時抗告をすることができる」と規定している。このように，即時抗告は，保全命令の申立てが却下された場合に債権者が行うことができる不服申立てである。なお，ここでいう「却下」には，保全命令の申立てが形式的に不適法な場合だけでなく，申立てに実質的な理由がない場合も含むことに注意が必要である。

(イ)　保全異議

　26条は，「保全命令に対しては，債務者は，その命令を発した裁判所に保全異議を申し立てることができる」と規定している。保全異議の申立ては，発令された保全命令自体が判断を誤ったものであると主張する場合に債務者が申し立てるものである。

　32条1項は，「裁判所は，保全異議の申立てについての決定においては，保全命令を認可し，変更し，又は取り消さなければならない」と規定している。したがって，保全異議の申立てについての決定では，保全命令の認可，変更，取消しのいずれかをしなければならない。

(ウ)　保全取消し

　保全取消しの申立ては，発令された保全命令自体を不服とするのではなく，その他の事情で，債務者の申立てにより命令を取り消してもらうというものである。保全取消しについては，民事保全法第2章第4節において規定されているところ，第2章第4節内にある条文の表題から，保全取消しの申立てには次の3種類，すなわち①「本案の訴えの不提起等による保全取消し」（37条表題），②「事情の変更による保全取消し」（38条表題），③「特別の事情による保全取消し」（39条表題）があることがわかる。保全取消しの申立てにはこの3種類があることを押さえておけば十分であろう。出題可能性は高くはない。

(エ)　保全抗告

　41条1項本文は，「保全異議又は保全取消しの申立てについての裁判……に対しては，その送達を受けた日から2週間の不変期間内に，保全抗告をすることができる」と規定している。このように，保全抗告は，保全異議または保全取消しの裁判があった場合，上級審に再審理するように求める不服申立て方法である。

不服申立ての種類	適用される場合
即時抗告（19 I）	保全命令の申立てが却下された場合
保全異議（26）	保全命令がなされた場合
保全取消し（37-39）	保全命令がなされた後，事情が変わった場合
保全抗告（41）	保全異議・保全取消しの裁判があったとき

(2) **保全執行手続**

　保全命令手続は，民事保全をするかどうかを審理判断する段階であり，判決手続に相当するものであった。これに対して，今から説明する保全執行手続は，保全命令手続で発令された保全命令を執行するという段階であり，執行手続に相当するものである。

　ア　申立て

　　2条2項は，「民事保全の執行（以下「保全執行」という。）は，申立てにより，裁判所又は執行官が行う」と規定している。このように，保全命令手続と同様に，保全執行手続も申立てによって開始される。

　イ　仮差押えの執行

　　(ア)　不動産仮差押えの執行

　　　47条1項は，「民事執行法第43条第1項に規定する不動産（同条第2項の規定により不動産とみなされるものを含む。）に対する仮差押えの執行は，仮差押えの登記をする方法又は強制管理の方法により行う。これらの方法は，併用することができる」と規定している。このように，不動産仮差押えの執行には，①仮差押えの登記をする方法，②強制管理をする方法，③仮差押えの登記と強制管理を併用する方法の3つがあることになる。

　　(イ)　動産仮差押えの執行

　　　49条1項は，「動産に対する仮差押えの執行は，執行官が目的物を占有する方法により行う」と規定している。したがって，動産仮差押えの執行は，執行官による目的物の占有の方法により行われることになる。

　　(ウ)　債権仮差押えの執行

　　　50条1項は，「民事執行法第143条に規定する債権に対する仮差押えの執行は，保全執行裁判所が第三債務者に対し債務者への弁済を禁止する命令を発する方法により行う」と規定している。したがって，債権仮差押えの執行は，第三債務者に対し債務者への弁済を禁止する命令を発する方法により行われることになる。

仮差押えの種類	方法
不動産仮差押え	仮差押えの登記
	強制管理
	仮差押えの登記＋強制管理
動産仮差押え	執行官による目的物の占有
債権仮差押え	第三債務者に対する債務者への弁済禁止命令

　　(エ)　仮差押執行の効果

　　　以上の仮差押えの執行により，債務者は，目的財産についての処分を禁止される。これに違反してされた債務者の処分行為（譲渡，担保権・用益権の設定など）は，その当事者間では有効だが，仮差押債権者に対抗することができない。この処分制限効は，仮差押えに基づく本執行の手続に参加したすべての債権者に及ぶ。

　ウ　係争物に関する仮処分の執行およびその効果

　　(ア)　不動産の登記請求権を保全するための処分禁止の仮処分

　　　(i)　保全仮登記非併用型

　　　　53条1項は，「不動産に関する権利についての登記（仮登記を除く。）を請求する権利（以

下「登記請求権」という。）を保全するための処分禁止の仮処分の執行は，処分禁止の登記をする方法により行う」と規定している。このように，「不動産に関する権利についての登記（仮登記を除く。）を請求する権利」を保全するための処分禁止の仮処分の執行は，処分禁止の登記をする方法によって行われる。これが，53条2項と異なり保全仮登記を併用しないので保全仮登記非併用型，あるいは原則的な形態であるため原則型とよばれる。たとえば，不動産の買主が売主に対して所有権移転登記請求権を保全するために仮処分を行う場合や，不動産の所有者が抵当権者に対して抵当権の抹消登記請求権を保全するために仮処分を行う場合が，これにあたる。この場合は，不動産の所有権や抵当権が，第三者に移転することを防止する必要がある。

この保全仮登記非併用型の場合について58条1項は，「第53条第1項の処分禁止の登記の後にされた登記に係る権利の取得又は処分の制限は，同項の仮処分の債権者が保全すべき登記請求権に係る登記をする場合には，その登記に係る権利の取得又は消滅と抵触する限度において，その債権者に対抗することができない」と規定し，2項は「前項の場合においては，第53条第1項の仮処分の債権者（同条第2項の仮処分の債権者を除く。）は，同条第1項の処分禁止の登記に後れる登記を抹消することができる」と規定している。この規定により債権者の登記請求権が保全されることになる。

(ii) 保全仮登記併用型

53条2項は，「不動産に関する所有権以外の権利の保存，設定又は変更についての登記請求権を保全するための処分禁止の仮処分の執行は，前項の処分禁止の登記とともに，仮処分による仮登記（以下「保全仮登記」という。）をする方法により行う」と規定している。したがって，「不動産に関する所有権以外の権利の保存，設定又は変更についての登記請求権」を保全するための処分禁止の仮処分の執行は，処分禁止の登記とともに保全仮登記をする方法により行われる。これは保全仮登記が併用されている形態なので，保全仮登記併用型とよばれている。たとえば，抵当権者が抵当権設定者に対して抵当権設定登記請求権を保全するために仮処分を行う場合がこれにあたる。この場合は，抵当権設定者が第三者に土地の所有権を移転させることを防止するとともに，抵当権設定者が第三者に，新たに別の抵当権を設定し，従来の抵当権者よりも優越する抵当権順位を与えることも防止する必要があるからである。

この保全仮登記併用型の場合について58条4項は「第53条第2項の仮処分の債権者は，前項の規定により登記をする場合において，その仮処分により保全すべき登記請求権に係る権利が不動産の使用又は収益をするものであるときは，不動産の使用若しくは収益をする権利（所有権を除く。）又はその権利を目的とする権利の取得に関する登記で，同条第1項の処分禁止の登記に後れるものを抹消することができる」と規定する。この規定により，債権者の不動産に関する所有権以外の権利の保存，設定または変更についての登記請求権が保全されることになる。

(イ) 建物収去土地明渡請求権を保全するための建物の処分禁止の仮処分

55条1項は，「建物の収去及びその敷地の明渡しの請求権を保全するため，その建物の処分禁止の仮処分命令が発せられたときは，その仮処分の執行は，処分禁止の登記をする方法により行う」と規定している。このように，建物収去土地明渡請求権を保全するための処分禁止の仮処分の執行は，処分禁止の登記により行われる。この場合は，建物の所有権が第三者に移転してしまうと，建物収去の執行ができなくなってしまうため，これを防止する必要がある。

この建物収去土地明渡請求権を保全するための建物処分禁止の仮処分の効力について，64条は「第55条第1項の処分禁止の登記がされたときは，債権者は，本案の債務名義に基づき，その登記がされた後に建物を譲り受けた者に対し，建物の収去及びその敷地の明渡しの強制執行をすることができる」と規定している。この規定により，かりに建物所有者が所有権を第三者に移転させたとしても，強制執行をすることができ，建物収去土地明渡請求権が保全されることになる。

(ウ) 占有移転禁止の仮処分

　占有移転禁止の仮処分は，債務者に対し，①その物の占有の移転を禁止し（占有移転禁止命令），②その占有を解いて執行官に引き渡すべきことを命じ（引渡命令），③執行官にその物を保管させ（保管命令），④債務者がその物の占有移転を禁止されている旨および執行官がその物を保管している旨を執行官に公示させる（公示命令）。実務上はあわせて，⑤目的物の使用・収益を債務者に許容することを命ずる場合が多い。

　上記のうち②については，52条1項は「仮処分の執行については，この節に定めるもののほか，仮差押えの執行又は強制執行の例による」と定めている。民事執行法168条1項では，「不動産等……の引渡し又は明渡しの強制執行は，執行官が債務者の不動産等に対する占有を解いて……行う」としているため，この方法による。

　また，占有移転禁止の仮処分の効力について，民事保全法62条1項は，「占有移転禁止の仮処分命令の執行がされたときは，債権者は，本案の債務名義に基づき，次に掲げる者に対し，係争物の引渡し又は明渡しの強制執行をすることができる。①当該占有移転禁止の仮処分命令が執行されたことを知って当該係争物を占有した者　②当該占有移転禁止の仮処分命令の執行後にその執行がされたことを知らないで当該係争物について債務者の占有を承継した者」と規定している。つまり，仮処分債務者から占有を承継したわけではない者に対しては悪意で入った者だけに執行力が及び，占有を承継した者であれば仮処分の執行につき善意・悪意を問わず執行力が及ぶことになる。

　なお，仮処分債務者から占有を承継せず，善意で占有を取得した者には執行力は及ばない。しかし，62条2項は「占有移転禁止の仮処分命令の執行後に当該係争物を占有した者は，その執行がされたことを知って占有したものと推定する」と規定し，立証責任の転換が図られている。

エ　仮の地位を定める仮処分

　仮処分命令では，「争いがある権利関係」（23条2項）について債権者に迫りつつある損害や危険に種々さまざまな場合があるので，債権者の必要に応じて発令される仮処分命令の内容も多様であり，それに応じて執行方法も異なる。仮の地位を定める仮処分については出題可能性が高いとはいえないであろう。

論点事項一覧

♠伊藤　真（いとう　まこと）

　1958年東京で生まれる。1981年、大学在学中に1年半の受験勉強で司法試験に短期合格。同時に、司法試験受験指導を開始する。1982年、東京大学法学部卒業、司法研修所入所。1984年に弁護士登録。弁護士としての活動とともに、受験指導を続け、法律の体系や全体構造を重視した学習方法を構築する。短期合格者の輩出数、全国ナンバー1の実績を不動のものとする。

　1995年、憲法の理念をできるだけ多くの人々に伝えたいとの思いのもとに、15年間培った受験指導のキャリアを生かし、伊藤メソッドの司法試験塾をスタートする。現在は、予備試験を含む司法試験や法科大学院入試のみならず、法律科目のある資格試験や公務員試験をめざす人たちの受験指導のため、毎日白熱した講義を行いつつ、「一人一票実現国民会議」および「安保法制違憲訴訟の会」の発起人となり、社会的問題にも積極的に取り組んでいる。

　「伊藤真試験対策講座〔全15巻〕」（弘文堂刊）は、伊藤メソッドを駆使した本格的テキストとして受験生のみならず多くの読者に愛用されている。他に、「伊藤真ファーストトラックシリーズ〔全7巻〕」「伊藤真の判例シリーズ〔全7巻〕」「伊藤真新ステップアップシリーズ〔全6巻〕」「伊藤真実務法律基礎講座」など読者のニーズにあわせたシリーズを刊行中である。

（一人一票実現国民会議 URL：https://www2.ippyo.org）

伊藤塾
〒150-0031　東京都渋谷区桜丘町17-5　03(3780)1717
https://www.itojuku.co.jp

民事実務基礎[第2版]【伊藤塾試験対策問題集：予備試験論文②】

2016（平成28）年2月29日　初　版1刷発行
2020（令和2）年3月30日　第2版1刷発行
2024（令和6）年9月30日　　同　3刷発行

監修者　伊藤　真
発行者　鯉渕友南
発行所　株式会社　弘文堂　　101-0062　東京都千代田区神田駿河台1の7
　　　　　　　　　　　　　　TEL 03(3294)4801　　振替 00120-6-53909
　　　　　　　　　　　　　　https://www.koubundou.co.jp

装　丁　笠井亞子
印　刷　三美印刷
製　本　井上製本所

ISBN978-4-335-30421-7

伊藤塾試験対策問題集

伊藤真試験対策講座

論点ブロックカード・フローチャートなど司法試験受験界を一新する勉強法を次々と考案し、導入した伊藤真が、全国の受験生・法学部生・法科大学院生に贈る、初めての本格的な書き下ろしテキスト。伊藤メソッドによる「現代版基本書」！

- ●論点ブロックカードで、答案の書き方が学べる。
- ●フローチャートで、論理の流れがつかめる。
- ●図表・2色刷りによるビジュアル化。
- ●試験に必要な重要論点をすべて網羅。
- ●短期集中学習のための効率的な勉強法を満載。
- ●司法試験をはじめ公務員試験、公認会計士試験、司法書士試験に、
  そして、大学の期末試験対策にも最適。

弘文堂

＊価格（税別）は2024年9月現在

伊藤真の判例シリーズ

厳選された重要判例の読み方・学び方を、伊藤メソッドを駆使して伝授！
各判例は、論点と結論、事実、裁判の経緯、判決の流れ、学習のポイント、
判決要旨、伊藤真のワンポイント・レッスン、等の順にわかりやすく解説。
試験に役立つ学習書に徹した伊藤真による初めての判例ガイド、誕生！

憲法[第2版]	3800円
民法[第2版]	3500円
刑法[第2版]	3500円
行政法[第2版]	3800円
刑事訴訟法	3800円
民事訴訟法	3500円
商法	3500円

伊藤真の条文シリーズ

法律の学習は、条文に始まり条文に終わる！　基本六法を条文ごとにわかり
やすく説明する逐条解説シリーズ。条文の意味・趣旨、解釈上の重要論点、
要旨付きの関連判例をコンパクトに整理。「事項索引」「判例索引」の他に、「条
文用語索引」で検索機能も充実。基礎的な勉強に、受験に、そして実務でも
役立つ伊藤メソッドによるスーパー六法。

民法Ⅰ【総則・物権】	3200円
民法Ⅱ【債権・親族・相続】	3200円
商法・手形法小切手法	2700円
憲法	3000円
刑法	3300円
民事訴訟法	2800円
刑事訴訟法	3100円

伊藤真の全条解説 会社法

平成26年改正をふまえた会社法の全条文をオールマイティにわかりやすく解説。
全ての条文に、制度趣旨、定義、口語訳、論点、関連判例、重要度ランク、
過去問番号が入り、さらに引用条文・読替条文の内容をダイレクトに付記。
実務書として学習書として、安心して利用できる便利なコンメンタール。**6400円**

弘 文 堂

＊価格(税別)は2024年9月現在

伊藤塾呉明植基礎本シリーズ

愛弟子の呉明植が「伊藤真試験対策講座」の姉妹シリーズを刊行した。切れ味鋭い講義と同様に、必要なことに絞った内容で分かりやすい。どんな試験でも通用する盤石な基礎を固めるには最適である。 伊藤塾塾長 **伊藤 真**

▶どこへいっても通用する盤石な基礎を固める入門書
▶必要不可欠かつ必要十分な法的常識が身につく
▶各種資格試験対策として必要となる論点をすべて網羅
▶一貫して判例・通説の立場で解説
▶シンプルでわかりやすい記述
▶つまずきやすいポイントをライブ講義感覚でやさしく詳説
▶書き下ろし論証パターンを巻末に掲載
▶書くためのトレーニングもできる
▶論点・項目の重要度がわかるランク付け
▶初学者および学習上の壁にぶつかっている中級者に最適

憲法[第2版]	3000円
民法総則[第3版]	3000円
物権法・担保物権法[第2版]	2600円
債権総論	2200円
債権各論	2400円
家族法(親族・相続)	2300円
刑法総論[第4版]	2900円
刑法各論[第3版]	3000円
商法(総則・商行為)**・手形法小切手法**	
会社法	
民事訴訟法	
刑事訴訟法[第3版]	3900円

———— 弘文堂 ———— ＊価格(税別)は2024年9月現在

伊藤塾予備試験論文・口述対策シリーズ

予備試験科目を短期間で効率よく学ぶための定石を伝えるシリーズ。重要度を示すランク付けでメリハリを効かせ、受験生が苦手とする部分はより丁寧に説明。図表と具体例を多用するとともに、判例の立場にそったわかりやすい解説で、短期合格をめざす。実際の試験問題をもとに、思考の筋道と答案例も掲載。直前期必携の「要点CHECK」シート・「口述試験再現」答案も便利。

- ●予備試験科目のインプット教材。
- ●重要度がわかるランク付けでメリハリの効いた内容。
- ●判例の立場を軸に据えたわかりやすい解説。
- ●実際の試験問題を素材に、思考の筋道と答案例を掲載。
- ●受験生の再現答案をもとにした「口述試験 再現」。
- ●答案を書くうえで落としてはいけない重要ポイントをシート化した「要点CHECK」。
- ●フローチャート・図表や例示の多用。
- ●実務がイメージできる書類・書式のサンプル、「コラム」。

刑事実務基礎の定石［第2版］　　　2600円

民事実務基礎の定石

（以下、続刊あり）

―――――――― 弘文堂 ――――――――

＊価格（税別）は2024年9月現在